文物、文献与文化

历史考古青年论集

第一辑 / 王煜 主编

上海古籍出版社

本书获得"四川大学一流学科建设专项经费"资助

目 录

关于历史考古学研究的几点思考
——《文物、文献与文化——历史考古青年论集(第一辑)》序
.... 霍 巍 王 煜（1）

墓葬与礼俗

汉代"特牛"之礼与马王堆帛画中的祭奠图考 .... 张闻捷（11）
西汉中晚期遣策的变迁及其意义 .... 田 天（21）
从双室到单室：魏晋墓葬形制转变过程中的一个关键问题 ...... 耿 朔（28）
从东晋门阀士族墓葬形制看东晋礼制的制定与终结 .... 金弘翔（44）
唐代交通工具的改变与车服制度的冲突 .... 马伯垚（60）
昭穆贯鱼：北宋韩琦家族墓地 .... 刘 未（72）
蒙元墓葬场景营造与空间功能刍议 .... 袁 泉（78）

美术与宗教

从考古资料看秦汉时期的北斗信仰 .... 朱 磊（123）
汉代猿骑图像研究 .... 苏 奎（141）
汉代"西王母与平台"图像试探
——兼谈汉代的昆仑信仰及相关问题 .... 王 煜（155）
汉代"凤鸟献药"图像试探 .... 庞 政（187）
试论北魏陇东大型佛教洞窟营建的背景 .... 董华锋（201）
南朝佛教造像碑 WSZ50 下方伎乐研究
——兼谈《上云乐》与《文康乐》的关系 .... 师若予（217）

民族与交流

关于天山地区早期游牧文化的思考 …………………………………… 任　萌（233）

从考古材料看西域早期骆驼的扩散 …………………………………… 陈晓露（247）

成汉俑与三星堆器物坑青铜人像 ……………………………………… 索德浩（263）

朝鲜平壤新发现的两座高句丽壁画墓的时代及相关问题 ……… 赵俊杰　张寒冰（277）

明代涉藏文物识读二则 ………………………………………………… 李　帅（287）

地理与城市

北京大学藏秦水陆里程简册释地五则 ………………………………… 马孟龙（295）

秦代的国门规划 ………………………………………………………… 曾　磊（304）

宋代城镇考古的发现与研究 …………………………………………… 王子奇（312）

后　记 …………………………………………………………………… 王　煜（339）

关于历史考古学研究的几点思考

——《文物、文献与文化——历史考古青年论集（第一辑）》序

  一时代之学术，必有其新材料与新问题。取用此材料，以研求问题，则为此时代学术之新潮流。治学之士，得预此潮流者，谓之预流（借用佛教初果之名）。其未得预者，谓之未入流。此古今学术史之通义，非彼闭门造车之徒，所能同喻嗜者也。

——陈寅恪《陈垣敦煌劫余录序》

  2015年5月16~18日，四川大学历史文化学院召开了"文物、文献与文化——历史考古青年论坛（第一届）"学术讨论会，这次会议的规模不大，来自国内重要研究机构的约20名学者进行了报告。值得注意的是，这些学者都非常年轻，基本上都是80后，甚至还有个别90后。我们感觉这可能是预示着未来中国历史时期考古学的一部分重要力量和研究趋势。因此，我们将会议论文（部分有调整）编辑出版，以便学界更为广泛地了解到这些信息，也以此来检验会议的成果。在文集之前，将我们对中国历史时期考古学的一些粗浅想法提出来，以期抛砖引玉。如果将来在这些问题上能引起一些讨论，修正我们的观点，形成一些共同的认识，则是我们十分乐意看到的。

一、"历史时期考古学"与"历史考古学"

  "历史时期考古学"是学界公认的中国考古学分支中的一个概念，一般指对战国秦汉以来的考古遗存的发掘和研究，有的单位又以其时代的高潮和命名的习惯而略称为"汉唐考古"或"汉唐宋元考古"，也约定俗成地称之为整个中国考古学的"后段"。为什么会产生这样的划分呢？主要原因恐怕有以下两个：第一，从战国开始，中国进入了有比较完整和丰富的文献记载的时代，官方的记录、私家的著述都十分丰富，时代愈晚，这一情况愈为突出，而之前虽有少数记载，但大多是零星和追述的。因此，进入这一时期之后的考古学研究，在客观条件上就有了另一支重要的辅助资源，那就是文献记载，这与之前时代所能提供的材料组成有了很大不同。而中国发达的史学传统和史学思维，也在主观上吸引着以实物遗存为出发的研究，在更为深入和广阔的背景中与史学进行有机而紧密的结合，去探讨古代历史各个方面的问题。这一阶段的考古学与以文献材料为基础的狭义的历史学

的关系更为密切。第二,秦汉以来,中国历史面貌和社会结构发生了重大变化,这一趋势自战国时代而来,形成了大一统的中央集权的多民族国家。中间虽也经历过多次的分裂时代,但没有改变这一时期的主体历史形态和意识形态。这与文明时代开始之前的形态是截然不同的,与文明时代萌芽和开始以来的古城、古国、方国的形态也是大有区别的。所以,在中国考古学中划分出"历史时期考古学"这一阶段是有其客观依据和事实基础的。

历史时期考古学包括了中国文明史中一个很长的时段,根据社会总体形态和治学的习惯和特点,似乎又可以分为早、中、晚三段。早段即战国秦汉,这是所谓的中国的"古典"时代,是东周以来融合各国形成的传统文明的发展、鼎盛时代,虽有一些外来文化的影响,但不占主流。从研究上来讲,这一时期考古材料远多于文献材料,大多数的考古学研究依然是从考古材料中梳理出问题,再钩沉文献材料进行考察。中段即魏晋南北朝隋唐,也有学者称之为中国的"中古"时期,这一时期不管从血缘还是文化上讲,都先后融合了大量的民族尤其是北方民族,然后再进行南北、东西的大融合而形成了隋唐文明。从研究上来讲,这一时期的考古材料和文献材料往往相互发明、共同推进。后段即宋元明清,这一时期中国文明在对外态度上总体趋于内敛,社会经济和士人文化的发展导致整体的世俗化和精英的精致化。从研究上讲,这一时期大量丰富的文献材料也使得研究的实证和精细程度大大加强。虽有一些阶段性差异,但不论是问题的取向,还是研究的主要方法,这三段无疑是一以贯之的。

长期以来,历史时期考古学在整个中国考古学中的地位并不十分突出,恐怕主要与三个因素有关:第一,包括现代考古学的所有现代学科体系是近代西方的舶来品,其中必然体现着西方的学术传统和治学旨趣。在现代考古学诞生的欧洲,考古学要解决的主要是人类起源、农业起源、文明起源这三大问题。当然并不是说当时欧洲的考古学研究不关注希腊、罗马及后来历史阶段的材料和问题,但这些显然不是欧洲考古学的主要阵地,甚至更多的关注来自艺术史的学者。美洲、澳洲等自不待言,它们面对的主要是史前人类的遗存,它们的考古学基本就是史前考古学。这些先天的"基因"不可能不遗传到中国考古学当中。第二,现代考古学引入中国之时,正值近代中国落后、屈辱的时期,考古学就自然承担起建立民族自尊心和自信心的任务。因此,中国考古学一开始的主要工作就是要寻求中国人类繁衍不息、中国文化源远流长、中国文明连接不断的证明。北京猿人、仰韶文化、殷墟便是其集中代表,虽然前两者的发现者还是西方人,但这样的背景无疑是当时中国考古学的主流。再加上与"古史辨"运动的结合,重构中国的早期历史就成了当时考古学的最大任务,而历史时期考古学显然对这一任务总体上不会有太大的贡献。第三,直到20世纪八九十年代,整个中国史学的主流都在围绕着一系列宏观的历史问题进行讨论,主要是古史分期、政治史、制度史等问题。比如汉代,主要是研究当时中央与地方、王国的关系,中央和地方官僚体系的组织,选举制度的发展和变化以及一些重大的历史事件和重要历史人物。再如唐代,主要问题是政治上的三省六部制,军事上的府兵制、募兵制，经济上的租庸调制和税法改革，选举上的科举制度等。在这些方面考古学显然不能够大显身手。

当然，这里只是就其总体比重而言，并不是说这一阶段的中国历史时期考古学研究中缺乏重大的贡献，反而，面对着丰富和多样的材料，老一辈的考古学家们如夏鼐、宿白等先生及其后继者们，就取得了十分精彩和重大的研究成果与杰出的成就。

现在，总体形势发生了一些变化。第一，中国考古学将继续寻求从西方考古学中吸取有益的养分，但无疑已经形成了自己的特色和走向。中国考古学既拥有世界上最为丰富的古代遗存材料，又独立发展了几十年（这有不好的一面，也有好的一面），似乎可以不再以西方考古学为标杆来构建我们自己的学科体系和推进我们自己的学术旨趣。而在这些丰富的考古遗存中，属于历史时期的部分，在数量上、种类上都是十分突出的，可以展开的问题也十分深入和宽广。历史时期考古学完全有理由上升为中国考古学中最为重要和最有空间的领域之一，与史前考古、三代考古一起作为鼎足，支撑起整个中国考古学大厦。第二，虽然证明中国文明源远流长、连绵不断的责任，不论在民族的屈辱期，还是复兴期，都是中国考古学的重要的题中之义，但是中国考古学显然已经具有了更多的问题域，学术问题更加多元化。即便是在构建民族自信心的重大课题研究中，汉唐也是中国历史上的巅峰时期，从考古材料方面来构建汉唐文明之博大深远，恐怕也是今后值得考虑的问题。第三，当前整个史学界也发生了深刻的变化，研究主流从以往比较宏大的政治史、制度史方面向以往不太关注的社会文化史、思想史等方面扩展（即便是政治史、制度史，其研究也更加深入和精细）。关心社会上一般人的活动、观念等问题，在这些方面考古材料将会发挥其独特的作用。如从城址的分布和变迁以及城内建筑的变化中观察当时城市功能和区域的转变，从墓葬内的图像考察当时人对死后世界的观念以及愿望，从石窟、造像碑等材料看当时社会上各个阶层的宗教信仰活动和内容等。而这些都属于更加精细和深入的研究，如果不满足于浅尝辄止，则需要联系其他材料，尤其是历史文献来进行综合研究，历史时期考古的优势便会得到更大地发挥。这个时候考古学就不仅是一个缝补匠了，它将作为一支主要力量甚至在某些领域中担任主角，与其他学科，尤其是历史学、美术史、宗教史、民族史等一起构建那些更加细腻、更加生动、更加精彩的历史叙事。

那么，本文集为何要题作"历史考古学"而不是"历史时期考古学"呢？因为，我们认为，这一时代有这样的需要，我们也有这样的心愿。那就是上述这种以考古材料为基础，紧密结合历史文献，并广泛联系其他学科相关研究的历史时期考古学研究的学术取向，不应该只局限于自己设定的这一时期之中。比如从古文字、出土文献等考察历史问题的研究就自然与我们旨趣相投，我们也十分欢迎史前考古、三代考古领域中以历史和历史中的人为取向和最终归宿的研究。这从我们编辑的文集中便可明显看出我们的态度。所以，历史考古学虽然主要以历史时期考古学为阵地，但它并不是一种时代的划分，而是一种研究的取向，或可称为"作为历史学的考古学"。

二、历史考古学的理论与方法

学界曾经有一种比较主流的观点,认为一个学科必须要有区别于其他学科的一套基本理论和方法。其实,从现在看来,大多数现代学科也并没有自己坚持标榜的特殊理论和方法。关于这一认识的提出背景和得失,我们姑且不去讨论。既然,我们所谓的历史考古学只是作为一种研究取向,而非一个学科或一个分支学科,那么,它不必刻意标榜一种理论和方法,反之,所有有益的理论和方法也都应该合理使用。

历史考古学首先属于考古学,那么,考古学的基本方法就应该是它展开研究的前提和基础。所谓"前提和基础"并非是我们要去刻意标榜,而是以保证考古资料提取的科学性和有效性为目的和宗旨的。比如说通过考古地层学判断相对年代,是从遗存的堆积形成出发提出的方法,具有科学性、合理性、有效性、可操作性,以及重复验证性,是一种科学的方法;是田野发掘和资料整理阶段的基础方法,在某些综合研究中,也有其用武之地。再比如说建立在地层学基础上的,并以有效器类进行大量和综合梳理而形成的考古类型学,也是一种合理的方法。以往主要依靠这两种方法,随着科技的进步,现在出现了一系列的科学技术手段来协助提取遗存的信息。其中,许多方法都是经过了很多年的发展和验证,也在不断更新和进步。它们都是帮助我们提供科学的研究资料的基础。我们曾在四川大学举办的"历史考古青年沙龙"上讲过"考古学的'守戒'和'破界'"问题,考古学的"守戒"就是要守住科学地提取田野资料这个阵地,这是独属于考古学的阵地。

但是,到了综合研究的阶段,尤其是历史考古学的研究,这些材料、这些问题,就已经不是独属于考古学的了,而是各种历史学科的共同材料、共同问题。所以,这个时候我们讲"破界",就是要充分借鉴和吸收其他学科的方法、视角和成果,进行综合的历史研究。比如对器物类型的研究,除了对器物本身的时空关系和发展变化的把握外,还可以结合这些变化背后的社会历史和人类活动背景,再联系其他材料,尤其是文献材料,以及相关学科的研究,共同研究器物背后人的活动和历史的变化。

上面谈到,历史考古学进入综合研究的阶段,往往需要联系其他的材料,其中比较重要的就是文献材料。有些学者批评中国考古学研究中较多地使用文献材料的方式,认为文献材料和考古材料属于两个系统,不能进行对应。这种观点,从哲学意义上讲,并没有太大问题。然而,在实际研究中,在中国考古学中,尤其是历史时期考古学中面对如此丰富的相关的文献记载,而且在不少问题上二者实际上就"对应"和"互动"起来了,研究者能视而不见吗?其实,考古材料有其生成过程,文献材料也有其生成过程,我们是要在驾驭这两个系统的前提下,进行综合考察,并不是去简单对应。新时代的历史考古研究应对二者都有比较系统的理解,然后进行综合研究。这种结合中有一个"度",这个"度"既有"限度"的意思,也有"程度"的意思,研究的高下往往就在这个"度"的把握上。

我们所在的四川大学,从冯汉骥先生开始就十分强调这一点,而从张勋燎先生开始,就要给本科生、研究生开设一门课,名字就叫"考古目录学"。主要是讲授与考古研究最为相关的一些历史文献、金石著作的成书、内容、流传、版本、注疏等知识,不仅要学会如何使用,还要能"辨章学术、考镜源流",对文献的掌握程度要求并不低于古代史的学生。我们认为,在这样的基础上的结合,应该才是自然而然、左右逢源的,而不是生拉硬扯、捉襟见肘的。

历史考古学与其他学科,尤其是历史类学科的结合,现在也已获得了较大的推动,有些学科甚至在思维层次冲击和影响到了历史考古学的发展。近些年来,最大的冲击和影响应该说来自美术史学科。美术史学科在其自身发展进入到一个瓶颈的时候,将眼光投向了中国考古学,尤其是历史时期的墓葬美术。由此带来了两方面的影响,一方面是美术史学科自身的发展,我们在这里不谈论。另一方面就是一些西方和中国前沿的美术史学者,给中国考古学研究带来了许多新的方法、视野、维度和实践,而这些也逐渐引起了中国考古学界,尤其是历史时期考古学界的回应,产生了不少共同的话题。近来,中古史研究中强调的对文本生成过程的考察,也有希望与历史考古学形成有益的互动。这些都是可喜的发展,然而,目前更多的是其他学科的研究引起考古学科的反思、共鸣或回应,我们更加期待考古学的研究能在基础资料以外对其他学科产生有益的影响,这一点历史考古学研究是值得期待的。

上面谈到的都是方法的问题,还没有涉及理论方面。其实,以往不少人认为的一些理论层面的问题,严格意义上讲,仍然处于方法的层面。例如,均变论是一种理论,而在其基础上提出的地层学,是一种方法;进化论是一种理论,而在其理路上发展出来的类型学,也是一种方法。中国考古学中曾经在史前考古阶段提出过一些理论贡献,如张光直先生的"断裂式"、"连续式"和苏秉琦先生关于"古国"、"方国"、"帝国"的"三部曲"文明起源理论。理论是在实践研究基础上提出的具有高度概括性和解释性的认识体系,因而很具有吸引力,有些学术传统中甚至将之作为学术发展程度的评价标准。当然,对于考古学这样的"实学"而言,我们认为并不是必要的标准。陈寅恪先生在对冯友兰先生《中国哲学史》一书的审查报告中说:"其言论愈有条理统系,则去古人学说之真相愈远。"古人也说过"信言不美,美言不信",而考古学归根结底是求"信"的,不是求"美"的。当然,如果能在证据充分、逻辑严密的个案研究基础上,能再提出一些理论,既信且美,成一家之言,我们是最为欢迎、最为期待的。然而,对于历史时期考古学而言,它的实学性特别强,既有种类丰富的考古材料,又有纷繁芜杂的文献材料,还有各学科已经取得的各个方面的大量认识。如果确能做到圆融无碍,不妨构建一个精妙的华严世界;如果力所不逮,也不必削足适履。但是,即便是在后现代解构主义的冲击下,历史学科中认识的系统性仍然是我们努力追求和由衷敬佩的。

三、历史考古学的几点展望

对于历史考古学未来的展望,由于现代学术研究的多元化,我们不想以自己有限的眼光去展望它无限的未来。学术乃天下之公器,未来必定是由大家的努力共同创造的。其实,本文集收录的全部是该领域内青年学者的论文,而且我们在征集稿件时并没有作任何指示性的规定,它们体现的完全是这些学者自由的选题和自主的取向。因此,该文集本身实际上就体现了历史考古学未来的一些可能的发展趋势。我们这里便只需作客观的总结了。

第一,未来的历史考古学研究,在方法上将更加多元和深入。文集中收录的所有文章,绝大多数都没有单一地使用某种特定的方法。如类型学的研究,也是将其作为梳理基础材料,并在其上提出问题的手段,重点还要结合其他材料来讨论历史问题。其实,这种现象是与历史考古研究的取向从归纳向阐释转变这一大潮流有关的。类型学是一种归纳法,适用于对大量原始材料的处理,以建立基础的时空框架。但在这一时空框架已经总体上建立的今天,不少关注点将转向对材料自身的问题和其引发的历史问题进行探讨的方面,这种探讨往往是阐释性的,要阐释它的动因和背景。这就需要方法和结论上更加的多元化。

第二,未来的历史考古学研究,将不再是考古学者独有的领地,越来越多的相关学科,尤其是历史学科的学者将参与到对考古材料的解读中,一方面为考古学带来新的血液,另一方面也反过来促进相关学科的发展。历史考古学将与其他历史学科更加紧密地结合在一起,这也就是我们说的"破界"。复旦大学马孟龙的《北京大学藏秦水陆里程简册释地五则》、首都师范大学田天的《西汉中晚期遣策的变迁及其意义》、中国社会科学院历史研究所曾磊的《秦代的国门规划》,都是历史学者参与考古学研究的体现。其中有的是在历史学熟悉的领域,如对出土文献的研究;有的则已深入原来的"考古领地"而结合自身的背景进行历史解读,比如田天的论文,就是从汉代遣策形制和内容的变化,去考察它在丧葬礼俗中意义的转变,进而对汉代丧葬仪式的问题作出观察。

第三,未来的历史考古学研究,从考古学的角度来看,与历史学的联系也将更加紧密。考古研究除了要探讨遗存本身的内容及其发展变化问题外,更多地还要从遗存的这些内容及其发展变化出发,去探讨相关的历史背景及历史问题。厦门大学张闻捷的《汉代"特牛"之礼与马王堆帛画中的祭奠图考》一文,就是从马王堆帛画中有关祭奠的图像,去讨论战国秦汉祭祀礼制中的一个方面。中央美术学院耿朔的《从双室到单室:魏晋墓葬形制转变过程中的一个关键问题》一文,就不是仅仅讨论魏晋墓葬形制转变的现象,而是要探讨这些现象背后,反映出的当时的世势、政权的政治和文化取向以及社会的心理。这些研究虽然都从考古材料出发,但归根结底是要研究和解决历史问题,这一取向恐怕将成为未来历史考古的一支重要力量。

从历史文献材料的使用来看,这是本文集中所有论文的共性,都表现出结合考古材料和文献材料来共同讨论问题的旨趣,而且越往后段走,这一趋势就越为明显,且多成系统地与文献材料进行结合研究。如中国人民大学刘未的《昭穆贯鱼:北宋韩琦家族墓地》和首都师范大学袁泉的《蒙元墓葬汤景营造与空间功能刍议》两篇文章中,就较为系统地结合了《地理新书》及以朱子《家礼》为代表的家礼类文献材料,对宋元时期墓葬中的堪舆实践及所反映的祭祀礼仪、世俗愿景等面貌进行了考察。

第四,墓葬图像的研究,以往虽也有较多关注,但大多还是处于分类、名物考定、内容解读等基础研究层面。由于与美术史研究的结合,将来的历史考古学中,图像研究将大有可为。图像研究也将从基础研究层面,深入到研究当时人的思想观念、宗教信仰等精神世界的领域,也将去研究当时人对图像的制作和理解、知识与技术及其在社会上的传播等崭新的领域。现代史学强调研究一般人的思想、知识和信仰,而考古所见的大量图像材料恰恰最能反映这一方面,上述的一些文章实际上已经体现了这一趋势。山东大学朱磊的《从考古资料看秦汉时期的北斗信仰》便是在这一方面进行的探索,同时也反映出图像的研究不仅打破了传统画像石、画像砖、壁画、铜镜等分类,而且扩展到其他一些器物中。

第五,宗教遗存的研究从来都是历史考古学研究的一个重点。四川大学董华锋的《试论北魏陇东大型佛教洞窟营建的背景》一文,从陇东北魏大型石窟出发,考察了这些石窟营建背后的势力,对北魏陇东地区后族、宦官、地方大族的结合进行了探讨。上海博物馆师若予的《南朝佛教造像碑 WSZ50 下方伎乐研究——兼谈〈上云乐〉与〈文康乐〉的关系》一文,也是从成都出土南朝造像碑的伎乐图像讨论当时佛教的传播及其与本土传统信仰的关系,并涉及古代音乐史的一些问题。依然表现出上述将考古研究结合于历史研究之中的趋势。

第六,对边疆民族和中外文化交流的研究也是历史考古研究中的重要方面,其不但随着国家形势的发展而日益突出,也随着新时代学者语言能力、对外交流的加强而逐渐深化。西北大学任萌的《关于天山地区早期游牧文化的思考》,便是中国考古学走出国门后对一些问题的新思考,其中包括对以往将农耕和游牧文化进行简单对立的反思。中国人民大学陈晓露的《从考古材料看西域早期骆驼的扩散》,是在大量掌握中外相关材料基础上作出的系统梳理。吉林大学赵俊杰和吉林市满族博物馆张寒冰的《朝鲜平壤新发现的两座高句丽壁画墓的时代及相关问题》,则直接是中国学者对国外材料和问题的研究。这些都反映出新时代历史考古学者广阔的视野。而成都文物考古研究所索德浩的《成汉俑与三星堆器物坑青铜人像》和四川大学李帅的《明代涉藏文物识读二则》,则是对古代少数民族遗存的考察,他们的研究都是从文物考古材料出发,联系历史文献材料以及民族志材料,去探讨民族史和民族关系史的问题。

总结起来,这些青年学者的文章反映出的研究取向和趋势有两个重要方面:一方面是问题和方法的多元化,广泛结合政治史、思想史、美术史、宗教史、社会生活史、民族史、中外文化交流史等视角提出和讨论问题;另一方面是向历史学的"回归",即从考古材料出发,联系文献材料与其他相关材料,最终提出和讨论历史问题。这是我们从这本文集中强烈感受到的信息。

当然,一次小规模的论坛和一本文集并不能反映历史考古学发展的全部方面,必然还有很多的空缺。比如城市、城镇的考古学研究,应该与墓葬、宗教遗存具有同等重要的位置，但本文集中只有中国社会科学院考古研究所王子奇的《宋代城镇考古的发现与研究》一篇文章属于这一范畴。城市、城镇考古一方面由于田野实践和基础研究的长期性和繁重性，另一方面由于历史时期大量的古今重叠城市，一定程度上制约了研究的深入开展。但城市、城镇是人们社会生活的主要场所，我们相信，在基础研究进一步夯实之后，历史考古学者们一定能在此基础上对古人的政治、社会、经济、宗教活动等方面的问题作出大量的讨论。

正因为一次论坛和一本文集的容量十分有限，我们还在继续开展"历史考古青年沙龙"系列活动，希望进一步加强历史考古研究者尤其是青年研究者的交流，形成和倡导一种良好的学风，也希望在历史考古学的新时代中贡献自己的一点力量。我们期待更多的同道友人参与进来，也对我们提出的上述私见进行批评、讨论，以促进学科和学术的发展。

是为序。

霍 巍　王 煜

墓葬与礼俗

汉代"特牛"之礼与马王堆帛画中的祭奠图考

张闻捷

厦门大学历史系

在湖北云梦睡虎地 M77 所出西汉初年《葬律》简中,有如下记载,"(彻侯)其杀:小敛用一特牛,棺、开各一大牢,祖一特牛,遣一大牢",这是对西汉时期列侯等级丧礼中祭奠用牲的规定①。彭浩、高崇文等先生已对其内容及与先秦丧葬礼仪的关系作了精彩的考释②,但仍值得注意的是,简文中小敛、祖奠所用的"特牛"祭奠方式却并不见于《仪礼》等"三礼"文献③。那么,这一祭奠仪节究竟应使用怎样的器用制度,在汉代丰富的墓葬及图像资料中是否有相应的实物证据,在东周时期地域化的礼制系统中其制度规范又渊源于何处? 本文即尝试针对这些问题展开讨论,不当之处,敬请批评指正。

一、《仪礼》中的特牲之例

周代祭祀用牲通常包括太牢、少牢与特牲三等。"太牢"、"少牢"自无需再论④,而"特牲"者,"特犹一也"⑤,即只用一种类别的祭牲。"牲"的本意原是指祭祀之牛(《说文·牛部》),故羊、豕亦得以类称之,即经传中常见的"三牲"、"三牺"(《左传·昭公二十

---

* 本文为国家社科基金青年项目"东周青铜礼器制度研究"、厦门大学中央高校项目"周代青铜器与社会礼制研究"的阶段性成果。

① 《葬律》简共有 5 枚,是对西汉初年彻侯等级埋葬制度的规定,包括衣衾制度、祭奠制度、棺椁制度、墓地制度等,这里仅选取与本文讨论相关的祭奠制度部分,可参看湖北省文物考古研究所、云梦县博物馆:《湖北云梦睡虎地 M77 发掘简报》,《江汉考古》2008 年第 4 期。

② 彭浩:《读云梦睡虎地 M77 汉简〈葬律〉》,《江汉考古》2009 年第 4 期;高崇文:《论汉简〈葬律〉中的祭奠之礼》,《文物》2011 年第 5 期。尽管其与《仪礼·士丧礼》中的记载有相近之处,但加礼、杀礼的原则却并不一致,如大遣奠本应加礼一等,但此处却与棺、开等仪节一样用牲;《仪礼》中祖奠并不杀牲,但简文中却又与小敛奠一样杀牲。所以不可简单依据《仪礼》中的加礼、杀礼原则来推断"太牢"与"特牛"的器用关系。

③ 不仅经文中未见明确的记载,前贤注疏亦鲜有论及这样一种特别的祭奠方式。但需要指出的是,《仪礼》原书业已毁于秦火,今存《仪礼》中多仅保留士一等级的冠、婚、丧、祭等仪式记载,所以并不能确定大夫以上等级是否使用"特牛"这样的祭牲方式,文献暂无明文征引。李学勤主编:《仪礼注疏》,《十三经注疏》标点本,北京:北京大学出版社,1999 年。

④ "太牢"者,即兼用牛、羊、豕三牲,而"少牢"则仅有羊、豕两种,这在《仪礼》等书中有大量而清晰的记载,恕不一一赘引。关于《仪礼》中诸仪节所用正鼎及鼎实的对应情况,可参看拙作《周代用鼎制度疏证》中表一的梳理结果,载《考古学报》2012 年第 2 期。

⑤ 《仪礼·士昏礼》载"其实特豚",郑玄注"特犹一也";"特"又常称为"侧",如《仪礼·士冠礼》"侧尊一瓺醴,在服北",郑玄注"侧犹特也,无偶曰侧"。李学勤主编:《仪礼注疏》,《十三经注疏》标点本,第 69、27 页。

五年》)语辞。如《诗·小雅·瓠叶序》"虽有牲牢饔饩",郑笺"牛、羊、豕为牲"①;《公羊传·桓公八年》何休注"礼,天子、诸侯、卿大夫牛羊豕凡三牲,曰大牢"②;《左传·桓公六年》"牲牷肥腯",杜预注"牲,牛、羊、豕也"③;《尚书·微子》篇中"牺牷牲用",伪孔安国传曰"色纯曰牺。体完曰牷。牛羊豕曰牲。器实曰用",孔颖达疏"经传多言三牲,知牲是牛、羊、豕也"④。查之《仪礼》一书,亦确是如此:除《乡射礼》、《乡饮酒礼》、《燕礼》、《大射礼》因取择人之意而用犬牲外⑤,其余诸仪节所荐牺牲皆属牛、羊、豕三种(搭配鱼、腊、肤、肺等)。所以从这个意义上讲,"特牲"应是统称之言,其中当包含了"特牛"、"特羊"与"特豕(豚)"三种不同的类别。

虽然今日所存《仪礼》中仅见"特豕(豚)"一词,如《士昏礼》"陈三鼎于寝门外东方,北面,北上。其实特豚,合升,去蹄"⑥,《士虞礼》"特豕馈食,侧亨于庙门之外,东面。鱼、腊爨亚之,北上"⑦等。但像《国语·楚语下》"诸侯举以特牛"⑧,《国语·晋语下》"子为我具特羊之飨"⑨,《礼记·郊特牲》"郊之祭也……牲用骍,尚赤也。用犊,贵诚也"⑩(即用特牛),《礼记·王制》"归假于祖祢,用特",郑玄注"特,特牛也"⑪,《史记·五帝本纪》"归,至于祖祢庙,用特牛礼"⑫,《史记·封禅书》"祭日以牛,祭月以羊彘特"⑬,以及上文所引《葬律》简中使用"特牛"祭奠的记载等,这些证据足以表明"特牛"、"特羊"这样的用牲之法确曾普遍存在于东周、前汉时代的礼仪规范之中⑭。清人赵翼在《陔馀丛考·太牢少牢》中亦称:"其不兼用二牲而专用一羊或一豕者,则曰特羊、特豕。"⑮是较为合乎情理的。故而,我们首先可以依据《仪礼》中的记载来考察特牲祭奠的器用情况,从而推导出包含于其中的"特牛"仪式可能使用的礼器之数。

《仪礼》中关于"特牲"的使用共有如下记载。《士冠礼》"若杀,则特豚,载合升,离肺实于鼎,设扃鼏",冠礼本尚质略,故只用"醴酒"而无杀牲之事,但"若不醴,则醮用酒",郑

---

① 李学勤主编:《毛诗正义》卷十五《小雅·瓠叶》,《十三经注疏》标点本,第936页。
② 李学勤主编:《春秋公羊传注疏》卷五《桓公八年》,《十三经注疏》标点本,第90页。
③ 李学勤主编:《春秋左传注疏》卷六《桓公六年》,《十三经注疏》标点本,第175页。
④ 李学勤主编:《尚书正义》卷十《微子》,《十三经注疏》标点本,第264页。
⑤ 《仪礼·乡射礼》"其牲,狗也",郑注"狗取择人",贾疏:"《乡饮酒》、《乡射》义取择贤士为宾,天子已下,燕亦用狗,亦取择人可与燕者。"
⑥ 李学勤主编:《仪礼注疏》卷四《士昏礼》,《十三经注疏》标点本,第69页。
⑦ 李学勤主编:《仪礼注疏》卷四十二《士虞礼》,《十三经注疏》标点本,第795、796页。
⑧ 徐元诰撰,王树民、沈长云点校:《国语集解》卷十八《楚语下》,北京:中华书局,2002年,第516页。
⑨ 徐元诰撰,王树民、沈长云点校:《国语集解》卷八《晋语二》,第276页。
⑩ 李学勤主编:《礼记正义》卷二十六《郊特牲》,《十三经注疏》标点本,第795、796页。
⑪ 需要指出的是,《礼记·郊特牲》与《礼记·王制》两篇多被认为是汉儒编修而成,是否能反映周代的礼制原貌仍属疑问,故文中只以周、汉时代概之。参看钱玄:《三礼通论》,南京:南京师范大学出版社,1996年;洪业:《礼记引得序》,上海:上海古籍出版社,1983年;杨天宇:《礼记译注》,上海:上海古籍出版社,1997年;王锷:《〈礼记〉成书考》,北京:中华书局,2007年。
⑫ 《史记》卷一《五帝本纪》,北京:中华书局,1963年,第24页。
⑬ 《史记》卷二十八《封禅书》,第1394页。
⑭ 汉代使用特牛或特羊、特豕祭祀的例证尚有许多,如《史记·五帝本纪》载"归,至于祖祢庙,用特牛礼",《史记·封禅书》载"(高祖七年)其令郡国县立灵星祠,常以岁时祠以牛"等。可参看田天:《秦汉国家祭祀史稿》,北京:生活·读书·新知三联书店,2015年。
⑮ (清)赵翼:《陔馀丛考》卷三《太牢少牢》,北京:商务印书馆,1957年,第56页。

注"酌而无酬酢曰醮"①,即礼节简化或礼杀(庶子冠礼②)之时可以改用酒(醴尊于酒)并伴以杀牲,但器用亦降为特豚一鼎及一豆一笾(脯醢)。

《士昏礼》"期,初昏,陈三鼎于寝门外东方,北面,北上。其实特豚,合升,去蹄。举肺脊二,祭肺二,鱼十有四,腊一肫,髀不升。皆饪",即亲迎之期用豚、鱼、腊三鼎,并有敦、豆、壶等器物相配③;但在次日新妇见舅姑之时,"舅姑入于室,妇盥馈。特豚,合升,侧载,无鱼腊,无稷,并南上。其他如取女礼"④,因为是新妇之礼,故用器略杀,撤去了稷(敦),牲鼎也仅有特豚一件。

《士丧礼》"(小敛奠)陈一鼎于寝门外,当东塾,少南,西面。其实特豚,四鬄,去蹄,两胉、脊、肺……素俎在鼎西,西顺,覆匕,东柄",因小敛礼杀,故只用一鼎,且仅搭配两瓬醴酒、一豆一笾之器;"(大敛奠)陈三鼎于门外,北上。豚合升,鱼鲋鲋九,腊左胖,髀不升,其他皆如初",同时"东方之馔"则有两壶、两豆、两笾;"(朔月奠)朔月,奠用特豚、鱼、腊,陈三鼎如初。东方之馔亦如之。无笾,有黍、稷,用瓦敦,有盖,当笾位",郑注"于是始有黍稷",也即从此时开始丧礼祭奠中加设瓦敦黍稷,其他则与大敛奠一样;"(迁祖奠、祖奠)陈鼎皆如殡,东方之馔亦如之",郑注"皆,皆三鼎也。如殡,如大敛既殡之奠"⑤,即亦使用特豚三鼎;唯有随后的"大遣奠"因加礼一等,而使用到少牢五鼎及四豆、四笾、两壶之制。不过在《既夕礼》中又提到"其二庙,则馔于祢庙,如小敛奠,乃启",郑注"祖尊祢卑也"⑥,即若是先朝祢庙之时,设奠将降于朝祖奠而使用如小敛奠一样的一鼎特豚之制⑦。

《士虞礼》"特豕馈食……陈三鼎于门外之右,北面,北上,设扃鼏"⑧,同时搭配两壶("两瓬醴、酒")、四豆(菹醢、从献豆两)、四笾、一铏、两敦等器。

《特牲馈食礼》"羹饪,实鼎,陈于门外,如初。尊于户东,玄酒在西。实豆、笾、铏,陈于房中,如初。执事之俎,陈于阶间,二列,北上。盛两敦,陈于西堂"⑨,即士一级宗庙祭祀时使用豕、鱼、腊三鼎和两敦、两壶、两豆、两笾、两铏诸器。

由此看来,《仪礼》特牲仪节共有使用三鼎与一鼎两种情况。三鼎者,豕(豚)、鱼、腊,经文皆有明言,而一鼎者,经文只称"特豕(豚)",不记鱼、腊。但二者之间的用事场合与器物搭配亦是差别显著:凡正祭之时皆用三鼎,并常配以两敦、两壶、两豆、两笾,如士昏同牢,士虞、特牲馈食,士丧礼大敛、朔月、朝祖、迁祖等诸奠;而凡礼略或礼杀之时,则减为

---

① 李学勤主编:《仪礼注疏》卷三《士冠礼》,《十三经注疏》标点本,第45页。
② 《仪礼·士冠礼》:"若庶子,则冠于房外,南面,遂醮焉。"
③ 昏礼重求偶之意,故用器颇多,"醯酱二豆,菹醢四豆","黍稷四敦","尊于室中北墉下,有禁。玄酒在西",同时"尊于房户之东,无玄酒"(《仪礼注疏》第69、71页)。
④ 李学勤主编:《仪礼注疏》卷五《士昏礼》,《十三经注疏》标点本,第88页。
⑤ 李学勤主编:《仪礼注疏》卷三十六、三十七《士丧礼》,卷三十八《既夕礼》,《十三经注疏》标点本,第689、700、712、722页。
⑥ 李学勤主编:《仪礼注疏》卷四十一《既夕礼》,《十三经注疏》标点本,第784页。
⑦ 《仪礼》贾疏云:"以先朝祢,后朝祖,故先于祢庙,馔至朝设之故也。云'如小敛奠'者,则亦门外特豚一鼎,东上,两瓬醴酒,一豆一笾之等也。"
⑧ 李学勤主编:《仪礼注疏》卷四十二《士虞礼》,《十三经注疏》标点本,第795、796页。
⑨ 李学勤主编:《仪礼注疏》卷四十四《特牲馈食礼》,《十三经注疏》标点本,第850页。

一鼎,如士冠醴子、庶子加冠、士昏新妇盥馈、小敛之奠、朝祢之奠等,其他诸器也相应减少。因而可以推断,特牲祭奠的常制应是使用三鼎的,并配以俎、敦、豆、笾、壶诸器(依仪节而不同)。那么,在通常情况下"特牛"是否就应该依例是指牛、鱼、腊三鼎呢?

其实,从鼎实的角度也可以得出完全相似的结论。依礼经所载,周代列鼎鼎实包括牛、羊、豕、鱼、腊、肠胃、肤、鲜鱼、鲜腊九种①,其中九鼎级别方得使用鲜鱼、鲜腊(《仪礼·聘礼》),而肠胃属于牛羊,肤则是豕的胁革肉②。牛羊有肠胃而无肤,豕有肤而无肠胃,因为"君子不食溷腴"(《礼记·少仪》),彼郑注云"谓犬豕之属,食米谷者也。腴有似人秽"③。所以"特牛"之礼除去羊、豕、肤、鲜鱼、鲜腊外,仅余四类盛实,如若每物一鼎,岂非是用四鼎特例?显然更合理的情况是,与少牢馈食、士丧礼大遣奠等仪节一样,将肠胃同置于牛(羊)鼎中(特牲、士虞礼等也是将肤同置于豕鼎中),这样便也是三鼎之数了。

二、汉代墓葬中的"特牛"祭奠

上述推断又可以得到马王堆汉墓帛画和满城汉墓中祭奠用器的佐证。马王堆一号汉墓的墓主人为西汉初年长沙国丞相、轪侯利苍的夫人辛追,正属于列侯等级。在墓中所出著名的"T"形帛画上④,即有一处特别的祭奠场景:帏帐之下,巨人所托平板之上,前侧陈列着三鼎、两壶组合,后侧设俎(或为案),上有耳杯、罐等器物,七名带冠男性对面而立,中间则是上罩锦袱的椭圆形物体(图一)。巫鸿先生已指出其"很可能是礼书中所描述的放置在灵床上被衣物和尸巾覆盖起来且以酒食祭献的死者尸体"⑤,这不仅合乎墓中辛追采用"绞衾"葬制的实际,也与其在帛画中的位置相吻合,即象征地下世界的死亡。《礼记·郊特牲》即有:"魂气归于天,形魄归于地,故祭求诸阴阳之义也。"⑥《礼记·祭义》:"子曰:'气也者,神之盛也。魄也者,鬼之盛也……众生必死,死必归土,此之谓鬼。骨肉毙于下,阴为野土。其气发扬于上,为昭明、焄蒿、凄怆,此百物之精也,神之著也。'"⑦可见死后魂、魄二分的观念正是汉代十分盛行的思想,而且也只有丧时祭奠才设帏堂,因为"鬼神尚幽暗故也"(《士丧礼》贾疏),并出现众人夹床而立的场景。所以这里展现的正是死者丧时的祭奠。

---

① 可参看拙作《周代用鼎制度疏证》对这一问题的梳理,《考古学报》2012年第2期。
② 《仪礼·有司彻》:"乃升羊、豕、鱼三鼎,无腊与肤。"郑注:"腊为庶羞,肤从豕。"《仪礼·少牢馈食礼》:"雍人伦肤九,实于一鼎。"郑注:"伦,择也。肤,胁革肉,择之,取美者。"
③ 李学勤主编:《仪礼注疏》卷三十九《既夕礼》,《十三经注疏》标点本,第750页。
④ 湖南省博物馆、中国社会科学院考古研究所编:《长沙马王堆一号汉墓》,北京:文物出版社,1973年;关于这幅帛画的研究学界已有极为丰硕的成果,可参看陈建明主编《湖南出土帛画研究》中相关汇总、梳理,长沙:岳麓书社,2013年。
⑤ 巫鸿:《礼仪中的美术——马王堆再思》,原文发表于1992年,后收入《礼仪中的美术:巫鸿中国古代美术史文编》,北京:生活·读书·新知三联书店,2005年,第109页。在其新作《马王堆一号汉墓中的龙、璧图像》一文中又再次重申了这一观点,见《文物》2015年第1期。
⑥ 李学勤主编:《礼记正义》卷二十六《郊特牲》,《十三经注疏》标点本,第817页。
⑦ 李学勤主编:《礼记正义》卷四十七《祭义》,《十三经注疏》标点本,第1324页。

在一幅构思如此精细、巧妙的帛画上,所绘三鼎、两壶的组合显然并非是随意之举,而且在马王堆三号墓帛画上也有着完全类似的三鼎、四壶搭配①,这种巧合绝非偶然。同时从马王堆一号汉墓的遣策简记载中可以看出,墓主人对于列鼎的使用是极为讲究的②,但三鼎之数却显然并不符合墓主人的身份等级,这也是不能将其视作宗庙祭祀场景的又一重要原因,那么它们究竟是基于怎样的考虑而被着意刻画在帛画之上的呢?

根据《仪礼·士丧礼》的记载,死者丧时需要举行多次祭奠活动,这一流程对于不同的社会等级都是适用的,《葬律》简便给出了极好的证明。但实际上,大敛之后死者躯体便被移入棺柩之中("主人奉尸敛于棺,踊如初,乃盖"),所以大敛奠及其以后的诸奠皆是对柩而不对尸的。《士丧礼》"(大敛奠)乃奠……设于奥,东面",郑玄即注释称"自是不复奠于尸",贾疏进一步补充说"郑欲解自始死以来袭奠,小敛奠皆在尸旁,今大敛奠,不在西阶上,

图一　马王堆一号墓出土帛画摹本下部

就柩所,故于室内设之。则自此已下,朝夕奠、朔月奠、荐新奠皆不于尸所,总解之"③。清人凌廷堪在《礼经释例·变例》中亦总结:"凡奠,小敛以前皆在尸东,大敛以后皆在室中,迁祖以后皆在柩西,既还车则在柩东。"④而从画像内容来看,居于众人及酒食中部之物显然不可能是棺柩而更接近于承托着死者的夷床。(岂有两端突出而不加盖封闭的棺柩?)而且丧礼中死者入棺后,棺柩是停于堂外西阶上新掘的坎中("掘肂见衽"),根本不会出现众人夹棺柩而立进行祭奠的情况,因此这里描绘的只能是大敛之前始死奠、袭奠或小敛奠中的一种场景。

但正如《礼记·檀弓》曾子所言:"始死之奠,其余阁也与?"由于死者新丧,"不容改

---

① 湖南省文物考古研究所:《长沙马王堆二、三号汉墓》,北京:文物出版社,2004年。不过由于帛画破损,上面的鼎数较为模糊,从而引发了争议。发掘报告认为有四件,但在《湖南出土帛画研究》一书中又指出为三件,未详孰是。但如果我们仔细阅读该墓遣策中有关用鼎的记载便可以发现,墓主人多用偶数之鼎,如"白羹"八鼎、"巾羹"四鼎、"苦羹"二鼎、"漆画木鼎六"等,与马王堆一号汉墓中纯用奇数列鼎不同,所以即便是绘有四件列鼎,推测也可能是三件的异化形式,是墓主人深受先秦楚制影响的结果,而在表达的礼制含义上应是相近的。
② 俞伟超:《马王堆一号墓用鼎制度考》,《文物》1972年第9期;张闻捷:《试论马王堆一号汉墓用鼎制度》,《文物》2010年第6期。
③ 李学勤主编:《仪礼注疏》卷三十七《士丧礼》,《十三经注疏》标点本,第702、703页。
④ (清)凌廷堪:《礼经释例》,北京:北京大学出版社,2012年。

新"（郑玄注），所以使用的尚是"阁之余食"而并不杀牲①。《仪礼》中也仅有"奠脯醢、醴酒"②而无牲体的使用，同时男、女主人也并不夹床而立，这均与图像中的内容不相吻合。袭奠所用之物主要为贝、米（"彻楔，受贝，奠于尸西……祝又受米，奠于贝东"），更无须再论。所以我们重点来看小敛奠时的情况。

小敛是指用衣衾将尸体包裹，再用绞带束缚起来，称为"小敛绞"。与其他祭奠仪节略有不同的是，首先小敛是在新设的床笫上完成的，《士丧礼》即有"设床笫于两楹之间，衽如初，有枕"③。其次小敛后需"彻帷"，即如图中一样将帷帐展开，同时男女主人"冯尸"，"主人西面冯尸，踊无算，主妇东面冯，亦如之"④，即男性在东侧，女性在西侧，夹床而立。虽然图中皆绘以男性（可能是类似"执事"、"举者"、"右人"、"甸人"等侍从之属或者汉时礼节略异），但在基本内涵上却是吻合的，而右侧正面独立之人则很可能是充当着"祝"一类的仪式指导角色；小敛时并不设瓦敦黍稷，故图中仅有鼎、壶而未见粢盛之器；小敛是在室内进行，完毕后需奉尸于堂，在堂上设小敛奠，《士丧礼》称"士举，男女奉尸，侇于堂，幠用夷衾。男女如室位，踊无算"⑤，即众士举尸（盖以覆棺之夷衾），而男女主人亦夹床而立，图中所绘可能正是这样一个凝固的瞬间。最后，虽然小敛奠礼杀一等，但亦有杀牲、设酒、俎、豆、笾之事，与图中所绘诸器类别多能吻合。当然周、汉时异，且古人并不懂得透视绘图法，所以对于人物、器皿的具体方位和形态，不可过于苛求与礼书中完全一致（如耳杯代替豆、笾已被大量考古资料所证实）。但如此多细节上的吻合，使我们有理由认为其反映的应是丧时的小敛之奠，而正如《葬律》简所规定，列侯等级小敛奠使用的便是三鼎、两壶规格的"特牛"之礼，这样便能较好地解释上述诸多矛盾之处了。对于墓主人而言，铭旌之物制作于丧时，属显性物品，无论是置于家中"宇西阶上"，还是行向墓圹时执之前导，都能被大量外在之人所见到，所以其在礼制上恐怕也更为谨慎、规范吧。

无独有偶，在河北满城汉墓（西汉中期中山靖王刘胜夫妇墓）中亦能够见到与之类似的特殊用器现象⑥。二号窦绾墓中室出土有四方封泥（19号），每件长2.7、宽2.6、厚1厘米，上有四字铭文"中山祠祀"。"祠祀"属"太常"分支，掌宗庙祭祀活动⑦，所以这揭示出此墓的中室应是一个供奉祭品的空间⑧。其中西南角建有一个特别的方形平台，长3.8、宽3.4、高0.4米，由夯土筑成，外缘包砖，上面承供着一件漆案（内有漆盘和耳杯）、一件漆樽、一件铜盆、一盏铜灯和两盏小熏炉；而在对面的东南角，则有另一组器物，底部铺设竹席，四角仍有作为席镇的铜豹，席上摆放着三件铜鼎（52、53、54号）、两件铜壶（42、45号）、两件铜钫（29号）以及其他二甒、二釜、二盆、一炉、一匜、一耳杯和小型人物、动物雕

---

① 李学勤主编：《礼记正义》卷六《檀弓上》，《十三经注疏》标点本，第178页。
② 李学勤主编：《仪礼注疏》卷三十五《士丧礼》，《十三经注疏》标点本，第661页。
③ 李学勤主编：《仪礼注疏》卷三十五《士丧礼》，《十三经注疏》标点本，第690页。
④ 李学勤主编：《仪礼注疏》卷三十五《士丧礼》，《十三经注疏》标点本，第690页。
⑤ 李学勤主编：《仪礼注疏》卷三十五《士丧礼》，《十三经注疏》标点本，第692页。
⑥ 中国社会科学院考古研究所：《满城汉墓发掘报告》，北京：文物出版社，1980年。
⑦ 《汉书》卷二十五《郊祀志》，北京：中华书局，1965年，第726页。
⑧ 西汉中期后，这类现象日渐普遍，可参看黄晓芬：《汉墓的考古学研究》，长沙：岳麓书社，2003年。

像等,并且铜容器皆器形十分矮小(如鼎的通高仅约8厘米),无疑属明器之类(图二)。施杰先生认为其分别对应了《仪礼》中的"阴厌"和"阳厌"之礼,兹可备一说①。不过无论它的性质与功能是什么,将其理解为对死者的祭奠之物总是无误的。那么,三鼎、两壶、两钫的器物组合显然又极不符合于墓主人的身份,但却与马王堆汉墓帛画中的祭奠器物十分相似(尤其接近于三号墓帛画所绘礼器之数),如果将其同样理解为"特牛"之礼的话,岂不恰能疏通上述矛盾之处?因为根据《史记·封禅书》"太一,其所用如雍一畤物,而加

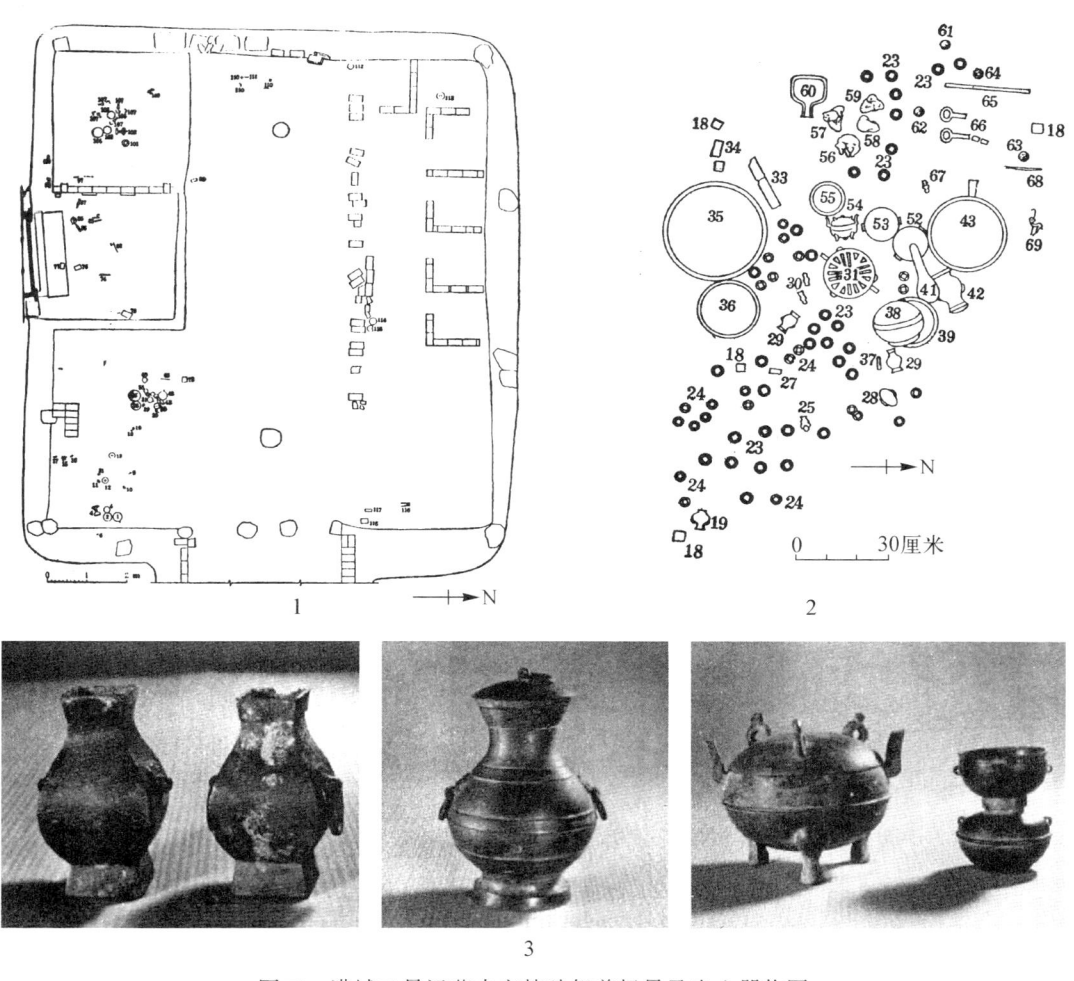

图二 满城二号汉墓中室特殊祭奠场景及出土器物图
1. 中室平面 2. 东南角器物分布位置 3. 东南角出土小型青铜明器

---

① 施杰:《交通幽明——西汉诸侯王墓中的祭祀空间》,见《古代墓葬美术研究》第2辑,长沙:湖南美术出版社,2013年,第74、83页。但值得指出的是,《仪礼》中"阴厌"设在奥,即室内西南角,但阳厌却是在西北角,并非如此墓中的东南角,《特牲馈食礼》有载"佐食彻尸荐、俎、敦,设于西北隅"。其次无论阴厌、阳厌都是不设祭牲的,阴厌时祭牲和鼎皆在门外,而阳厌时肉在俎上,而牲鼎不撤,不再陈设。这与该墓中所见并不完全一致。最后,阳厌之物多是阴厌和正祭之后的余食,即需先撤掉阴厌才有阳厌的食物。所以从这一角度考虑,阴厌和阳厌似不可能同时摆设。

醴枣脯之属，杀一狸牛以为俎豆牢具……祭日以牛，祭月以羊彘特"①和《礼记·郊特牲》等记载来看，汉家天子祭祀太一、天帝尚用特牛之礼，那介于天子、列侯之间的诸侯王等级能使用这一仪节自不成疑问。

虽然我们并不能完全确定西汉中期时诸侯王夫人在礼制上是否低于其夫君一等②，但仍值得考虑的一点是，墓内单独设祭的行为与礼经中所记载的"祖奠"在含义上倒有些许相近之处。《仪礼·既夕礼》"有司请祖期"，郑玄注"将行而饮酒曰祖。祖，始也"③，胡培翚正义云"生时将行，有饮饯之礼，谓之祖也，此死者将行，设奠，亦谓之祖"。所以"祖奠"就像生时的饮饯之礼，是将要远行之人向祖先所作的告别，且"祖奠"并不设于宗庙堂、室内，而是在庙内庭中，奠时亦要"布席"（如满城汉墓一样在席上陈设器物）。如果放到墓葬空间而言，关闭墓门的一刻便是与逝去亲人的绝离，所以在墓门外（而非墓内）设祭恐怕也有远行饯别之意，因此是否正是基于这样共同的思想关联，而在这里采取了如祖奠一样的器用制度呢？不过这并非是言满城二号汉墓中的祭奠行为即是祖奠，只是推测汉人在设祭之时，为了同样表达远行饯别之意，而偶然参照了律令中祖奠所用的器用组合罢了。

三、战国楚简中的"特牛"之礼

另有一个值得继续探索的相关问题是，这种将"特牲"进一步拆分为牛、羊、豕三牲各自单独使用的做法，究竟是周人对于自身礼制改造的结果④，还是融合了东周时期其他地区新的礼制规范而形成的呢？虽然现有的资料尚不足以完全解答这一问题，但南方楚地出土的简牍、铜器铭文和鼎实资料却为我们提供了许多重要的启示和线索。

在包山二号楚墓所出竹简中，有大量关于祭祷祖先用牲的记载⑤，如简240~241"举祷五山各一羊；举祷昭王特牛，馈之；举祷文坪夜君子良、郚公子春、司马子音、蔡公子家各特豕，馈之"，无疑这里正包含了特牛、特羊与特豕三种用牲情况⑥。这样的例证尚有许多，几乎占据着每一次祭祷仪式的终尾。如简200"能祷于昭王特牛，馈之；能祷文坪夜君、郚公子春、司马子音、蔡公子家各特豕，酒食"，简203"举祷于宫地主一羊……举祷东陵连嚣肥豕，酒飤"，简224"举祷于亲王父司马子音特牛，馈之"，简210~211"赛祷东陵连嚣，冢豕，酒飤，

---

① 《史记》卷二十八《封禅书》，第1394页。
② 从棺椁制度上，我们倒是能看到这样的规律，参看拙作《从墓葬考古看楚汉文化的传承》，《厦门大学学报（哲学社会科学版）》2015年第2期。
③ 李学勤主编：《仪礼注疏》卷三十八《既夕礼》，《十三经注疏》标点本，第731页。
④ 从逻辑上看，太牢用牛、羊、豕，少牢用羊、豕，故特牲仅用豕是较为合理和合序的，而加入"特牛"、"特羊"两项后，反而使我们在用器之数的判断上难以取舍。《国语·楚语下》有载："祀加于举。天子举以大牢，祀以会；诸侯举以特牛，祀以太牢；卿举以少牢，祀以特牛；大夫举以特牲，祀以少牢；士食鱼炙，祀以特牲；庶人食菜，祀以鱼。"那"特牛"似乎就应是介于太牢、少牢之间的，但这只能表明其礼制地位，却无法说明器用情况，而且这段文献中又没有提到"特羊"，那"特羊"又该居于何种地位呢？况且这一记载又与《礼记·王制》中关于贵族每日举食用牲的描述相左，是以我们不取此段文献之说。
⑤ 湖北省荆沙铁路考古队：《包山楚墓》及附录一《包山二号楚墓简牍释文与考释》，北京：文物出版社，1991年。
⑥ 牛、豕之前的限定字取发掘报告中的释读意见"特"，湖北省荆沙铁路考古队：《包山楚墓》附录一《包山二号楚墓简牍释文与考释》，第385页。简文中羊、豕等皆有许多异体字，此处皆简化为本字。

蒿之",简217"举祷楚先老僮、祝融、鬻熊各一羊",简237"后土、司命各一羊"等,从中可以看出一点明显的规律是,楚人基本上是将牛、羊、豕三牲拆解开来分别使用,每一次独立的祭祷都只使用一类祭牲①(但牺牲品类与祭祷名称间似无必然的联系),这种规律在望山简、新蔡简、天星观简、秦家咀简等战国楚地祭祷简中都体现得极为明显②。像望山简109"赛祷宫地主一豕",简122~123"楚先老童、祝融各一羊";新蔡简甲三200"举祷子西君、文夫人各特牛,馈",乙三42"是(日)祭王孙厌一豢(豕),酒食",乙一17"就祷三楚先屯一羊";天星观简26、85、705、1113"与祷番先特牛,馈之",简26、328、409"赛祷惠公特豕,馈之";秦家咀M13简86、186、241"訓至新父母众鬼,特牛,酒食"等。其他例证不胜枚举。

当然在上述楚简中也可以见到"太牢"之礼。如新蔡简甲三419"祈福祷文君,大牢馈之",乙一13"或举祷于盛武君、令尹之子,各太牢",天星观简87、675"赛祷卓公訓至惠公,大牢乐之"等,表明战国时的楚人便已兼用太牢和特牛、特羊、特豕这样的多种用牲方法,这与汉代的礼制情况是十分相近的。

此外,我们从春秋时期楚墓所出鼎实上也能够发现这样的特点。在淅川下寺M1中,2件束腰平底升鼎内盛猪肢骨和脊椎骨,4件箍口镬鼎内盛牛骨(另有1件小箍口鼎M1:58盛肉羹),4件折沿于鼎内盛羊骨;下寺M2中4件箍口镬鼎盛羊骨,6件折沿于鼎盛猪骨,而束腰平底升鼎内盛牛骨;下寺M3仅有箍口鼎,内盛牛骨③;南阳彭射墓中2件折沿于鼎内盛牛骨,3件箍口镬鼎内盛猪骨④。这提示我们,楚人实则是将牛、羊、豕三牲分别放置在不同类别的铜鼎内,与周人将其同于一套列鼎的做法完全不同(如曾侯乙墓9件升鼎内分盛牛、羊、鸡、猪等鼎实⑤),而反与战国简牍中所见的用牲原则十分接近,即若只取用一种类型的铜鼎,岂非正是特牛、特羊或特豕之一?战国遣策简中常有"一牛镬、一豕镬"(包山简)或"一牛盘、一豕盘"(望山简)的记载⑥,皆指楚地盛行的无盖折沿镬鼎,可见其也是将牛、豕分开烹煮的,恐怕正是为了防止牲肉混淆,而无法使用特牲之礼的缘故吧?

四、小　结

综上所述,笔者以为,汉代《葬律》简中所记载的"特牛"祭奠仪节应使用列鼎三件,分盛牛(兼有肠胃、肺)、鱼、腊三种鼎实,同时搭配俎、敦、豆、笾、壶等其他器物,这不仅是从礼经中推导而出的用牲之"例",亦可以得到汉代考古资料的佐证。

---

① 唯一一个特例是,简246"举祷荆王,自熊绎以庚武王,五牛、五豕",似乎是将牛、豕同时使用,但自熊绎至武王显然在五代之上,所以怀疑仍是一王一牲,分别祭祀。
② 此处参看陈伟:《包山楚简初探》,武汉:武汉大学出版社,1996年;何飞燕:《出土文字资料所见先秦秦汉祖先神崇拜的演变》,北京:科学出版社,2013年,第137~169页。
③ 河南省文物研究所等:《淅川下寺春秋楚墓》,北京:文物出版社,1991年。
④ 南阳市文物考古研究所:《河南南阳春秋楚彭射墓发掘简报》,《文物》2011年第3期。
⑤ 湖北省博物馆:《曾侯乙墓》,北京:文物出版社,1989年,第359、360页。
⑥ 湖北省荆沙铁路考古队:《包山楚墓》附录一《包山二号楚墓简牍释文与考释》;湖北省文物考古研究所:《江陵望山沙冢楚墓》及附录二《望山一、二号墓竹简释文与考释》,文物出版社,1996年。

马王堆汉墓帛画所绘祭奠场景中，无论用器、人物站位、床衾形制、背景（帏帐）等细节均与《仪礼》中记载的"小敛奠"最为接近，同时也吻合于其在帛画中的位置所蕴含的"地下世界"含义，无疑更优于宗庙祭祀之说；而满城二号汉墓中所见特殊的祭祀现象又与"祖奠"远行饯别的含义较为相近，同时其采纳的器用制度恐怕也只能理解为三鼎之制的"特牛"之礼，这样不仅能较好地解决器物数量与墓主身份等级间的矛盾，也与这些墓葬大量采用先秦丧葬礼仪的趋势一致。

从众多战国楚简的记载来看，特牛、特羊、特豕这样的用牲法则在该时期的南方楚地极为盛行，并很可能于春秋时期即已"初现端倪"。当然，这并不是说南方楚地便一定是这种制度的渊源之地，只是意在揭示出楚、汉礼制文化之间的密切关联。恐怕正是基于其在楚地的流行，我们才能在汉初继续见到这样的礼制规定，一如绞衾、偶鼎、椁厢分室等制度一样①。《汉书·广陵厉王胥传》中曾记载，刘胥为得太子之位，"迎（楚地）女巫李女须，使下神祝诅"，会昭帝驾崩，"胥曰：'女须良巫也！'杀牛塞祷"②，可见这种源于楚地的特牛祷祀方式一直被沿用到西汉中期。

最后，必须承认的一点是，当"特牛"、"特羊"被加入到原有的"太牢"、"少牢"、"特豕"这一礼制系统之后，实际上是在汉代形成了日渐混乱的局面，经学家们对于周代用牲制度逐渐形成了截然不同的意见，如《大戴礼记·曾子天圆》："诸侯之祭，牲牛，曰太牢；大夫之祭，牲羊，曰少牢；士之祭，特牲豕，曰馈食。"③显然是将"特牛"、"特羊"直接等同于"太牢"、"少牢"。《礼记·王制》："天子日食大（太）牢，则诸侯日食少牢，大夫日食特牲，士日食特豚。"④又认为特牲高于特豚一等，恐怕也是受到特牲中"特牛"、"特羊"的影响吧（《仪礼》中特豚本就属于特牲）。这在此后千年中仍经常成为聚讼不已的经学问题⑤。不过从《礼记·王制》篇的记载来看，尽管其未必合于周代礼制原貌，但至少能够说明的是，编撰此篇的汉代主流经学家们亦是主张"特牛"、"特羊"应包含于"特牲"之中（特牲既异于特豚，那就只能是特牛、特羊了），且礼制地位介于少牢五鼎和特豚一鼎之间，从而可以进一步印证前文中关于汉代"特牛"祭奠使用三鼎的推断。

当然，事实情况可能远非我们所论述的如此简单，楚人与汉人在对待"特牛"之礼及器用制度上可能即有不同的理解和看法，而周人如何接纳"特牛"、"特羊"之法并将其融入原有的用牲系统中，也只能是基于逻辑和礼经之例进行合理性的推断。目前唯一能够确定的是，周代祭奠的用牲法则显然要比我们原有的认识复杂得多。

---

① 高崇文：《试论先秦两汉丧葬礼俗的演变》，《考古学报》2006 年第 4 期。
② 《汉书》卷六十三《武五子传》，第 2760、2761 页。
③ 方向东撰：《大戴礼记汇校集解》卷五《曾子天圆》，北京：中华书局，2008 年，第 588 页。
④ 李学勤主编：《礼记正义》卷十二《王制》，《十三经注疏》标点本，第 393 页。
⑤ 如《通典·礼典》："诸侯少牢，上大夫特牲，下大夫、士特豚，皆有脯醢醴酒"，当是遵从《礼记》之说；而唐代《开元礼》祭祀昊天上帝用特牲（犊一），先代帝王祭祀用太牢，风师、雨师等则用特羊一，但《唐六典》"诸州祭岳镇海渎先代帝王以太牢，州县释奠于孔宣父及祭社稷以少牢，其祈崇则以特牛"，显然特牛又低于太牢、少牢，颇显混乱。宋代江休复《江邻几杂志》云："掌禹锡判太常，供给享太牢，只判特牛，无羊豕。问礼官，云：'向例如此。'"可知在宋代又认为太牢便是特牛。《清史稿志·吉礼一》则有："牲牢四等：曰犊，曰特，曰太牢，曰少牢。"特又在太牢之上。

西汉中晚期遣策的变迁及其意义

田 天
首都师范大学历史学院

出土于墓葬的简册中,记录随葬物品的"遣策"占有很大比重。这类简册很早就引起了相关学者的注意,已有相当数量的专题研究①。从内容上看,随葬物品清单可分为记录墓主自办陪葬和亲友赗赠财物两类。有学者据《仪礼》记载,将二者分别称为"遣策"与"赗方",也有称后者为"赗书"的。关于二者的定名与异同,学界已有不少讨论②。他人赗赠财物的记录,与墓主家自办随葬财物记录有所不同。不过,秦汉随葬品清单中并非都有赗赠物品的记录,后者在形制上也并不总与墓主自办财物清单有显著区分。这两种记录的定名与相互关系,需另作专门讨论。本文暂不作细致的分辨,姑将这些简册统称为"遣策"。

一、西汉中晚期遣策形制和内容的变化

本文将遣策理解为记录随葬物品的清单。自战国至秦汉,这一清单不断发生着改变。其中有两点特别值得关注:一、形制的变化;二、内容的变化。从目前可见的材料来看,西汉中后期是这两个变化产生的关键时段。

先谈形制的变化。战国时代的随葬品基本都记录在竹简上。至于西汉,木牍开始成为随葬物品清单的新载体。一些墓葬中的随葬物品清单,仅用木牍来记录,不见竹、木简册。如湖北云梦大坟头西汉墓 M1③、江陵凤凰山汉墓 M10④、江苏连云港海州西汉侍其繇墓⑤、

---

① 如李家浩:《包山二六六号简所记木器研究》,《国学研究》第二卷,1994 年;彭浩:《战国时期的遣策》,《简帛研究》第 2 辑,北京:法律出版社,1996 年;刘国胜:《楚丧葬简牍集释》,北京:科学出版社,2011 年;田河:《出土战国遣册所记名物分类汇释》,吉林大学古籍研究所博士学位论文,2007 年。相关研究繁多,不烦具引,可参田河文的总结。
② 如陈直:《长沙马王堆一号汉墓的若干问题考述》,《文物》1972 年第 9 期;高大伦:《"遣策"与"赗方"》,《江汉考古》1988 年第 2 期;米如田:《"遣策"考辨》,《华夏考古》1991 年第 3 期;郑曙斌:《遣策的考古发现与文献诠释》,《南方文物》2005 年第 2 期;杨华:《襚·赗·遣》,《古礼新研》,北京:商务印书馆,2012 年。
③ 湖北省博物馆、孝感地区文教局、云梦县文化馆:《湖北云梦西汉墓发掘简报》,《文物》1973 年第 9 期;陈振裕:《云梦西汉墓出土木方初释》,《文物》1973 年第 9 期。
④ 湖北省文物考古研究所:《江陵凤凰山西汉简牍》,北京:中华书局,2012 年。
⑤ 南波:《江苏连云港海州西汉侍其繇墓》,《考古》1975 年第 3 期。

连云港网疃庄木椁墓①，以及近年发掘的连云港海州西汉墓②等皆是其例。在西汉早中期墓葬群中，也有木牍与竹简同出的情况。如江陵凤凰山汉墓群中，M10出土了木牍一片，其余诸墓（M8、M9、M167、M168、M169）的随葬物品皆记录在竹简上③。马王堆M1的随葬物品皆记录在竹简上④，M3则同时出土了竹简与木方⑤。凤凰山汉墓群诸墓间的年代相差不远，马王堆M3更是二者同出，两组墓葬的时代都在汉武帝之前。似可推测，在西汉初年，遣策经历了一个简牍并行甚至简牍混编的时期⑥。

遣策形制产生变化，首先与简牍本身的发展有关。入秦后，以木牍为载体的文字记录数量明显增加⑦。如云梦睡虎地秦墓M4的家信木牍⑧、云梦龙岗秦墓M6的法律文书木牍⑨、青川郝家坪秦墓M50的田律木牍⑩，以及近年出土的里耶木方⑪等。进入西汉，木牍的使用更为频繁，不烦赘举。虽然如此，木牍并不能取代竹简的地位。上举数件木牍，内容基本限于官私文书。各类书籍仍多以竹、木简的形式流传。进入西汉后，虽有一些木牍书写的书籍，但并不占据多数。与之形成对比的是，竹简书写的遣策自西汉中期以来便基本绝迹了。这种改变，可能与其性质的改变关系更大。这就涉及上文提及的第二个变化：遣策的内容。

遣策所载内容，在西汉中期也有所变化。战国时代的遣策记载的物品种类繁多，从日常生活所用的饮食器具、冠带服饰，到车马旗帜、乐器、食品、生活杂物等，无所不包⑫。西汉中前期，遣策上所载器物的种类依然比较多样。如云梦大坟头木方上记载的物品包括铜质水器、漆器、日用杂器、瓜果、男女偶人等。广西贵县罗泊湾汉墓M1所出木牍，自名"从器志"，记载内容包括衣饰、布帛、兵器等⑬。凤凰山M10记录随葬物品的木牍上，包

---

① 南京博物院：《江苏连云港市海州网疃庄汉木椁墓》，《考古》1963年第6期。
② 连云港市博物馆：《江苏连云港海州西汉墓发掘简报》，《文物》2012年第3期。
③ 凤凰山M9随葬品中有三片木牍，但已被改制为车器。参看湖北省文物考古研究所《江陵凤凰山西汉简牍》一书。
④ 湖南省博物馆、中国科学院考古研究所：《长沙马王堆一号汉墓》，北京：文物出版社，1973年。
⑤ 湖南省博物馆、中国科学院考古研究所：《长沙马王堆二、三号汉墓发掘简报》，《文物》1974年第7期。M3木牍的形式、内容与一般意义上的"遣策"有别，学者对其性质有不同看法。参看[德]傅敏怡（Michael Friedrich）：《论马王堆3号汉墓"告地书"》，《湖南大学学报（社会科学版）》2010年第4期；陈松长：《马王堆三号汉墓木牍散论》，《文物》1994年第6期；《马王堆三号汉墓纪年木牍性质的再认识》，《文物》1997年第1期。本文认为，M3木牍可以看作宽泛意义上的"遣策"，置于本文讨论范围中。
⑥ 洪石已注意到前者。参看洪石：《东周至晋代墓所出物疏简牍及其相关问题研究》，《考古》2001年第9期。
⑦ 胡平生、骈宇骞等学者在研究简牍制度时，将简牍按年代分类整理表列，从中可较为清楚地了解木牍出现的地点及年代。参看胡平生：《简牍制度新探》，《文物》2000年第3期；骈宇骞、段书安：《二十世纪出土简帛综述》，北京：文物出版社，2006年，第43~50页。
⑧ 《云梦睡虎地秦墓》编写组：《云梦睡虎地秦墓》，北京：文物出版社，1981年，第25、26页。
⑨ 中国文物研究所、湖北省文物考古研究所：《龙岗秦简》，北京：中华书局，2001年。
⑩ 四川省博物馆、青川县文化馆：《青川县出土的秦更修田律木牍》，《文物》1982年第1期。
⑪ 湖南省文物考古研究所：《里耶秦简（壹）》，北京：文物出版社，2012年。
⑫ 田河：《出土战国遣册所记名物分类汇释》；刘国胜：《楚丧葬简牍集释》。
⑬ 发掘者推断罗泊湾汉墓为西汉初期墓葬，M1出土木牍五件，其中三件残损，两件完整，留有墨书文字的共三件，木牍出土时位置皆已移动。参看广西壮族自治区博物馆编：《广西贵县罗泊湾汉墓》，北京：文物出版社，1988年，第78~85页。M1中另一件木牍自名为"田器志"，可能用以记录农具，但字迹已漫漶不可辨识。另有木简十数枚，记录食物和器皿名称。皆见《广西贵县罗泊湾汉墓》，第85、86页。

含竹笥、梜、小盂等日用器具,也有豚、脯等食物,还有大奴、大婢等内容①。由于墓主身份的限制,上举诸墓中随葬品的数量与种类之丰富程度各不相同,但都包含了生活用具、兵器、食物、奴婢等多个方面。

至于西汉中晚期,记录随葬品的木牍所记载的物品种类逐渐变得单纯,主要记录衣物和极少量生活杂器,学界习称的"衣物疏"或"衣物券"出现了。如江苏连云港海州西汉中晚期侍其繇墓出土木牍两件,南棺内的一件字迹已消失,北棺内的木牍正面字迹较为清晰,所载全为衣物,对墓葬中其他陪葬品无一提及②。最近发现的连云港海州西汉墓年代也大致在西汉中后期,M1 所出木牍上,记载了镜、节具、尺、刀等物,仍以衣物为主。可见,在西汉中晚期,主要记录随身衣物的木牍,取代了战国以来记录多种类物品的随葬品清单。因为所记物品的种类变得单一,数量也相对减少,这也为将随葬品记录在木牍上提供了客观条件。

二、遣策形制、内容变化的原因

遣策内容变化的原因何在?可从遣策与死者关系、遣策功能和随葬文书组合几方面作一些推测。

先说遣策与死者关系的变化。战国到西汉前期的遣策,多置于边厢、侧室。秦至汉初,这种做法依然通行。有将遣策置于边厢中的,如湖北江陵扬家山秦墓 M135③、江陵张家山 M136④、江陵凤凰山 M10,湖南长沙马王堆 M1、M3;也有置于头厢中的,如云梦大坟头 M1,江陵高台汉墓 M18⑤、江陵凤凰山 M8、M9;湖北江陵凤凰山 M167 的遣策出于椁顶青灰泥中。自西汉中后期开始,遣策木牍开始置于墓主棺内。如连云港网疃庄木椁墓和海州侍其繇墓两个男女合葬墓,皆是男女棺内各出一件木牍。2002 年发掘的连云港市海州区双龙村花园西汉墓的情况与之相仿,两件衣物疏木牍皆置于棺内。海州霍贺墓也是男女合葬墓,仅见一件木牍,出于男棺中⑥。

遣策从置于边厢,到置于棺内,是极为重要的变化。战国以来的遣策,在葬礼仪式中扮演着重要的角色。《仪礼·既夕礼》载:

> 主人之史请读赗。执算从,柩东,当前束,西面。不命毋哭,哭者相止也。唯主

---

① 湖北省文物考古研究所:《江陵凤凰山西汉简牍》,第 90 页。
② 据简报,连云港网疃庄木椁墓的情况与之相似,但木牍字迹已不清,姑置不论。
③ 湖北省荆州地区博物馆:《江陵扬家山 135 号秦墓发掘简报》,《文物》1993 年第 8 期。
④ 荆州地区博物馆:《江陵张家山两座汉墓出土大批竹简》,《文物》1992 年第 9 期。
⑤ 湖北省荆州地区博物馆:《江陵高台 18 号墓发掘简报》,《文物》1993 年第 8 期。
⑥ 连云港陶湾西郭宝墓出土木牍两件,皆位于棺内墓主头侧。江苏盐城三羊墩 M1 为合葬墓,出土木牍一件,在南棺之中。江苏仪征胥浦 M101 为合葬墓,出土木牍一件,置于甲棺(男棺)头部。尹湾汉墓出土木牍,M6 为合葬墓,木牍皆于男棺内墓主足部,M2 出土遣策木牍一件,具体情况不明,仅可从所记衣物了解到墓主为女性。参连云港市博物馆:《江苏东海县尹湾汉墓群发掘简报》,《文物》1996 年第 8 期。对战国至晋遣策在墓中所处位置的梳理,也可参洪石:《东周至晋代墓所出物疏简牍及其相关问题研究》所附《物疏简牍一览表》,《考古》2001 年第 9 期。

人、主妇哭。烛在右,南面。读书,释算则坐。卒,命哭,灭烛。书与算执之以逆出。公史自西方东面。命毋哭。主人、主妇皆不哭。读遣。卒,命哭,灭烛。出。①

"读赗"、"读遣",即当众公布随葬品的名单。从《仪礼》的记载可知,这是葬仪中的重要环节。出土文献也证明了礼书的记载,如长沙仰天湖②、荆州谢家桥③出土的遣策简下方,都有勾画记号的痕迹,能够证明随葬品进入墓圹时曾与遣策逐一核对。从另一个角度理解,这些遣策,作为仪式的一部分存在,对生者也有意义。当遣策开始出于棺内,说明其在殡殓时已被放入棺中④,与丧葬仪式中的"读赗"、"读遣"环节脱离了关系。换言之,遣策与仪式和生者之间的关系变得相对疏远,与死者本人的联系更为紧密。在遣策的发展历程中,这是一个关键变化。

自遣策被置于棺内,这类主要记录随身衣物的木牍,在殡殓后就退出了生者的世界,它们对于死者的实用意义,超越了对于生者的仪式意义。这指示着西汉中期丧葬仪式与生死观念的重大变化。要理解这种变化,首先要理解此时遣策的功能。

遣策功能的明确化,是其内容变动的直接原因。理解西汉中晚期遣策的用途与性质,中古的衣物疏是一条重要线索。现在发现的汉唐之间的记录随葬物品的清单,基本继承了西汉中期的面貌,形制、内容与放置位置都基本相同:以木牍记录随身衣物,置于墓主棺内⑤。这种高度的相似性使我们有理由推测,比起战国时期的遣策,西汉中期遣策与中古衣物疏的关系更为紧密。了解中古衣物疏的功用,有助于理解西汉中期遣策制度的变化。

江西南昌东吴高荣墓的木方在记录衣物时都加一"故"字,如:故练袴一枚、故绢袴一枚、故练两裆一枚,甚至有故帛手巾三枚、故缚头五枚等⑥。江西南昌晋墓 M1 中出土木方的情况与高荣墓基本相同,衣物名称皆注"故"字,除衣饰外,还记有故书箱一枚、故笔一枚、故墨一丸等⑦。强调"故"字的意义何在?长沙北门桂花园出土的一件衣物疏石片⑧,

---

① (汉)郑玄注,(唐)贾公彦疏:《仪礼注疏》,《十三经注疏》阮刻本,北京:中华书局,1980年,第1154页。
② 仰天湖遣策发现时 M167 已被盗掘,遣策出于椁室北侧的边厢。湖南省博物馆、湖南省文物考古研究所、长沙市博物馆、长沙市文物考古研究所:《长沙楚墓》,北京:文物出版社,2000年,第420页。
③ 荆州谢家桥的竹简与竹牍出土时包捆在灰褐色蒲草内,放置于东室,保存完好。荆州博物馆:《湖北荆州谢家桥一号汉墓发掘简报》,《文物》2009年第4期。
④ 在这里,必须特别提出尹湾汉墓 M6 中的"君兄衣物疏"。该木牍每条衣物记录下,都有与衣物数量相符的"丨"记号(《尹湾汉墓简牍》,第23页)。这说明随葬物品在置入棺中时,曾与衣物疏逐一核对。M6 的木牍,发现于男棺墓主足部,说明核对完成于殡殓之时,该衣物疏并不在葬礼上发挥作用。尹湾 M6 出土的遣策木牍共三件,"君兄缯方缇中物疏"与"君兄节令小物疏"中皆无此类记号,这涉及遣策中衣物简与丧葬礼之间的关系。详参拙文《凤凰山汉墓遣策的衣物简与丧葬仪》,待刊。
⑤ 如江西南昌东吴高荣墓出土两件木方,分别置于乙、丙两棺中,记录墓主随身衣物、头饰,以及少量文具与日用品(江西省历史博物馆:《江西省南昌市东吴高荣墓的发掘》,《考古》1980年第3期)。南昌发现的另一座晋墓中,出土一件木方,发现于男棺中,所记内容也为衣饰与文具(江西省博物馆:《江西南昌晋墓》,《考古》1974年第6期)。相关材料还有很多,此不赘引,前引洪石文曾作过一些梳理。也可参看白彬:《南方地区吴晋墓葬出土木方研究》,《华夏考古》2010年第2期。
⑥ 江西省历史博物馆:《江西省南昌市东吴高荣墓的发掘》,《考古》1980年第3期。
⑦ 江西省博物馆:《江西南昌晋墓》,《考古》1974年第6期。
⑧ 李正光:《长沙北门桂花园发现晋墓》,《文物参考资料》1955年第11期。

清楚地解答了这个问题。石片记载：

> 公国典卫令荆州长沙郡临湘县都乡吉阳里周芳命妻潘氏，年五十八，以即日醉酒不禄。其随身衣物，皆潘生存所服饬，他人不得妄认诋债。东海童子书，书讫还海去，如律令。①

这段文字明确地指出，随葬故衣物的原因，在于强调死者的所有权。死者能辨认出这些故物，地下的其他人便不能占有她的财物。这段文字托名"东海童子"，是为了增加保护的有效性。安徽南陵麻桥东吴墓M3出土木方也是一例，这件写有随身衣物的木方最后写道："右杂衣物合八种，是丹杨宣成男子萧礼有。"②声明某某所"有"，同样也是在强调死者本人的所有权③。

了解了陪葬死者生前所用物品的意义，就能够理解汉唐间的衣物疏皆置于棺内，及其主要记录随身衣物与日用品的原因。由此回溯，西汉中后期以来的遣策，应当与中古衣物疏的功能基本一致。这种强调所有权的认识并非始于中古，可以一直上溯至战国时代。可举两例，其一，北大藏秦简《泰原有死者》讲有人死后三年而复生，他为生者讲述葬丧时应注意的问题，云："死人之所恶，解予死人衣，必令产见之。弗产见，鬼辄夺而入之少内。"④随葬的衣物，必定要令死者生时曾见，这样死后便不会为鬼所夺。这种认识，与桂花园遣策所述如出一辙。第二个例子，长沙仰天湖遣策中有"一新智缕（履），□旧智缕（履）"⑤，也明确指出陪葬之物中有死者生前曾使用过的物品⑥。虽然有连续的传统，但三国两晋以来衣物疏对"故物"的强调，则为前代所未见。这种变化，应当就始于西汉中晚期、随身衣物成为遣策的核心内容时。

遣策与其他文书的关系，也是认识其性质的重要参考。西汉中期以来的遣策中有一个特别引人注目的现象，即与名谒同出⑦。试举几例，尹湾汉墓M6出土了一组木牍，置于

---

① 释文从史树青：《晋周芳命妻潘氏衣物券考释》，《考古通讯》1956年第2期。
② 安徽省文物工作队：《安徽南陵县麻桥东吴墓》，《考古》1984年第11期。值得注意的是，除了置于棺内的遣策外，M3还出土了一件木方，置于棺外侧，记录墓室内的随葬器物。
③ 后代这一观念得以延续，如高昌文书"建元廿二年刘弘妻衣物疏"中云："大女刘弘妃随身衣裳杂物，人不得时……""白雀元年衣物券"中有"归蒿里。条衣裳……行，不得留难。时见左（青龙、右白虎、前朱）雀后玄武"。唐以来的衣物疏，受佛道教思想的影响十分明显，但其声明所有权、保护死者携往地下之财物的观念，则渊源有自，与先秦一脉相承。相关研究可参看刘昭瑞：《关于吐鲁番出土随身衣物疏的几个问题》，《敦煌研究》1993年第3期；孟宪实：《吐鲁番古墓出土随身衣物疏的性质与发展》，《新疆地方志》1993年第1期。对中古衣物疏的综合研究，可参看刘安志：《中古衣物疏的源流演变》，《新资料与中古文史论稿》，上海：上海古籍出版社，2014年。
④ 李零：《北大秦牍〈泰原有死者〉简介》，《文物》2012年第6期。
⑤ 编号为简15。湖南省博物馆等：《长沙楚墓》，第422页。
⑥ 遣策中注明"故"字的例子还有不少，不必穷举。巫鸿已经注意到先秦以来陪葬死者生前使用物品的传统，他称呼这些物品为"生器"。不过，他没有描述这一传统中的变化过程。巫鸿：《"生器"的概念与实践》，《文物》2010年第1期。
⑦ 随葬的名刺、名谒本身就是一个专门问题，超出了本文的研究范围，这里仅能就衣物疏与名谒同出的现象略举几例。前引白彬《南方地区吴晋墓葬出土木方研究》也注意到了南方墓葬衣物疏与名谒同出的情况，并尝试作了解释，可参看。

北棺(男棺)足部,出土的木牍中有 10 件名谒,其中两件是墓主师饶的自用谒①。同属西汉晚期的连云港陶湾西郭宝墓出土两件衣物疏、两件名谒,名谒皆为墓主西郭宝本人之物,衣物疏夹名谒之中。连云港海州双龙花园西汉中后期墓葬 M1 二号棺出土 7 件名谒,1 件衣物疏,二者位置关系不明;三号棺所葬为女性,仅出一件衣物疏,没有名谒②。这种情况,在西汉以后仍在延续。如江西南昌晋墓 M1 出土 5 件名谒木简,置于男棺中,皆为男性墓主吴应自用,女棺中出土衣物疏一方。除名谒外,也有其他证明墓主身份的木牍与衣物疏同出的情况。甘肃武威旱滩坡 M19 亦为男女合葬墓,女棺中出土衣物疏一件,男棺中出土墓主姬瑜"故驸马都尉板"、"故建义奋节将军长史板"两件,这两件物品也记录在属男主人的衣物疏上,它们的作用,与名谒相仿。该衣物疏末句曰:"升平十三年七月十二日,凉故驸马都尉建义奋节将军长史武威姬瑜随身衣物疏合卅五种。"③墓主本人名谒与遣策同出,并非偶然,这种现象与前文提及的"所有权"观念有紧密联系。武威旱滩坡 M19 中姬瑜的"授官板"附于衣物疏的目录中,也说明他要将能够证明自己身份的物品带入地下。南昌吴应墓的情况应与之相类。这种做法,实质上与前文所引的长沙北门桂花园衣物疏中"他人不得妄认诋债"的用意相同。除此之外,墓主还希望将自己生前的身份带入地下,以此叩开冥间之门。西郭宝墓将遣策夹在名谒中,其原因应也在于此。女性没有社会身份,其名讳和夫家便只能书于木牍上。

三、结　　语

最后,还有必要简单谈一下西汉中期以来"遣策"的定名问题。尹湾 M6 中出土的三件木牍,自名为"君兄衣物疏"者主要记录随身衣物,并有刀、剑等物;自名为"君兄缯方缇中物疏"者记录各类文具书籍;自名为"君兄节司小物疏"者,记录镜、梳篦、手巾等日常洗沐用品。所以,称呼主要记录随身衣物的木牍为"衣物疏",符合出土文献的自名,定名是合理的。需要讨论的是,如何认识"衣物疏"与"遣策"的关系。

遣策一名,典出《仪礼》,始自叶恭绰,后为学界习用。曾有学者对这一命名提出过质疑④,但综合看来,用这个名称来指代记录随葬物品的清单,仍比较妥当。"衣物疏"一名,通行于西汉晚期至唐代,是随葬物品的清单在这一时期的常用名。战国及西汉初年书写在竹、木简上的随葬品清单,与西汉中晚期至中古所谓"衣物疏",是前后相承的关系。因为二者之间存有替代关系,应当将它们看作同一类文献在不同时期的形态,而非"丧葬文

---

① 连云港市博物馆:《江苏东海县尹湾汉墓群发掘简报》,《文物》1996 年第 8 期。简报没有详细描述木牍之间的位置关系,根据其中图 2《M6 平、剖面图》,似可认为遣策与名谒木牍叠放在一起。
② 连云港市博物馆:《江苏连云港海州西汉墓发掘简报》,《文物》2012 年第 3 期。
③ 李均明、何双全编:《散见简牍合辑》,北京:文物出版社,1990 年,第 26~28 页。释文采用田河:《武威旱滩坡十九号前凉墓衣物疏考释》,《社会科学战线》2012 年第 6 期。
④ 如前引洪石:《东周至晋代墓所出物疏简牍及其相关问题研究》,《考古》2001 年第 9 期。洪文质疑的原因之一,是遣策并非器物自名。我们则认为,正因遣策不是器物自名,其可使用的范围反而更广泛。

书"中的不同文献类目。换言之,所谓"衣物疏"即西汉中后期的"遣策"。

综上所述,墓葬中出土的记录随葬物品的清单,可统称为遣策。在西汉中期,遣策的形制与内容都发生了很大变化。记录载体从竹、木简向主要使用木牍、木方过渡,记录物品的种类也大幅减少,集中于衣物和少量日用品。这种变化的产生,与遣策功用的变化直接相关。西汉中后期开始,随葬的遣策退出了葬礼仪式,即基本退出了生者的世界,与死者本人关系至为紧密。死者携带属于自己的随身衣物,可保证在地下世界不受掠夺。男性死者还可辅以名谒,用以强调身份。西汉中期以来遣策发展出的形制与内涵,直接决定了三国两晋直至唐代的衣物疏的形态。可以将西汉武帝至西汉末年,看作是遣策发展过程中关键的转折点。

必须说明的是,上文对遣策形制与内容变化的探讨,皆基于目前可见的材料作出。出土的随葬物品清单虽已积累了相当的数量,但就空间分布与绝对数量而言,仍具极大的局限性。记录文字的载体,也难以摆脱地域、墓葬等级等因素的影响。从现有材料总结遣策的地域特色或更具体的功用,可能为时尚早。此外,要更深入地理解遣策,还应当结合同一墓葬出土的其他文书进行综合研究。

从双室到单室：魏晋墓葬形制转变过程中的一个关键问题[*]

耿 朔

中央美术学院人文学院

魏晋是中国历史上很特殊的时期，相当多领域发生了非同寻常的变化，并对后世产生了深远影响，学界已有诸多宏论。墓葬作为考古学研究的重要对象之一，颇能反映其时的丧葬观念、社会活动甚至政治话语。半个多世纪以来经过科学发掘的东汉后期至魏晋时期墓葬，已积累了相当数量，分布区域和涉及人群也比较全面，通过学者们的研究已基本揭示出其间发展变化的若干趋势，如整体上由厚葬趋向薄葬，地面设施走向减省，墓室数量逐步减少，壁面装饰快速消退，新出现一套以牛车鞍马、男女侍从为主的仪仗俑群等[①]，其中北方地区的墓葬表现得更为明显。齐东方先生在最近发表的《中国丧葬中的晋制》一文中对魏晋丧葬活动进行了高屋建瓴的阐述[②]。

墓葬形制即墓葬空间布局的呈现方式，作为墓葬文化中至为直观的层面，它的改变不仅可以在砌筑技术和经济水平的层面予以考察，更能敏锐地反映丧葬观念、礼俗甚至制度的嬗变。众所周知，魏晋墓葬在形制方面最引人注目的变化是墓室数量由多变少，单室墓

---

[*] 本文为中国博士后科学基金资助项目"考古学与南朝美术再研究——一种整体史的可能性"（编号2015M581280）研究成果之一。

[①] 对魏晋时期墓葬特征、分期分区、文化因素等问题的探讨，已经有不少成果，研究主要集中在曹魏、西晋都城洛阳，东吴、东晋都城南京等发现较多墓葬的地方，这里略举一些具有代表性的研究：宿白执笔的1974年北大考古系讲义《魏晋南北朝考古》中，分为中原、南方、东北、北方、新疆五个大的区域探讨各类物质遗存，除北方地区外，都涉及魏晋时期的墓葬，其中资料相对较多的中原和长江中下游地区进行了墓葬分期和类型的探讨。20世纪80年代中期出版的两部重量级的综合性考古学论著，对魏晋墓葬总体面貌和几个重要区域的墓葬特点进行总结，在《新中国的考古发现和研究》（北京：文物出版社，1984年）一书中设有"魏晋南北朝墓葬的发掘"一节（杨泓执笔），在《中国大百科全书·考古学》（北京：中国大百科全书出版社，1986年）中列有"三国两晋南北朝考古"（宿白执笔）、"魏晋北朝墓葬"、"洛阳魏晋墓"、"辽阳魏晋墓"（杨泓执笔）、"吴晋南朝墓葬"（罗宗真执笔）、"武昌鄂城东吴墓"（蒋赞初执笔）、"南京吴西晋墓"（袁俊卿执笔）等条目。对某一区域墓葬的深入研究也已展开，如吴小舟《北方地区魏晋十六国墓葬的分区与分期》（《考古学报》1987年第1期）一文成熟运用了考古类型学方法，其中涉及对洛阳等北方地区魏晋墓葬的类型和分期研究，李蔚然《南京六朝墓葬的发现与研究》（成都：四川大学出版社，1998年）一书对南京六朝墓葬各方面现象进行分析。进入新世纪以来，几篇重要的博士论文再次掀起综合研究的高潮，包括韦正《长江中下游、闽广地区六朝墓葬的分区和分期》（北京大学博士学位论文，2002年。在此基础上出版了《六朝墓葬的考古学研究》，北京：北京大学出版社，2011年）、李梅田《中原北方魏晋北朝墓葬分区与分期研究》（北京大学博士学位论文，2002年。在此基础上出版《魏晋北朝墓葬的考古学研究》，北京：商务印书馆，2009年）、吴桂兵《汉晋变迁的考古学研究——以两晋墓葬文化因素为中心》（南京大学博士学位论文，2006年），从而推动诸多问题研究的深入。另外罗宗真、王志高所著《六朝文物》（南京：南京出版社，2004年）一书是迄今对六朝各类物质遗存最为全面的总结，对东吴两晋墓葬多有涉及。

[②] 齐东方：《中国古代丧葬中的晋制》，《考古学报》2015年第3期。

逐渐发展为主流,并一直影响到南北朝墓葬。以往的相关研究一般只略加提及薄葬世风和凋敝经济的大背景,似未见专门性研究,本文拟在前贤工作的基础上,尝试对这一重要历史现象的具体演变过程和背后动因进行探讨。

从中国古代墓葬发展的情况来看,一般来说,墓葬形制往往首先在都城地区发生变化,然后借助政治文化的中心地位及人员的流动,对其时或其后的周边地区产生影响,魏晋墓葬形制转型的过程也符合这一规律。因此本文以魏晋两代都城即洛阳、建康地区的墓葬材料为主要对象,并在必要时结合其他区域的材料进行研究。

在正式开始论述之前,需要对本文使用的有关墓室形态的一些概念加以说明。

从西汉起,"中轴线配置型室墓"开始成为汉地墓葬的主要类型[1],本文所称的"双室"、"单室",即指位于墓葬中轴线上的主要墓室,"双室墓"也就是中轴线上存在前、后两个墓室,"单室墓"指中轴线上只有一个墓室。有时存在带有侧室、耳室的情况,过去常称为多室墓,但这类墓葬的主室规模尺寸要明显大于侧室、耳室,它们在功能的重要性上亦不相等,因此为从墓室性质角度进行更精确的概括,行文中有时称这类墓葬为"双主室墓"、"单主室墓"。与此相关,本文定义的"多室墓"是指一种比较特殊的墓形,与双主室墓的区别在于虽然一般也在中轴线上配置前、后室,或也带侧室、耳室,但后室与侧室、耳室的形制规模差别很小,不表现为双主室。

一、洛阳地区魏晋墓葬形制的大致演化

洛阳地区曹魏、西晋墓葬形制,按照开凿建造方式可以分为三类:主要为竖挖的明券墓[2]和斜掏的暗券墓[3],再分别在土圹或洞室内修建墓室,另外还有一种规模尺寸很小的竖穴土坑墓。

竖穴明券墓的发掘材料主要有孟津送庄三十里铺曹魏太和二年(公元228年)曹休墓[4](图一;图三,2);出土曹魏"正始八年(公元247年)八月"刻铭铁帷帐架的洛阳涧西16工区M2035,一般认为是曹魏晚期墓葬[5](图三,3);简报推断年代可能属于曹魏的偃师杏园M6[6](图三,4)。调查资料有曹休墓附近至少11座形制相似、时代接近的墓葬[7]。在洛阳以外地区,近年发掘的安阳西高穴M2(图二;图三,1)是一座东汉末年的重要墓葬,

---

[1] 参见黄晓芬:《汉墓的考古学研究》,长沙:岳麓书社,2003年。
[2] 明券墓的建造流程是:先开挖近方形土圹,为运土、运送建材和日后下葬等工序留出一条长斜坡墓道,然后在土圹之内构筑砖券墓室,最后夯土回填,地表以上不起封土。
[3] 暗券墓的建造流程是:向下斜掏出土洞,预留出墓道、甬道和洞室,再在土洞里砌筑或修整出墓室,在下葬后封闭墓室,填土掩埋墓道,洛阳地区魏晋时期的暗券墓均不起封土。
[4] 洛阳市第二文物工作队:《洛阳孟津大汉冢曹魏贵族墓》,《文物》2011年第9期。
[5] 洛阳市文物工作队:《洛阳曹魏正始八年墓发掘报告》,《考古》1989年第4期。也有学者认为该墓时代为西晋早期,参见朱亮、李德方:《洛阳魏晋墓葬分期的初步研究》,见《洛阳考古四十年——一九九二年洛阳考古学术研讨会论文集》,北京:科学出版社,1996年,第289页。
[6] 中国社会科学院考古研究所河南第二工作队:《河南偃师杏园村的两座魏晋墓》,《考古》1985年第8期。
[7] 洛阳市第二文物工作队:《洛阳孟津大汉冢曹魏贵族墓》,《文物》2011年第9期。

也属于此类形制①。这些墓葬规模都较大,费工费时,墓室总长度多在10米以上,从墓主身份分析,也可知这些墓葬均为当时的高等级墓葬。

图一 曹休墓发掘后航拍图

图二 安阳西高穴 M2 发掘后墓道情况

从以上墓葬情况看,竖穴明券墓的流行时间在汉末至曹魏时期,即公元3世纪上半叶,它向下构筑墓穴的方式延续此前的传统,洛阳地区的东汉高等级墓葬就普遍采用这种

---

① 河南省文物考古研究所、安阳县文化局:《河南安阳市西高穴曹操高陵》,《考古》2010年第8期。目前,学术界的主流观点认为该墓即曹操高陵,墓葬年代为建安二十五年(公元220年),此为东汉最后一年,从高陵对魏晋墓葬的影响来考虑,也可将其视为第一座曹魏墓葬。

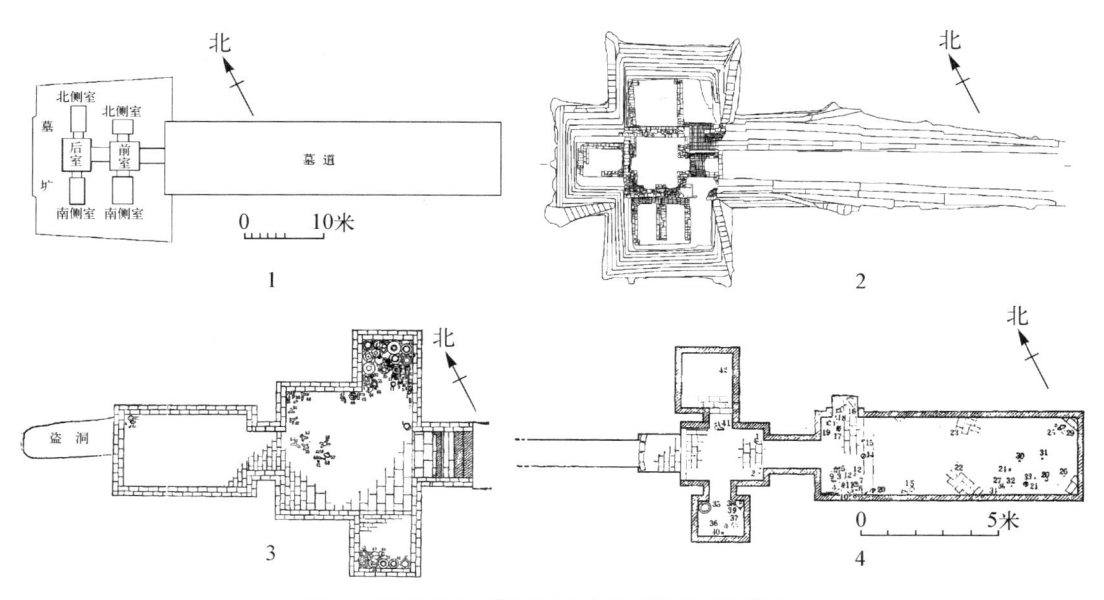

图三 部分汉末、魏晋时期方坑明券墓平面线图
1. 安阳西高穴墓 2. 曹休墓 3. "正始八年"墓 4. 偃师杏院M6

筑墓方式①(图四)。但在墓室形态上,曹魏时期的明券墓相比东汉同类墓葬已经发生了变化,最突出的现象是东汉晚期大型墓葬流行的前、中、后三室格局,此时改为由前、后室构成轴线。也就是说,虽然这些墓葬普遍还带有数量不等的侧室或耳室,但就墓葬中轴线上的主室数量而言,已呈现出简省趋势,似乎在曹魏时期已经完成了向"双主室墓"的演进,这是一个非常重要的变化。同时,墓室平面正处于东汉以来的横前堂型向近方形型转变的过渡阶段,特别是前室变化较为彻底,如曹休墓前室纵长3.5、横宽4.25米,"正始八年"墓前室纵长3.38、横宽3.25米,而安阳西高穴M2前室纵长3.85、横宽3.87米,后两座墓葬的前室平面几乎是方形了。

曹魏中前期有如此之多同类墓葬的存在,应当不是偶然现象,可能具有制度因素。文献中关于这方面也有一点线索,汉献帝刘协禅位后,入魏后受封山阳公,虽无实权,但爵位在列侯之上,《后汉书·孝献帝纪》记其薨于青龙二年(公元234年),"以汉天子礼仪葬于禅陵"②,此"汉天子礼仪"恐怕主要体现在治丧、出殡、追谥等环节上,因为《续汉书·礼仪志》刘昭注引《帝王世纪》描述禅陵的形制是"不起坟,深五丈,前堂方一丈八尺,后堂方一

---

① 考古工作者近年来系统调查了孟津县境内的东汉"邙山陵区"和偃师市境内的"洛南陵区",其中处于"邙山陵区"推测为帝陵级别的五座大冢——大汉冢(M066)、二汉冢(M561)、刘家井大冢(M067)、朱仓大冢(M722)、朱仓升子冢(M707),虽然尚未对墓葬进行发掘,但经勘探得知其墓葬形制均为特大型长斜坡墓道"甲"字形明券(回廊)砖室墓,是邙山地区最大的东汉墓葬。"洛南陵区"六座陵墓的情况不甚清楚,但其中白草坡陵园的钻探结果表明为长斜坡墓道明券墓,砖石构筑,估计形制上与邙山五陵属于同类。处于邙山帝陵区的一些陪葬墓,如M2-925、M2-926、M2-927、M2-771、M2-772,经过钻探调查也都属于这一类型(参见洛阳市第二文物工作队:《洛阳邙山陵墓群的文物普查》,《文物》2007年第10期;洛阳市第二文物工作队、偃师市文物管理委员会:《偃师白草坡东汉帝陵陵园遗址》,《文物》2007年第10期)。

② 《后汉书》卷九《孝献帝纪》,北京:中华书局,1965年,第391页。

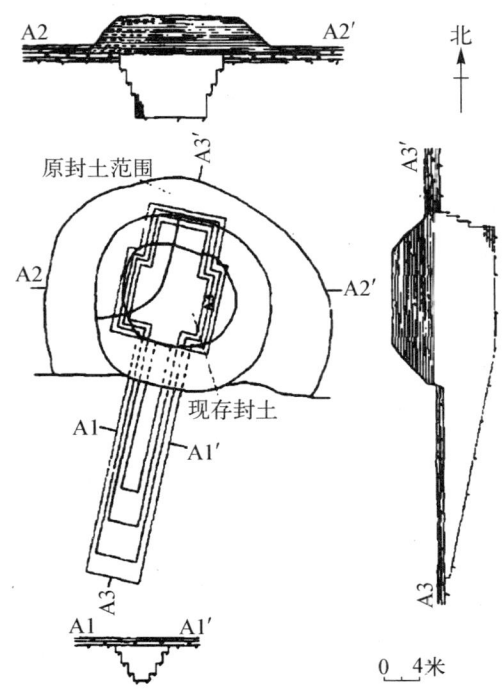

图四 邙山东汉帝陵区 M2-925 钻探平面图

丈五尺,角广六尺"①。"不起坟"是魏晋以来的墓葬特点,显然不是东汉帝陵之制。"前堂方一丈八尺,后堂方一丈五尺",这说明禅陵的地下主体结构为前、后双主室,且平面均为方形,与时代稍早的西高穴 M2 一致,也与曹休墓等曹魏高等级墓葬遵循同样的墓室配置原则。《帝王世纪》成书于西晋,一晋尺为 0.242 米,因此"一丈八尺"约为 4.356 米,"一丈五尺"约为 3.63 米,这个规模与西高穴 M2、曹休墓都在一个范围内。刘协下葬的青龙二年已是明帝在位时期,曹魏进入政治相对稳定、经济情况明显好转的时期,文献记载他去世后"丧葬所供群官之费,皆仰大司农"②,带有强烈的官方色彩。

由此不难推测曹魏高等级墓葬,至少一些墓主身份极高的墓葬,应是直接由官方参与甚至主持修建③,笔者认为方坑明券双主室墓应是曹魏统治集团中最高级成员所采用的墓葬形制,是在制度规定下才能发生的现象。曹魏墓葬在墓室形态方面的转型十分显著,其肇始或许能追溯到疑似魏武帝高陵的安阳西高穴 M2,这大概是曹魏政权建立新型政治文化的一种表现。

与方坑明券墓相比,暗券洞室墓的数量更多,墓葬形制也更为复杂,按建材类别主要可以分为砖室墓和模仿砖室而略加修整建成的土洞墓,另外还有墓室用砖铺地或砌筑矮墙的情况,但整体上还应归为土洞墓。按照墓室多少可分为多室墓、双室墓和单室墓。单个墓室平面形态也有近方形和长方形的区别。

暗券墓在洛阳地区出现得很早,《洛阳烧沟汉墓》公布了一大批两汉时期的暗券土洞墓、砖室墓和砖土混筑墓,从使用情况看,墓主的身份等级一般不高④。这是因为汉代皇帝和贵族选择了上文分析的方坑明券墓,并为之后仍定都洛阳的曹魏王朝继承和有所创新,而且对应的墓主等级也没有变化。与此同时,低等级墓葬还是以暗券墓为主,如出土曹魏五铢和一些具有汉代晚期特征陶器的偃师华润电厂 M100 就是一座暗券土洞墓,同

---

① 《后汉书》志第六《礼仪志》,第 3150 页。
② 《三国志》卷三《明帝纪》裴松之注引《献帝传》,北京:中华书局,1959 年,第 102 页。
③ 一个例证是西高穴 M2 和曹休墓的墓砖极为相似:两墓用砖都分为条形砖、扇形砖和楔形砖 3 种形制,其中条形砖按照简报的描述,西高穴 M2"墓室、甬道和侧室均用长 48、宽 24、厚 12 厘米的大砖垒砌而成",曹休墓"条形砖长 47、宽 23、厚 11~11.5 厘米,主要用于垒砌墓室的四壁和铺地",这种用量最多的砖,它们的尺寸几乎一致,曹休墓的各类砖上还有应属于官方做法的朱书文字和戳记文字,后者可能包括一些工匠或管理者的名字。
④ 中国科学院考古研究所:《洛阳烧沟汉墓》,北京:科学出版社,1959 年。

墓地的 M85、M134 也发现曹魏五铢，都为暗券土洞墓，这个墓地的墓主身份普遍不高①。

根据纪年墓材料和类型学研究，洛阳地区可以判定为西晋时期的墓葬已经很多，尚未见到大型明券砖室墓和砖石混筑墓，可以认为明券墓在进入西晋后很快趋于消失。与此同时，暗券墓成为一时之主流，墓例非常多，从目前材料看，有纪年材料的暗券墓，时代集中在西晋中晚期②。而从墓主身份明确的墓葬情况看，使用暗券墓的墓主身份变得复杂起来，决不限于汉魏时期的社会普通成员。从这个意义上说，曹魏与西晋虽均倡导薄葬，但就墓葬本身的恭俭程度来说，西晋更甚。

如上所述，暗券墓的墓室数量有多室、双室和单室几种情况。多室墓通常与祔葬习俗有关，发现较少，代表性墓葬有元康三年（公元 293 年）裴祗及其家人祔葬墓③（图五，1）、

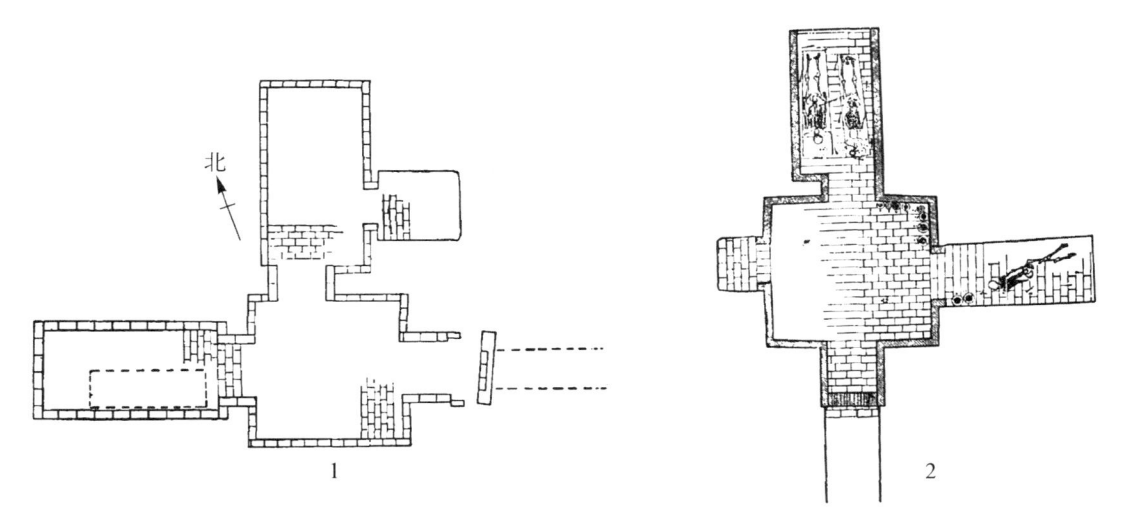

图五　部分西晋时期多室暗券墓平面图
1. 裴祗及其家人祔葬墓　2. 巩义石家庄 M11

---

① 洛阳市文物考古研究院：《偃师华润电厂考古报告》，郑州：中州古籍出版社，2012 年，第 30、34、35、46 页。
② 有纪年材料的暗券墓，时代集中在西晋中晚期，墓例有：太康七年（公元 286 年）右尚方匠左兴妻张氏墓（洛阳市文物考古研究院：《洛阳孟津朱仓西晋墓》，《文物》2012 年第 12 期），太康八年（公元 287 年）"晋故中郎"墓（河南省文化局文物工作队第二队：《洛阳晋墓的发掘》，《考古学报》1957 年第 1 期），太康八年（公元 287 年）庶民苏华芝墓（洛阳市文物工作队：《西晋苏华芝》，《文物》2005 年第 1 期），元康三年（公元 293 年）大司农、关中侯裴祗及家人三代合葬墓（该墓系 1936 年被人盗掘，墓志于 1969 年捐献，现存洛阳博物馆，1979 年旧地建楼，对该墓进行了清理，见黄明兰：《西晋裴祗和北魏元暐两墓拾零》，《文物》1982 年第 1 期），元康三年（公元 293 年）庶民张保妻墓（洛阳市文物考古研究院：《洛阳孟津朱仓西晋墓》，《文物》2012 年第 12 期），元康九年（公元 299 年）贾后乳母、美人徐义墓（河南省文化局文物工作队第二队：《洛阳晋墓的发掘》，《考古学报》1957 年第 1 期；汤淑君：《西晋贾皇后乳母徐美人墓志》，《中原文物》1994 年第 1 期），元康八年（公元 298 年）庶民刘长明妻石好墓（洛阳市第二文物工作队：《河南洛阳市邙山"大汉冢"东汉陵区西晋纪年墓》，《考古》2010 年第 10 期），元康二年（公元 292 年）关部曲将孙龙妻张胜墓（洛阳市文物考古研究院：《洛阳孟津朱仓西晋墓》，《文物》2012 年第 12 期），永康元年（公元 300 年）庶民安文明妻支伯姬墓（洛阳市第二文物工作队、偃师商城博物馆：《河南偃师西晋支伯姬发掘简报》，《文物》2009 年第 3 期；亦见于洛阳市文物考古研究院：《偃师华润电厂考古报告》，第 16~18 页），永宁二年（公元 302 年）御史中丞傅宣之命妇士孙松及其二子墓（河南省文化局文物工作队第二队：《洛阳晋墓的发掘》，《考古学报》1957 年第 1 期；陈直：《对〈洛阳晋墓的发掘〉与〈南京近郊六朝墓的清理〉两文的意见》，《考古通讯》1958 年第 2 期）。
③ 黄明兰：《西晋裴祗和北魏元暐两墓拾零》，《文物》1982 年第 1 期。

简报推测为西晋初期的巩义石家庄 M11①（图五,2）等,如齐东方先生在《三国两晋南北朝时期的袝葬墓》一文所揭:"因袝葬而出现的多室墓既不反映时代的早晚,也与等级制度无关。"②其发展脉络自成一体。双主室墓或单主室墓中所带的侧室,也不乏葬人者,如简报推测为西晋早期的洛阳衡山路 DM115 为一单主室墓,主室内放置随葬品和一具棺,侧室内还并排放置两棺③,显然这个侧室也是为满足袝葬要求而设置的。因此从功能上看,这种形制的墓葬其实可以和因袝葬习俗而出现的多室墓归并为一个类型。

双室暗券墓和单室暗券墓是西晋都城地区墓葬的两种主要形制,两者发现的数量都已不少,两相比较,单室墓的数量要更多。标准意义上的双室墓是指前、后室墓,中间以短甬道相连,前室一般近方形,用来放置随葬品,后室近方形或长方形,主要功能是置棺,这应是两个墓室规范的功能区分。典型墓葬如洛阳西郊 58LSM3088,该墓为前后双室砖墓,从墓葬平面图观察,前室放置几套陶器组合,后室除了有几件陶器外,靠西侧壁置棺一具④（图六,1）。在发掘中也见到另外两种现象,一种是随葬品和尸骨并存于前室而后室

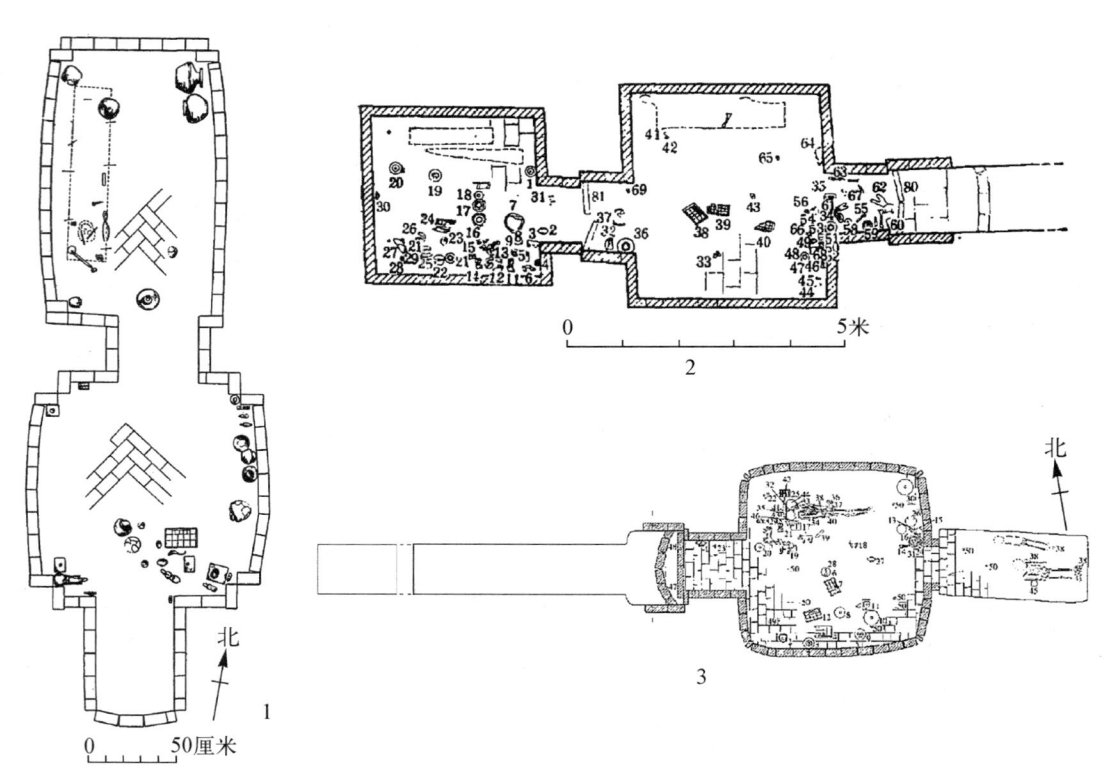

图六　部分西晋时期双室暗券墓平面图
1. 洛阳西郊 58LSM3088　2. 偃师杏园 M34　3. 吉利区 M2490

---

① 河南省文化局文物工作队:《河南巩县石家庄古墓葬发掘简报》,《考古》1963 年第 2 期。
② 齐东方:《三国两晋南北朝时期的袝葬墓》,《考古》1991 年第 10 期。
③ 洛阳市第二文物工作队:《洛阳衡山路西晋墓发掘简报》,《文物》2005 年第 7 期。
④ 考古研究所洛阳发掘队:《洛阳西郊晋墓的发掘》,《考古》1959 年第 11 期。

无棺,如偃师华润电厂 M21 为前后双室土洞墓,前室除了随葬品外,还发现散乱朽骨和棺钉,后室只有少数随葬品,这座墓曾被扰乱①。另一种是前后室都置棺的现象,如偃师杏园 M34 为前后双室砖土混筑墓,前室和后室放置了大量随葬品,前室靠南侧壁发现白灰并有人骨和棺钉,应为一具棺的原始位置,后室靠南侧壁发现了两处棺痕,在白灰底上保留有棺钉数枚,也应是原来停棺的位置②(图六,2)。洛阳吉利区 M2490 也是这种情况③(图六,3)。但这两种现象并不多见,可能有特殊原因,甚至不排除因盗扰等原因导致棺木尸首位置发生了移动。单室墓即将随葬品和棺置于一个墓室之中,墓室的大部分空间用以摆放随葬器物,棺靠后壁或侧壁安放,有单人葬,也有双人合葬(多为夫妇合葬),也就是将双室墓前室和后室的功能合于一室。

那么,中轴线上主要墓室的数量差异反映了什么样的问题呢?比较双室墓和单室墓的墓主身份,可以看出它们对应的社会阶层都很复杂。双室墓中前述偃师杏园 M34,墓中出土大量随葬品,且有残石墓志出土,碑文背面刻有"河东陈巳"等五人籍贯姓名,可能是墓主生前门生故吏,由此可见墓主地位应当不低④。而偃师华润电厂 M32 为双室土洞墓,墓中发现两块砖墓志,其中一块阴刻隶书"代郡杨法生",只载籍贯和姓名,推测墓主生前为庶民⑤。单室墓中,既有推测为帝陵的枕头山 M1、鏊子山 M1 及它们的陪葬墓⑥、贾后乳母徐义墓等高等级墓葬,也为大批庶民所使用,典型例证如孟津朱仓发掘的 14 座墓葬中 11 座为单室土洞墓,其中 6 座墓葬的墓主,根据砖墓志可知为右尚方匠之妻、关部曲将(八品)、太医校尉、庶民等,属于下层官吏和庶民⑦。因此在墓室多寡与墓葬等级关系这个问题上,不仅因祔葬习俗出现的多室墓不代表墓主地位就高,而且双室墓和单室墓之间也不存在等级高低,它们各自涵盖的社会等级面都很宽泛,甚至存在社会上层更倾向使用单室墓的现象。但是,暗券双室墓与单室墓各自的流行时间颇值得注意,目前所知西晋中后期的纪年暗券墓绝大多数为单室墓,政治地位较高的元康九年(公元 299 年)徐义墓颇具代表性(图七),大致反映出单室墓这种

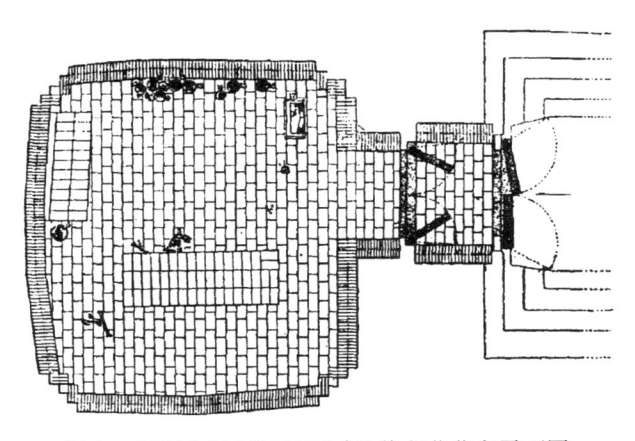

图七 元康九年(公元 299 年)徐义墓墓室平面图

---

① 洛阳市文物考古研究院:《偃师华润电厂考古报告》,第 11、12 页。
② 中国社会科学院考古研究所河南第二工作队:《河南偃师杏园村的两座魏晋墓》,《考古》1985 年第 8 期。
③ 洛阳市文物工作队:《洛阳吉利区西晋墓发掘简报》,《文物》2010 年第 8 期。
④ 中国社会科学院考古研究所河南第二工作队:《河南偃师杏园村的两座魏晋墓》,《考古》1985 年第 8 期。
⑤ 洛阳市文物考古研究院:《偃师华润电厂考古报告》,第 14~16 页。
⑥ 中国社会科学院考古研究所洛阳汉魏故城工作队:《西晋帝陵勘察记》,《考古》1984 年第 12 期;洛阳市第二文物工作队、偃师市文物局:《河南偃师市首阳山西晋帝陵陪葬墓》,《考古》2010 年第 2 期。
⑦ 洛阳市文物考古研究院:《洛阳孟津朱仓西晋墓》,《文物》2012 年第 12 期。

形制在西晋中后期日渐强势。俞伟超先生曾指出大型单室砖墓的流行,是"晋制"形成的一个主要标志①。

从上述分析可知,洛阳地区魏晋墓葬形制的大致演化序列是:曹魏墓葬存在大型方坑明券双主室墓和暗券墓两类,前者为统治集团中的最高层使用,带有等级意义,后者为更广泛的社会阶层使用,但墓主地位一般不高。西晋墓葬几乎均为暗券墓,具体类型多样,从墓室数量上看,存在从双室墓和单室墓并行发展到单室墓成为主流的趋势,大概在西晋后期完成了这一转变。而因祔葬产生的多室墓始终少量存在,不在这个演化序列中。

作为墓葬形制上的重大转变,墓室数量的减少或者说单室墓独大局面的出现,反映了丧葬观念发生了什么样的变化呢?下面笔者尝试从墓葬功能的角度对这个问题进行讨论。

二、魏晋墓葬形制的演变与墓葬祭祀的变化

地下墓葬建筑、装饰、设施和摆放其中的各类随葬品一起组成了礼仪性的空间结构。这个空间结构在不同时代和地域呈现出的规模差异,既与财富的集聚程度有关,也与生死观念的变迁存在联系,前者容易被理解,而后者则隐晦和复杂得多,但它在某些情况下却是导致墓葬面貌发生改变的关键原因。

毫无疑问,墓葬是为亡者准备的。在先秦时代,人们相信死后形神分离,安葬并不是与亡者的真正道别,后者的灵魂将在家族的宗庙中不定期地接受祭祀,这是先秦重"庙祭"的思想基础。在这种情况下,葬礼可能不是丧礼过程中特别重要的部分,当然这不是说对墓葬的营建和随葬品的选取不重视,否则无法解释已发掘的那些规模宏大的先秦墓葬,而是说送葬的队伍在到达墓地后,可能逗留的时间不长,举行的仪式很少。在笔者看来,葬礼中祭奠活动②是否存在和繁简程度,直接决定了地下礼仪性空间结构发挥什么样的作用,也就与我们关心的墓葬形制问题关系密切。

《仪礼》中的丧礼四篇③是先秦时代"士"阶层如何举行丧礼的指导手册,在关涉葬礼的《既夕礼》中,对安葬环节记载极简:"柩至于圹,敛服载之。卒窆而归,不驱。"④这个过程很简单,似乎是安放好灵柩和随葬器物后就封闭墓室,而要急着返回家族的宗庙,因为接下来将在那儿举行隆重的安魂礼,也就是紧接《既夕礼》的《士虞礼》整篇记载的内容。

---

① 俞伟超:《汉代诸侯王与列侯墓葬的形制分析——兼论"周制"、"汉制"与"晋制"的三阶段性》,见《中国考古学会第一次年会论文集》,北京:文物出版社,1980年,第337页。
② 之所以强调是"葬礼中祭奠活动",是因为古代丧礼是一个持续性的礼仪过程,在这个过程中,祭奠活动会间歇式出现,与其他仪节相配合组成完整的丧礼流程。
③ 即《丧服》、《士丧礼》、《既夕礼》、《士虞礼》。
④ (汉)郑玄注,(唐)贾公彦疏,彭林整理,王文锦审定:《仪礼注疏》卷四十一《既夕礼》,北京:北京大学出版社,1999年,第790页。

汉代以前中国墓葬的主流是竖穴"椁墓"①，墓室只为容纳棺椁和随葬品，不为生人的活动提供空间，这种墓葬结构使得送葬队伍不能进入墓室，也就不与地下空间发生联系。那么在葬礼过程中即便存在祭奠活动，也应该是相当简略的，同时只能在墓室之外的地方进行。

大约从战国开始，人们对死后形神关系的认识逐渐发生了变化，并由此产生了对墓葬功能认识的转变。"古礼庙祭，今俗墓祀。……墓者，鬼神所在，祭祀之处"②，代表了东汉人的看法，墓葬既是葬尸的地方，也是栖神的所在。墓葬的地位抬高了，送葬的人们在墓地逗留的时间延长了，相信在安葬过程中已具有祭奠活动，它既是葬礼的一环，本身也可能是包括多个环节的活动。

黄晓芬先生认为战国早期楚墓出现将供献祭祀一类的器物和食品集中放置于椁内一侧的现象，是在墓内辟出祭祀空间做法之端倪，之后经过漫长的演化，到了西汉时墓内出现了明确的祭祀空间，和埋葬空间完全分离。对于财力无忧可以营建起较大规模墓葬的阶层来说，墓内空间开始成为举行祭奠活动的重要场所，这是中国传统墓葬形制的重大变化，通过战国、秦代和西汉早期的过渡，至晚从西汉中后期开始，横向开通的"室墓"取代"椁墓"成为墓葬形制的主流，定型于黄晓芬所定义的"回廊型棺室后位式室墓和中轴线配置型室墓"，这是对上述生死观变化的回应。下葬方式从传统的垂直吊下转变为横向推送，前室的出现为参加葬礼的人提供了进行室内活动的空间，施杰先生指出"这个地下的'祭祀空间'的出现是中国丧葬礼仪的一个重要发展，并重新定义葬礼参与者在塑造墓葬空间中的作用。……在墓室永久关闭之前，生人和死者可以在这个平台上通过祭祀活动来实现幽明两界的沟通"③。

东汉在葬礼过程中确实存在墓内祭祀的情况，根据《续汉书·礼仪志》的记载，东汉皇帝薨后入葬山陵，东园武士奉（灵）车入房和下明器，待"祭服衣送皆毕，东园匠曰'可哭'，在房中者皆哭。太常、大鸿胪请哭止哭如仪。司徒曰'百官事毕，臣请罢'，从入房者皆再拜，出，就位。……皇帝进跪，临羡道房户，西向，手下赠，投鸿洞中，三。东园匠奉封入藏房中。……尚衣奉衣，以次奉器衣物，藏于便殿。……司空将校复土"④。这说明东汉山陵大典包括了墓室内举行的祭奠活动。东汉中晚期特别是首都洛阳墓葬盛行的横前堂，学界普遍认为是祭奠场所，送葬的亲朋故旧把亡者的灵柩推入后室之后，在前室里依次摆放不同质地和类别的随葬品，然后，他们中的一部分人在此举行祭奠仪式。上文提到，这种墓内祭奠是葬礼中祭奠礼仪中的一环，是因为墓室（前室）的空间毕竟有限，肯定容纳不下整个送葬队伍，王符说当时"宠臣贵戚，州郡世家，每有丧葬，都官属县，各当遣吏

---

① 这里使用的"椁墓"和下文的"室墓"，都借用黄晓芬《汉墓的考古学研究》（长沙：岳麓书社，2003年）一书提出的概念。
② （汉）王充著，黄晖撰：《论衡校释（附刘盼遂集解）》，北京：中华书局，1990年，第971、972页。
③ 施杰：《交通幽明——西汉诸侯王墓中的祭祀空间》，见《古代墓葬美术研究》第2辑，长沙：湖南美术出版社，2013年，第93页。
④ 《后汉书》志第六《礼仪志》，第3147、3148页。

赟奉,车马帷帐,货假待客之具,竞为华观"①。而一些汉末显贵和名士的葬礼,赶来送葬的人数更是惊人②。只能想象,有资格进入墓室的是亡者的至亲,熟悉葬礼操作的礼官、儒生或术士,以及某些身份特殊的人物,墓内祭奠神圣、隆重但规模很小,其余多数人还是站立在墓室之外的地面上,相信也有适合他们在地面进行的仪式,空间不同的两个或多个祭奠仪节呈历时性的可能性较大,参与的人也会有部分重合。即便如此,指出存在墓内祭奠这一点仍很重要,因为这个仪节很可能是建造前室的重要原因。

对于财力有限的家族、家庭来说,由于无法营建地下空间较大的墓室,往往建成单室墓。对这种分离关系的表现,采取的是在墓室前部摆放一组用于祭祀的杯、案、盘和勺,以此具备墓内祭奠的意义,构建出一种场景性存在,但人们参与的祭奠活动是在地面举行的。

如前文所述,曹魏时期首都洛阳高等级墓葬使用的方坑明券墓,普遍存在前后双室,西晋时期也有一定数量的前后双室墓,笔者认为,这是对东汉以来这种墓内祭奠旧俗的延续。而西晋时期的单室墓对应的社会阶层日益宽泛,从天子到庶民,大多数人都采用了这种墓葬形制。单室墓空间逼窄,洛阳地区单室墓的墓室长宽多只在三四米左右,放置棺椁和器物之后,根本没有多少容人活动的空间,墓葬的功能似乎又回到了汉代以前以容棺为主。祭祀空间被压缩了,但仍能看到一组以饮食器为中心,摆放在墓室前部的祭奠器物群,汉代财力有限的家族、家庭所采用的表现墓内祭奠的场景性布置,被西晋人继承下来,并且推广到更多的社会阶层。对于那些具有政治和社会地位,且财力无忧的家族、家庭来说,也将原本祭奠活动中最重要的仪节从墓内搬到了墓外。

西晋重臣王祥生前有遗令,其中提到"西芒上土自坚贞,勿用甓石,勿起坟陇。穿深二丈,椁取容棺。勿作前堂、布几筵、置书箱镜奁之具,棺前但可施床榻而已。糒脯各一盘,玄酒一杯,为朝夕奠"③。正是要对汉魏以前墓室设有前堂的做法进行改变,将前后双室缩为单室,对棺前的有限空间稍加布置,略具祭奠之意即可。陆机《大墓赋》云"屯送客于山足,伏埏道而哭之"④,行哭泣的礼节是在墓室之外的墓道。贺循在《葬礼》中说:"至墓之位,男子西向,妇人东向。先施幔屋于埏道北,南向。枢车既至,当坐而住。遂下衣几及奠祭。哭毕柩进,即圹中神位。即窆,乃下器圹中。荐棺以席,缘以绀缯。植羽葆于墙,左右挟棺,如在道仪。"⑤很显然,送葬的人到达墓地后,在墓室以外的地方设幔帐、布器皿、迎柩车,进行"奠祭",哭完之后再将灵柩和随葬器物安放到墓室中去。贺循出自江南会稽贺氏,乃一代大儒,世传礼学,他去世于东晋政权初建的太兴二年(公元319年),亦有西

---

① (汉)王符著,(清)汪继培笺,彭铎校正:《潜夫论笺校正》卷三《浮侈》,北京:中华书局,1985年,第137页。
② 如袁绍兄弟的母亲去世,"归葬汝南,(王)俊与公(曹操)会之,会者三万人"(见《三国志》卷一《武帝纪》裴松之注引皇甫谧《逸士传》,第31页)。郑玄的葬礼上,"自郡守以下尝受业者,缞绖赴会千余人"(见《后汉书》卷三十五《郑玄传》,第1211页)。郭泰去世后,"四方之士千余人,皆来会葬"(《后汉书》卷六十八《郭泰传》,第2227页)。
③ 《晋书》卷三十三《王祥传》,北京:中华书局,1974年,第989页。
④ (晋)陆机著,金涛声点校:《陆机集》卷三,北京:中华书局,1982年,第27页(《陆机集》题作"大暮赋",但校勘记已云"'大暮',《北堂书钞》卷九十二、《初学记》卷十四并作'大墓',宜据改")。
⑤ (唐)杜佑撰,王文锦等点校:《通典》卷八十六《凶礼八》,北京:中华书局,1988年,第2346页。

晋时入洛任太子舍人的经历,所以上述议论不能排除与中原葬俗的联系。他们都是当朝重臣,又是名士硕儒,上述论述或许正反映了出现新型礼仪的要求。西晋洛阳的社会上层普遍以单室墓为主,似乎表明他们受礼制约束程度较深。

在考古发掘中也有一些迹象反映祭奠活动移到墓道靠近墓门、甬道处举行,有两个等级很高的墓例。偃师枕头山 M4 在"甬道内发现三具未经扰乱的动物骨骼:正对墓门放猪骨一具;墓门西侧置狗骨一具;墓门东侧是一条牛大腿。它们显然是有意识埋进墓内的,应与封墓前的祭奠仪式有关"①。根据报告的文字描述并结合对墓葬平面图的观察,所谓的"甬道"是指墓道北端至墓门前的一段,三具骨架所处的位置在青石墓门之外(图八,1),这可以说明当时的祭祀活动不在狭窄的墓内举行,虽然"甬道"和墓道的空间也不大,但祭祀用品毕竟可能放置在墓外可以看到的地方,送葬的大多数人可以站在墓道侧上方的地面上参与和观看祭奠活动。另一个距离洛阳稍远的例子,见于西晋末至东晋初的山东临沂洗砚池 M1,按照简报描述"为砖石结构双室券顶墓",实际也可视为共用一堵前墙的两座单室墓,在"墓门外砌封门墙,东西封至两端挡土墙……该墙呈阶梯状,共分四级……在最上层的中间有一块长方形立砖,砖西侧放置有青瓷四系罐、瓷砚滴、陶羊、铜钱、蚌壳等,应为祭祀用品"②(图八,2)。看来这座墓的祭奠活动也是在墓室外举行的。

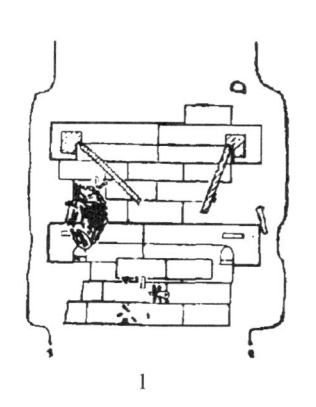

图八 部分西晋墓葬墓外祭祀遗迹
1. 枕头山 M4 墓门外遗物分布情况 2. 洗砚池 M1 墓外"祭台"

由此笔者认为,葬礼中祭奠活动发生在墓内还是墓外,是墓葬呈现前后双室还是单室的原因之一。祭奠活动逐步从墓内移至墓外的习俗,在一定程度上推动了双室墓消失、单室墓独大局面的形成。

这种转变有着深刻的社会和政治背景,概括来说植根于汉末大乱、陵墓被掘的现实冲击。汉代特别是东汉那种"庙、墓之严格区分消失,墓地成为魂(神)、魄共同的居处"③,

---

① 中国社会科学院考古研究所洛阳汉魏故城工作队:《西晋帝陵勘察记》,《考古》1984年第12期。
② 山东省文物考古研究所、临沂市文化局:《山东临沂洗砚池晋墓》,《文物》2005年第7期。
③ 巫鸿:《汉明、魏文的礼制改革与汉代画像艺术之盛衰》,见《礼仪中的美术:巫鸿中国古代美术史文编》,北京:生活·读书·新知三联书店,2005年,第279页。

"墓、庙之合一与新兴的灵魂说造成了墓葬画像艺术在东汉时期的极度繁荣"①的情况,可能逐渐失去思想基础,曹丕提出"冢非栖神之宅"②的激进观点,虽然可能一时还难以被社会大众接受,但大概能推测魏晋时人开始对于地下家园产生了不信任感,对于灵魂能否安稳于内有了焦虑。

西晋是一个重丧的时代,但丧礼的重心发生了转移,服丧环节显得特别重要,文献中有大量关于丧服的讨论。葬礼的地位在汉代达到顶峰后,至魏晋特别是西晋时开始下降,与之相关联的,是晋武帝司马炎极力推行对古礼的恢复,这个古礼不是秦汉之礼而是三代之礼。葬礼中依然还有祭奠活动,但不必再修建规模较大的墓室专辟场所供生人进入举行活动,只需在随葬品的摆放上略具其意即可,祭奠活动在墓室以外进行,节省财力,这应当是所谓"薄葬"的关键内容。

严格来说,即便曹魏、西晋时代的前后双室墓,如前所述,前室已从东汉晚期那种适应多人举行祭祀的横前堂变成了近方形,而与单室墓中器物的组合和位置区别不大,可以视为一种过渡形式。但历史总是有惯性,社会面貌总是复杂和交错的,丧葬活动在很大程度上又是很自主的,朝廷对于丧葬的规定,在某些方面只是礼制层面的指导性意见,不可能所有人都同步完成方式的转变。

在洛阳以外地区,这种影响是有限的,整个西晋疆域内的各地墓葬文化大多保存了本地传统。真正将单室墓演变为全社会共同认可的墓葬形制,是此后南方特别是建康附近的东晋和南朝墓葬。

三、建康地区东晋墓葬的演变及相关问题

建康地区东晋墓葬已发现很多,是本区域六朝墓葬序列中数量最多的一段。其建造方式在整体技术上延续本地孙吴、西晋以来的技术传统,多选择在丘岗的山麓地段营建,先竖挖墓坑,然后普遍在墓坑中砌筑砖室,有的还安设排水设施,亦都属于竖穴方坑砖室墓。

从墓室数量上说,建康地区东晋墓葬分为双室墓和单室墓两大类。单室墓数量远多于双室墓,或带甬道,少数墓例还带一侧室,墓室平面或为近方形,或为长方形,或两侧壁外弧,结顶方式又有四隅券进式穹隆顶、四边结顶式穹隆顶、券顶之不同。

东晋早期的墓葬形制较为多样,包括前后双室墓、四隅券进式穹隆顶单室墓、四面结顶式穹隆顶单室墓、券顶单室墓,但已一改江南东吴西晋时多室、双室、单室墓并行的局面,而突然以平面凸字形的单室墓为主流,墓顶结构中穹隆顶和券顶两大类型平分秋色。

这种突变显然并非本地墓葬形制自行演变的结果,而是外来墓葬文化的直接移入,即

---

① 巫鸿:《从"庙"至"墓"——中国古代宗教美术发展中的一个关键问题》,见《礼仪中的美术:巫鸿中国古代美术史文编》,第568页。
② 《三国志》卷二《文帝纪》,第102页。

南渡的北人在获得政治强力和礼仪优势的情况下,带来了西晋后期逐渐成形的洛阳系统的葬仪,打断了南方墓葬的发展轨迹。随葬品尤其是明器的种类和组合也发生很大的改变,如瓷质明器减少而陶质明器盛行,与墓葬形制的改变一起体现出鲜明的中原西晋葬俗特点。当然也吸收了江南本地墓葬传统的一些内容。

单室墓中的四隅券进式穹隆顶墓最值得重视,它们的墓室平面多近方形,墓主可考者皆为侨姓士族,如象山M7、郭家山M1~M4、老虎山M1、郭家山M9等(图九),分属于琅琊王氏、琅琊颜氏、太原温氏等北方名族①,近方形单室墓正是洛阳地区西晋中晚期墓葬的主流,直接说明当时南来的侨人上层多沿袭了中原旧制。不过洛阳地区的单室墓中的砖室墓,墓顶结构是四面结顶式,而四隅券进式墓顶则是南方孙吴西晋墓葬的传统,这是北方礼仪传统和南方技术传统的一次结合。四隅券进式的墓顶结构使得墓室高度多达3米以上,颇有气势,弥补了墓室平面规模较小的不足,因此是在吸取本地砖室墓砌筑技术的基础上,移来了中原正朔的丧葬礼制。这应是出自东晋政府的规定,至少有一个指导性意见,尤其温峤墓是由东晋朝廷主持修建的陪陵"大墓",更能反映此种墓形的等级意义。由于一些墓葬墓主失考,尚不能完全判断这种墓形准确的适用范围,但就墓主明确和推测可信度较大的几座墓葬,再结合稍早的湖南安乡西晋荆州刺史刘弘墓②来看,大致可以推测其对应高级官吏和侨姓士族。

晋室渡江,洛阳的文物制度陷于外胡之手。司马睿和北来侨族在江东士族的帮助下建立东晋王朝,对于一个政权来说,礼制的确立无疑是头等大事,这是巩固政权、稳定社会秩序、团结各阶层力量的关键措施。晋初制定的《晋礼》百六十五篇,挚虞、傅咸缵续工作未及成功,中原覆没,只有挚虞《决疑注》作为遗事流传后世。永嘉之乱对礼典的破坏使得东晋初建时面临颇多困难,礼文多阙,一批熟谙礼文的朝臣着手进行建设,史籍记载"江左则荀崧、刁协缉理乖紊"③,"江左则有荀崧、刁协损益朝仪"④,刁协"少好学,虽不研精,而多所博涉。中兴制度,皆禀于协"⑤,"中兴建,拜尚书左仆射。于时朝廷草创,宪章未立,朝臣无习旧仪者。协久在中朝,谙练旧事,凡所制度,皆禀于协焉,深为当时所称许"⑥。荀崧于元帝即位后,"征拜尚书仆射,使崧与刁协共定中兴礼仪"⑦,蔡谟"博学,于礼仪宗庙制度多所议定"⑧,王导首倡学校和史官,此外还有贺循,"朝廷疑滞皆谘之于循,

---

① 南京市博物馆:《南京象山5号、6号、7号墓清理简报》,《文物》1972年第11期;南京市博物馆:《南京北郊郭家山东晋墓葬发掘简报》,《文物》1981年第12期;南京市文物保管委员会:《南京老虎山晋墓》,《考古》1959年第6期;南京市博物馆:《南京北郊东晋温峤墓》,《文物》2002年第7期。
② 该墓也是四隅券进式穹隆顶墓,平面方形,每边长3.6米,刘弘生前活动与东晋政权的建立密切相关。参见安乡县文物管理所:《湖南安乡西晋刘弘墓》,《文物》1993年第11期。
③ 《宋书》卷十四《礼志一》,北京:中华书局,1974年,第327、328页。
④ 《晋书》卷十九《礼志上》,第580页。
⑤ (刘宋)刘义庆著,(梁)刘孝标注,余嘉锡笺疏,周祖谟等整理:《世说新语笺疏》卷中之下《方正第五》"周伯仁为吏部尚书"条引虞预《晋书》,北京:中华书局,1983年,第367页。
⑥ 《晋书》卷六十九《刁协传》,第1842页。
⑦ 《晋书》卷七十五《荀崧传》,第1976页。
⑧ 《晋书》卷七十七《蔡谟传》,第2041页。

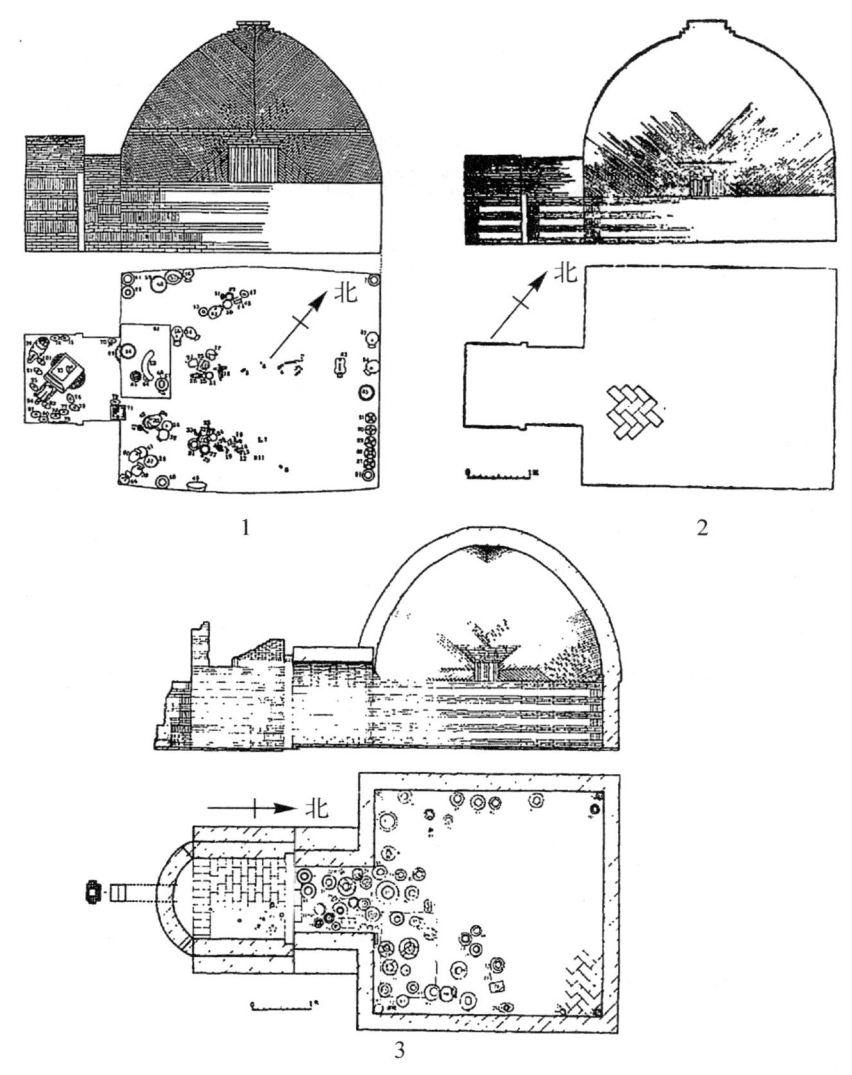

图九　部分建康地区东晋早期四隅券进式穹隆顶墓平剖面图
1. 象山 M7　2. 郭家山 M4　3. 郭家山 M9

循轨依经礼而对,为当世儒宗"①。可见推动东晋初期礼制建设的人物以南渡的侨族士人为主,并得到江东饱学之士的扶助。看来,江左墓葬的这种物化形式显得新颖而突然,却正是东晋建立之初礼制建设、巩固统治过程中的快速产物。

两晋之际南方墓葬变化的原因是非常清楚的。而从目前的资料看,大致到了穆帝永和中期,也就是公元 350 年左右,穹隆顶单室墓基本消失,墓葬面貌只有券顶单室墓一种,或带甬道,面貌十分单一,表现出很强的一致性。此外先前常见的直棂假窗也突然不见,

---

① 《晋书》卷六十八《贺循传》,第 1830 页。

墓壁上仅有灯龛,并开始有外弧的趋势,同时墓室后部设砖棺床的情况增多。大约在公元375年以后,假窗重新出现在墓壁上,而墓葬整体的形制变化不甚显著,但砖棺床和祭台更加普遍,许多墓葬的墓壁外弧更为明显。

东晋早、中期墓葬形制变化的重点是穹隆顶墓和墓壁假窗的消失,中、晚期的变化则主要体现在假窗的再度出现和流行。对此,笔者曾撰文分析,认为是东晋中期对北方军事斗争占优的时局,使得在首都建康或许出现了一股将回葬故园的愿望转化为实际操作的社会行为,墓顶结构抛弃费工的穹隆顶而全部采用简便的券顶,是因为日后总要开墓迁葬的,不需将墓室建得过高过大,有些墓室的高度甚至把人们直立其中进行活动的可能都排除了;象征地面建筑上的窗户的直棂假窗消失,也反映了此时的墓葬不再是模拟地面居所,而只是灵柩暂时寄托的临时场所。而太和四年(公元369年)枋头之败东晋元气大伤和前秦统一北方后大军压境的现实,又使得曾被点燃的北归热情冷却下来,恰在这个时期,墓壁假窗重新出现,墓室规模比前一阶段有所增大,砖台和砖棺床更加普遍,墓葬被再次当作地下居所,是亡者的最后归属[①]。

由上述分析可知,建康地区东晋墓葬形制演变分为三个阶段,其演变动因主要来自时局的改变。西晋洛阳形成的墓葬文化在东晋建康走向定型,单室墓终于成为社会各阶层均认可的墓葬形态。同时,东晋建康地区以外的东晋墓葬也逐渐走上由多室、双室墓向单室墓的转化路径。另外,南京、丹阳等地已经发掘了多座南朝帝陵和王侯墓葬,均为单室砖墓[②],显示了晋墓的深远影响。

[①] 参见拙文《最后归宿还是暂时居所?——南京地区东晋中期墓葬观察》,《南方文物》2010年第4期。
[②] 代表性墓例有:疑似刘宋岩山陵区陪葬墓的隐龙山M1~M3(南京市博物馆、江宁区博物馆:《南京隐龙山南朝墓》,《文物》2002年第7期),丹阳胡桥、建山发现的疑为南齐帝陵的三座大墓(南京博物院:《江苏丹阳胡桥南朝大墓及砖刻壁画》,《文物》1974年第2期;南京博物院:《江苏丹阳县胡桥、建山两座南朝墓葬》,《文物》1980年第2期),疑似梁安成康王萧秀墓(南京博物院、南京市文物保管委员会:《南京栖霞山甘家巷六朝墓群》,《考古》1976年第5期),疑似梁南平元襄王萧伟墓(南京博物院:《南京尧化门南朝梁墓发掘简报》,《文物》1981年第12期),梁桂阳简王萧融墓(阮国林:《南京梁桂阳王萧融夫妇合葬墓》,《文物》1981年第12期),梁桂阳敦王萧象墓(南京博物院:《梁朝桂阳王萧象墓》,《文物》1990年第8期),疑似梁临川靖惠王萧宏墓(南京市博物馆、栖霞区文管会:《江苏南京市白龙山南朝墓》,《考古》1998年第12期),疑似梁昭明太子和其生母丁贵嫔墓(南京市考古研究所:《南京栖霞狮子冲南朝大墓发掘简报》,《东南文化》2015年第4期)。与南朝帝陵或王侯陵有关的还有南京西善桥油坊村罐子山大墓(罗宗真:《南京西善桥油坊村南朝大墓的发掘》,《考古》1963年第6期)、宫山大墓(南京博物院、南京市文物保管委员会:《南京西善桥南朝墓及其砖刻壁画》,《文物》1960年第8、9期合刊)等。

从东晋门阀士族墓葬形制看东晋礼制的制定与终结

金弘翔

四川大学历史文化学院

自 1958 年至今,已在南京地区发现有东晋时期王氏、谢氏、颜氏、高氏、李氏、温氏六大家族的墓葬。而这些墓葬的形制,无论在同一时期,还是不同时期的演变规律上,都展示出了一定的一致性。目前,学界对这些门阀士族墓葬的形制的关注和讨论已经十分丰富,取得了不少深刻的认识,东晋墓葬形制类型学序列建构的相关工作也已经基本完成。故笔者欲在前人类型学研究的基础上,研讨这些墓葬形制背后所反映出的东晋礼制制定时对北方传统的固守和对南渡北方士人的偏向。笔者不揣浅薄,欲将东晋门阀士族墓葬材料与相关西晋、南朝材料联系起来,从中一窥东晋礼制的制定与终结,以此问题求教于学界。

一、东晋门阀士族墓葬形制的特点

现发现的东晋门阀士族墓葬材料,本文均摘入下表。无特殊说明,都为单室墓:

表一　老虎山颜氏墓葬形制简表

墓号	墓主	年代	形制	甬道长(米)	墓室(米)	出处
M1	颜谦妇刘氏	永和元年(公元345年)	穹隆顶砖室墓,近方形凸字形	内进0.83、外进0.69	3.94×(1.65~1.75)×2.61	《考古》1959年第6期
M2	颜䌛、颜䌛妇	东晋	券顶砖室墓,近方形凸字形	内进0.62、外进0.82	4.55×1.91×(2.25~2.3)	《考古》1959年第6期
M3	颜约?	东晋	券顶砖室墓,平面不详	1.06	4.66×(1.9~1.98)×1.49	《考古》1959年第6期
M4	颜镇之	东晋	券顶砖室墓,平面不详	内进0.56、外进0.81	4.63×1.66×2.32	《考古》1959年第6期

表二 吕家山李氏墓葬形制简表

墓号	墓主	年代	形制	甬道长（米）	墓室（米）	出处
M1	李缉、陈氏	升平元年（公元357年）	券顶砖室墓，近长方形凸字形	1.2	4.43×(1.6~1.86)×2.26	《文物》2000年第7期
M2	李𦷾、武氏、何氏	升平元年（公元357年）	券顶砖室墓，近长方形凸字形	1.75	4.34×(2~2.15)×2.72	《文物》2000年第7期
M3	李摹	升平元年（公元357年）	券顶砖室墓，长方形？	1.06	仅余残室	《文物》2000年第7期

表三 郭家山温氏墓葬形制简表

墓号	墓主	年代	形制	甬道长（米）	墓室（米）	出处
M9	始安夫人？	东晋	穹隆顶砖室墓，近方形凸字形	3.15	3.96×3.75×3.38	《文物》2002年第7期
M10	温峤？	东晋	穹隆顶砖室墓，近方形凸字形①	外进1.16，内进1.9	5.6×4.28×4.46	《考古》2008年第6期
M12	温式之荀氏	泰和六年（公元371年）	穹隆顶砖室墓，近方形凸字形	甬道被破坏	4.92×2.64×1.72	《考古》2008年第6期
M13	温嵩之？何氏？	东晋	券顶砖室墓	2	5.36×2.92×3.49	《考古》2008年第6期

表四 仙鹤观高氏墓葬形制简表

墓号	墓主	年代	形制	甬道长（米）	墓室（米）	出处
M2	高崧、谢氏	泰和元年（公元366年）永和十一年（公元355年）	券顶砖室墓，近长方形凸字形	1.75	4.72×(2.2~2.36)×2.9	《文物》2001年第3期
M3	高耆夫妇？	东晋	券顶砖室墓，近长方形凸字形②	1.36	4.94×(2.08~2.14)×2.62	《文物》2001年第3期
M6	高悝夫妇？	东晋	穹隆顶砖室墓，近长方形凸字形	1.72	4.9×(2.8~2.95)×3.44	《文物》2001年第3期

---

① 原报告称长方形，但据一同发表的M10平剖面图来看，可认为是凸字形。南京市博物馆：《南京市郭家山东晋温氏家族墓》，《考古》2008年第6期。

② 原报告称长方形，但据一同发表的M3平剖面图来看，可认为是凸字形。详见南京市博物馆：《江苏南京仙鹤观东晋墓》，《文物》2001年第3期。

表五　象山王氏墓葬形制简表

墓号	墓主	年代	形制	甬道长（米）	墓室（米）	出处
M1	王兴之、宋和之	咸康七年（公元341年）永和四年（公元348年）	券顶砖室墓，近长方形凸字形	0.87	(3.69~3.7)×(1.74~1.75)×1.96	《文物》1965年第6期
M2	不详	南朝	券顶砖室墓，近长方形凸字形	0.8	4.18×1.24×1.76	《文物》1965年第10期
M3	王丹虎	升平三年（公元359年）	券顶砖室墓，近长方形凸字形	不详	4.25×1.15×1.34	《文物》1965年第10期
M4	不详	东晋	券顶砖室墓，近长方形凸字形	1.12	4.54×(2.07~2.09)×2.17	《文物》1965年第10期
M5	王闽之	升平二年（公元358年）	券顶砖室墓，长方形	不详	4.49×1.06×1.31	《文物》1972年第11期
M6	夏金虎	太元十七年（公元392年）	券顶砖室墓，长方形	0.68	4.44×1.25×1.88	《文物》1972年第11期
M7	不详	东晋	穹隆顶砖室墓，近方形凸字形	1.42	3.9×3.22×3.42	《文物》1972年第11期
M8	王仚之	泰和二年（公元367年）	券顶砖室墓，长方形	1.03	4.5×1.95×2.1	《文物》2000年第7期
M9	王建之、刘媚子	泰和六年（公元371年）咸安二年（公元372年）	券顶砖室墓，近长方形凸字形	0.98	4.42×2×2.2	《文物》2000年第7期
M10	不详	东晋	券顶砖室墓，近长方形凸字形	1.22	4.45×2×2.3	《文物》2000年第7期
M11	王康之、何法澄	永和十二年（公元356年）	券顶砖室墓，近长方形凸字形	1.06	4.13×1.8×2	《文物》2002年第7期

表六　司家山与铁心桥谢氏墓葬形制简表

墓号	墓主	年代	形制	甬道长（米）	墓室（米）	出处
M1	不详	南朝	券顶砖室墓，近长方形凸字形	2.38	5.12×2.23×3.15	《文物》2000年第7期
M2	不详	东晋	券顶砖室墓，近长方形凸字形	1.8	5.5×2.1×2.44	《文物》2000年第7期
M3	不详	东晋	券顶砖室墓，近长方形凸字形	1.7	5.65×2.3×2.34	《文物》2000年第7期
M4	谢球、王德光	义熙三年（公元407年）义熙十二年（公元416年）	券顶砖室墓，近长方形凸字形	1.94	5.7×2.18×2.6	《文物》2000年第7期

续表

墓号	墓主	年代	形制	甬道长（米）	墓室（米）	出处
M5	谢温	义熙二年（公元406年）	券顶砖室墓，近长方形凸字形	1.94	6×2.18×2.6	《文物》1998年第5期
M6	谢珫	永初二年（公元421年）	券顶砖室墓，近长方形凸字形①	1.83	4.45×2.25×3	《文物》1998年第5期
M7	不详	不详	毁坏	不详	3.84×2.15×2.3	《文物》2000年第7期

表七 戚家山谢鲲墓与溧阳谢琰墓形制简表

葬地	墓主	年代	形制	甬道长（米）	墓室（米）	出处
南京戚家山	谢鲲	泰宁元年（公元323年）	砖室墓，墓顶结构被毁，双室呈双凸字形	不详	8×2×？	《文物》1965年第6期
溧阳县果园	谢琰	宁康二年（公元374年）？	穹隆顶砖室墓，近椭圆形凸字形	1.22	5.32×2.22×3.73	《考古》1973年第4期

表八 郭家山未知家族墓②

墓号	墓主	年代	形制	甬道长（米）	墓室（米）	出处
M1	不详	永和三年（公元347年）	穹隆顶砖室墓，近方形凸字形	不详	5.03×3.56×4.3	《文物》1981年第12期
M2	不详	不详	穹隆顶砖室墓，近方形凸字形	不详	不详	《文物》1981年第12期
M3	不详	咸和元年（公元326年）	穹隆顶砖室墓，近方形凸字形	不详	不详	《文物》1981年第12期
M4	不详	不详	穹隆顶砖室墓，近方形凸字形	1.92	4.01×3.7×3.15	《文物》1981年第12期
M5	不详	不详	穹隆顶砖室墓，近方形凸字形	前进1.02，后进0.84	4.53×2.1×2.43	《考古》1989年第7期

从上述整理的情况来看，可以归纳出东晋门阀士族墓葬在形制上有以下几个特点：

1. 墓葬平面结构上，除谢鲲墓外，都属单室墓，除王闽之、王丹虎、谢琰三墓外，都为直壁凸字形，可见单室直壁凸字形墓为东晋时期门阀士族墓葬之主流。凸字形又分近方形

---

① 原报告称长方形，但据一同发表的墓葬平剖面图来看，可认为是凸字形。详见南京博物院、雨花区文化局：《南京南郊六朝谢珫墓》，《文物》1998年第5期。
② 有学者认为郭家山M1至M5可能为琅琊王氏王导一支的，基于准确性，本处仍将其视为一处未知家族的家族墓地，并不影响本文结论。

凸字形（图一，1）和近长方形凸字形（图一，2），年代偏早的墓葬一般长宽接近，主墓室呈近正方形的形状，年代较晚的一般墓形修长，主墓室呈长宽比约2∶1的近长方形形状。这可能与东晋早期墓葬使用穹隆顶而中晚期墓葬使用券顶有关。

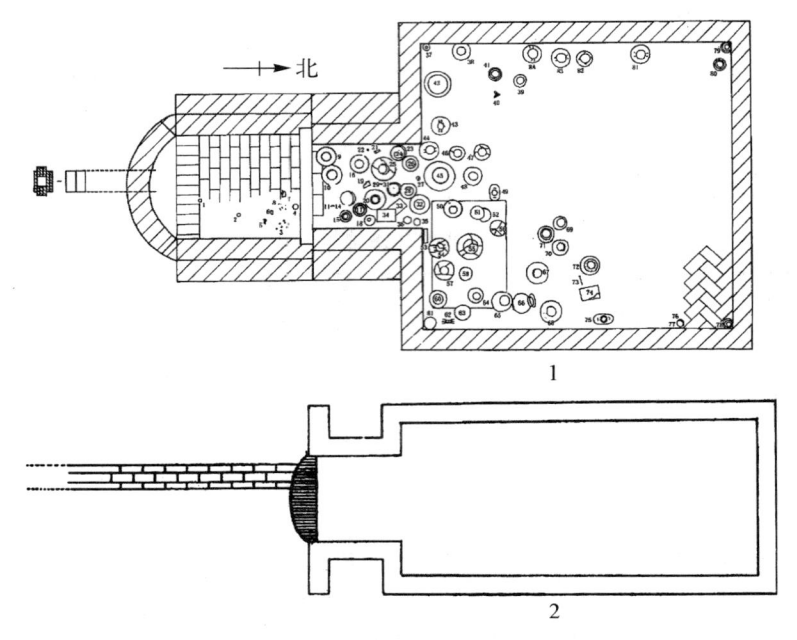

图一　东晋门阀士族墓葬平面结构示意图
1. 郭家山 M9 平面图　2. 南京象山 M4 平面图

2. 墓葬顶部结构经历一个穹隆顶到券顶的过程。东晋早期，门阀士族墓葬一般选择四隅券进式的穹隆顶，到了穆帝永和中期，券顶墓逐渐开始出现并取代穹隆顶墓，成为东晋中晚期以至南朝初期的主流墓顶结构。值得注意的是，东晋早期的四隅券进式穹隆顶做法，往往在两壁或两壁及后壁中部修砌直棂窗与凸字形灯龛，再往上以斜砖砌成穹隆顶。券顶墓取代穹隆顶墓后，跟穹隆顶并无直接建筑结构关系的直棂窗与凸字形灯龛也随之消失。

3. 墓葬大小基本都在长4、宽2米左右。大小尺寸一般在家族内部形成一定的统一，同一家族之间墓葬规模差别不大，不同家族之间墓葬大小与士族地位并无直接联系。高度与选择的结顶技术有关，且差异比较大。穹隆顶墓一般高达4米左右，最低也有近3米，而券顶最高不过3米左右，最低可达1.3米。

4. 同一家族墓内部虽规模尺寸相仿，但墓葬结构的演变，仍遵循第1、2两点所揭凸字形墓室主体由近方形向近长方形转变，券顶墓取代穹隆顶墓的演变规律。

5. 总体来说，东晋门阀士族的墓葬形制较为简单，墓葬普遍较小。《晋书·温峤传》载温峤死后，朝廷"为造大墓"①，而今天郭家桥发现的温氏家族墓地，其最大的墓葬也不

---

① 《晋书》卷六十七《温峤传》，北京：中华书局，1974年，第1795页。

过长5.6米①,足见葬制之简。除门阀士族自己盼望回葬故地外,还应与东晋王朝政府的规定有关。如《晋书·明帝纪》载晋明帝遗诏:"仰惟祖宗洪基,不能克终堂构,大耻未雪,百姓涂炭,所以有慨耳。不幸之日,敛以时服,一遵先度,务从简约,劳众崇饰,皆勿为也。"②

二、东晋门阀士族墓葬的来源与东晋礼制的制定

东晋建康地区的墓葬形制来源于洛阳地区,这个观点前人著述已较详尽③,下文便简要介绍这一观点。

东晋门阀士族墓地早期的主要平面形制是近方形凸字形墓,这与东晋南渡以前建康地区的传统不同。东晋以前的建康及其周边地区,自东吴时期开始,便有着自己独立的发展演变规律。东吴西晋时建康地区有多室墓,如宜兴晋墓④ M5(图二,1);双室墓,如南京郭家山⑤ M7(图二,2);同时单室墓并行。其中单室墓的平面形制颇为多样,有近长方形凸字形墓,如南京雨花区雨花大队西晋墓⑥(图二,3);带小耳室的凸字形墓,如江宁赵史岗⑦ M7(图二,4);近椭圆形凸字形墓,如宜兴晋墓⑧ M6(图二,5);长方形墓,如雨花区长岗村西晋墓⑨(图二,6),未见东晋早期门阀士族墓地的近方形凸字形墓。

主墓室近方形的单室墓是洛阳地区西晋中晚期比较流行的墓葬形制(图三),东晋南渡以后,南渡士人并未"入乡随俗",而是继续使用中原旧制,将中原正统的墓葬制度移来。故有学者认为,"(建康)本地的丧葬传统被打破了,以洛阳为典型的西晋丧葬制度被移植到了这个地区……来自北方的单室墓……扮演了主角"⑩,这是对永嘉南渡后,门阀士族普遍使用北方墓葬制度的很好概括。

东晋建康地区的门阀士族墓地与洛阳地区西晋中晚期墓葬并非完全相似。其区别在于,门阀士族墓地采用四隅券进式穹隆顶(图四),而洛阳地区西晋中晚期采用四面结顶式穹隆顶。四隅券进式墓是建康地区孙吴、西晋墓葬的传统⑪。但笔者并不认为就此可以推断北方文化传统南下时主观上兼顾了南方的传统。

---

① 此处所说温峤墓,为发掘者推测的郭家山 M10。原定温峤墓,现被判断为温峤夫人墓的 M9 更小,长度不到4米。南京市博物馆:《南京市北郊东晋温峤墓》,《文物》2002年第7期;南京市博物馆:《南京市郭家山东晋温氏家族墓》,《考古》2008年第6期。
② 《晋书》卷六《明帝纪》,第164、165页。
③ 邹厚本:《江苏考古五十年》,江苏:南京出版社,2000年,第298~302页。
④ 南京博物院:《江苏宜兴晋墓的第二次发掘》,《考古》1977年第2期。
⑤ 南京市博物馆:《江苏南京北郊郭家山东吴纪年墓》,《考古》1998年第8期。
⑥ 南京市博物馆:《南京雨花台区四座西晋墓》,《东南文化》1989年第2期。
⑦ 江苏省文物管理研究所:《南京近郊六朝墓的清理》,《考古学报》1957年第1期。
⑧ 南京博物院:《江苏宜兴晋墓的第二次发掘》,《考古》1977年第2期。
⑨ 南京市博物馆:《南京雨花台区四座西晋墓》,《东南文化》1989年第2期。
⑩ 韦正:《六朝墓葬的考古学研究》,北京:北京大学出版社,2011年,第107页。
⑪ 韦正:《六朝墓葬的考古学研究》,第140~151页。

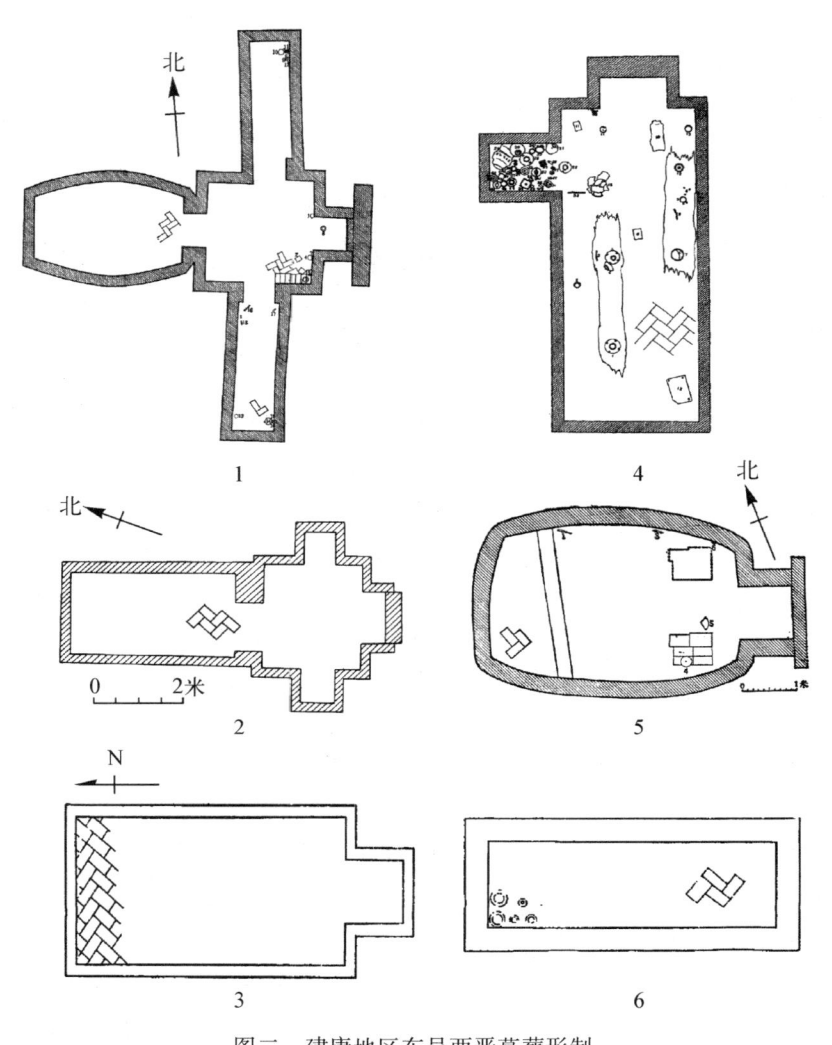

图二　建康地区东吴西晋墓葬形制
1. 宜兴晋墓 M5　2. 南京郭家山 M7　3. 雨花区雨花大队西晋墓
4. 江宁赵史岗 M7　5. 宜兴晋墓 M6　6. 雨花区长岗村西晋墓

从技术的角度来讲，四隅券进式穹隆顶与四面结顶式穹隆顶相比，有明显的力学优势，改变四角受力的抗压结构，使顶部更牢固。南北方土质有一定的差异，所需墓顶结构自然也会不同，加上四隅券进式本就较四面结顶式先进，北方传统的四面结顶式穹隆顶在南渡后吸收南方结顶方法将技术革新，这本无可厚非。故与北来礼仪传统结合的是南方的技术传统而非南方的礼仪传统。

将南方的四隅券进式穹隆顶与洛阳地区近方形墓结合在一起，现在发现最早的是湖南安乡刘弘墓①，其平面为墓壁略弧的近方形，而采用四隅券进式穹隆顶（图五）。像刘弘

---

① 雷明、雷芬：《湖南安乡西晋刘弘墓》，《文物》1993 年第 11 期。

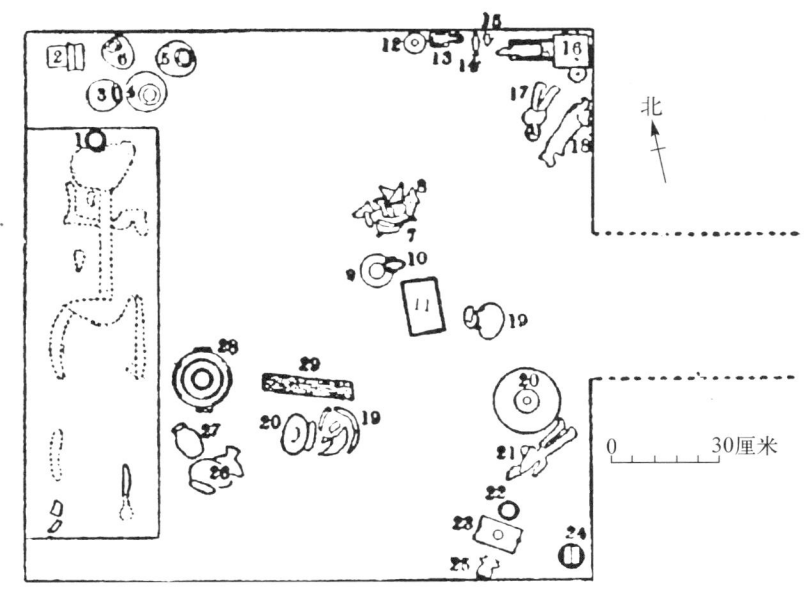

图三　洛阳西郊 M59AM27 平面图

图四　郭家山 M9 四隅券进式穹隆顶砌法

这种身份的人在长江中游地区可能会使用双室或多室墓①，其选择洛阳传统的近方形墓葬，应该与西晋洛阳的规定有关。也说明了穹隆顶以何种方式结顶并不在西晋礼仪的规定当中，刘弘死时，东晋尚未建立，是为力证。

---

① 韦正:《六朝墓葬的考古学研究》，第150页。

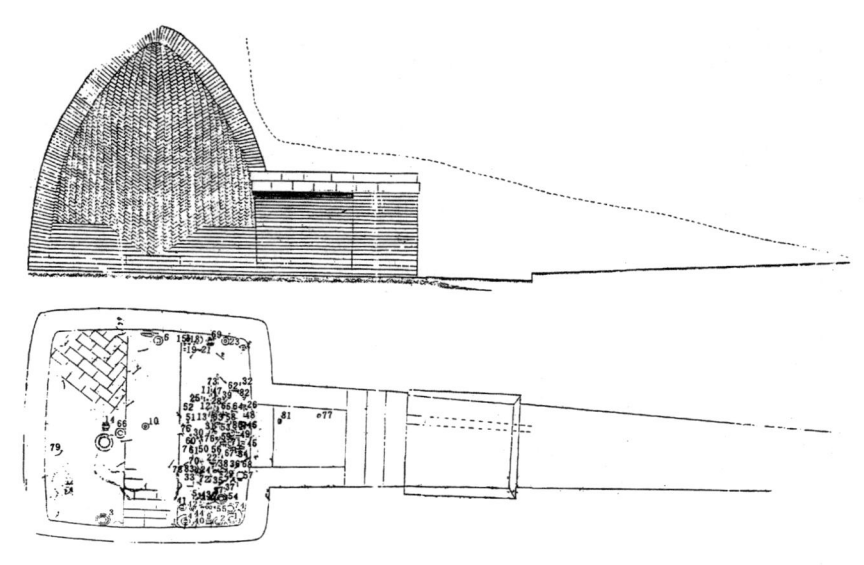

图五　刘弘墓平剖面图

已有学者观察到,大致到了穆帝永和中期以后,穹隆顶墓连同直棂窗与凸字形灯龛基本消失,券顶墓取代了穹隆顶墓①。该学者认为这种现象的出现,是"东晋中期对北方军事斗争占优的时局,使得在首都建康或许出现了一股将回葬故园的愿望转化为实际操作的社会行为"②,因为回到故乡的可能性变大了,故舍弃了原来复杂的穹隆顶,改用简单的券顶,同时将直棂窗与凸字形灯龛这些较为复杂的墓室装饰去掉,仅留下一个暂时安身之所。这种观点应该很符合当时的历史事实,本文不再赘述这时期穹隆顶墓连同直棂窗与凸字形灯龛基本消失,券顶墓取代了穹隆顶墓的原因。需要注意的是,这种变化在东晋门阀士族墓葬中表现出很强的一致性和服从性。

建康下葬的官员都必须使用这种形制,而平民可以选择使用。韦正先生曾将墓主身份明确的东晋墓葬大致依官制排列整理③,查此表可发现,葬于建康地区的官员,都使用北方传统的凸字形墓、方形墓、凸字形长方形墓。这不包括谢琰、孟府君等下葬在建康之外,使用凸字形腰鼓形墓的官员。而无官位的平民如王闽之、王丹虎、谢温等,可以任意使用长方形凸字形墓或长方形墓,故使用长方形凸字形墓虽然不能代表等级比使用长方形墓高,但却可以看出下葬于建康的官员没有使用北方传统以外的墓制。

更能说明问题的是高崧家族墓墓葬的形制变化亦如北方士人。高崧出身南方士族④,按理不需为重返北方故地而将自己的墓葬以暂时的形式放在建康,但他也使用了统一的形制,显示出强力的规定性。

---

① 耿朔:《最后归宿还是暂时居所?——南京地区东晋中期墓葬观察》,《南方文物》2010年第4期。
② 耿朔:《从双室到单室——魏晋墓葬形制转型中的一个关键问题》,见本集。
③ 韦正:《六朝墓葬的考古学研究》,第281页。
④ 《晋书》卷七十一《高崧传》载:"高崧,字茂琰,广陵人也。"(第1894页)

墓葬与礼俗

综上所述,北方传统的墓葬制度,直接移植到南方土地上,其形制应该遵循东晋政府的规定,或是东晋政府给出的指导性意见,并根据南方实际做了一定的技术革新。

东晋初立之时,"朝臣无习旧仪者"①。丧葬历来是国家礼仪中"凶礼"的重要组成部分。故东晋初年制礼时,应该会将丧葬这件大事制入礼中。

《南齐书·礼志》记载,有晋一代治礼,晋初司空荀𫖮等人作有《晋礼》一百六十五篇,后挚虞、傅咸续作而因中原覆没未能成功,只有挚虞《决疑注》流传下来②。永嘉南渡,东晋立朝未久,旧仪缺失,便着急制新礼③,见于史书的制礼者有荀崧、刁协、蔡谟④、贺循⑤四人。荀崧,颍川临颍人⑥;刁协,渤海饶安人⑦;蔡谟,陈留考城人⑧;贺循,会稽山阴人⑨。但事实上真正参与制礼的,是荀崧、刁协、蔡谟三个北来士人。《晋书》记载,元帝"使崧与协共定中兴礼仪"⑩,又记载蔡谟"博学,于礼仪宗庙制度多所议定"⑪;而贺循的工作,《晋书》记载"朝廷疑滞皆谘之于循,循辄依经礼而对"⑫,即只是制礼过程中的顾问而已,并无上述三人制礼之实权,即使"时尚书仆射刁协与循异议,循答义深备,辞多不载,竟从循议焉"⑬,对礼仪的学识远远超过刁协,最终主持修礼的依然是刁协,制礼时朝廷对北方士人的倾向可见一斑。而刁协其人,又是轻视南方士人的北来士人代表,《晋书·周𫖮传》载"于时中州人士佐佑王业,而𫖮自以为不得调,内怀怨望,复为刁协轻之,耻恚愈甚"⑭,此人制礼,当然很难对南人有所偏向。

故东晋制礼之初,便是以北方士人利益和诉求为出发点的。本来东晋南渡,以旧礼安抚北来士人无可厚非,政府也采取过例如侨置郡县等其他办法安抚北来士人。但这种制礼办法在文化上的直接移植,反映的是强烈的北方正朔观念,和门阀士族在政治和文化上的绝对强势,造成了南北文化传统的对立。

丧葬制度是汉民族文化中非常重要的内容之一,也是最为保守的因素之一。在丧葬礼仪的制定上,东晋王朝尚如此迁就北来士人尤其是门阀士族,可知其他与士人休戚相关的礼仪制度也会像墓葬形制那样隔绝南北士人之间的联系。而这类北来南用的礼仪,最

---

① 《晋书》卷六十九《刁协传》,第1842页。
② 《南齐书·礼志》载:"晋初司空荀𫖮因魏代前事,撰为《晋礼》,参考今古,更其节文,羊祜、任恺、庾峻、应贞并共删集,成百六十五篇。后挚虞、傅咸缵续此制,未及成功,中原覆没,今虞之《决疑注》是遗事也。"见《南齐书》卷九《礼志》,北京:中华书局,1972年,第117页。
③ 《晋书》卷六十九《刁协传》载:"于时朝廷草创,宪章未立,朝臣无习旧仪者。协久在中朝,谙练旧事,凡所制度,皆禀于协焉,深为当时所称许。"(第1842页)
④ 《南齐书》卷九《礼志》载:"江左仆射刁协、太常荀崧,补缉旧文,光禄大夫蔡谟又踵修辑朝故。"(第117页)
⑤ 《晋书》卷六十八《贺循传》载:"朝廷疑滞皆谘之于循,循辄依经礼而对,为当世儒宗。"(第1830页)
⑥ 《晋书》卷七十五《荀崧传》,第1975页。
⑦ 《晋书》卷六十九《刁协传》,第1842页。
⑧ 《晋书》卷七十七《蔡谟传》,第2033页。
⑨ 《晋书》卷六十八《贺循传》,第1824页。
⑩ 《晋书》卷七十五《荀崧传》,第1976页。
⑪ 《晋书》卷七十七《蔡谟传》,第2041页。
⑫ 《晋书》卷六十八《贺循传》,第1830页。
⑬ 《晋书》卷六十八《贺循传》,第1830页。
⑭ 《晋书》卷五十八《周𫖮传》,第1573页。

先需要遵守并乐于奉行的,是固守郡望的王谢等门阀士族。身居南方而依然可以使用北方礼仪,使得门阀士族更加固守自己的传统与郡望。

从本文研究的所有门阀士族墓地所出的大量墓志看,仅有琅琊王氏的王闽之娶了南方士族的吴兴施氏①,王康之娶了庐江潜何氏②,其余全部为北方大族联姻。而王闽之其人,出身琅琊王氏却无一官半职,发掘报告据此认为王闽之是游手好闲的纨绔子弟③,并非门阀士族中的青年才俊。这便是门阀士族固守传统的一种顽固体现。这种做法使得无法与侨置地的乡族士人结合,仍以"冢中枯骨"自傲,最终被融入乡族社会的中下层士族所取代,门阀士族政治也最终在南朝瓦解。而关于门阀士族抱残守缺、走向腐朽,中下层士族乃至寒族积累实力取得兵权并最终取代门阀士族的相关问题,历史学界已经讨论甚繁④,笔者不再赘述,仅希望从墓葬制度与礼仪制定角度,提供一些新的线索。

三、墓葬制度的演变与东晋礼制的终结

以门阀士族为核心的东晋,最终被以寒族士人为核心的刘宋所取代,门阀士族墓葬的形制也走向了终结。刘宋代晋后,高等级墓葬中,门阀士族墓葬后期所采用的近长方形凸字形墓迅速被近椭圆形凸字形墓所取代。现在能见的规整的高等级长方形凸字形墓,仅刘宋元徽二年(公元474年)明昙憘墓⑤一座(图六,1),南京象山M2⑥(原报告未公布平面图),司家山M1⑦、M6⑧(图六,2),其墓壁都出现了不同程度的弧度。而南朝王侯乃至皇帝一级的陵墓,四壁外弧,平面呈椭圆形极为明显(图六,3、4)。这种急剧的突变显然并非是高等级墓葬形制自行演变的结果,应该是有一定的政治命令和政治倾向在其中的。

东晋门阀士族墓葬,代表的是东晋政治权力最为核心的一部分人的墓葬。上文已揭,这种丧葬制度直接来源于西晋洛阳。故东晋门阀士族墓葬的墓葬形制可看作是东晋墓葬形制的代表。刘裕以汉室后裔自居,《宋书·武帝本纪》载他是"汉高帝弟楚元王交之后"⑨,即刘裕是为距其近600年的刘邦之弟的后人。刘裕身份是否属实我们尚且不管,但其为使自己拥有称帝北伐的政治资本,保证自己王权的正统,将汉朝作为自己模仿的榜

---

① 南京市博物馆:《南京象山5号、6号、7号墓清理简报》,《文物》1972年第11期。
② 南京市博物馆:《南京象山11号墓清理简报》,《文物》2002年第7期。
③ 南京市博物馆:《南京象山5号、6号、7号墓清理简报》,《文物》1972年第11期。
④ 万绳楠整理:《陈寅恪魏晋南北朝史讲演录》,合肥:黄山书社,1999年,第172页;唐长孺:《南朝寒人的兴起》,见《魏晋南北朝史论丛》,石家庄:河北教育出版社,2000年;祝总斌:《试论东晋后期高级士族之没落及桓玄代晋之性质》,《北京大学学报(哲学社会科学版)》1985年第3期;陈勇:《刘裕与晋宋之际的寒门士族》,《历史研究》1984年第6期。
⑤ 李蔚然:《南京太平门外刘宋明昙憘墓》,《考古》1976年第1期。
⑥ 南京市文物保管委员会:《南京象山东晋王丹虎墓和二、四号墓发掘简报》,《文物》1965年第10期。
⑦ 南京市博物馆、雨花区文化局:《南京司家山东晋、南朝谢氏家族墓》,《文物》2000年第7期。
⑧ 南京市博物馆、雨花区文化局:《南京南郊六朝谢琉墓》,《文物》1998年第5期。
⑨ 《宋书》卷一《武帝本纪》,北京:中华书局,1974年,第1页。

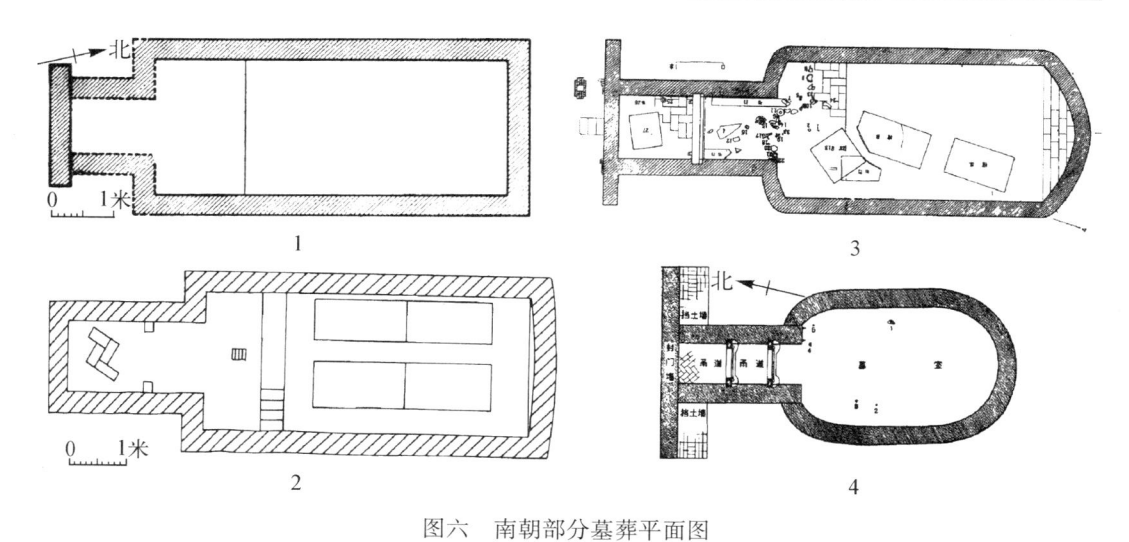

图六　南朝部分墓葬平面图
1. 刘宋元徽二年明昙憘墓　2. 司家山 M1　3. 萧象墓　4. 南京西善桥油坊村南朝大墓

样而与晋朝尤其是东晋分割,在丧葬一事上,体现得比较突出。《宋书·礼志》记载"宋明帝又断群臣初拜谒陵,而辞如故。自元嘉以来,每岁正月,舆驾必谒初宁陵,复汉仪也"[1],是刘宋王朝复兴汉制的力证。汉亡以后,三国两晋各种政权都以遵循汉制来显示自己的正统地位,《晋书·礼志》载"魏晋以来,大体同汉"[2]。因此刘宋改制以后,齐梁二代出于政治正统和对抗北朝的考虑,也沿用了刘宋这套体制,故南朝四代,都沿用了这种墓葬形制,从而整个南朝都使用了这种与东晋割裂的墓葬形制。

然而刘宋并没有实力真正在墓葬形制上恢复汉仪,当时人恐怕也很难确知汉代墓葬制度的地下部分,近椭圆形凸字形墓为建康地区东吴西晋时的一种地方墓葬形制,而使用这种形制的,有南方豪族宜兴周氏。值得玩味的是,东晋初年,门阀士族政治的缔造者之一,权臣王敦杀南方豪门士族周札并灭其族[3]。随即上文所述东晋门阀士族所带来的北方传统则取代了南方的墓葬传统,并以礼制规定的形式存在了下去。

而这类近椭圆形凸字形墓并没有消失。未在建康下葬的一些官员墓使用了这一形制,上文提及的谢琰墓即为一例(图七,1),另外还有马鞍山地区发现的东晋始兴相、散骑常侍孟府君墓[4](图七,2)。谢琰虽墓志自表郡望为"陈郡阳夏县",发掘简报考定他并非谢鲲、谢衷一支[5],应是准确的。而且谢琰不过溧阳令、散骑常侍,未葬于陈郡谢氏活动频繁的豫章、建康和会稽,大致可推测其虽有门阀士族出身,但因种种原因地位偏低,属于门阀士族中失意的一类。孟府君史料无传,孟氏也非高门望族,应是普通的士族。这类在建

---

[1] 《宋书》卷十五《礼志》,第 407 页。
[2] 《晋书》卷二十《礼志》,第 613 页。
[3] 《晋书》卷九十八《王敦传》载:"敦又忌周札,杀之而尽灭其族。"(第 2561 页)
[4] 安徽省文物工作队:《安徽马鞍山东晋墓清理》,《考古》1980 年第 6 期。
[5] 南京博物院:《江苏溧阳果园东晋墓》,《考古》1973 年第 4 期。

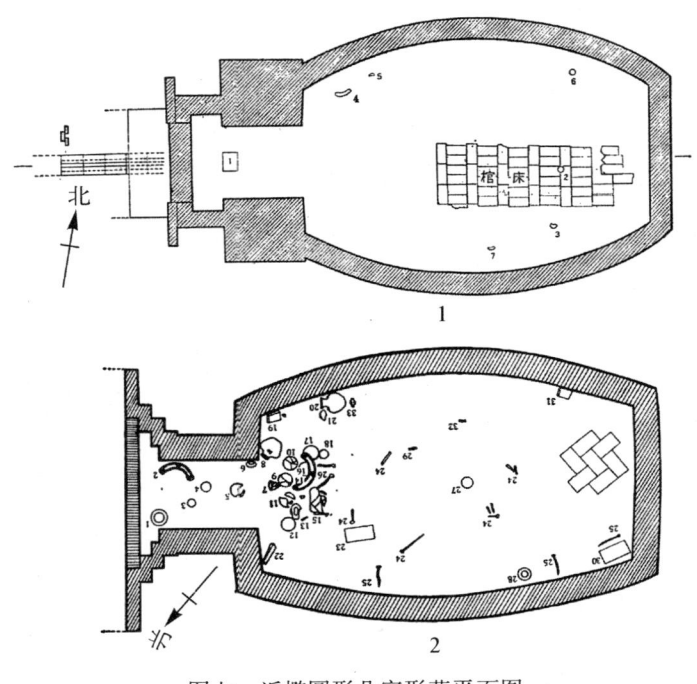

图七　近椭圆形凸字形墓平面图
1. 谢琰墓　2. 孟府君墓

康附近,受东晋王朝管辖较松的士人,采用了当地习惯的葬俗,从中可窥见东晋乡族在笼络失意门阀士族和中下层士族,而这两类士人也选择了融入乡族。

刘宋重新将这种江南豪族所使用的墓葬形制复兴,也说明了刘宋皇帝寒门出身能扳倒东晋,依托的势力有很大一部分为当地乡族。这也为上文中"门阀士族固守自己的传统与郡望,无法与侨置地的乡族士人结合,仍以'冢中枯骨'自傲,最终被融入乡族社会的中下层士族所取代"的论述,提供了一定的支持。

四、结　语

本文通过对墓葬形制的梳理,发现东晋门阀士族的墓葬,经历了一个由早期四隅券进式穹隆顶近方形凸字形墓向券顶近长方形墓转变的过程。

结合建康本地和其他地区的考古发现,判断其形制来源当是洛阳地区西晋中晚期的比较流行的墓葬形制,并认为这种形制的确定受到由代表北方士人利益和诉求的学者制定的东晋礼制的影响。东晋王朝用这套直接从北方移植过来的礼仪安抚北来士人,使门阀士族身居南方而依然可以使用北方礼仪,从而使得门阀士族更加固守自己的传统与郡望,促使门阀士族权力更加膨胀。

但另一方面,这种固守使门阀士族无法与侨置地的乡族士人结合,仍以"冢中枯骨"

自傲,在多种因素的影响下,最终使得门阀士族被融入乡族社会的中下层士族所取代,门阀士族政治也最终在南朝瓦解。门阀士族墓葬使用的形制也被刘宋复兴的吴晋时期建康地区豪族使用的墓葬形制所代替。

另外,在对门阀士族墓地形制进行归纳总结时,发现有四座墓的形制比较特别。前文已述,东晋一朝门阀士族墓地的形制及形制的演变规律高度一致,故将除上文已探讨的谢琰墓外的三个特例单独进行分析。

1. 谢鲲墓

东晋门阀士族墓葬仅谢鲲墓一座双室墓。谢鲲墓平面呈双凸字形,前室近方形,后室长方形,前后室宽度相等,整个墓室平面成轴对称,使得整个墓室平面看起来十分规整(图八,4)。西晋时期洛阳传统的双室墓如洛阳西郊58LSM3088①(图九,1)、偃师杏园② M34(图九,2)等,虽然也都呈双凸字形,但前后室宽度往往不一,不如谢鲲墓规整。

谢鲲墓的墓葬形制来源应该是建康地区的原有传统。南京雨花台区板桥石闸湖晋墓③(图八,1)、江宁索墅砖瓦厂④ M1(图八,2)、南京柳塘村西晋墓⑤(图八,3)等西晋墓地采用的墓葬形制与谢鲲墓极其相似。谢鲲下葬之时,谢氏并未成为高门望族,其自然无法享受东晋王朝南渡所带去的墓葬工匠,使用当地葬法,也是合理的。

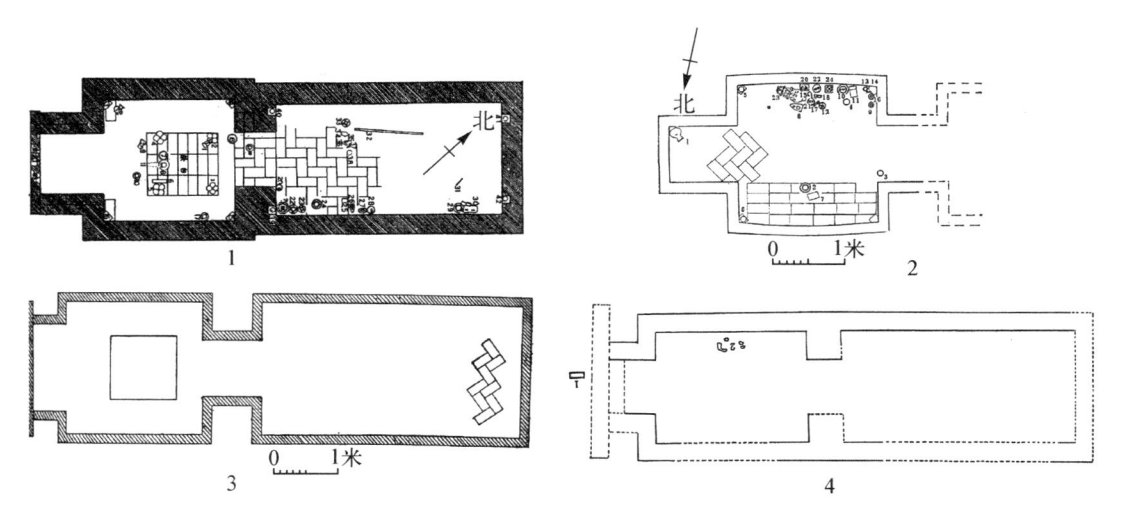

图八 建康地区西晋双室墓与谢鲲墓平面图
1. 雨花台区板桥石闸湖晋墓 2. 江宁索墅砖瓦厂M1 3. 柳塘村西晋墓 4. 谢鲲墓

---

① 考古研究所洛阳发掘队:《洛阳西郊晋墓的发掘》,《考古》1959年第11期。
② 中国社会科学院考古研究所河南第二工作队:《河南偃师杏园村的两座魏晋墓》,《考古》1985年第8期。
③ 南京市文物保管委员会:《南京板桥镇石闸湖晋墓清理简报》,《文物》1965年第6期。
④ 南京市博物馆:《南京狮子山、江宁索墅西晋墓》,《考古》1987年第7期。
⑤ 南京市博物馆:《江苏南京邓府山吴墓和柳塘村西晋墓》,《考古》1992年第8期。

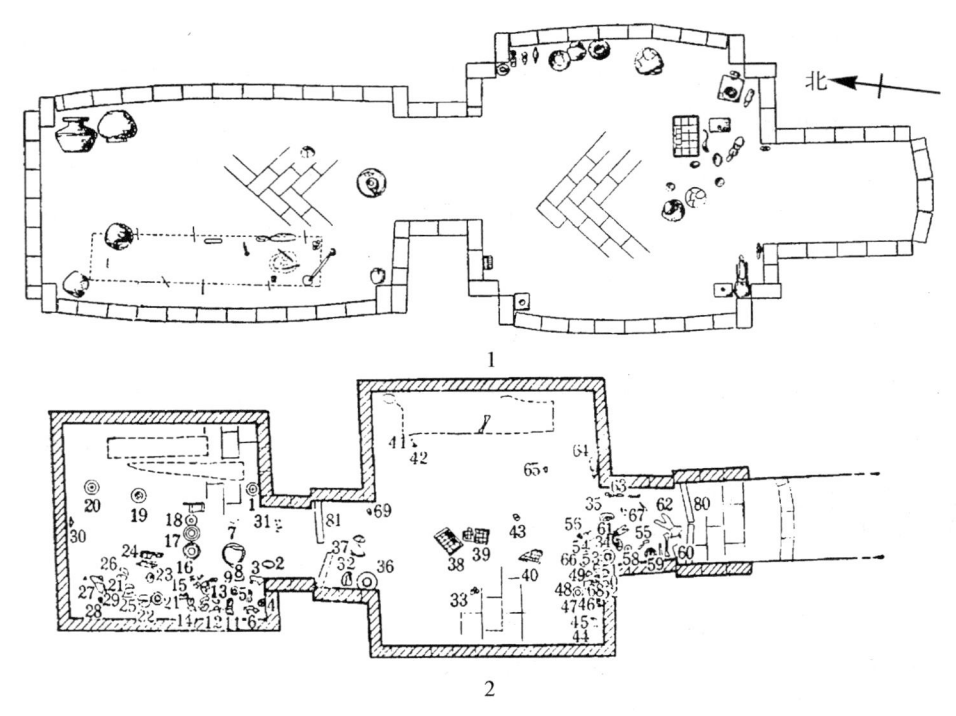

图九　洛阳地区西晋双室墓平面图
1. 洛阳西郊 58LSM3088　2. 偃师杏园 M34

2. 王闽之、王丹虎墓

东晋门阀士族墓葬仅象山王氏墓地王闽之、王丹虎墓（图一〇，1）为长方形。这类墓同样见于建康地区的墓葬传统。如南京梅家山① M1、M2、M3，扬州胥铺② M8（图一〇，2），雨花区长岗村西晋墓③（图一〇，3），都采用了这种简单的长方形墓的形制。

从本文研究的所有门阀士族墓地所出的大量墓志看，仅有琅琊王氏的王闽之娶了南方士族的吴兴施氏④，王康之娶了庐江潜何氏⑤，其余全部为北方大族联姻。但就王氏本身而言，南北联姻的比例是很高的。文献记载中王导也曾希望与南方士族联姻，《世说新语》载"王丞相初在江左，欲结援吴人，请婚陆太尉"⑥，此事《晋书》亦有载。王导为东晋初期杰出的政治家，此举深谋远虑。

与其他门阀士族排斥南人不同，王导出于政治考虑采取主动联姻。从王彬家族与南

---

① 屠思华、李鉴昭：《南京梅家山六朝墓清理记略》，《文物参考资料》1956年第4期。
② 胥浦六朝墓发掘队：《扬州胥浦六朝墓》，《考古学报》1988年第2期。
③ 南京市博物馆：《南京雨花台区四座西晋墓》，《东南文化》1989年第2期。
④ 南京市博物馆：《南京象山5号、6号、7号墓清理简报》，《文物》1972年第11期。
⑤ 南京市博物馆：《南京象山11号墓清理简报》，《文物》2002年第7期。
⑥ （刘宋）刘义庆著，（梁）刘孝标注：《世说新语》卷中之上《方正篇》，上海：上海古籍出版社，2013年，第127页。

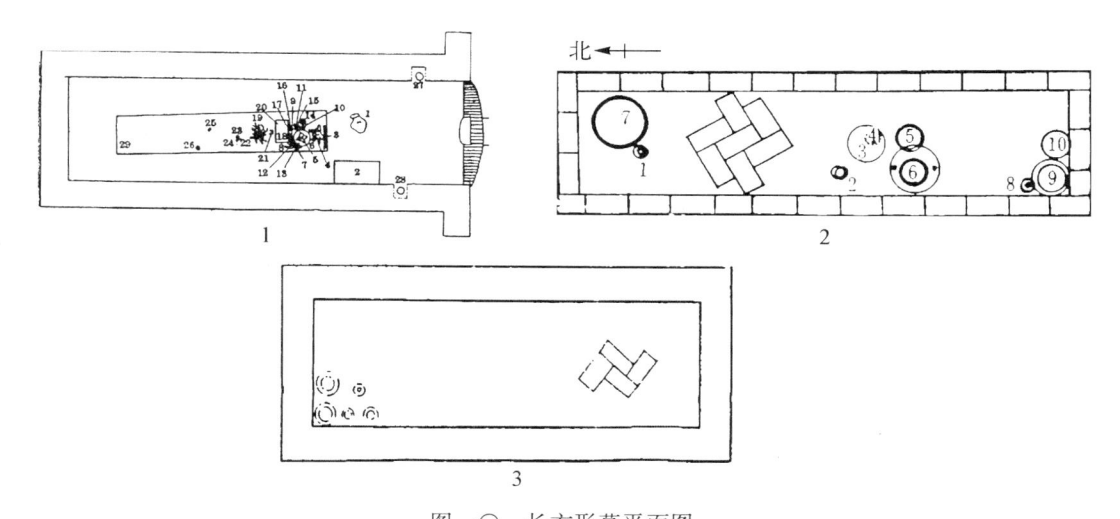

图一〇　长方形墓平面图
1. 王丹虎墓　2. 扬州胥铺 M8　3. 雨花区长岗村西晋墓

人的联姻来看,这种对南人的态度可能是整个王氏的共识。受于上文所揭东晋礼文的约束,王康之必须选择长方形凸字形墓,而没有任何官职、迎娶南方士族的王闽之和同样没有官职的王氏女王丹虎,使用了南方丧葬传统的长方形墓,王氏家族希望拉拢南方士族的急切可见一斑。

唐代交通工具的改变与
车服制度的冲突

马伯垚

四川大学历史文化学院

在公元 711 年 8 月,即唐睿宗景云二年的初秋,皇太子李隆基将要亲自前往国子监,举行释奠之礼,祭拜先圣先师①。太常寺不敢怠慢,立即起草了一份仪注,命令参加这次祭祀活动的随从大臣都要穿戴专用的冠服,并且骑马一同前往。命令下达以后,太子左庶子刘知几上了一封奏疏,其中有这样的内容:

> 臣伏见比者銮舆出幸,法驾首途,左右侍臣皆以朝服乘马。夫冠履而出,止可配车而行,今乘车既停,而冠履不易,可谓知其一而未知其二。何者?褒衣博带,革履高冠,本非马上所施,自是车中之服。必也袜而升蹬,跣以乘鞍,非惟不师古道,亦自取惊今俗,求诸折中,进退无可②……事有不便,资于变通。其乘马衣冠,窃谓宜从省废。③

刘知几的这封奏疏旗帜鲜明地反对骑马着衣冠的命令,理由是宽袍大袖的古礼衣冠只能在马车上穿戴,如果骑在马上穿着这些,既不符合古礼,也不符合今俗,有些不伦不类。其中一句话很值得注意:"乘车既停,而冠履不易。"车自秦汉以来一直是非常重要的出行与礼仪工具,至李唐时却渐渐少有士人乘车出行,但是相关的车驾冠冕制度却并未及时作出调整,造成制度与现实的脱节,僭越等级的情况时有发生,其中也反映出唐人对车服古礼的兴趣渐趋淡薄了。

一、车驾的衰落与骑马的风行

明人王世贞有这样一句话:"凡三代、两汉皆用马车,魏晋至梁、陈皆用牛车。元魏君

---

① 《旧唐书·刘子玄传》与《旧唐书·舆服志》均记有此事,传的记载是景云二年,而志的记载则是景龙二年,景云是唐睿宗的年号,而景龙则是更早前唐中宗的年号。根据传的记载,刘知几:"景云中,累迁太子左庶子,兼崇文馆学士,仍依旧修国史,加银青光禄大夫。时玄宗在东宫。"(《旧唐书》,北京:中华书局,1975 年,第 3171 页)则此事发生于景云年间的可能性更大,且中宗景龙年间并未立皇太子,《舆服志》的记载当有误。
② 《全唐文》此处作"进退无准"。董诰:《全唐文》,北京:中华书局,1983 年,第 2784 页。
③ 《旧唐书》卷四十五《舆服志》,第 1950 页。

臣有乘马及牛车者。唐虽人主妃后非乘马即步辇,自郊祀之外,不乘车也。"①十分清楚地说明了自三代到隋唐出行方式的演变。

车驾在先秦两汉之际一直被视为君子之乘。《史记·循吏列传》孙叔敖曰:"乘车者皆君子,君子不能数下车。"②《汉书·董仲舒传》:"乘车者君子之位也,负担者小人之事也。"③同时,车驾也是等级制度的重要一环,具有明尊卑、别上下的作用。《续汉书·舆服志》提到:"至奚仲为夏车正,建其旐旒,尊卑上下,各有等级。"④桓宽《盐铁论》曰:"宫室舆马,衣服器械,丧祭食饮,声色玩好,人情之所不能已也,故圣人为之制度以防之。"⑤《北史·李彪传》李彪上表曰:"臣愚以为第宅车服,自百官以下至于庶人,宜为其等制。使贵不逼贱,卑不僭高,不可以称其侈意,用违经典。"⑥

而唐代上至皇室,下至士人却都不喜欢乘车出行。《舆服志》记载:"自高宗不喜乘辂,每有大礼,则御辇以来往……开元十一年冬,将有事于南郊,乘辂而往,礼毕,骑而还。自此行幸及郊祀等事,无远近,皆骑于仪卫之内。其五辂及腰舆之属,但陈于卤簿而已。"⑦可见,自高宗伊始,唐代的皇帝便很少乘车,即便是有大型礼仪活动也选择其他的交通工具。前文提及的刘知几奏疏中说:"至如陵庙巡幸,王公册命,则盛服冠履,乘彼辂车。其士庶有衣冠亲迎者,亦时以服箱充驭。在于他事,无复乘车,贵贱所行,通鞍马而已。"⑧可知,士子庶人除非参加极其重要的祭祀典礼,此外很少有人乘车出行,无论贵贱都是骑马远游。

汉唐间出土的图像材料更能反映出两个时代出行方式的差异。车马出行图是汉代画像石最为重要的主题之一,如山东嘉祥武氏祠画像石所表现的出行图,出行车队由轺车、骑吏与伍佰构成,图上主车附近有"此君车马"的题记,当是乘车出行的例证⑨(图一)。安平东汉墓壁画的车马出行图声势更为浩大⑩(图二)。和林格尔汉墓壁画中也有许多车马出行图,如图三描绘的是墓主人迁居居庸关的场景,上有榜题"使君从繁阳迁入关时",直接地表现了汉代官员出行所采用的车驾⑪。而唐墓壁画却少见车驾,多为骑马仪卫,如李寿墓墓道东壁壁画,就反映了唐代贵族出行时庞大的骑马仪卫队⑫(图四)。传世名画《虢国夫人游春图》绘九人骑八匹马出行踏春,前隔水有"天水摹张萱虢国夫人有春图"题签一行,为当时唐代贵族出行骑马的例证⑬(图五)。

---

① (明)王世贞:《艺苑卮言》附录,第9页,收于《弇州山人四部稿》,转引自刘增贵:《汉隋之间的车驾制度》,《中研院史语所集刊》第63本第2分,第371~453页。
② 《史记》卷一百一十九《循吏列传》,北京:中华书局,1959年,第3100页。
③ 《汉书》卷五十六《董仲舒传》,北京:中华书局,1962年,第2521页。
④ (晋)司马彪:《续汉书·舆服志上》,见《后汉书》,北京:中华书局,1965年,第3641页。
⑤ 王利器校注:《盐铁论校注》,北京:中华书局,1992年,第349页。
⑥ 《北史》卷四十《李彪传》,北京:中华书局,1974年,第1453页。
⑦ 《旧唐书》卷四十九《舆服志》,第1933页。
⑧ 《旧唐书》卷四十九《舆服志》,第1950页。
⑨ 信立祥:《汉代画像石综合研究》,北京:文物出版社,2000年,第108页,图六〇。
⑩ 河北省文物研究所:《安平东汉壁画墓》,北京:文物出版社,1990年,第22页,图35。
⑪ 内蒙古自治区博物馆文物工作队编:《和林格尔汉墓壁画》,北京:文物出版社,1978年,第83页。
⑫ 陕西省博物馆、文物管理委员会:《唐李寿墓发掘简报》,《文物》1974年第9期。
⑬ 摹《张萱虢国夫人游春图》,现藏辽宁省博物馆,为北宋摹本。

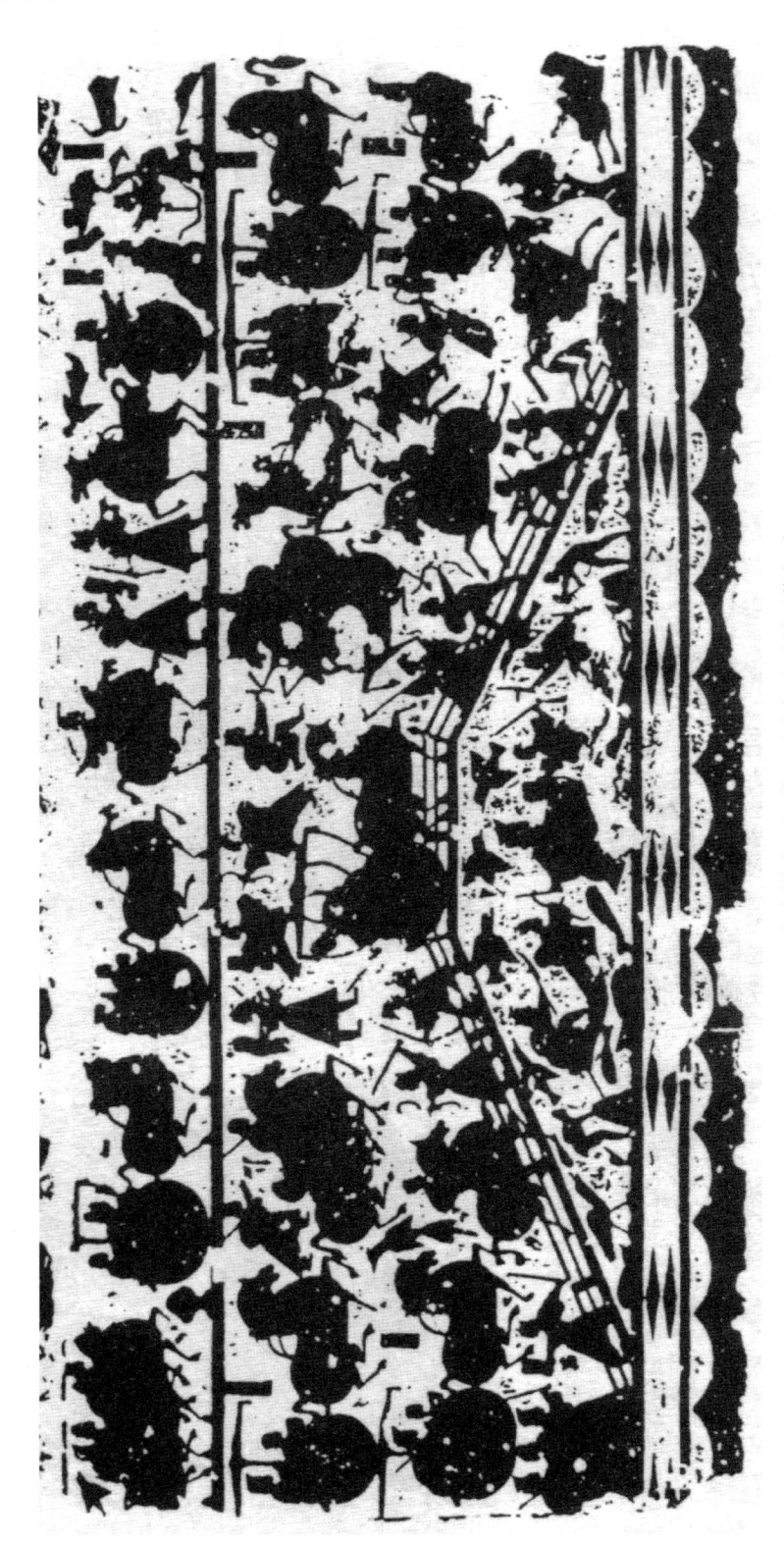

图一 山东嘉祥武氏祠前室西壁车马过桥画像拓片

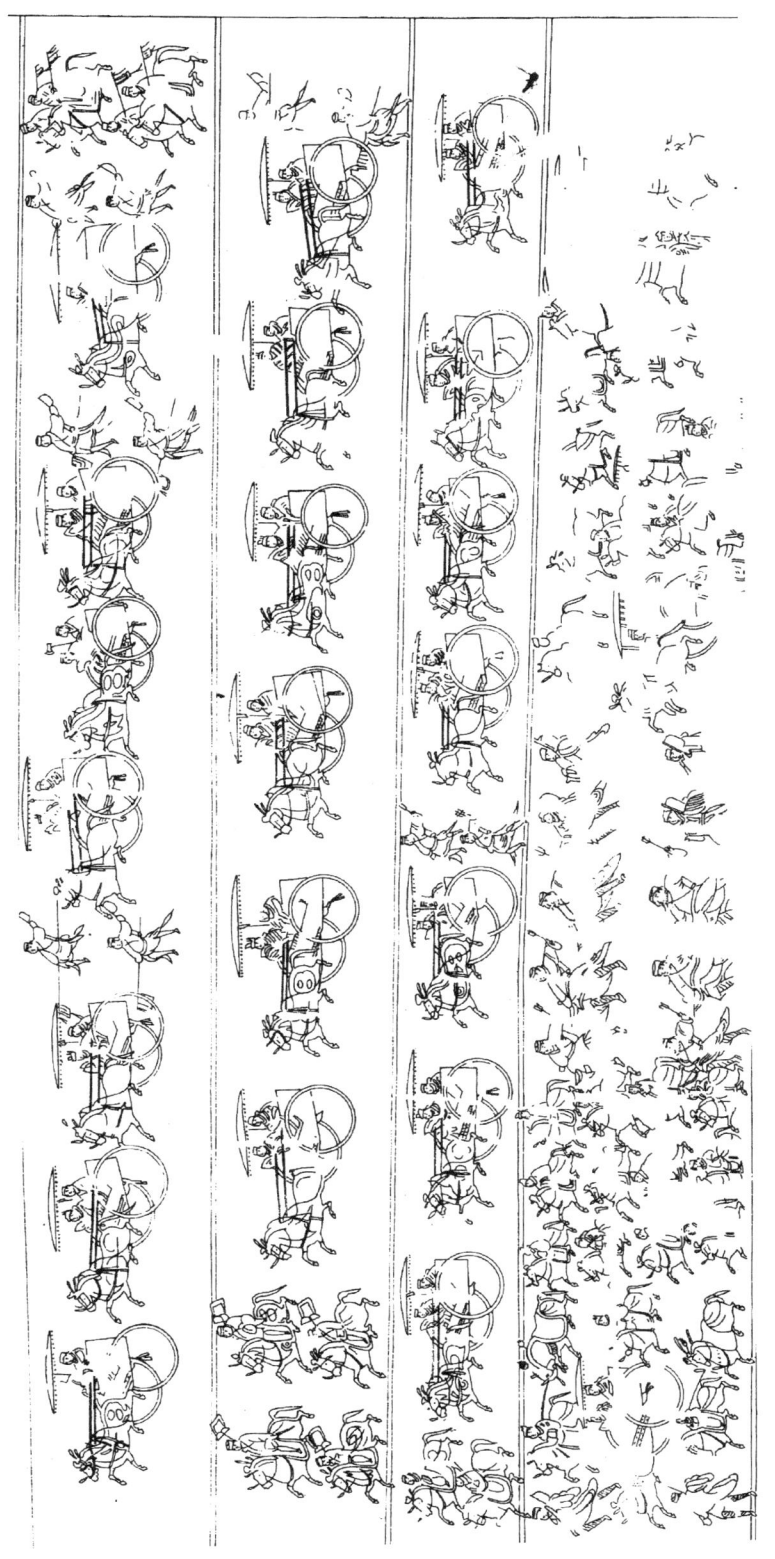

图二 安平汉墓中室北壁车马出行壁画摹本

图三 和林格尔汉墓中室入口甬道券门壁画

图四 唐李寿墓墓道东壁出行壁画摹本

图五 虢国夫人游春图摹本

从乘车出行到骑马出行,历经了汉隋之间几百年的变化。其中牛车逐渐取代马车是魏晋时期出行方式的一大改变,也间接促成了骑马出行的发展。这一时段的敦煌莫高窟壁画就有很多牛车出行的图像,其中第 303 号窟有一幅题为"车马与山林"的壁画较为典型,时代大约在隋代。画中一辆牛车在前,其后紧随四名女仆;一名马夫牵着两匹马在后,其后紧随四名男仆。牛车与马应当分别是男女主人的座驾,显示出此时民间流行的出行方式①(图六)。余嘉锡对此有所论断:"盖中国固不产马……汉魏之际,丧乱相仍,沿至有晋,户口凋敝,马之孳生益少。且其驾车服重,本不如牛,故爱重之,只供乘骑而已。"②从社会经济状况的角度解释了魏晋牛车的盛行与骑马之风的勃兴。而台湾的刘增贵教授则从社会风气的角度对这一问题予以解释,认为汉末清流士风的影响以及士族的发展也是影响这一时期出行方式的重要原因,导致车驾制度"以贱入贵",以马驭车的行为渐少,马渐渐直接作为骑乘工具③。此外,唐代受北朝影响颇深,代北风气的影响也是唐人喜好骑马出行的原因之一。可以找到很多北朝士人骑马出行游玩的依据,如北齐东安王娄睿墓中出土的墓道壁画中,就有很多鞍马游骑图、鞍马导引图。而墓主出行图中骑在马上的娄睿,则更直接地说明骑马出行在达官显贵中也很受欢迎(图七)。

图六 敦煌莫高窟第 303 号窟车马与山林壁画

图七 北齐东安王娄睿墓墓道出行壁画摹本

① 段文杰:《中国敦煌壁画全集·隋代》,天津:天津人民美术出版社,2010 年,第 28 页,图二九。
② 余嘉锡:《世说新语笺疏》,北京:中华书局,1983 年,第 37 页。
③ 参见刘增贵:《汉隋之间的车驾制度》,《中研院史语所集刊》第 63 本第 2 分,第 410~421 页。

关于骑马,《汉书·韦贤传》记载了这样一件事:韦贤的儿子韦玄成"以列侯侍祀孝惠庙,当晨入庙,天雨淖,不驾驷马车而骑至庙下。有司劾奏,等辈数人皆削爵为关内侯"①。韦玄成因为下雨而选择骑马到惠帝庙,结果被御史弹劾,遭到削爵。这件事让韦玄成十分愧疚,感到对不起父亲的他作了一首诗来反省自己,其中有这样的内容:"厥绩既昭,车服有常。朝宗商邑,四牡翔翔……惟我小子,不肃会同,惰彼车服,黜此附庸……嗟我小子,于貳其尤,队彼令声,申此择辞。四方群后,我监我视,威仪车服,唯肃是履!"②从此事中可见在汉代人心目中忽视车服制度、恣意骑马出行是破坏常制、有损威仪的行为,应当予以惩戒。

反观唐景云二年(公元711年)那次释奠之礼,太常寺命令随从大臣着古礼衣冠前往国子监行释奠之礼,但却要求骑马出行,实际上已与早期的汉家制度相去甚远。这才有了刘知几所奏,在他看来,穿着汉家衣冠是不适合骑马的,因为"长裙广袖,襜如翼如,鸣佩纡组,锵锵奕奕,驰骤于风尘之内,出入于旌棨之间,倘马有惊逸,人丛颠坠,遂使属车之右,遗履不收,清道之傍,绊骖相续,固以受嗤行路,有损威仪"③。汉家衣冠的长裙广袖、鸣佩纡组会使得马有惊逸,摔下骑者,影响朝廷威仪。所以刘知几的态度就是连汉家衣冠干脆也不要穿了:"事有不便,资于变通。"而这封奏疏也并未引起什么争议,很快就得到了认同:"皇太子手令付外宣行,仍编入令,以为恒式。"④

二、屡禁不止的乘檐出行

上引王世贞言提到"唐虽人主妃后非乘马即步辇",除了骑马以外,坐轿子出行的方式似乎也在唐代渐渐勃兴。高宗咸亨二年(公元671年)的敕令中提到:"比来多着帷帽,遂弃羃䍦,曾不乘车,别坐檐子。递相仿效,浸成风俗,过为轻率,深失礼容。"⑤可见出门不乘车而坐"檐子"的行为已经日就月将,渐成风俗。

"檐子",从各种文献记载上看应当与后世轿子的形制相当。太和六年(公元832年),右仆射王涯曾针对车服制度上奏疏,其中提到:"今请外命妇一品二品中书门下三品母妻金铜饰檐子,舁不得过八人。"⑥开成五年(公元840年),御史中丞黎埴奏疏中提到:"请不限高卑,不得辄乘檐子……其檐夫自出钱雇。"⑦从"舁"、"檐夫"等字词来看,檐子应当由人来担荷,当与轿子形制相当。陈登原曾有所考证:"唐制多沿北朝,板舆、肩舆、担

---

① 《汉书》卷七十三《韦贤传》,第3110页。
② 《汉书》卷七十三《韦贤传》,第3110~3112页。
③ 《旧唐书》卷四十九《舆服志》,第1950页。
④ 《旧唐书》卷四十九《舆服志》,第1951页。
⑤ 《旧唐书》卷四十九《舆服志》,第1957页。《新旧唐书》均作"檐子",学界论著与发掘报告多作"擔子"或"担子",此处依照原文均作"檐"。
⑥ (宋)王钦若等编:《册府元龟·立制度二》,北京:中华书局,1960年,第680页。这封奏疏在《册府元龟》与《唐会要》中均有,部分词句有所不同,以《册府元龟》所记载得更为完整。
⑦ (唐)黎埴:《出使官不得乘檐子奏》,见《全唐文》,第7881页。

子,盖皆今之轿子之别名。"①据黄正建考证,檐子还有门有帘②。而在新城长公主墓的墓道东壁更有一幅图像与文献描述颇为相似(图八),被多方引用作为檐子的例证,虽然不能肯定这就是文献中说的檐子,但形制差别应当不大③。

图八　唐新城长公主墓墓道东壁出行壁画摹本

这种类似轿子的交通工具,似乎和皇室的辇很类似。《通志》曰:"辇,人所辇也,徐爱释问云:天子御辇,侍中陪乘。今辇制象轺车,而不施轮……隋制辇而不施轮,通幰朱络饰以金玉而人荷之。"④轺车去掉轮子,再用人力来担负,其形象即是著名的《步辇图》中唐太宗所乘的步辇了。文献中常出现的"舆",形制也较为类似:"(隋)又依梁制副辇,复制舆,如辇而小,宫苑私宴御之,小舆,幰方,形同幄帐,自合内升正殿御之。"⑤那么辇、舆的形制与"檐子"就很类似了。

辇、舆起初似乎只有皇室才能使用:"秦以辇为人君之乘。汉因之……魏晋小出则乘之,亦多乘舆。"⑥到魏晋以后民间才渐渐有人使用类似的交通工具,《晋书·隐逸传》记载陶渊明"素有脚疾,向乘蓝舆,亦足自反",于是,"令一门生二儿共舆之至州,而言笑赏适,不觉其有羡于华轩也"⑦。《晋书·王羲之传》记载王献之曾经"闻顾辟疆有名园。先不相识,乘平肩舆径入"⑧。《北史·崔鉴传》提到:"掖县有人年逾九十,板舆造州。"⑨这些记

---

① 陈登原:《国史旧闻》,北京:中华书局,2014 年,第 141 页。
② 参见黄正建:《中晚唐社会与政治研究》,北京:中国社会科学出版社,2006 年,第 402 页。
③ 陕西省考古研究所等编:《唐新城长公主发掘报告》,北京:科学出版社,2004 年,第 77 页。
④ (宋)郑樵:《通志》,北京:中华书局,1987 年,第 622 页。
⑤ (唐)杜佑:《通典》,北京:中华书局,1988 年,第 1840 页。
⑥ (唐)杜佑:《通典》,第 1838、1839 页。
⑦ 《晋书》卷九十四《隐逸传》,北京:中华书局,1974 年,第 2462 页。
⑧ 《晋书》卷八十《王羲之传》,第 2105 页。
⑨ 《北史》卷三十二《崔鉴传》,第 1171 页。

载中的"蓝舆"、"平肩舆"、"板舆"似乎形制都很接近由人荷载的轿子。而梁代平民使用这种交通工具的情况似乎更普遍:"梁制……又制步舆,方四尺,上施隐膝,人舆上殿。天子至下贱,通得乘之。"①

梁代贵贱通乘步舆,到了唐时朝廷的态度却有所改变。唐太宗曾在其诏令中对前代车服制度有这样的总结:"自末代浇浮,采章讹杂。卿士无高卑之序,兆庶行僭侈之仪。遂使金玉珠玑,靡隔于工贾,锦绣绮縠,下通于皂隶。习俗为常,流遁忘反,因循已久,莫能惩革。"②唐初的朝廷并不认可此前的车服制度,表现之一便是不再允许百官乃至民间乘类似于步舆的"檐子"。前文提及的高宗咸亨二年(公元671年)的敕令提到百官家口"曾不乘车,别坐檐子",认为这种情况"过为轻率,深失礼容……此并乖于仪式,理须禁断,自今已后,勿使更然"③。

而皇室成员使用辇、舆出行的记载却有不少,《唐会要》记载:"高宗不喜乘辂,每有大礼,则御辇,至则天以为常。"④武则天也曾经"幸万安山玉泉寺,以山径危悬,欲御腰舆而上"⑤。到了唐玄宗开元年间,"禁中初重木芍药……会花方繁开,上乘月夜召太真妃以步辇从"⑥。李唐皇室喜欢乘坐辇、舆出行,却为了皇室威仪禁止百官士庶使用类似的檐子。然而禁令的效果并不理想,一方面,类似轿子的出行工具自魏晋开始就渐渐为士庶所使用,到了梁代更是贵贱通行。历经几百年发展,朝廷未必能做到令行禁止。另一方面,皇室成员屡屡御辇出行,未免有上行下效的事情发生。因此百官士庶乘坐檐子出门的现象仍然时有发生,尤其是妇女乘檐子出行恐怕更为普遍。以至于到了唐文宗太和年间,王涯在奏疏中已经不得不承认:"妇人本来乘车,近来率用檐子,事已成俗,教在因人。"⑦面对屡禁不止的檐子,朝廷的态度也只好转变为有限度的承认。

三、不得不为的变通

自唐高宗开始,车驾出行衰落,骑马与坐轿出行渐成主流。然而车驾冠履制度却并未针对出行方式的改变及时予以调整。制度与现实有所脱节,没有相关等级制度的约束,奢侈的风气便大行其道。唐代宗的诏书中有这样的内容:"风俗不一,逾侈相高,浸弊于时,其来自久,耗缣缯之本,资锦绮之奢,异彩奇文,恣其夸竞。"⑧唐文宗太和元年(公元827年)的敕令中说:"衣服车乘,器用宫室,侈俭之制,近日颇差。"⑨

---

① (唐)杜佑:《通典》,第1839页。案:梁代核心地带都在南方,南方多山多雨,车与马的使用都较为不便,应当是步舆得以流行的原因之一。宋代也是在南渡之后才开始允许百官士庶通乘檐子。
② (唐)李世民:《定服色诏》,见《全唐文》,第60、61页。
③ 《旧唐书》卷四十九《舆服志》,第1957页。
④ (宋)王溥:《唐会要》,上海:商务印书馆,1935年,第583页。
⑤ 《旧唐书》卷八十九《狄仁杰传》,第2898页。
⑥ (唐)李濬:《松窗杂录》,见《唐五代笔记小说大观》,上海:上海古籍出版社,2000年,第1213页。
⑦ (宋)王钦若等编:《册府元龟·立制度二》,第679、680页。
⑧ (唐)李豫:《禁断织造淫巧诏》,见《全唐文》,第518页。
⑨ (宋)王溥:《唐会要》,第573页。

实际上,即便是有等级制度方面的约束,也往往有僭越的行为发生,如章服制度,唐高宗时便有"在外官人百姓,有不依令式,遂于袍衫之内,着朱紫青绿等色短小襖子。或于间野公然露服,贵贱莫辨,有蠹彝伦"①。到了玄宗朝,内外百官中仍然有僭越滥用的现象:"内外官绝无着碧者,皆诈着绿,以为常事。又军将在阵,赏借绯紫,本是从戎缺胯之服,一得以后,遂别着长袍,递相仿效。"②再如墓葬制度,开元八年(公元720年)去世的驸马都尉薛儆,其墓中竟然出土了与神道相匹配的华表、石人,与其身份极不相符③。既然在有等级制度限制的层面,僭越现象都如此严重,新兴的骑马坐轿这些交通工具的奢侈铺张,就更不足为奇了。前引王涯奏文就控诉道:"商人乘马,前代所禁。近日得以恣其乘骑,雕鞍银镫,装饰焕烂,从以童骑,骋以康庄,此最为僭越!"④

面对这种屡屡僭越奢侈的情况,朝廷一方面用政令严加禁断;另一方面也只好承认现实的变化,对制度作出调整。尤其是针对骑马、坐轿这两种新兴的出行方式,试图在制度上予以约束。

前文提到,文宗太和六年(公元832年)王涯在其奏疏中不得不承认妇女坐"檐子"出行"事已成俗",接着他便请文宗对"檐子"按照品级予以规范:"今请外命妇一品二品,中书门下三品母妻,金铜饰檐子,舁不得过八人;三品金铜饰犊车,金铜饰檐子,舁不得过六人;非尚书省、御史台,即白铜饰檐子,舁不得过四人;四品五品白铜饰犊车,白铜饰檐子,舁不得过四人;六品以下,画奚车、檐子,舁不得过四人;胥吏及商贾妻子并不乘奚车及檐子,其老疾者听乘苇舆车及兜笼,舁不得过二人,庶人准此。"⑤王涯这份奏疏针对自唐初以来一百多年间社会经济与风俗的变化,而对车服制度作出了一次整体的调整与更新,对骑马与坐轿这两种新的出行方式都有所涉及。这封奏疏对唐后期的车服制度影响相当大,黄正建先生对此有专门的研究与分析,在此不多赘言⑥。此后,开成年间又有人针对百官使用"檐子"提出意见,进一步限制了"檐子"的使用范围⑦。

对骑马出行的限制,一方面是重申对出行队伍中导引随从数量的规定⑧,另一方面则在鞍辔装饰上作出等级规定。王涯奏疏中就已开始有所涉及,要求职事官一品至五品

---

① (唐)李显:《禁僭服色立私社诏》,见《全唐文》,第159页。
② (唐)李隆基:《禁僭用服色诏》,见《全唐文》,第307页。
③ 参见山西省考古研究所编著:《唐代薛儆墓发掘报告》,北京:科学出版社,2000年,第17页。
④ (宋)王钦若等编:《册府元龟·立制度二》,第680页。
⑤ (宋)王钦若等编:《册府元龟·立制度二》,第680页。
⑥ 参看黄正建:《王涯奏文与唐后期车服制度的变化》,见《唐研究》第10卷,北京:北京大学出版社,2004年,第297~328页。
⑦ 开成五年,御史中丞黎埴上奏:"朝官出使,自合驿马,不合更乘檐子。自此请不限高卑,不得辄乘檐子。如病,即任所在陈牒,仍申中书门下及御史台,其檐夫自出钱雇。节度使有病,亦许乘檐子,不得便乘卧舆,宰相、三公、师保、尚书令、正省仆射及致仕官,疾病者许乘之,余官并不在乘限。"(《唐会要·舆服上》,第577页)也就是说,只允许高官、退休官员以及将要出使、上任的官员在生病以后乘坐。此后又有遗失上奏者姓名的诏书提出:"常参官或诸司长史,品秩高者,有疾及筋力绵怯,不能控驭,望许牒台暂差檐子……出使郎官……如中路遇疾者,所在飞牒申奏差替去。"(《唐会要·舆服上》,第577页)针对黎埴奏疏不合理的地方予以调整,并放宽了乘檐子的限制。
⑧ "准《六典》及礼部式,诸文武赴朝,诸官遵从职事一品及开府仪同三司、骠骑大将军听七骑;二品及特进五骑;三品及散官三骑;四品五品两骑;六品以下一骑。其散官及礼去官五品以上将军,从不得过两骑,若京城外将,从不在此限"(《册府元龟·立制度二》,第679页)。

马鞍都用鍮石装饰,而七品以下都只允许用乌漆装饰。用马鞍来区别等级,直到五代时正式颁布诏书成为定制:"应内外将相,许以银饰鞍勒。其刺史都将内诸司使以降,只取用铜。冀定尊卑,永为条制。"①并为后世所继承。此外,唐末五代时还出现了"暖坐"这种马鞍②,也很快被用作区别等级,后唐明宗天成二年下诏:"起今后三京及州使职员名目,是押衙兵马使,骑马得有暖坐。诸都军将衙官使下系名粮者,只得衣紫皂,庶人商旅,只着白衣,此后不得参杂。"③

尽管从唐文宗开始,朝廷就有意识地调整车服制度,增加新的内容,以使制度适应现实的变化。但这已经在刘知几发出"乘车既停,而冠履不易"之感慨的一百二十年以后了。

四、余　　论

"尔其车也,名称合于星辰,圆方象乎天地。夏言以庸之服,周曰聚焉之器。制度不以陋移,规矩不以饰异。古今贵其同轨,华夷获其兼利。尔其利也,天子以郊祀田伐,诸侯以朝聘会盟,庶人以商农工贾,夷狄以致蓄迁生。"④梁代甄玄成的这篇《车赋》很直接地表达了车驾在儒生心中的意义与价值。然而到了唐代,天子郊祀田伐不愿意再坐古老的辂车,更愿意纵马驰骋、乘辇观花,百官士庶也是一样。刘知几很快发现这样不行,如果平时穿着袴褶、戴着幞头骑在马上,自然没什么问题。然而一旦要参加各种祭祀礼典,需要穿冕服衣冠的时候,再骑着马就不合适了。不过有意思的是,以刘知几为代表的儒生们并没有因此而疾呼复兴车驾;而是反其道而行之,干脆就不要在马背上穿衣冠冕服了。这很值得引起注意,难道在时人看来,车驾辇舆、冕服衣冠这些明尊卑、别上下的制度已经可以不遵循了吗?

《舆服志》中记载了唐玄宗时期的这样一种现象:"(开元)十七年,朝拜五陵,但素服而已。朔望常朝,亦用常服。"⑤玄宗参加朔望朝会已经不穿冠服,而是改穿朝服了。这样看来,不但车驾的使用开始衰落,连冕服的使用也开始衰落了。阎步克先生曾专门撰文讨论中古冕服制度的兴衰,他注意到,冕服的使用范围从唐代中期就日益萎缩,到宋代,时人已经几乎丧失了对冕服的兴趣,只有在祭祀时"不得已乃用"。因而作出了这样的论断:"古礼的神圣光晕渐渐黯淡……君臣们把'礼'看成是政治原则与道德信念,包括忠、孝、仁、义等等,但人们已经清晰地意识到它们与具体的仪式、乐歌、礼器是有区别的……质言之,人们不再相信,夏之历法、殷之辂车、周之冕服,能成为'为邦'的中心内容,甚至达致

---

① (后梁)朱温:《定鞍饰等级诏》,见《全唐文》,第1035页。
② 案《宋史·舆服志》载:"天禧元年,令两省谏省、宗室将军以上,许乘狨毛暖坐,余悉禁。"(中华书局,1977年,第3513页)从"绒毛暖坐"之语推断,"暖坐"或许是用动物皮毛做成的马鞍,其具体形制仍有待进一步考证。
③ 《旧五代史》卷三十八《唐书·明宗纪四》,北京:中华书局,1976年,第519页。
④ (梁)甄玄成:《车赋》,见《全上古三代秦汉三国六朝文·全梁文》,北京:中华书局,1958年,第3360页。
⑤ 《旧唐书》卷四十九《舆服志》,第1940页。

'太平'的手段了。"①

古人经常把车驾与衣服相提并论,正史中常有《舆服志》或是《车服志》。前文曾引桓宽《盐铁论》中的一句话:"宫室舆马,衣服器械,丧祭食饮,声色玩好,人情之所不能已也,故圣人为之制度以防之。"以此看来,车驾制度与衣服制度并不应该是两个独立的个体,而是互有损益,共同构成前人礼乐制度的一部分。然而经过魏晋南北朝几百年的发展,到唐时车驾的使用渐渐衰落,车驾制度开始有所崩坏,与之相关的冕服制度也随之根基不稳,逐渐走上了衰落的结局。

制度随时而变本是常态,变化的目的与方向却值得关注。为什么唐人放弃了在马背上穿戴冕服,而不是根据古礼改良出一套适合在马背上穿戴的冕服,以延续古礼衣冠呢?刘知几说:"事有不便,资于变通。"由此看来,对于此时的儒生而言,六经古礼中规定的名物制度,似乎在有些方面也要因为世风的变化而有所舍弃。那么,在唐人的思想世界中,以车服为代表的名物制度,是否已经渐渐不被重视,而让位于个人生活的便利与时尚呢?如果这种看法成立,那么存在哪些外在因素的影响?思想内在理路的演变又经历了哪些过程?仍有待在相关领域做进一步的研究。

---

① 参见阎步克:《中古"古礼复兴运动":以〈周礼〉六冕制度为例》,收在《官阶与服等》,上海:复旦大学出版社,2010年,第72、73页;《宗经、复古与尊君、实用(下)——〈周礼〉六冕制度的兴衰变异》,《北京大学学报(哲学社会科学版)》2006年第2期。

昭穆贯鱼：北宋韩琦家族墓地

刘 未

中国人民大学历史学院

一、考古发现韩琦墓

韩琦五世祖韩义宾，晚唐时任镇冀深赵等州节度判官，自其以上祖先均葬于深州博野县蠡吾乡。四世祖韩昌辞，曾任鼓城令，后晋天福年间葬于赵州赞皇县北马村。曾祖永济令韩璆广、祖父知康州韩构始葬于相州安阳县丰安村①。

熙宁八年（公元1075年），韩琦归葬丰安村祖茔西北。作为"两朝顾命定策元勋"，身份非比寻常，葬礼规格很高。宋神宗派内侍监督，为他营建了一座带有石门和石藏的大型砖室墓，已经接近于皇后园陵制度。宋代法令规定，臣僚墓葬不许以石为室，韩琦是特别诏许使用的首例②。

由于南水北调中线安阳段干渠恰好从韩琦家族墓地穿过，2009年安阳市文物考古研究所对其展开考古工作，发掘墓葬5座，出土了韩琦及其两位崔氏夫人的墓志③。墓葬可以分作两组：西侧一组M1居北，葬韩琦与正室安国夫人崔氏（生韩忠彦、韩端彦、韩良彦），M3和M2东西并列，位于M1西南，其中M3葬韩忠彦原配大宁郡夫人吕氏（熙宁八年，公元1075年）继室安康郡夫人吕氏（元祐五年，公元1090年）；东侧一组M4居北，葬韩琦侍妾普安郡太君崔氏（大观三年，公元1109年，生韩粹彦），M5在其西南（图一）。

这两组墓葬的排列方式从表面上来看似乎并无特别之处，不过根据已有的研究成果，我们可以判定它们实际是根据五音姓利的原则来规划的。

二、昭穆贯鱼葬

宋元时期中原北方地区流行以五音姓利原则指导墓地排列。所谓五音姓利，简单地说就是根据音韵将各个姓氏分别归属于宫、商、角、徵、羽五姓，再与五行生克相联系，用以

---

① （宋）韩琦：《安阳集》，《北京图书馆古籍珍本丛刊》影印明正德刻本。本文所用韩琦家族墓志除特别注明来源者外均出自此书。
② 刘未：《宋代的石藏葬制》，《故宫博物院院刊》2009年第6期。
③ 河南省文物局：《安阳韩琦家族墓地》，北京：科学出版社，2012年。

图一 韩琦家族墓地平面图

推断阴阳二宅建造的方位吉凶。

五音墓地以方形或长方形墓园为独立单元,每座墓园四边平均分作七份,分别用甲乙丙丁庚辛壬癸八天干、子丑寅卯辰巳午未申酉戌亥十二地支和乾坤艮巽四卦来表示这一周二十四个方位。墓园之内总共划分为四十九个穴位,其中只有甲、丙、庚、壬四个方位可以安葬,如有不足,乙、丁、辛、癸四个方位可以补充(图表一,图式下北上南)。

巽	巳	丙	午	丁	未	坤
辰		穴				申
乙					穴	庚
卯						酉
甲	穴					辛
寅				穴		戌
艮	丑	癸	子	壬	亥	乾

图表一 昭穆贯鱼葬穴位

墓园格局相同,但是五姓选择穴位却各有差异。五音墓地最为典型的取穴方法称作昭穆葬,亦名贯鱼葬。依据这种葬法,一座墓园之内诸姓坐穴次序如下:宫羽两姓同为甲、庚、壬、癸、辛,角姓为丙、壬、甲、乙、癸,徵姓为庚、甲、丙、丁、乙,商姓为壬、丙、庚、辛、丁。每组姓氏都有五个方位可供选择,每个方位还可以有内外之分,使得一所墓园之内最多有十个穴位可供选择。但四组姓氏安葬方位次序各不相同,恰好分别朝向四方①(表一)。

表一　昭穆贯鱼葬坐穴次序及方位

五　姓	宫羽	角	徵	商
尊　穴	甲,东偏北	丙,南偏东	庚,西偏南	壬,北偏西
次　穴	庚,西偏南	壬,北偏西	甲,东偏北	丙,南偏东
卑　穴	壬,北偏西	甲,东偏北	丙,南偏东	庚,西偏南
又次穴	癸,北偏东	乙,东偏南	丁,南偏西	辛,西偏北
又次穴	辛,西偏北	癸,北偏东	乙,东偏南	丁,南偏西
绝　穴	丙,南偏东	庚,西偏南	壬,北偏西	甲,东偏北
朝　向	坐东北向西南	坐东南向西北	坐西南向东北	坐西北向东南
昭穆葬	丁,南偏西	辛,西偏北	癸,北偏东	乙,东偏南
贯鱼葬	庚,西偏南	壬,北偏西	甲,东偏北	丙,南偏东

三、新安村墓地分析

在具体解释丰安村墓地与昭穆贯鱼葬的关系之前,不妨先来观察同在安阳的另一处韩琦家族墓地,这里五音墓地的因素体现得更为明显。

庆历五年(公元1045年),在一位懂得地理学(今所谓风水)的僧人保聪指引下,韩琦在安阳县新安村置办了东西两所墓园(今水冶镇西北),安葬其父韩国华以下众多家族成员。韩琦的文集中收录了多篇他为家族成员撰写的墓志,详细描述了所葬诸人的身份及埋葬位置。

根据韩琦的记述,新安村墓地分为东西两个墓园。西墓园之中,北偏西的墓穴(壬)是父亲韩国华及两位夫人罗氏、胡氏,西偏南的墓穴(庚)是长兄韩球及其子韩暐,南偏东的墓穴(丙)是三兄韩琚、夫人李氏及早亡的女儿。东墓园之中,北偏西的墓穴(壬)是五兄韩璩及夫人陈氏,西偏南的墓穴(庚)是二兄韩瑄、四兄韩玠及三兄长子韩景融,并列的墓穴(外庚)是五兄之子韩正彦夫人王氏,南偏东的墓穴(丙)是长兄长子韩公彦及夫人贾

---

① 解读宋元时期五音墓地的重要文献是《重校正地理新书》和《茔原总录》,参见刘未:《宋元时期的五音地理书:〈地理新书〉与〈茔原总录〉》,《北方民族考古》第1辑,北京:科学出版社,2014年,第259~272页。

氏、张氏，西偏北的墓穴（辛）是三兄三子韩直彦。

嘉祐七年（公元1062年），为安葬侄孙韩确等人，韩琦又在以上墓地的东侧新添一所墓园。其中北偏西的墓穴（壬）是韩公彦长子韩确及夫人孙氏，南偏东的墓穴（丙）是韩公彦次子韩恺，并列的墓穴（外丙）是韩琦三个早亡的侄孙女，西偏南的墓穴（庚）是韩琦四个早亡的侄孙，并列的墓穴（外庚）是韩公彦三子韩恬。

此外，韩琦家族的坟寺崇福院东也设有墓园，用以安葬诸位侧室夫人。其中北偏西的墓穴（壬）是韩璩之子韩正彦的夫人艾氏，西偏南的墓穴（庚）是韩琦次子韩端彦的夫人时氏和刘氏①。

新安村墓地各个墓园之中墓穴位置的选择是很有规律的，最为常用的是壬、庚、丙三个位置。这不是偶然的现象，正是五音昭穆贯鱼葬的反映。根据前述五音墓地排列原则，可以将新安村墓地四所墓园的布局做出复原示意图如下（图表二）：

商姓昭穆贯鱼葬

巽	巳	丙	午	丁	未	坤
辰		2		5		申
乙					3	庚
卯						酉
甲				4		辛
寅			1			戌
艮	丑	癸	子	壬	亥	乾

（壬—丙—庚—辛—丁）

安阳韩氏新安村西茔

巽	巳	丙	午	丁	未	坤
辰		丙				申
乙					庚	庚
卯						酉
甲						辛
寅				壬		戌
艮	丑	癸	子	壬	亥	乾

（壬—庚—丙）

安阳韩氏新安村东茔

巽	巳	丙	午	丁	未	坤
辰		丙				申
乙					庚	庚
卯						酉
甲					辛	辛
寅				壬		戌
艮	丑	癸	子	壬	亥	乾

（壬—庚—丙—辛）

安阳韩氏新安村东二茔

巽	巳	丙	午	丁	未	坤
辰		丙				申
乙					庚	庚
卯						酉
甲						辛
寅				壬		戌
艮	丑	癸	子	壬	亥	乾

（壬—丙—庚）

安阳韩氏崇福院东墓园

巽	巳	丙	午	丁	未	坤
辰						申
乙					庚	庚
卯						酉
甲						辛
寅				壬		戌
艮	丑	癸	子	壬	亥	乾

（壬？—庚）

图表二　安阳韩氏新安村及崇福院墓地排列

---

① 北京图书馆金石组：《北京图书馆藏中国历代石刻拓本汇编》，郑州：中州古籍出版社，1989年，第40册，第137页，第42册，第21、103页。

韩属商姓,根据五音姓利,其墓园之内可供选择的穴位有壬、丙、庚,此外辛、丁也可以安葬。新安村墓地虽然未经发掘,但墓志中对墓葬的具体方位介绍极为详细,墓园内坐穴次序多为壬、庚、丙,少数为壬、丙、庚,埋葬数量较多的时候则启用辛穴,并且穴位有内外之分,与昭穆贯鱼葬模式基本符合。

四、重读丰安村墓地

丰安村墓地发现墓葬数量不多,并且墓志中也没有说明具体的埋葬方位。但有了新安村墓地分析的基础,我们将丰安村的两组墓葬分别用七七四十九穴的方格网加以笼罩,墓葬的相对位置关系就非常清楚了。

西侧一组:韩琦和安国夫人崔氏的M1居北偏西,为壬穴,在其西南的韩忠彦大宁郡夫人吕氏、安康郡夫人吕氏的M3、M2分别为庚穴及外庚穴。东侧一组:普安郡太君崔氏的M5居北偏西,为壬穴,在其西南的M4为庚穴(图二)。

图二 安阳韩氏丰安村墓地排列

需要特别指出的是,韩琦家族墓地经第二次补充发掘,在M2、M3以西约80米平行位置另发现有M6,墓主是韩忠彦子韩治及其妻平阳郡君文氏,文氏墓志称:"祔于相州安阳县丰安村忠献公茔域之西南隅。葬师曰:贯姑夫人之庚穴云。"所谓姑夫人即指韩忠彦妻吕氏,则 M3 为庚穴亦可由此得到补充证明。

如此一来,丰安村这些貌似杂乱无章的墓葬之间实际蕴含了有序的五音择地观念。其实,在宋元时期,伴随着墓园的营建,当时往往还有墓图存在。墓图刻在石碑之上,一般为方形,也有圆形的,具体标明某一墓穴安葬某人。韩琦家族墓地也是如此。元代人游历至此,在新安村韩国华的墓园就曾见到石刻墓图[①],当时还有坟寺僧人照管。后来寺院毁于兵火,僧人解散,豪强斩伐林木,土人盗掘墓葬[②],今天的新安村墓地就只有韩国华的神道碑依旧屹立,石刻墓图早已无迹可寻。幸而韩琦撰写的家族墓志详细描述了墓葬的具体方位,使得我们还可以沿着这条线索,大致复原并理解此类五音墓地的布局形式。

[①] 潘昂霄:《苍崖先生金石例》卷一引《古金石例》,《中华再造善本》影印中国国家图书馆藏元刻本;许有壬:《圭塘小稿》别集卷下《记游》,影印文渊阁《四库全书》本。
[②] (明)崔铣:《彰德府志》卷一,《天一阁藏明代方志选刊》影印明嘉靖刻本。

蒙元墓葬场景营造与空间功能刍议

袁 泉

首都师范大学历史学院

  蒙元时期,砖雕和壁画构成的墓室壁面装饰广泛流行于内蒙、山西、陕西、河北、河南和山东等地;各地墓葬的装饰布局虽然各有传统,但从元代后期起,却逐渐形成了较为统一的格局——以正壁为中心,两侧奉侍茶酒。另一方面,大同地区和洛—渭流域的多数墓葬中虽未发现墓室装饰,但出土的出行仪仗、家具模型和器用组合似乎又与同时期的砖雕、壁画图像一一对应。换言之,蒙元时期墓葬的壁面装饰和随葬器物之间存在着一种彼此对应、相互补证的关系。考虑到墓室建筑的特殊功用,无论是墓壁装饰还是随葬品组合,它们在墓室中的出现均是一种"功能性"的存在:砖雕与壁画依托墓室建筑将平面图像转化为三维空间,而随葬的仪俑、模型和器物则通过有序的摆陈位置复原着相似的场景;要之,墓壁图像和随葬实物作为墓室的有机组成部分,共同构建了一个具有特定意义的空间。

  本文将综合考察墓葬中的"物"与"像",通过墓室装饰和随葬组合的相互补正,复原二者共同营造的空间模式;以之为基础,探讨这一空间的性质与功能;进而尝试分析墓室营造所体现的逝者与生者间的"互酬"关系。鉴于墓葬文化面貌上的延续性,本文分析以蒙元时期的墓葬材料为主,同时参佐宋金墓例,将宋元墓葬文化作为一个传承有序的连贯发展过程来分析探讨。

一、物与像:壁面装饰与随葬品共同营造的墓室空间

  壁面装饰与随葬器物作为两类不同形式的物质文化载体,在墓室这一特殊空间中的

---

* 本文受2013年国家社科基金青年项目"蒙元时期墓葬研究"(批准号:13CKG015)资助;该研究同时为北京市教委"北京市属高等学校高层次人才引进与培养青年拔尖人才培育计划"所属课题"世俗与宗教之间:唐宋墓葬文化中佛教因素的多视角研究"成果(批准号:CIT&TCD201504071)。

  本文探讨的"蒙元"墓葬,并不是一个族属范畴上的概念,而是指包括大蒙古国和元朝在内的时段界定。蒙古时期是指金贞祐南迁以后,即成吉思汗八年(公元1213年)到元世祖至元七年(公元1270年)之间。这期间蒙古从草原南进,逐渐控制了北方和中原地区,在公元1234年灭金后占据了长江以北的广大地区。元朝时期是从世祖忽必烈至元八年(公元1271年)改国号为元开始,一直到顺帝至正二十八年(公元1368年)退出中原为止,这一阶段蒙古统治者悉纳汉地而治,结束了数百年政权分立、对峙的局面。

相互关系耐人寻味。对于这一问题,此前已有学者关注探讨:宿白在20世纪中叶即提出墓壁"借壁画器物或砖雕器物来代替实物"的见解;郑岩多次提出将围屏石榻、墓室棺床与墓壁屏风画统合考虑①;李清泉在分析宣化辽墓的壁画布局时,注意到了壁画图像和随葬器物是同一内容的不同表现形式,指出当地壁面装饰虽不设夫妇对坐的场景,却流行随葬木供桌和两把椅子②;刘未在比较辽南区和北宋墓葬异同之处时,认为辽墓中流行的饮食炊具、茶酒之具和尺剪裁缝用具,在北方地区宋墓中则往往表现为砖雕和壁画,故而随葬器物相对简单③。

蒙元墓葬的壁面装饰在墓室建筑的不同位置渐次固定为相应的图像主题,同时随葬品在组合模式和类型选择上也渐趋程式化。装饰布局流行以夫妇坐像和屏风围榻为中心、左右对称表现茶酒供奉、伎乐表演或出行仪仗,而墓室中放置的木石棺床、随葬器用和奉侍仪俑则通过特定的位置安排表现出相似的场景模式。由此可见,壁面雕绘的图像与随葬实物间往往具有相同的指代关系,"物"与"像"均在反复使用的过程中确立起一套固定的表现程式,二者作为墓葬的有机组成部分,具有一个共同目的——表现特定的场景空间。

我们不妨将不同位置、类型各异的图像与器物作为一个个独立的元素,将它们营造的墓室空间视为一种整体的环境。正如汉字模块通过不同的排列方式和语法规则组成句篇,墓室装饰与出土器物则依托所在位置和题材选择营造出一种具备内在逻辑的场景模式。将墓葬中的"物"与"像"作为一个整体统合研究,不仅可以勾勒出蒙元时期,乃至整个宋元阶段墓室营建的普遍模式,更可通过二者的相互补证,尽可能复原一个相对完整的场景空间,进而更加有据地探讨这种场景模式所要传达的礼仪功能。

(一)虚与实:墓主人形象的表现模式

墓主形象的表现是中国古代墓室营建中极为重要的环节。两汉六朝,墓主形象多正坐于建筑廊下或帷帐中;唐代开始出现影作"一桌二椅"的家具模型;宋金时期,"虚位以待"的一桌二椅逐渐演变为墓主人夫妇对坐、并坐的场景;逮至蒙元阶段,墓主坐像则从偏居侧壁的对坐模式向正位并坐发展,其与围屏、床榻一并成为这一阶段墓室装饰的核心图像。同样不可忽视的是,墓室后部大多设有砖石砌筑的棺床和棺椁葬具,在墓室正壁不设装饰的情况下,棺床和棺椁作为壁面图像的延伸,在整个墓室布局中充任了与墓主坐像和屏风床榻相同的功用。此外,也有用壁面题记和神主牌位等图像或实物代替墓主形象的实例。由此观之,蒙元墓葬中的墓主之位往往通过对坐图像、屏榻家具、葬具实物和随葬神主等多种方式来表现,以或虚或实的不同方式强调墓主在整个墓室空

---

① 郑岩:《魏晋南北朝壁画墓研究》,北京:文物出版社,2002年,第246~254页;郑岩:《压在"画框"上的笔尖——试论墓葬壁画与传统绘画史的关联》,《新美术》2009年第1期。
② 李清泉:《宣化辽墓:墓葬艺术与辽代社会》,北京:文物出版社,2007年,第71页。
③ 刘未:《辽代墓葬研究》,北京大学硕士学位论文,2004年,第67页。

间中的主体地位。

1. 考妣之位：夫妇坐像、壁面题记与随葬牌位

这里提到的"位"，不仅是指墓室中墓主形象的明确表现，还包括神主牌位和奉祭题记所代表的祭奉对象。巫鸿在《无形之神》一文中提出，"位"代表一个祭祀场合的供奉对象，其不在于表现外在形貌，而是一种礼仪环境中主体地位的界定①。蒙元时期，除面貌滞后的山东地区，墓葬中出现的夫妇坐像大多雕绘于墓室后壁正位，尤以长城以北、晋中地区和冀南豫北最具代表性。墓主夫妇的形象多为正面并坐在交椅或杌子之上，中间以几案相隔，其上摆放有盆花、瓶花和饮食之具，两侧侍立男女侍从。这种图像模式可向上追溯到公元9世纪河北墓葬的砖雕表现；它以"一桌二椅"的家具模型为基础，经历了一个"由单纯家具摆设到承载墓主灵位"的演变过程②，渐趋成为北方地区宋元墓葬中最流行的壁面装饰题材。

需要注意的是，壁面装饰中的墓主人坐像不仅仅是一种程式化了的图像符号，它本身也具有十分明显的写实性。蒙元阶段北方元墓中男着笠帽与辫线袍、女着姑姑冠与半袖的"蒙古衣冠"模式，就体现出蒙古文化冲击下的蒙汉文化交融的时代风貌。另一方面，墓室中所葬死者的性别和人数信息，往往也会真实地反映在壁面表现的墓主坐像上，同时也与"修墓记"和随葬牌位中包含的信息一一对应。

蒙元时期壁画图像与敛葬方式相互印证的墓例以内蒙古凉城后德胜墓为代表：墓室后壁绘饰男墓主居中、两位妻妾分列左右的并坐模式；该墓棺床上并排安放的三具木棺中，同样容敛着一男两女的骨架组合，与壁画所示完全一致③。山西文水北峪口元墓正壁线刻出的一男二女对坐图像也恰与棺床上入葬的三具骨架对应④。晋南地区的丛葬墓则表现出壁面题记与埋葬个体相互统一的确证：不同方位的壁面上常常有多处"修墓记"来标明死者身份，而题记正下方对应的棺床上则安放着相应身份的尸骨或骨灰堆⑤。山西新绛吴岭庄元墓分别在后室西北壁、西壁和东壁上标记着祖孙三代家族成员的墨书姓名，而这三个壁面下安置的三堆人骨，基本上可与壁面上的姓名数量相对应，代表着题记所示的三代个体⑥。陕西蒲城洞耳村元墓则为我们提供了图像与题记两相对应的例证：后壁

---

① 巫鸿：《无形之神——中国古代视觉文化中的"位"与对老子的非偶像表现》，见《礼仪中的美术》，北京：生活·读书·新知三联书店，2005年，第509~524页。
② 刘耀辉：《晋南地区宋金墓葬研究》，北京大学硕士学位论文，2002年，第29、30页。
③ 内蒙古自治区文化厅文物处等：《内蒙古凉城县后德胜元墓清理简报》，《文物》1994年第10期。
④ 山西省文物管理委员会等：《山西文水北峪口的一座古墓》，《考古》1961年第3期。
⑤ 晋南地区蒙元阶段的这种合葬墓通常为同族内不同辈分的多个小家庭共同斥资修葺，人员在埋葬位置上则按照长幼、男女尊卑有别的方式处理，将尸骨或骨灰分堆安置在不同墓室（龛室）或同室不同壁（方位）所对应的棺床上。为了标记不同个体的安葬位置，蒙元墓葬提供了两种方式：其一是在对应的墓壁上用墨书表明其下棺床上安放的死者身份，如新绛吴岭庄元墓在后室西北壁上墨书"老爷卫忠"、"老婆聂氏"，东壁题为"少爷卫德"、"少婆冯氏"，西壁则写载"父卫坚"、"母杜氏王氏"，与之对应，在北、西、东三壁下的棺床上分别安置有人骨，应该是对应题记中显示的祖孙三代。其二是在尸骨或骨灰堆对应的壁面上方拱眼壁上描绘相应的人物彩绘形象，通常采用对坐的造型，这种方式不仅见于吴岭庄元墓，也是闻喜和长治地区宋金墓葬习用的方式。
⑥ 山西省考古研究所：《山西新绛南范庄、吴岭庄金元墓发掘简报》，《文物》1983年第1期。

上方墨书有墓主身份的题记,其中左侧为"张按答不花"、右侧题"娘子李氏云线";题记正下方则恰好绘饰男左女右的夫妇并坐图像①(图一)。

图一 蒙元墓葬中的考妣之"位"
1. 蒲城洞耳村墓后壁墓主人坐像及对应题记 2. 文水北峪口壁面线刻"祖父之位"
3. 交城裴家山壁面墓主坐像及对应神主

  蒙元时期流行的墓主夫妇坐像中,有一类较为特殊的表现形式——墓主夫妇诵经图。河北邢台钢铁厂元墓中,后壁的墓主夫妇图像之间绘一红漆方桌,在靠女墓主一侧的桌角上放置着一部旋风叶式的经书②。这种"透露了生活心理层面"③的图像模式实际上完全秉承了当地宋金时期的壁面装饰传统,广泛出现于晋中、晋南和关中地区的砖雕壁画墓中。此类夫妇崇佛图像最典型的表现形式就是男女墓主并坐于桌案两侧,"男持念珠、女持经卷",如山西侯马牛村金墓。更多的情况则是邢台钢铁厂元墓所提供的模式:念珠与经书只现其一,或为主人持念珠,或为主妇颂佛经。相似的金代墓例

---

① 呼林贵等:《蒲城发现的元墓壁画及其对文物鉴定的意义》,《文博》1998年第5期。
② 北京大学中国考古学研究中心等:《邢台市邢钢元代壁画墓发掘简报》,《考古与文物》2008年第4期。
③ 刘耀辉:《晋南地区宋金墓葬研究》,北京大学硕士学位论文,2002年,第33页。

为侯马金墓、汾阳三泉镇金明昌三年(公元1192年)墓和甘肃清水上邽乡金墓。值得注意的是,在汾阳三泉镇5号墓中,正壁男墓主持念珠的并坐图像旁有一处题款为"香积厨"的奉食场景①。所谓香积厨,本指佛教寺庙中的厨舍②;这一名称在世俗墓葬中的移用,与墓主诵念佛经的图像表现一致,一定程度上反映出宋元以来佛教信仰在世俗民众中的普行(图二)。

图二 金元墓葬中墓主诵念佛经场景
1. 河北邢台钢铁厂元墓夫妇备经图 2. 山西侯马金墓男持念珠、女持经卷砖雕像
3. 山西汾阳三泉镇金墓M5男墓主手持念珠图 4. 甘肃清水上邽乡金墓东壁砖雕女墓主备经图

除上述两例外,墓主图像中反映佛教因素融合于世俗民间信仰的例证,还可用金元墓

---

① 山西省考古研究所等:《2008年山西汾阳东龙观宋金墓地发掘简报》,《文物》2010年第2期。
② 香积厨的概念是在"香积饭"的基础上衍生而来的。《维摩诘经·香积品》说:"是化菩萨以满钵香饭与维摩诘,饭香普熏毗耶离城及三千大千世界。"后称僧厨为香积厨,僧饭为香积饭,取香积世界香饭之意。(王实甫《西厢记》第一本第一折:"小僧取钥匙,开了佛殿、钟楼、塔院、罗汉堂、香积厨,盘桓一会,师父敢待回来。"《二刻拍案惊奇》卷三六:"遂分付香积厨中办斋。")关于"香积厨"的概念应用于寺庙、俗间不妨移用的说法,承扬之水先生见告。

葬中僧迦信仰①、地藏崇拜②和引路菩萨③的砖雕和壁画图像作为旁证,其中尤以引路菩萨应用最广。凉城后德胜元墓墓主夫妇三人并坐图的正上方,绘有一手持引魂幡的招魂女。此类持幡旌引渡亡者升登极乐的图像在河南登封黑山沟宋墓④的拱眼壁与墓顶,以及河南济源东石露头村宋金墓⑤墓门两侧也有发现。事实上,此类手持幡旌的天人形象应是在佛教菩萨像影响下的产物,如现藏于大英博物馆⑥和巴黎吉美博物馆⑦的唐、五代时期设色绢本引路菩萨像。正如沙武田所说,"系唐末宋初与净土教的流行共同兴起的民间信仰。在丧葬出殡行列中,常有书写'往西方引路王菩萨'的挽旗,由人持在行列的前面,以导引亡者往生西方"⑧(图三)。

2. 尊者之屏:组合表现的围屏、床榻与棺床⑨

徐苹芳先生指出,大同金代壁画中本应表现墓主人夫妇对坐的位置转而以帷幔屏风的彩绘图像代替。事实上,这一图像模式不仅是金代大同墓葬的典型特征,也是金元时期燕云地区(主要集中在大同、晋中与冀南)壁画布局的重要表现。该模式在大同和冀北地区又存在细节表现上的差异,其中大同地区流行环绕三面的通壁屏风(图四),而冀北壁画中则多表现为以围屏做床挡的大型卧榻(图五)。如果我们将墓室后部的砖砌棺床一并考虑的话,则可发现这两种图像模式实际上殊途同归:在以屏风为布局核心的情况下,墓室后壁和左右侧壁后半部均为多扇连屏,而这些围屏恰好环绕在凹字形砖砌棺床的正上部,共同构成了一个二维与三维相结合的具有"三面床挡"的围屏床榻形象。从这个意义上来说,以墓室棺床为中心的通壁连扇大屏风和带围挡的床榻图像表现的均是围屏环立下的墓主之位。有趣的是,除上述"虚位以待"情形下的屏风图像外,在墓主人形象明确出现的场景中,通壁大屏风或分扇小屏风亦常常作为墓主夫妇坐像后的背景家具。这

---

① 河南新密平陌宋墓在墓顶绘出"泗洲大圣度翁婆"题材的壁画。详见郑州市文物考古研究所等:《河南新密市平陌宋代壁画墓》,《文物》1998年第12期。僧伽崇拜的研究文章,参见徐苹芳:《僧伽造像的发现和僧伽崇拜》,《文物》1996年第5期。
② 甘肃清水白沙乡箭峡金墓的后壁正中砖雕表现出地藏坐像。见南宝生:《绚丽的地下艺术宝库:清水宋(金)砖雕彩绘墓》,兰州:甘肃人民出版社,2005年,第37~68页。
③ 李敏行在其博士论文中曾对引路菩萨的图像略作探讨(李敏行:《元代墓葬装饰研究》,南开大学博士学位论文,2007年,第123页),李清泉也引用了吉美博物馆所藏绢本图像来说明墓室空间营造的问题(李清泉:《宣化辽墓:墓葬艺术与辽代社会》,第248、249页)。
④ 郑州市文物考古研究所等:《河南登封黑山沟宋代壁画墓》,《文物》2001年第10期;郑州市文物考古研究所:《郑州宋金壁画墓》,北京:科学出版社,2005年,第98~116页。
⑤ 赵宏、高明:《济源市东石露头村宋代壁画墓》,《中原文物》2008年第2期。
⑥ 此幅引路菩萨绢本画来自敦煌藏经洞,编号为Stein painting 47,现藏伦敦大英博物馆。本文所引图片材料取自敦煌研究院:《敦煌——纪念敦煌藏经洞发现一百周年》,北京:朝华出版社,2000年,图122、123。
⑦ 此帧引路菩萨绢本画为法国吉美博物馆第1765号藏品,本文中所用图片转引自敦煌研究院:《敦煌——纪念敦煌藏经洞发现一百周年》,第134页。
⑧ 沙武田:《敦煌引路菩萨像画稿——兼谈"雕空"类画稿与"刻线法"》,《敦煌研究》2006年第1期。
⑨ 关于屏风围榻图像在墓室空间营造中的功用问题,郑岩提出:这种叠床架屋的做法,似乎意强调这些葬具的意义和墓主灵魂的存在(郑岩:《魏晋南北朝壁画墓研究》,第253页)。巫鸿认为屏风的应用代表了一种前后空间的分割,屏风后的区域相对而言是一个隐匿的空间(Wu Hung, *The Double Screen: Medium and Representation in Chinese Painting*, The University of Chicago Press, 1996, p.10)。李清泉则进一步将墓室壁画中的屏风阐释为"前堂后寝"的分界(李清泉:《宣化辽墓:墓葬艺术与辽代社会》,第246~248页)。

图三　宋元墓葬中的引路天女和引路菩萨
1. 山西长治金贞元元年墓南壁引路天女　2. 登封黑山沟宋墓墓顶的引路天女
3. 济源市东石露头村宋代墓门两侧引路天女　4. 大英博物馆藏引路菩萨

就引出一个问题：金元时期流行的"围屏"装饰究竟有什么象征意义？屏风与墓主之间又为何存在如此牢固的组合关系？

考宋人陈祥道《礼书》："会有表，朝有着，祭有屏摄，皆明其位也。……韦昭曰：屏，屏风也；摄如要扇。皆所以明尊卑，为祭祀之位。"①由此可见，与其说屏风代表了一种空间分隔的界限划定，不如说它是作为一种"明尊卑"的道具背景，屏风摆陈之处就意味着"尊

---

① （宋）陈祥道：《礼书》卷四十五"屏摄"条，文渊阁《四库全书》影印本，第130册，台北：商务印书馆，1983年，第274页。

图四　山西大同齿轮厂元墓中的围屏壁画
1. 后壁：隐逸题材　2. 左后壁：泛舟图　3. 右后壁：山行图　4. 左前壁：备酒图　5. 右前壁：备茶图

者之位"的确立；墓室中屏风与墓主图像的组合关系，很大程度上是出于供奉墓主、营造祭祀氛围的考虑。

（二）明器之属：侍奉场景的题材与表现

司马光《书仪》载："明器，刻木为车马、仆从、侍女，各执奉养之物，象平生而小。"此条文献的小注中进一步说明，在车马侍从的"刍灵"仪俑之外，一些日常饮食容器组合也在明器之列，所谓"椀楪瓶盂之类"[1]。《事物纪原》中亦将明器释作"鸾车、像人"[2]。由此可

---

① （宋）司马光：《书仪》卷七"明器"条，文渊阁《四库全书》影印本，第142册，第504页。
② （宋）高承：《事物纪原》卷九《吉凶典制部四十七》"明器"条："《周官·冢人》，及葬，言鸾车像人。是像人之起，始于周也。今直以俑号明器云。"文渊阁《四库全书》影印本，第920册，第248页。

图五　河北涿州元墓壁画布局

1. 后壁：花鸟围屏床榻　2. 左后壁：备酒图　3. 右后壁：备茶图　4. 左前壁：孝行图　5. 右前壁：孝行图

见，宋代以降的明器主要是指车舆、马匹和随行侍众共同构成的仪仗俑，仆从、侍女构成的日常侍奉俑，同时还包括了一些十分常见的饮食器皿①。以这个标准来衡量，则蒙元墓葬中随葬的车马、人物俑、碗盘容器和茶酒之具均可划归"象平生而执奉养"的"明器"之属。其中洛河—渭水流域盛行规模可观的仪仗陶俑，而山西大同地区则以成套随葬的小型陶、

---

① 关于宋代"明器"的概念及其在考古发现户的表现，参见秦大树：《宋代丧葬习俗的变革及其体现的社会意义》，《唐研究》第11卷，第313~336页。

木器物①最具特点。

另一方面,以墓室或墓地礼仪建筑上的壁面装饰来代替明器和祭器实物的做法也十分流行。沈括在《梦溪笔谈》中即记录了山东地区汉代墓地祠堂画像石中的线刻明器图像:"济州金乡县发一古冢,乃汉大司徒朱鲔墓。石壁皆刻人物、祭器、乐架之类。人之衣冠多品有如今之幞头者,巾额皆方,悉如今制,但无脚耳;妇人亦有如今之垂肩冠者,如近年所服角冠,两翼抱面,下垂及肩,略无小异。人情不相远,千余年前冠服已尝如此,其祭器亦有类今之食器者。"②与文献相呼应,在考古发现的汉唐宋金墓葬材料中,将车马、仆从、侍女、伎乐和奉养"祭器"的形象雕绘于墓室壁面的情况十分普遍。逮至蒙元时期,这种"以像代物"的做法依然存在,南北方墓葬中均存在以墓壁砖雕、壁画来阐释"明器"之制的现象:以墓主之位为中心,车马仪仗、饮食备献和伎乐表演的图像对称分布在墓室左右侧壁及墓门、甬道两边。这些墓室装饰图像和随葬品组合在位置安排和指代内容上往往"异文而同质",统一表现出以墓主为对象的侍奉场景,大致又可分作两类:其一为车马出行的仪仗队列,其二为饮食备献的随侍供奉。

1. 车马仪仗

墓主出行的仪仗场景是宋元时期北方地区墓葬中十分常见的表现题材,不仅频繁出现于甬道或墓门内外两侧的壁面装饰中③,也以车马、随侍等随葬陶俑形象大量发现于河南、关中地区蒙元墓葬的甬道和墓室中④。其中壁画表现相对简化,常常以"停舆图"和"控马图"等简单的图像来指代卤簿队列,出现人物极少,以一至二名男侍控马最为常见,典型墓例参见邢台钢铁厂元墓墓门西侧的控马笠帽男侍和山东济南埠东村壁画墓甬道左端的牵马男俑;另一方面,在蒙古文化的冲击下,传统的车马出行题材出现了新的表现形式,以内蒙赤峰三眼井⑤、辽宁凌源富家屯⑥和陕西蒲城洞耳村三座壁画墓为代表,确立了

---

① 此处所说的陶、木器物,特指茶具、酒具组合,碗盘之属,以及由香炉、长颈瓶和蜡台组成的五供;至于影屏、桌椅、巾架、盆架等家具模型则不在此列,属于下一个问题所论及的"下帐"。
② (宋)沈括:《梦溪笔谈》卷十九,上海:商务印书馆,1937年,第122页。沈括所记遗迹,为山东金乡县金城西小李庄东北墓地祠堂画像石,现存山东石刻艺术博物馆;郦道元《水经注·济水》和阮元《山左金石志》中对其亦有记载。此处画像石年代存有争议,今人多认为属东汉末。
③ 如著名的河南禹县白沙水库一号墓,在甬道的西部绘画三人一马的出行场景(宿白:《白沙宋墓》,北京:文物出版社,2002年,第34页);山东济南埠东村元代石雕壁画墓门洞西壁绘男侍牵马出行场景(刘善沂、王惠明:《济南市历城区宋元壁画墓》,《文物》2005年第11期);山西北峪口元代壁画墓南壁墓门两侧分别绘有墓主骑马出行图(山西省文物管理委员会等:《山西文水北峪口的一座古墓》,《考古》1961年第3期);山西交城县元墓的甬道东西二壁均为石刻鞍马人物出行图,主人乘马策蹇,伴行随侍或执幡前引,或负物从后(商彤流、解光启:《山西交城县的一座元代石室墓》,《文物季刊》1996年第4期)。
④ 河南地区的焦作中站区元代靳德茂墓(焦作市文物工作队、焦作市博物馆:《焦作中站区元代靳德茂墓道出土陶俑》,《中原文物》2008年第1期)、洛阳道北元墓(洛阳市第二文物工作队:《洛阳道北元墓发掘简报》,《文物》1999年第2期)的墓道填土中均出土有控马武士和马俑,同类随葬仪俑在陕西地区的宝鸡元墓和西安南郊元墓中则位于墓室中(刘宝爱、张德文:《陕西宝鸡元墓》,《文物》1992年第2期;王九刚、李军辉:《西安南郊山门口元墓清理简报》,《考古与文物》1992年第5期)。
⑤ 项春松等:《内蒙昭盟赤峰三眼井元代壁画墓》,《文物》1982年第1期。
⑥ 辽宁省博物馆等:《凌源富家屯元墓》,《文物》1985年第6期。

"行前献酒"和"乐舞迎归"这样一组对称表现的出行图像(表一;图六,1~3)。与简而化之的壁面装饰不同,洛河—渭水流域墓葬中的随葬陶俑以数量众多、类型丰富著称,马俑有鞯蹬齐备的鞍马和套车并驷的辕马之别,车舆之具又分牛马套驾的香舆、魂车,至于随行侍从,则包括鼓吹俑和仪仗俑这两类主要组别,鼓吹俑以横吹、排箫和大鼓为代表,仪仗俑多手持骨朵、伞盖、交椅、渣斗、拂子和水罐等具①(图六,4~6)。

表一 蒙元车马出行题材的新表现形式

墓葬名称	甬道左/前壁左	左 壁		后 壁		右 壁		甬道右/前壁右
蒲城洞耳村壁画墓	放牧	树马	出猎	男侍	夫妇并坐	女侍	迎归	树马	车舆
赤峰三眼井壁画墓	门吏	出猎	建筑	建筑	夫妇并坐	备酒	建筑	迎归	门吏
凌源富家屯壁画墓	女侍	放牧	出猎	女侍	屏风床榻	女侍	宴乐	树马	女侍

2. 饮食备献

"象生而小"的碗碟瓶盂类明器是蒙元时期北方墓葬中的重要随葬品组合,材质多样,而其分布最为集中的地区当属山西大同。这一地区的墓葬流行安置一套陶、木并用的小型器皿组合,主要为以碗盘为代表的食器,以汤瓶、盏托为代表的茶具,以玉壶春瓶和马盂为代表的酒具,以及一炉、二瓶、二蜡台为代表的"五供"(参见表三)。通观这一阶段的墓室砖雕与壁画,则可发现"备食"与"备饮"题材同样也是壁面装饰的主要内容,不论是墓主夫妇间桌案上摆放的各色容器,还是左右侧壁上侍从捧持的侍奉之具,均可见到与出土容器组合相互对应的形象。这类饮食类明器中又以茶酒之具最具代表性,不仅在蒙元时期形成了新的器用组合,也确立了茶酒并进的表现模式。与宋金时期茶用汤瓶、托盏,酒用温碗、注子(或偏提)不同,蒙元时期的酒具中大量出现玉壶春瓶和马盂这两种器物②;这一变化不仅反映在大同元墓出土的陶、木酒具组合中,也绘饰于内蒙赤峰沙子山③、陕西蒲城洞耳村、山西孝义下吐京④等地的墓室壁画中(表二;图七)。

---

① 这套仪仗器用自宋辽时期就十分流行,《东京梦华录》中记载了"对御仪仗"所持诸器:"殿前班……跨弓剑,乘马……缨绂前导。……御龙直……执御从物,如金交椅、唾盂、水罐、果盒、掌扇、缨绂之类。"[(宋)孟元老:《东京梦华录(外四种)》卷六"十四日车驾幸五岳观"条,北京:中华书局,1962年,第35页]同时这套仪仗用器在辽代汉人宣化墓群和契丹大型墓中也是常见的壁画装饰图像。
② 杨哲峰从蒲城元墓壁画入手,结合墓葬和窖藏出土实物,认为蒙元墓葬中常见的"匜"不同于先秦两汉是盥洗水器,在元代应作酒器之用(杨哲峰:《从蒲城元墓壁画看元代匜的用途》,《中原文物》1999年第4期);扬之水则进一步考证出所谓的匜形器即元代常见的酒器"马盂",其与玉壶春瓶所代表的"瓶壶"一并,是元代流行的酒具组合(扬之水:《元代金银酒器中的马盂和马杓》,《中国历史文物》2008年第3期)。
③ 刘冰:《内蒙古赤峰沙子山元代壁画墓》,《文物》1992年第2期。
④ 山西省文物管理委员会等:《山西孝义下吐京和梁家庄金、元墓发掘简报》,《考古》1960年第7期。

墓葬与礼俗 ·89·

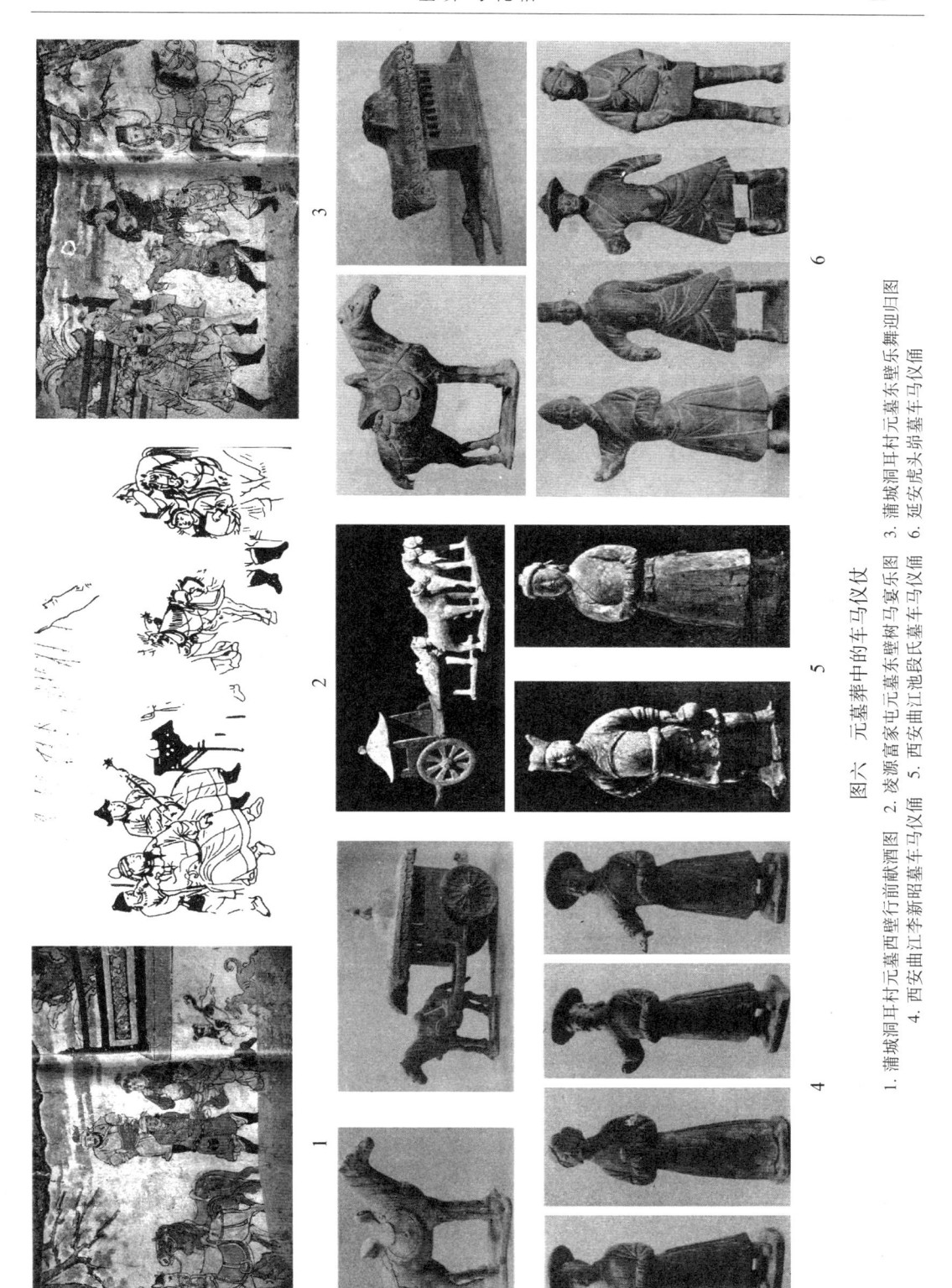

图六 元墓葬中的车马仪仗
1. 蒲城洞耳村元墓西壁行前献酒图 2. 凌源富家屯元墓东壁树马宴乐图 3. 蒲城洞耳村元墓东壁乐舞迎归图
4. 西安曲江池段江李新昭墓车马仪俑 5. 西安曲江池段氏墓车马仪俑 6. 延安虎头峁墓车马仪俑

表二　蒙元壁画墓饮食备献题材布局

墓葬名称	甬道左/前壁左	左壁		后壁			右壁		甬道右/前壁右
赤峰沙子山壁画墓	门吏	备酒	屏风	屏风		屏风	屏风	备茶	门吏
赤峰元宝山壁画墓	伎乐	备酒	屏风	男侍	夫妇并坐	女侍	屏风	备茶	伎乐
孝义下吐京元墓	武士	荷花	茶具	夫妇并坐			酒具	荷花	武士
文水北峪口元墓	武士	荷花	出行	进茶	并坐		进酒	出行	荷花	武士
交城裴家山元墓	归来	荷花	孝行	备茶	并坐		备酒	孝行	牡丹	出行
凉城后德胜壁画墓	侍从	孝行	备茶	夫妇并坐	备酒		孝行	侍从
92齿轮厂墓	男侍	备酒		涂白灰			备茶	女侍
长治南郊墓	衣架	备茶	曹娥	董永	孟宗	王祥	备酒	衣架
伊川壁画墓	门吏	备茶	伎乐	夫妇并坐		伎乐	备酒	门吏

值得注意的是,出现在车马仪仗和日常奉养队列中的男女侍俑及相应人物图像并非是墓主生前随侍人员的简单移用,而是与"尺步"有度的"买到墓田"一并,代表了墓室营建者为死去墓主所专门购置的一套冥间财富。山东高唐金承安二年(公元1197年)虞寅墓壁画①中,在随侍男女仆从的正上方均题有"买到家婢"、"买到家童"、"买到家奴"和"买到家婢"字样,明确说明了这些饮食备献、车马随行和伎乐表演的人物形象均是专为丧葬所购买的随葬"刍灵";当然,秉持"事死如事生"的理念,这些随葬"刍灵"也和阳间家众仆从一样各有其名,以便墓主召唤。前述虞寅墓男女侍从上方的墨书题记就详细记录了这批家奴、家婢的姓名,如家奴妇安、家乐望仙、家童寿儿等。宋代文人笔记中也有相关记载,《北梦琐言》中即描述了古墓中的随葬仪俑,其中"一冥器婢子,背书'红英'字"②,可与出土壁画相印证。

这些碗碟瓶盂的饮食容器往往摆放在桌案上,而男女侍从也通常与桌椅、灯檠、衣架等家具一起构成固定的侍奉场景。可以说,无论是随葬实物还是壁面图像,墓室中的"明器"大多依托一套家具组合来构成完整场景模式;而这些家具模型和墓壁图像也可在礼书中找到对应的仪制规定。

(三)下帐之制:摆放有序的家具模型

《书仪》在"治葬"条中列出了择地下葬的步骤和器用之制,其中"明器"一项后即为"下帐"条,所谓"床帐、茵席、倚桌之类,亦象平生而小"者③。梳理文献可见,关于下帐的

---

① 聊城地区博物馆:《山东高唐金代虞寅墓发掘简报》,《文物》1982年第1期。
② (宋)孙光宪:《北梦琐言》卷九"趋灵祟"条,北京:中华书局,2002年,第193页。
③ (宋)司马光:《书仪》卷七"下帐"条,文渊阁《四库全书》影印本,第142册,第504页。

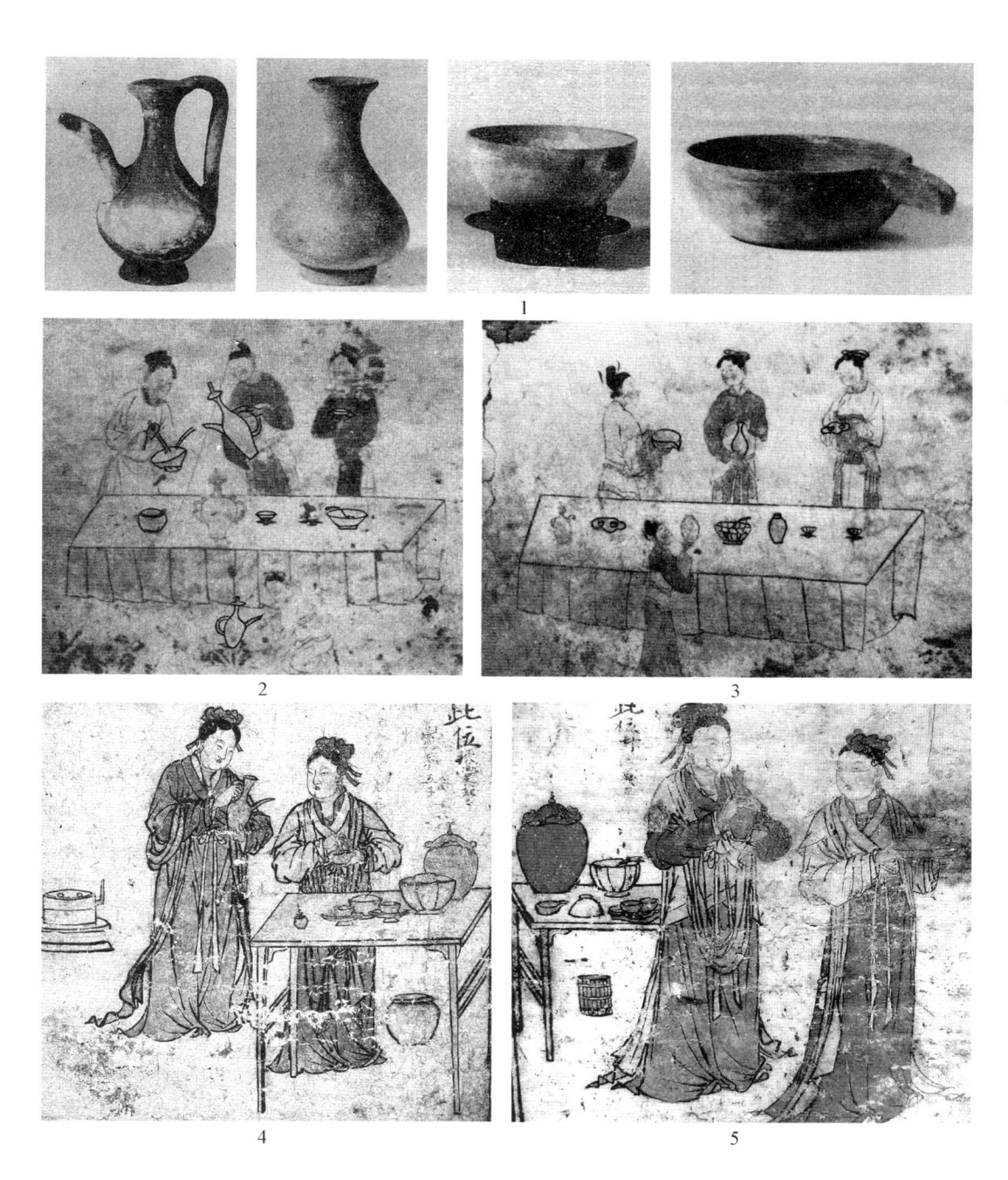

图七 蒙元墓葬中的饮食备献
1. 大同崔莹李氏墓陶质茶酒明器 2. 内蒙古沙子山元墓西壁备茶图 3. 内蒙古沙子山元墓东壁备酒图
4. 山西屯留康庄村 M2 备茶图 5. 山西屯留康庄村 M2 备酒图

定义大致以宋为界发生了重大变化：唐代下帐为纺织品覆顶的帐幔类建筑，帐中摆放有侍从人偶及"衣器"模型①；入宋以来，尤其是南宋以降，礼书对下帐的界定则略去了外层的帐幔建筑不提，单指原安放于帐中的一套小型家具模型②；同时，前期与"衣器"并陈于帐中的偶人则转而并入到"明器"之属。下帐概念的转化，从某种程度上反映出宋元以来随葬家具模型在模拟建筑空间上的日益强化，使其最终不必依赖外围的帐幔建筑，仅仅依靠自身的摆陈模式即可复原一个相对完整的空间场景。

　　蒙元时期随葬家具模型最有代表性的地区当属以大同为中心的晋北之地。大同蒙元砖室墓中出土有成套的小型木、陶材质的家具模型，主要类别有成套的长短供桌、大型供案、交椅方凳、影屏、盆架和巾架等（表三）。这些家具模型在具体形制上又具有明显的时代和地域特征，可与当地或邻近地区墓壁装饰中的家具图像两相对应。如山西大同崔莹李氏墓中出土的围栏供桌③，即与河北涿州元代壁画墓和甘肃元代砖雕墓④左右侧壁上雕绘的供桌图像十分相似，更可向上追溯到宣化辽墓备茶与备经图中的家具细节；而大同元墓中大量发现的盆架模型，又可在山东金代虞寅墓壁画中找到对应图像；山西大同王青墓⑤中出土的两个矮足长供案则与晋中孝义下吐京元墓中陈设茶酒具的供案图像如出一辙（图八）。另一方面，这些随葬的家具模型有时也会转化为相应的侍奉人物形象表现在墓室壁面上，大同地区自金末以来广泛入葬的盆架、巾架组合，就与金元时期并立于后壁或墓门两侧分持盥盆、帨巾的男女侍从形象相互对应。

---

①《新唐书·李勣传》提到下帐中列布有小型人偶，"明器惟作五六寓马，下帐施幔，为皂顶白纱裙，中列十偶人，它不得以入"（《新唐书》卷九三《李勣传》，北京：中华书局，1975年，第3821页）。而《全唐诗》中则可见下帐中还安置有衣器模型（"衣器陈下帐，醪饵奠堂皇。明灵庶鉴知，髣髴斯来飨"，载《全唐诗》卷三八三《张籍·祭退之》，北京：中华书局，1979年，第4302页）。《唐会要》中对各个阶层所用下帐的规模做了严格限制："（唐宪宗元和）六年十二月条流文武官及庶人丧葬，三品已上，明器九十事，四神十二时，在内园宅，方五尺，下帐高方三尺。……五品已上，明器六十事，四神十二时，在内园宅，方四尺，下帐高方二尺。……九品已上明器四十事，四神十二时，在内园宅，方三尺，下帐高方一尺……"（王溥撰：《唐会要》卷三八，北京：中华书局，1998年，第695页）《通典》中则进一步规定了不同等级下帐制作所用材质的区别："其下帐，五品以上用素缯，六品以下用练，妇人用彩，至郓门，三品以上赠以束帛，一品加乘马，既引，又遣使赠于郭门外，皆以束帛，一品加璧。余具开元礼。"（杜佑撰：《通典》卷八六，北京：中华书局，1988年，第2339页）

② 由宋至清，相关礼制书仪中多将"下帐"释作小型家具模型，如前述《书仪》，亦见于（明）徐一夔：《明集礼》卷三十七上，文渊阁《四库全书》影印本，第650册，第144页；乾隆官修《续通典》卷三十四，杭州：浙江古籍出版社，2000年，第1605页。

③ 据扬之水考证，这类栏杆桌子应为"礼物案"（详见扬之水：《古器丛考三则》，《东方美术》1997年第3期）。考《元史·舆服志》，有"表案、制如香案，上加矮栏，金涂铁鞠四，竿二副之"，"礼物案，制如表案"（《元史》卷七十九《舆服志·仪仗二》，北京：中华书局，2005年，第1959页）。可见元代流行在香案、礼物案和表案等桌案类家具上加装围栏。这种制度在明代礼书中依然沿用，见《明史·舆服志》："红髹阑干香桌一，阑干四，柱首俱雕木、贴金、蹲龙。"（《明史》卷六十五《舆服志》，北京：中华书局，1974年，第1607页）与之相应，出光美术馆收藏有一方明代孝行螺钿髹漆栏杆案台。这种栏杆桌子在元明时期主要为礼制和仪式之用。它的发展渊源，似乎又可上溯到唐代的牙盘上（关于牙盘之制，详见扬之水：《敦煌文书什物历器物丛考》，《传统中国研究集刊》第3辑，2007年，第266~295页），元明栏杆桌的材料承扬之水先生见告。

④ 陈履生、陆志宏：《甘肃宋元画像砖》，北京：人民美术出版社，1996年，第8页，图四，1、2。

⑤ 大同市文物陈列馆等：《山西省大同市元代冯道真、王青墓清理简报》，《文物》1962年第10期。

表三 大同地区蒙元墓葬中的木、陶明器和下帐组合

墓葬名称	注壶	盏托	蜡台	香炉	长颈瓶	经瓶	玉壶春	匜	供桌	椅	盆架	影屏	巾架
阎德源墓		○	○	○	○	○			○	○	○	○	○
92齿轮厂墓									○		○		○
冯道真墓		○	○	○	○				○	○	○		○
王青墓		○	○	○			○		○	○	○		○
崔莹李氏墓	○	○	○	○			○		○	○	○		○
86齿轮厂墓	被扰乱，原有小型木明器											

图八 大同地区蒙元墓中出土的下帐组合
1. 山西大同崔莹李氏墓陶家具模型　2. 山西大同东郊王青墓陶家具与明器组合

这些不同类型的家具模型在墓室中均有非常固定的摆放位置，模拟出特定的室内建筑布局。就大同元墓中的陶、木家具的列位模式来看，后侧为影屏、交椅，前设供桌与供案，巾架、盆架之类的盥洗之具居于最前侧。这一位置安排完全可与同一地区的墓葬壁画布局互为参佐：影屏、交椅象征墓主之位，与正壁中的屏风围榻相呼应，长短供案以安备荐之器，对应左右侧壁茶酒进奉的图像模式。

综上可见，蒙元墓葬中出土的随葬品与墓室壁面的装饰图像往往存在彼此对应、相互补充的关系，二者共同营造了一个由墓主之位、茶酒备献和车马仪仗组成的场景：在这一场景中，墓主端坐居中，两旁男女仆婢随侍，左右茶酒进献，前方更有车马仪仗待主而发。接下来的问题是：这种场景安排是否仅仅是对墓主日常生活的一种再现和模仿，所谓"象平生"？以墓主之位为中心的侍奉场景出现在墓室这一特定的空间中，是否存在特殊的含义？

二、葬与祭：收柩与祭奉并存的空间功用

在蒙元时期的墓葬中，居于墓室中心的并坐图像、屏风围榻或砖砌棺床并不仅仅是墓主存在的表示，也明确营造出祭祀和供养的氛围。如蒲城元墓后壁正上方"修墓记"中的"祭主"二字即明确昭示了墓室营造的祭祀功能，而男女墓主姓名下方，恰恰对应着夫妇并坐图像，暗示了墓主形象作为祭奉对象的存在。在内蒙后德胜元墓中，墓室后壁墓主夫妇并坐形象的正上方绘有铭旌引魂的图像，这同样是一种暗示丧祭场景的象征符号。墓主夫妇形象所代表的崇供意味也可从宋元墓葬中得到旁证。在山西侯马宋金墓地中，乔村 M4309 中墓主人夫妇坐像中间的桌案上阴刻有"永为供养"的字样；牛村 M1 中男主人砖雕像前摆有碗碟时馔，左上方也刻有"香花供养"四字[①]。从中可见墓主夫妇形象不仅仅是家居的侍奉对象，更是丧祭活动中的供养对象。

既然墓主形象在墓室中作为祭祀对象来表现，那么以其为中心的整个墓室空间是否也在整体上营造出一种祭奉氛围呢？

事实上，壁面装饰与随葬品组合均是墓室的重要组成部分，很大程度上是围绕着墓葬设计者的主观意愿来选择组织的，反映出当时的丧葬观念[②]。墓主之位的表现、茶酒进奉的行为、席间伎乐的表演在再现阳间生活的同时，也因墓室空间的特殊性而附上了供奉与祭祀的色彩；换句话说，墓室不仅作为"收柩之所"存在，也在营造"永为供养"的祭奠氛围，表现生者对死者的永久性祭奉。

下文将以蒙元墓葬中最具特点的"茶酒备献"题材为主，结合其他墓室图像和随葬品组合，探讨墓室的空间性质以及装饰图像和随葬品的礼仪功能。

[①] 以上两墓例为待刊资料，转引自刘耀辉：《晋南地区宋金墓葬研究》，北京大学硕士学位论文，2002年，第33页。

[②] 详见郑岩：《魏晋南北朝壁画墓研究》，第8~14页。

（一）茶酒间进：备茶、备酒题材的礼仪功能

"奉茶进酒"题材在蒙元墓葬中多有例证，主要以壁画形式存在于河南、山西、陕西、河北和内蒙等地。考虑到文化的沿承性，我们将时代进行上下溯延，则可看出这一题材兴发于宋金①，传承至明清，直到现当代仍在沿用，表现出时间发展上的连贯性。在题材表现上，茶酒备献涵盖了壁画、砖雕和石棺线刻等多种装饰形式，再加上出土的成套茶酒陶瓷用具，面貌十分多样；地缘分布上也体现出空间上的广泛性，在北方各地均有发现。无论是墓葬装饰构图的对称性，还是表现形式的严整性，"茶酒备献"题材都在蒙元时期确立了更为规范化、社会化的表现模式（表四）。

表四　蒙元墓葬中普遍出现的"茶酒"题材

墓葬名称	左前壁	左壁		后壁			右壁		右前壁
内蒙赤峰元宝山壁画墓	伎乐	备酒	屏风	男侍	夫妇并坐	女侍	屏风	备茶	伎乐
晋北大同86齿轮厂墓		备酒	屏风	屏风	屏风	屏风	屏风	备茶	
冀北涿州壁画墓	孝行	进酒		围屏床榻			进茶		孝行
晋中文水北峪口元墓	荷花	出行	进茶	夫妇并坐			进酒	出行	荷花
河南洛阳伊川元墓	门吏	备茶	伎乐	夫妇并坐			伎乐	备酒	门吏
晋东南长治南郊元墓	衣架	备酒	屏风	屏风	屏风	屏风	屏风	备酒	衣架
陕西西安韩森寨元墓	伎乐	备酒		男侍	石棺床	女侍		备茶	伎乐

这一装饰题材在墓室中的频繁出现，仅仅是"事死如生"的常奉情境的简单再现吗？这种成组并存又各成体系的题材，是否只是作为墓葬装饰的一种程序化表现模式存在？基于墓室场所的性质功能，很自然会提出这样一个问题："茶酒并进"的组合形式在元代丧祭活动中扮演着何种角色。考察诸家礼书的相关记载，可见由宋历元，所谓的"香茶酒果"、"茶酒时馔"是丧祭中的重要荐献品，同时"奉茶"与"进酒"亦并行存在，成为丧祭中的重要仪节：以上均以成文规定的形式见载于宋元丧祭礼俗中。这种礼仪规定直至明清礼书中仍得以完整保留，以此可见茶酒入丧祭的礼俗沿承流变②。下文将从器用和仪式

---

① 金代洛阳邙山壁画墓中，东耳室南北二壁分别表现了汤瓶于炉中、侍女挥扇助火的煮浆图和二侍女一捧茶盏、一持汤瓶的奉茶图（洛阳市第二文物工作队：《洛阳邙山宋代壁画墓》，《文物》1992年第12期）；北宋晚期新密平陌壁画墓的东壁备宴图，展示了火炉煮浆，侍女奉茶盏的情景（郑州市文物考古研究所等：《河南新密市平陌宋代壁画墓》，《文物》1998年第12期）；登封北宋绍圣四年（公元1097年）壁画墓中，墓室西南壁和西壁分别绘有妇人调茶图和燎炉候汤的烹茶图（郑州市文物考古研究所等：《河南登封黑山沟宋代壁画墓》，《文物》2001年第10期）；大同金正隆年间壁画墓的墓室东壁表现的是点茶进茶图：二侍女一捧带托茶盏，一持汤瓶点茶；一妇捧茶盏托子（大同市博物馆：《大同市南郊金代壁画墓》，《考古学报》1992年第4期）。

② （清）毛奇龄：《辨定祭礼通俗谱》，文渊阁《四库全书》影印本，第142册，第743~797页。

两个方面具体论述。

1. 器具之备：丧祭仪节中的茶酒之具

元代礼书多散佚不传，我们只能从存今的书目中管窥元代在家礼丧祭方面的礼制建设①。但礼制体系必有沿承因袭，故可勘考两宋及明清礼书的相关仪节作为文献支持。

依据相关礼文，在丧礼和祭礼中，"奉茶进酒"扮演着重要角色，茶酒之具存在并列排布的陈器方式。

朱子《家礼》在《丧礼虞祭》②中提及执事备器具过程中的"茶酒之具"："凡丧礼，皆放此酒瓶并架一于灵座东南；置卓子于其东，设注子及盘盏于其上；火炉、汤瓶于灵座西南……"③又如"卒哭之祭既彻即陈器具馔"条载："酒瓶、玄酒瓶于阼阶上，火炉、汤瓶于西阶上，具馔如卒哭……"④这些均是茶酒之具在丧礼中东、西分列并陈的重要依据。

在祭礼中，奉茶进酒也扮演着重要角色，茶酒之具存在并行相对的陈器方式。朱子《家礼》"前一日设位陈器"条载："主人帅众丈夫深衣及执事洒扫正寝，洗拭倚卓，务令蠲洁。……地上设酒架于东阶上……火炉、汤瓶、香匙、火箸于西阶上……"⑤相类的仪节规定也见于司马氏《书仪》："执事者设玄酒一瓶、酒一瓶于东阶上，西上别以卓子设酒注、酒盏、刀子、拭布。……设火炉、汤瓶、香匙、火箸于西方。"⑥《晦庵集》中的诸多祭文中也多茶酒并提，以"香茶果酒"、"香烛茶酒"作为奉奠之具⑦。

我们在元墓壁画中可以找到与仪制文献相对应的茶酒之具，如赤峰沙子山元墓⑧西壁中所绘的长流注壶、燎炉和长柄勺，即为所谓的"火炉汤瓶"和"香匙"，皆为点茶之具，东壁长桌上亦可见礼文中"酒瓶"、"盘盏"相应的带盖梅瓶和劝盘酒盏。相类的茶酒具组合也见于西安韩森寨元墓⑨中的西壁备酒图和东壁备茶图中（图九）。仪制所

---

① （清）黄虞稷：《千顷堂书目》卷二："元李好文《太常集礼》五十卷，王守诚《续编太常集礼》三十一册、又《太常至正集礼》二十册，赵孟頫《祭器图》二十册，叶起《丧礼会经》，张须《丧服总类》，又释《奠仪注》，申屠《致远释奠通礼》三卷……冯翼翁《士礼考正》，赵居信《礼经葬制》，吴霞举《文公葬礼考异》，黄泽《二礼祭祀述略》……张才卿《丧祭会要》一卷……吕景蒙《五礼古图》一卷，蒋彬《家礼四要》一卷，严本《家礼辑略》十卷……（以下作者不知名）《家礼会成》四卷，《祭礼从宜》四卷，《三代因革祠祀礼》八卷。"（《丛书集成》续编，第4册，第141页）
② 所谓虞祭，按郑玄所注，是指下葬之日所进行的一种祭仪，能聚引死者魂魄之用。
③ （宋）朱熹：《家礼》卷四《丧礼虞祭》，"执事者陈器具馔"条，文渊阁《四库全书》影印本，第142册，第563页。
④ （宋）朱熹：《家礼》卷四《丧礼虞祭》，"卒哭明日而祔卒哭之祭既彻即陈器具馔"条，文渊阁《四库全书》影印本，第142册，第565页。
⑤ （宋）朱熹：《家礼》卷五《祭礼》，"前一日设位陈器"条，文渊阁《四库全书》影印本，第142册，第576页。
⑥ （宋）司马光：《书仪》卷十，文渊阁《四库全书》影印本，第142册，第522页。
⑦ 如"维淳熙四年二月辛未朔旦，新安朱熹谨以香茶酒果奠于近故柯君国材老丈之灵"，载《晦庵集》卷八十七"祭柯国材文"条，文渊阁《四库全书》影印本，第1146册，第43页；"谨遣男野奉香烛茶酒往奠柩前"，载《晦庵集》卷八十七"又祭蔡季通文"条，文渊阁《四库全书》影印本，第1146册，第56页。
⑧ 刘冰：《内蒙古赤峰沙子山元代壁画墓》，《文物》1992年第2期。
⑨ 西安市文物保护考古所：《西安韩森寨元代壁画墓》，北京：文物出版社，2004年，图一九、图二一，彩版一九、彩版三〇。

图九　西安韩森寨元墓备酒、备茶图
1. 西壁备酒图　2. 东壁备茶图

列的"器具之备"仅为茶酒之具的一种缩略符码,故而通过对墓葬中茶酒装饰题材的考察,亦可发现诸如茶筅、盏托、樽勺、爵杯、玉壶春瓶和马盂等鲜见于礼书的茶酒用具。

2. 奠祭之仪：茶酒并进和荐献对象的对应关系

元墓中的"奉茶进酒"图通常以墓室后壁为中心对称分布,分列于左右侧壁或棺床的两侧,具有空间构图上的平衡性。而在葬式明确的夫妇合葬墓中,奉茶和进酒作为两个系列,在空间位置的选择上和墓主人夫妇的性别存在一定的对应关系[①]。

在内蒙元宝山元墓[②]中,墓主夫妇以男左女右的模式对坐于墓室后壁,以之为中心,左右二壁各绘有供桌陈器和荐献侍者：左壁供桌陈器中可明辨出元代的常用酒具——玉壶春瓶,桌旁一人捧持劝盘并酒盏进奉；右壁供桌上列点茶汤瓶和倒扣的茶盏,旁立一人持茶筅击拂汤花。在这组茶酒备荐组合图中,进酒图一侧对应男墓主的方位,而奉茶图则对应女墓主（图一〇,1）。

文水北峪口元墓[③]北壁中墓主人夫妇对坐的位置则发生了对调,变为男右女左；耐人寻味的是,墓葬中的备茶图和备酒图的空间分布也随之改变：右壁为一组男性荐献者,器具组合为酒尊、玉壶春瓶和劝盘的进酒之具；左壁则表现为一组女性荐献者,器具组合为汤瓶、茶筅和茶盏并托的奉茶之具（图一〇,2）。

---

① 杨哲峰通过对元墓壁画布局的考察,提出备茶题材通常与女主人像相对应；而备酒图像则多在男主人像一侧。详见杨哲峰：《从蒲城元墓壁画看元代匜的用途》,《中原文物》1999 年第 4 期。
② 项春松：《内蒙古赤峰市元宝山元代壁画墓》,《文物》1983 年第 4 期。
③ 山西省文物管理委员会等：《山西文水北峪口的一座古墓》,《考古》1961 年第 3 期。

1

2

图一〇 蒙元墓葬中墓主人夫妇与茶酒题材的对应关系
1. 内蒙元宝山元墓男女墓主像与备茶、备酒的对应关系(左壁备酒、右壁备茶)
2. 山西文水北峪口元墓男女墓主像与备茶、备酒的对应关系(左壁备茶、右壁备酒)

孝义下吐京元墓①中,以后壁男左女右的墓主坐像为中心,左右二壁后部各绘一黄色帐幕,内设条几:右侧几案上摆放着玉壶春瓶和劝盘并杯,左侧则可辨一长流点茶汤瓶和覆扣的茶盏。其中劝盘并杯的形象与北壁男性墓主旁侍所奉之器完全一致。相类的图像亦见于洛阳伊川元墓② YM5 和长治捉马村元墓壁画。

除了这种完整的对应组合外,也存在一些单向的进奉对应关系。如陕西蒲城元墓③中,墓室后壁为男左女右的墓主位置安排,酒具备献的壁画正对男墓主像,而女墓主身侧则并未明显地表现奉茶题材。另于内蒙赤峰三眼井元墓④中,可看到右侧偏房中的备酒情境与后壁对坐图中的男墓主位置相应,而女墓主身侧的西偏房则门扉紧闭,但基于墓葬空间礼仪性布局的对称性⑤,推测其为备茶题材也在情理之中(图一一)。这种题材与性别的组合关系除了解释为世俗影响下墓葬装饰的固定模式外,是否能从当时丧祭礼俗的角度找到相应的仪节规定呢?

图一一　内蒙三眼井元墓北壁墓主人夫妇对坐图

考元刊本《事林广记》中所附《正寝时祭图》⑥,可见主人位在寝东,其东南为酒尊并架及酒注、盏盘;主妇位在寝西,其西南列火炉汤瓶等荐茶之具。这种祭祀对象的性别与茶酒祭器列位安排的对应关系恰好与蒙元墓室壁画相合。

静态的列位陈器之外,奉茶、进酒还与丧祭仪节中的荐献者和供奉对象存在着动态的

---

① 山西省文物管理委员会等:《山西孝义下吐京和梁家庄金、元墓发掘简报》,《考古》1960年第7期。
② 洛阳市第二文物工作队:《洛阳伊川元墓发掘简报》,《文物》1993年第5期。
③ 呼林贵等:《蒲城发现的元墓壁画及其对文物鉴定的意义》,《文博》1998年第5期。
④ 项春松等:《内蒙昭盟赤峰三眼井元代壁画墓》,《文物》1982年第1期。
⑤ 梁思成认为中国古代建筑中绝对匀称的平面布局"适用于礼仪之庄严场合,公者如朝会大典,死者如婚丧喜庆之属","其布置秩序均为左右分立",详见梁思成:《中国建筑史》,天津:百花文艺出版社,1998年,第16、17页。这条材料由霍杰娜在其硕士论文中提出,引用梁思成的"建筑布局对称"论来说明辽南部地区墓室壁面装饰的左右对称性。详见霍杰娜:《燕云地区辽代墓葬研究》,北京大学硕士学位论文,2003年,第41页。
⑥ (宋)陈元靓:《事林广记》,北京:中华书局,1999年,第50页。此书是一部日用百科全书式的民间类书,原为南宋陈元靓编,但宋原本今已不可见,现存的元、明刊本均经删改和增广,因此其中有不少内容反映了元代的社会生活。

仪节联系。朱子《家礼》"正至朔望则参"条载："主人升,执注斟酒……主妇升,执茶筅,执事者执汤瓶随之,点茶如前。"①此类"男斟酒、女点茶"的仪节规定在明清家礼中亦频繁出现②,可见在丧祭仪节中,不仅祭祀对象与茶酒存在分别对应的关系,荐献者的性别与茶酒供品间也有相对固定的行为组合;这种现象恰好与壁画中男侍进酒、女侍进茶的图像模式一致。

同时,借由男奉考位、女奉妣位的行为组合,作为祭奉对象的考妣之位也和茶酒进献的仪节存在内在关联。考文公《家礼》,可见荐奉者和行为对象间有着直接的性别对应性:"主人盥帨升,启椟奉诸考神主,置于椟前;主妇盥帨升,奉诸妣神主,置于考东。"③这种"出主"仪节上的分工和"主人注酒,主妇点茶"的祭奉行为相结合,使茶酒组合又和供奉对象的"考妣之位"存在间接对应关系。

由上可见,通过礼制规定和民间葬俗的整合和变通,奉茶进酒这一荐献行为与考妣之位和荐献对象的双重对应关系在墓葬中简化为"男酒女茶"两相对应的位置安排;而这种对应关系则是在蒙元时期的墓葬中实现规范化的。这种"茶酒间进"的祭祀模式在明清墓葬和宫廷醮醮仪式中得到了完整的保留;一直到近代和当代,依然在中国南北各地的丧祭活动中沿用和传承着④。

(二)祭祀空间:墓室布局的整体考察

"奉茶进酒"的墓葬装饰题材在设位陈器和行为组合上均可在丧祭仪制中找到相合的规定。但这里存在三个问题:其一,茶酒题材丧祭性的礼制依据基本为两宋和明清礼书,存在文献记载的缺环;其二,茶酒同为时馔,盏注均为燕器,就其功用而言本身就可以作出"奉常"和"丧祭"的双重诠释,因此仅依靠墓室壁画题材与相关家礼仪节相合并不能充分证明前者体现的就是所谓"茶酒为祭"的现象;其三,在茶酒题材之外,墓葬布局中是否还存在其他可与之相合的丧祭场景佐证? 针对上述问题,下文将元代墓葬装饰题材放在整个墓室空间布局中作一整体勘考,同时参佐宋明时期的其他墓例,揭示出墓葬布局对丧祭场景模拟的普遍性。

---

① (宋)朱熹著:《朱子家礼》卷一,见《朱子全书·7》,上海:上海古籍出版社,2002年,第877页。
② 参见(明)丘浚:《家礼仪节》"二至朔望则忝"条、"有事则告"条及"生子见庙"条等,《丛书集成》三编,台北:新文丰出版公司,1996年,第128~130页。
③ (宋)朱熹著:《朱子家礼》卷一,见《朱子全书·7》,第877页。
④ 福建武平县象洞《何氏族谱》所收的祭祖祝文,可见祭礼中的茶献和酒献一直沿用到当代。如《祭墓祝文》:"感烦守墓童子打开墓门,引出墓主某公、太婆二位元魂,振振衣冠,降赴坟堂,受享祭礼。……茶献已讫,正当酒献。"和《祭祖祠新山堂祝文》:"时值清明祭扫之期,虔备清香明烛、金银纸钱、案上猪头、壶中清酒、茗茶香果,摆到案前,伏愿历代考妣整顿衣冠,推车降临。"(转引自陈进国:《信仰、仪式与乡土社会:风水的历史人类学探索》,北京:中国社会科学出版社,2005年,第489页)香港上水廖氏太平青醮的"祭大幽"活动中,亦使用红茶、白酒来作为自己已逝祖先的祭品。

1. 元墓中的其他丧祭[①]题材

(1) 伎乐娱尸：墓壁装饰中的伎乐与杂剧题材

伎乐和杂剧表演题材是蒙元时期墓壁装饰的重要图像，一般以墓主之位为中心、对称分布于左右侧壁或甬道两边，晋南地区也出现在墓门上端。如赤峰元宝山壁画墓墓门两侧的乐舞图像、西安韩森寨元墓甬道两侧的女乐人物、运城西里庄元墓左右侧壁的杂剧和伎乐表演以及侯马延祐元年（公元1314年）墓墓门上端的伎乐砖雕。

据唐宋文献记载，丧家用乐以"娱尸"的现象在当时是一类普遍存在的社会风尚，如唐段成式《酉阳杂俎》记载："世人死者有作伎乐，名为乐丧。"[②]《鸡肋编》中也可找到墓祭用乐的线索："浙西人家就坟多作庵舍，种种备具，至有箫鼓乐器，亦储以待用者。"[③]这种丧葬活动中用乐的风俗为政府屡令禁止[④]，这也从侧面反映出"乐丧"之举已广为世人所用，为明令所不能止[⑤]，故"丧家率用乐……人皆以为当然，不复禁之"[⑥]。一直到近现代，丧祭用乐的传统依然在民间沿用[⑦]。正如李清泉所说，乐舞在先秦以降的祭祀活动中一直扮演着不可或缺的角色；而"以绘画形式将乐舞演出的场面搬进墓葬，其目的应是使祭礼祖先的仪式在一个属于死者的空间中永久地固定下来"[⑧]。

(2) 焚瘗楮镪：元墓中的纸明器（图一二）

《事物纪原》"寓钱"条载："寓钱，今楮镪也。……汉以来葬者，皆有瘗钱。后世里俗稍以纸寓钱为鬼事，至是（唐玄宗朝）屿乃用之，则是丧祭之焚纸钱起于汉世之瘗钱也，其祷神而用寓钱则自王屿始耳。"[⑨]宋人笔记亦将"以纸为之"的钱称作"冥财"[⑩]。

焚瘗冥币是宋元时期丧祭活动的重要组成部分，所谓"荐茶酒，奏冥币"。这在蒙元时期的墓葬中亦有体现。济南元代砖雕壁画墓[⑪]墓门两侧各绘一方盆，内满置银铤杂宝串钱状物，其上烟火缭绕作焚烧之态。故推测这一场景表现的是丧祭中的焚烧纸钱之仪。

---

① 这里提到的"丧祭"，是指包括了入殓、出殡、下葬、墓祭在内的一系列葬礼过程。齐东方先生明确提出，考古材料发现的墓室仅仅是隆重葬仪终结的标志，并未承载丧葬活动的全部信息。而整个丧葬活动运作过程实际上共包括丧、葬、祭三大部分。"丧"规定了活人在丧期内的行为规范，"葬"规定了死者应享有的待遇，"祭"是规定丧期内活人与死人间联系的中介仪式，即丧期内的各种祭祀活动（详见齐东方：《唐代的丧葬观念习俗与礼仪制度》，《考古学报》2006年第1期）。
② （唐）段成式：《酉阳杂俎》卷一三《尸穸》，文渊阁《四库全书》影印本，第1047册，第716、717页。
③ （宋）庄绰：《鸡肋编》卷上"各地寒食习俗"条，北京：中华书局，1997年，第23页。
④ "开宝九年，诏曰访闻丧葬之家，有举乐及令章者。……或则举奠之际歌吹为娱，灵前令章为戏，甚伤风教……今后有犯此者，并以不孝论……"（《宋史》卷一二五《礼二八》，北京：中华书局，1999年，第1967页）
⑤ 唐代浙西观察使李德裕的奏文中提到："今百姓等丧葬祭，并不许以金银锦绣为饰及陈设音乐。"（《唐会要》卷三十八，第697页）
⑥ （宋）庄绰：《鸡肋编》卷上"近时婚丧礼文亡阙"条，第8页。
⑦ （清）沈凤翔：《稷山县志》卷一："丧礼不作佛事，不用俳优……然乡里或自为俭亲。丧，颂经超度，作乐愉尸……"（《中国方志丛书》影印本，台湾：成文出版社，1976年，第121页）
⑧ 李清泉：《宣化辽墓：墓葬艺术与辽代社会》，第153~155页。
⑨ （宋）高承：《事物纪原》卷九"寓钱"条，文渊阁《四库全书》影印本，第920册，第248页。
⑩ （宋）赵彦卫：《云麓漫钞》卷五："古之明器神明之也。今之以纸为之，谓之冥器，钱曰冥财。"（北京：中华书局，1996年，第83页）
⑪ 济南市文化局文物处：《济南柴油机厂元代砖雕壁画墓》，《文物》1992年第2期。

陕西蒲城元墓北壁墓主人夫妇对坐图中,二人之位下铺陈了大量银锭状物。考清人礼书:"纸钱代币帛,此是明器,而陋儒非之。按宋晁以道谓'纸钱始于殷,长史自汉以来,里俗稍以纸寓瘗钱,至唐王玙乃用于祠祭,其来已久'……卷纸而束之,即帛也。糯锡纸为锭形,即裹蹄也。"①联系墓室功能,则此处出现的银锭形物应为丧祭中献奠的冥币"裹蹄"(参见图一,1)。

丧祭场景中焚瘗纸币实际上是币帛礼神的一种替代模式。"礼神当用币,今春秋之月官祭神庙用绫帛是也。民间则多用纸锭。……盖礼神宜有币帛,而一切以楮代礼,所谓明器备物而不可用也"②。卷纸束之即为帛,则宋元冥币除前例出现的锭状裹蹄外,还有一种卷裹状的纸筒造型。虽在元墓中尚未见到相应表现方式,但在宋辽墓葬中或有发现,可为补益佐证。如白沙宋墓和汾阳三泉镇金墓壁画中多处出现的"筒囊"③,以及宣化韩师训墓中与"杂宝"盆并为组合的彩纸卷筒,这里纸帛卷和素钱串都是成组出现的(图一二,1、2)。

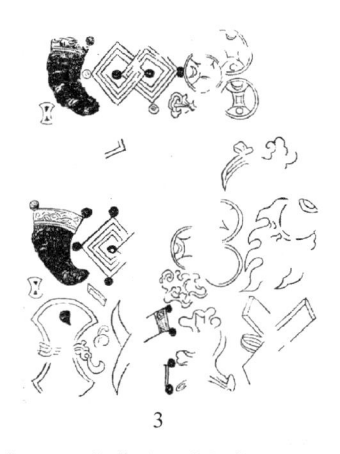

图一二 墓葬壁画中的楮镪题材
1. 白沙宋墓1号墓后室东南壁中的"纸锭" 2. 宣化韩师训墓壁画中的"纸锭" 3. 山东嘉祥曹元用墓出土杂宝纸钱

---

① (清)毛奇龄:《辨定祭礼通俗谱》卷三,文渊阁《四库全书》影印本,第142册,第409页。
② (清)林伯桐:《士人家仪考》卷四《士人祭仪》,"用纸代币帛考"条,《丛书集成》三编,第25册,第479页。
③ 宿白:《白沙宋墓》,图版四六。

除以壁画方式表现丧祭焚币场景,元墓中亦有以"寓钱"随葬的实物例证。如山东曹元用墓①中即发现有带"足色金"铭记的杂宝画和切割成圆钱图案的毛边纸(图一二,3)。此外,稷山五女坟道姑墓中随葬的一套纸衣、纸靴以及侯马丁村元墓中的竹篾残件均显示,在冥钱之外,蒙元墓葬中也随葬有衣冠、纸马之类的纸明器②。

2. 墓室整体布局中体现的丧祭场景

我们将蒙元墓葬中各个体现丧祭仪节的装饰单元在整个墓室空间中作一整体考察,则可看出:以墓室主壁或丧者陈位为中心,壁面装饰或随葬之具的排列组合方式在整个墓葬空间布局中完成了对丧祭场景的再现和模拟。

明丘浚在《家礼仪节》中绘有祭祀场景设位陈器的布局示意图③,从该图可见在祭仪中,家庙或寝堂正中陈设考妣神主,其前为供桌;主人、主妇分列东西,升拜于主位前;西阶上设祝板,东阶上设茶酒祭具;西阶下为乐所,鼓乐以愉尸,东阶下设盂盆、帨巾(图一三,1)。元刻本《事林广记》的《正寝时祭图》④所示场景大体相类,唯茶酒之具分列于寝之西、东阶上,分别与主妇位和主人位两相对应(图一三,2)。纽约大都会博物馆所藏传宋代李公麟《孝经图》中,则以具象的方式展现了祭仪中神主、主人主妇列位和乐所的位置经营(图一三,3)。综合上述宋元明文献和古画中刊列的祭祀场景,则可大致明晰其时祭仪中主位、供器、茶酒祭具、乐祭和盂盆帨巾等的相对位置关系。

这种设位陈器的方式可与元墓壁面装饰和随葬器物相互印证。需要注意的是,墓葬空间中祭祀场景的表现有时会以相互补证的模式出现,即同一祭仪或祭具存在不同的表现模式。如墓室中停柩之所往往居于正壁(后壁)下,且常与正壁墓主人夫妇像的壁面装饰对应,都是所谓"先考妣神主"的另一表征。而祭具中的茶酒之具和盂盆帨巾则有备荐场景、器物图像和随葬实物等多种表现形式。

西安韩森寨元墓中,后壁下棺床可视为"先考妣之位",以之为中心,左壁绘备酒图,右壁绘进茶图,分别代表了"火炉汤瓶、酒注酒尊"的祭具之备,甬道左侧的散乐图则恰与西阶下乐所之位相对应(图一三,4)。相同的布局安排也见于赤峰元宝山壁画墓,除壁画人物俱着蒙古衣冠外,余者均与韩森寨元墓如出一辙。山西下吐京元墓以北壁墓主人夫妇对坐壁画来代表"主位",墓主身后侍立的奉盆女侍和持巾男侍则是"盂盆帨巾"的具象再现,而西北壁、东北壁所绘茶具和酒具与"两阶上茶酒祭具"相合。

除上述壁面装饰,随葬器物的组合亦可复原祭仪中的陈器场景。此类墓例主要集中在山西大同地区。大同崔莹李氏墓⑤和冯道真墓出土的一组木、陶随葬品分类布列后,可

---

① 山东省济宁地区文物局:《山东嘉祥县元代曹元用墓清理简报》,《考古》1983年第9期。
② 关于随葬纸明器的问题,宿白先生在《白沙宋墓》一书中有较详细的考证,尤以所引《东京梦华录》和《使辽录》中的记载,可证当时祭祀和随葬中多用纸马。见《白沙宋墓》,注39、126。
③ (明)丘浚:《家礼仪节》卷八《祭礼》,"前一日设位"条,《丛书集成》三编,第24册,第200页。
④ (宋)陈元靓:《事林广记》,第51页。
⑤ 大同市文化局文物科:《山西大同东郊元代崔莹李氏墓》,《文物》1987年第6期。

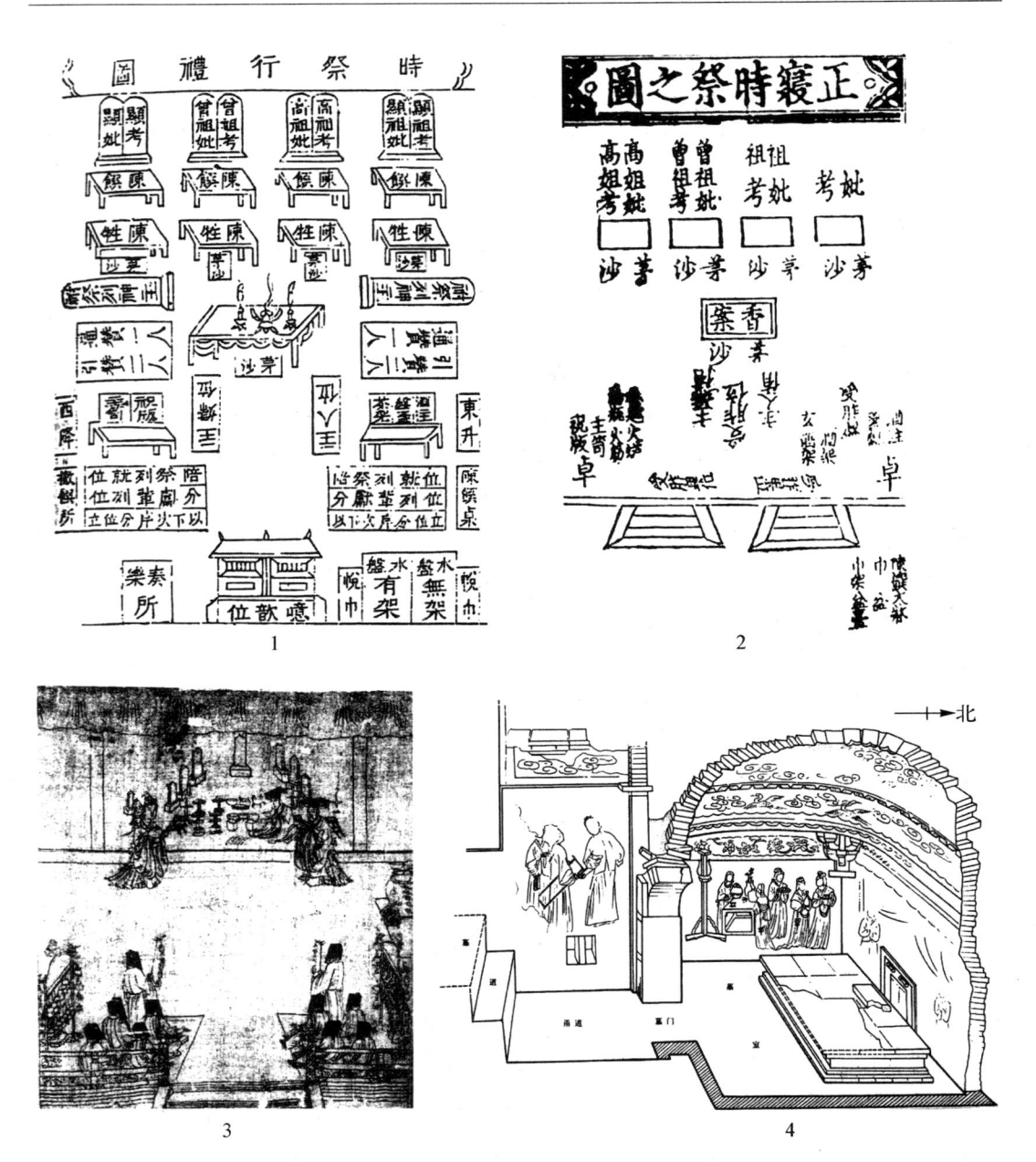

图一三 整体祭奉场景：礼书与墓室壁画的对应关系
1. 明代礼书中的时祭列位图 2.《事林广记》中的祭礼陈器图
3. 李公麟《孝经图》局部 4. 西安韩森寨元墓布局图

逐一与前引的祭仪图解相对应：考妣之位居中，前设供案及五供，西陈"汤瓶"茶具，东列"酒注"酒具，旁设"盂盆、帨巾并架"（图一四）。

综上，将壁面装饰和随葬实物作一整体考察，即可见蒙元时期的墓室格局和设位陈器基本与礼书中的祭祀场景相合，体现出墓室布局的供养氛围和丧祭功用。同时，这种丧祭

图一四　山西大同崔莹李氏墓随葬器物组合所复原的祭奉场景
1. 灰陶五供(炉1、瓶2、烛台2件)　2. 灰陶茶具(托盏、汤瓶)　3. 灰陶酒具(玉壶春、马盂)　4. 灰陶盆架、巾架

场景有时会以更为直白的形式表现出来，山西长治安昌金墓 ZAM2[①]，就通过对守灵仪节、送葬队列和鼓吹娱尸场景的逼真刻画，较为完整地再现了整个"凶礼"中"丧、葬、祭"荐备的完整过程。

同时，我们又面临这样一个问题：既然蒙元墓室空间所表现的场景意义兼具"奉常"与"致祭"，那么，除了借由墓葬中的"物"、"像"视觉材料对其进行整体再现，可否参照其他礼仪性建筑的空间设置来对其营造过程和仪轨规范进行动态复原呢？或许福建武平象洞《何氏族谱》的两段记载可以提供线索：其中《祭墓祝文》称"感烦守墓童子，打开墓门，引出墓主某公太婆二位正魂，振振衣冠，降赴坟堂，享受祭礼"；同书所载《祭祖祠新山堂祝文》有记，"伏愿我始高曾祖历代考妣整顿衣冠，推车降临，合食馔于今受享祭礼"[②]。如上所记的墓祭和祠祭仪式中，墓主"正魂"存在着由地下墓室到地表坟堂、宗祠的运动轨

[①] 商彤流：《长治市安昌村出土的金代墓葬》，《艺术史研究》第6辑，广州：中山大学出版社，2004年，第407~420页。

[②] 以上资料转引自陈进国：《信仰、仪式与乡土社会——风水的历史人类学探索》，第488、489页。该材料由陈进国博士调查整理所得。

迹;其中墓室代表着"永为供养"的理想化永生之所,坟堂和宗祠则是周期性逝者和生者的互动之地。三种礼仪场所虽有不同,但其空间中进行的"祭祝"活动体现出明显的共通性和重复性,使其在空间布局和营造过程上具备相似的仪轨模式。也就是说,我们在利用墓葬图像和随葬品材料模拟墓室场景的同时,也可借助民间科仪书和宋元礼书中对坟堂、宗祠乃至居所正寝中祭祀场景的描述对其进行复原。当然,对于这些礼仪场所的科仪系统和内部设施的异同比较以及其内部关系的探讨是一个相对复杂的论题,可留待今后进一步深入探讨。

那么,这种葬祭兼具的场景营设又是出于什么目的呢？墓室中极力营造对逝去祖先"永为供养"的氛围反映出祖先和子孙怎样的互动关系？

三、生与死:墓室营造中的阴阳互动

墓室固然是死者安葬的封闭空间,但营造墓室却完全是生者的行为,在中国传统社会文化中,营坟活动往往是子孙昭示孝行的一种手段。正如齐东方先生所说:"丧葬与其说是对死者的哀伤与悼念,不如说主要是生人导演的活动。"[①]墓穴风水的选择、墓室内供养氛围的营造、祭奠活动的尽心与否都是衡量子孙孝行的重要标准。换句话说,从"孝子"营坟的出发点来讲,墓室内空间场景的营造和安排必然反映出子孙与祖先间的某种"互动关系":孝子于葬祭二事尤当尽心,葬制以礼,以尽慎终之道,祭之以礼,以尽追远之诚[②];而逝去的祖先则在欣然享有上述崇奉和供祭后,继而从仕途、福禄、年寿和子嗣等方面降赐福祉给子孙——此即言,在子孙与祖先之间存在着"互酬性"的关系。从蒙元墓葬的墓室营建和装饰题材选择上,我们不难发现这种"神灵安而子孙盛"的生死互动。

(一)福寿延长:神灵安而子孙盛

蒙元阶段中原北方地区墓葬的一个突出特点,即为墓门"堂款"的普遍使用,此类堂款在大同、北京以及河南地区的元墓中均有发现,如北京斋堂元墓前壁的"安堂、乐堂"墨书、密云太子务元墓墓门上的"乐安之堂"、交城元墓中的"寿堂、恒斋"、尉县元墓墓门上方的"时思堂"等。同时,家猫图像在壁面装饰中的大量应用也是不可忽视的现象。这些固定出现的题记与图像仅仅是墓壁装饰的程式化表现,还是另存特殊的象征意义？如前所示,墓壁装饰是古人墓室营建的重要构成元素,几乎一切题材都是围绕墓葬设计者的主观意愿来选择组织;因此,墓门堂款和家猫图像也在一定程度上承载着当时的丧祭仪俗和治葬观念。在这种观念下,墓室既是孝子贤孙预先营造为长辈增福添寿的"孝行"体现,也是通过安葬祖先来为后人祈佑福祉的重要媒介。

---

① 齐东方:《唐代的丧葬观念习俗与礼仪制度》,《考古学报》2006年第1期。
② 陈进国:《信仰、仪式与乡土社会:风水的历史人类学探索》,第496页。

1. 猫雀题材与墓室"堂款"

邢台钢铁厂元墓后壁左下角绘一只俯卧的黑猫,嘴边可辨一副翅羽,应为叼衔的雀鸟;相似的图像也见于山东章丘女郎山元明壁画墓、山东济南邢村砖雕壁画墓。实际上,"家猫衔雀"或"柜上家猫"的图像并非首见于蒙元墓葬,而是北方宋金以来墓葬壁面装饰的常见构图。宋金墓葬中的"猫雀"装饰,或伏于案几下,或蹲诸桌台上,口衔小雀,双目圆瞪,惕然有警色。这种多少有些"肃杀"之气的图像放置在追求乐安的墓室氛围中是否有其特殊的寓意呢?我们不妨从宋金墓葬其他装饰题材中求取旁证。

山西宋金砖雕墓中,多见莲童、猴马图像。莲童者,又名摩侯罗,是为莲花化生童子,图像取音"连生贵子";猴马者,一猴立于马上,取音"马上封侯"。这两者的音义关联均可从民俗材料和口述历史(oral history)中得到支持证明。由此可见"因声取义"的现象在宋代以来的墓室装饰图像表现上较为普遍。民俗图样中常以"猫蝶"喻"耄耋",与之相似,家猫衔雀的图像则音取"耄耆",二者均有"长命寿考"的寓意。同时,宋元墓葬中也常将"猫"与"牡丹"或"立柜"图像组合在一起,如山西侯马金墓北壁正中的砖雕几案上陈牡丹盆花,下卧衔雀家猫①,而山东地区立柜家具与家猫的组合则是墓室西壁惯常表现的砖雕和壁画图像。牡丹自唐宋以降均被视为"富贵花",有"花开富贵"之称;猫雀如前考,取音耄耆,为寿考之义;立柜家具通"贵"音,和牡丹图像具有相同的指代意义。这些图像组合,表现的正是宋元吉语中的"长命富贵"②;同时富福等韵,"长命富贵"亦谓"福寿延长"③(图一五)。

另一方面,宋元墓葬中也发现了直书"福"、"寿"的刻铭与墨书题记。山西交城裴家山元墓南北二壁上有"寿堂"和"恒斋"的刻铭;北京斋堂元墓前壁上题"安堂、乐堂"墨书;密云太子务元墓有"乐安之堂"的墓门题记;四川大足宋墓④的后室左右两壁上均刻有"寿堂"二字;四川昭化县发现的淳熙癸卯纪年(公元1183年)宋墓在墓室后壁正上方刻书"庆堂"二字;重庆井口宋墓的墓顶石上则对刻有两组铭文,分别为"福寿"、"延长"⑤。福寿之义自不待言,那么"庆堂"、"乐安之堂"与"恒斋"又作何解释呢?"庆堂"中的"庆"

---

① 山西省考古研究所侯马工作站:《侯马65H4M102金墓》,《文物季刊》1997年第4期。
② 北方地区宋、金、元墓中常常出土有铸铭"长命富贵"的铜镜,可以作为文中墓壁图像的旁证参考。
③ "牡丹猫雀"、"猫卧牡丹"和"牡丹猫蝶"是宋元时期常见的入画题材,黄筌二子居宝、居寀均有此类名作传世,著录于宋《宣和画谱》和清《绘事备考》。《宣和画谱·花鸟》卷十六:"黄居宝……牡丹猫雀图一……"卷十七:"宋黄居寀,字伯鸾,蜀人也,筌之季子。筌以画得名,居寀遂能世其家作,花竹翎毛妙得天真,写怪石山景往往过其父远甚……今御府所藏三百三十有二:……牡丹雀猫图二……牡丹戏猫图三、蜂蝶戏猫图一……戏蝶猫图一。"(文渊阁《四库全书》影印本,第813册,第167页)(清)王毓贤:《绘事备考》卷四:"黄居宝,字辞玉,筌次子。画得家传之秘,兼以八分书,得名于时。仕蜀为待诏,历官水部员外郎。其画石文理纵横,夹砂夹石,棱角峭厉,如虎如虬。画之传世者:竹石金盆戏鸽图三、牡丹猫雀图一……"(文渊阁《四库全书》影印本,第826册,第169页)这一形象组合也是当时文人诗词吟咏的对象,宋人沈括即有"欧阳公尝得一古画牡丹丛,其下有一猫"之句(沈括:《梦溪笔谈》卷十七,第92页),元好问也曾为"醉猫图"题诗:"窗边痴坐费工夫,侧辊横眠却自如。料得仙师曾细看,牡丹花下日初初。"(元好问:《遗山集》卷十三《醉猫图二首》,文渊阁《四库全书》影印本,第1191册,第150、151页)加之诸多版刻、年画等民俗题材,均可旁证宋元时期"牡丹猫雀"取义"富贵长命"的普遍性。
④ 蒋美华:《四川大足县继续发现带精美雕刻的宋墓》,《文物参考资料》1955年第8期。
⑤ 重庆市博物馆历史组:《重庆井口宋墓清理简报》,《文物》1961年第11期。

图一五　宋金墓葬中的猫雀题材和福寿堂款
1. 登封黑山沟宋墓猫雀图　2. 山西侯马金墓猫雀砖雕

字,《广韵》释为"丘敬切。贺也,福也"①,又据"积善之家必有余庆,积不善之家必有余殃"②,而"庆"、"殃"对仗取反悖之义,亦可将"庆"字释为"福"。由是观之,墓室中的"庆堂"也可释作"福堂"。而"乐安之堂"和"恒斋"则意在表明墓室空间是死者的永久性居所,在这样一个恒久存在的堂宅空间中,死者的灵魂因受到子孙永久的祭奠和供养而获得"乐安"③。

综合来看,家猫、牡丹和立柜的组合图像以及各色墓壁题记、墓门堂款均表达出"长命富贵"和"寿堂永安"的意愿。那么,图像和题记中"福寿延长"的意愿又映射出怎样的丧祭理念呢?

2. 安魂荫嗣:图像与题记背后的丧祭文化

墓室这一收柩之所中为何会出现"福寿延长"、"富贵长命"之类的吉语?"寿堂"、"庆堂"的祈愿对象究竟是亡者还是生人?在这些砖画图像和书刻题记背后,是否承载着一种联契生死、沟通阴阳的丧祭文化?事实上,宋元墓葬中包含着吉语的图像和题记中蕴含着三重概念:其一,预营寿坟,通过在生前修筑墓室来达到祈愿墓室所有者长寿的目的;其二,墓室为死者提供了另一个世界永享奉养的居所;其三,通过为父母或其他祖先修筑墓室来庇佑在世子孙长命富贵。

(1)寿冢安神:预营坟室,永宅无迁

蒙元时期中原北方地区墓葬中,生前预修"寿坟"的行为常记载于墓壁题记或碑跌刻铭的修墓记中,以彰显子孙孝行,说明预造坟室的目的。其中河北涿州元代壁画墓中的墨

---

① 周祖谟点校:《广韵校本》,北京:中华书局,2004年,第481页。
② (清)顾炎武:《易音·文言传》卷三,《丛书集成》三编,第27册,第367页。
③ 这一问题李清泉曾有专论,详见李清泉:《宣化辽墓:墓葬艺术与辽代社会》,第162~169页。

书修墓记和山东大武元墓①的龟趺砖刻修墓记、孝子碑均是此类预营墓室的典型例证。实际上，这种子孙为父母预营坟室的丧葬礼俗自唐宋以来十分普遍。目前考古材料所见，"生坟"在山西、河北、山东和川渝地区的宋元墓葬中均有发现。此类预营墓室的行为，多以墨书题记或石雕线刻的形式记录在墓壁上，也有刻录在地券、墓志上的实例。如河北涿州元墓出土的石墓志上就记载了子女修筑"寿堂"时壁画受潮的细节②。山西稷山马村金墓 M7 所出《段楫预修墓记》中，也明书"予自悟年暮，永夜不无，预修此穴，以备收柩之所"③。四川荣昌县淳熙二十年（公元1185年）宋代纪年墓室右壁上，亦有此类刻铭题记，"建此寿堂，三月起首，至十月吉日工毕"，故作修墓记"谨记之"④。

　　寿堂，又名"寿冢"⑤。古即有之，《后汉书·侯览传》就有"生而自为冢为寿冢"的记载⑥。那么，预营寿冢的出发点又是什么呢？六朝典故中有梁国儿者，"仕姚秦，封平舆侯。尝于平凉自作寿冢，将妻妾入冢饮燕，酒酣升灵床而歌。八十余乃卒。可谓达者"⑦。此处预建寿冢和耄耋乃卒两相呼应，生前营坟与"延寿天年"似乎构成了一定的因果关系。又宋人姑苏黄策，"作寿冢于灵岩之麓"，及其葬，"手植之木拱矣"⑧，树木的生长状态从一个侧面反映出由营坟至下葬历时长久，寿冢颇有延年之功。由此观之，寿堂、寿冢的营建，除在临终前营坟收柩、以求善终外，壮年之时便早营寿堂的情况也较为普遍，通过这一行为而"耄耋乃卒"的实例不乏载录。

　　由是观之，元墓中的"寿堂"题记、预营墓室的"修墓记"，甚至墓顶镶嵌的"长命富贵"铜镜，一定程度上均是墓主通过预营坟堂、以期有生之日"福寿延长"的反映。

　　另一方面，我们还需考虑：在预修寿冢、期求墓主长寿的目的之外，元墓题记中的"安乐之堂"又代表什么？墓室除作为墓主阳世终结的收柩空间，是否也是死者在冥世"永永无迁"⑨的魂灵安顿之所？

---

① 山东省文物考古研究所等：《山东临淄大武村元墓发掘简报》，《文物》2005年第11期。
② "寿堂深足廿尺，壁画时风不能入，有露珠。秉彝于四方拜讫，风乃入，得画。实遇天助。"（河北省文物研究所等：《河北涿州元代壁画墓》，《文物》2004年第3期）
③ 山西省考古研究所：《山西稷山金墓发掘简报》，《文物》1983年第1期；刘耀辉：《晋南地区宋金墓葬研究》，第21页。段楫预修墓记全文：夫天生万物，至灵者人也。贵贱贤愚而各异，生死轮回止一。予自悟年暮，永夜不无，预修此穴，以备收柩之所。楫生巨宋政和八年戊戌岁，至大金大定二十一年辛丑六十四载矣。修墓为母亲坟之下位，母李氏，自丙午年守媲，至辛巳岁化矣。楫生祖裕一子、一女舜娘，长二孙泽、译二人，二女孙。故修此穴以为后代子孙祭祀之所，大定二十一年四月日。段楫字济之，改颛字；曾祖十耶（爷），讳用成，五子。大耶（爷）讳先；二耶（爷）讳密；三耶（爷）讳世长，父六郎；四耶（爷）讳万；五耶（爷）讳智方。
④ 李显文、程显双：《四川荣昌县沙坝子宋墓》，《文物》1984年第7期。
⑤ （宋）任广：《书叙指南》卷二〇"葬送坟墓"条："寿堂，曰寿冢，又曰寿藏。"（文渊阁《四库全书》影印本，第920册，第594页）
⑥ 《后汉书》卷七八《侯览传》，北京：中华书局，1965年，第2523页。
⑦ （清）王士祯：《池北偶谈》卷二一"寿冢"条，《丛书集成》三编，第68册，第147页。此事最早见诸《晋书》卷一一八《姚兴载记》："时西胡梁国儿于平凉作寿冢，每将妻妾入冢饮燕，酒酣升灵床而歌。时人或讥之，国儿不以为意。前后征伐，屡有大功，兴以为镇北将军，封平舆男。年八十余乃死。"（北京：中华书局，1974年，第2996页）
⑧ （宋）沈与求：《龟溪集》卷一二"黄直阁墓志铭"条，文渊阁《四库全书》影印本，第1133册，第1250页。
⑨ "永永无迁"之语，取自《墨庄漫录》，书中记载京口北固山甘露寺中的两铁镬"乃当时植莲供养佛之器耳"，为"永永无迁"之意（张邦基：《墨庄漫录》卷七"甘露寺铁镬乃植莲供养佛之器"条，北京：中华书局，2002年，第199页）。

元好问《遗山集》记载："且欲作寿冢,以为他日宁神之地。"①神者,人鬼也,即先祖之灵。寿者,除"长命延年",又取"长"义。寿堂,亦即"永室"。"寿冢宁神",可理解为"营坟安神,永宅无期",即将墓室营造为死者的永久性居所。事实上,将墓室作为死者"永室"的记载可上溯到汉晋时期。《吴录》中就载录了范慎营坟以作"长室"的事例:"范慎,字子敬。在武昌自造冢,名作'长室'。时与宾客作乐鼓吹,入中宴饮。"②这里所谓"长室",在内涵和取义上与前述"寿堂"、"永室"同。《后魏书》中也有相似故事:"傅永字修,常登北邙……有终焉之志。远慕杜预,近好李冲、王肃,欲附葬于墓,遂买左右地数亩,遗敕子叔伟曰:'此吾之永宅也。'"③

综上可见,墓室的营建不仅可以通过"生前预营"来达到添寿延年的目的,也为死后入葬提供了"永为供养"的长久居所④。前述元墓中"寿堂、恒斋"、"安堂、乐堂"之类的刻铭题记,承载着墓主生前福佑余年和死后福乐永延的双重祈愿。当然,我们也需注意,上述例证均是墓主自营坟所用作"寿堂"以自求福祉;在此之外,是否存在子孙为昭示孝行为长辈修造墓室的现象?墓室中"福寿延长"题款的祝佑对象,是否还有墓主之外的其他受众群体?

(2) 供养与蒙荫:祭奉墓主,垂佑后嗣

通过对墓室装饰图像和随葬品的综合研究,我们发现墓室不仅仅为死者构建了歆享供奉的长久居所,墓室空间中的壁面装饰和随葬品摆陈,亦通过营造供奉墓主的场景达到庇佑子孙的目的。其明确体现着墓主与在世子孙的双赢"互酬"性关系,所谓"神灵安而子孙盛"。

按陆士衡《挽歌》云:"寿堂延魑魅。"宋人注曰:"寿堂,祭祀处。"⑤此即明确点出安葬死者的寿堂同时具备祭祀先人的功用。北方宋金元墓葬中,通过墓室图像装饰和墨书题记营造对逝者祭奉场景的例证并不鲜见。陕西蒲城洞耳村元代壁画墓中,正壁墓主夫妇坐像上方的修墓记就明确表现出子孙对逝去祖先的祭奉:其中男墓主"张按答不花"和女墓主"娘子李云线"是作为"先考妣"而存在的祭祀对象,而主持祭祀活动的则是墓主夫妇的长子"闾童"与长媳⑥。湖北周家田元墓⑦中则在墓主棺位相对应的壁面上阴刻出设有跌座木主的"神位"供奉图案。山西侯马乔村 M4309 和牛村 M1 金墓中⑧,通过墓主人夫妇并坐砖雕上方"永为供养"、"香花供养"的题记,明确表明营造墓室以作供奉的礼仪功

---

① (金)元好问:《遗山集》卷三四"樊侯寿冢记"条,文渊阁《四库全书》影印本,第 1191 册,第 398 页。
② (宋)李昉:《太平御览》卷五五九《礼仪部·冢墓三》,北京:中华书局,1960 年,第 2526 页。
③ (宋)李昉:《太平御览》卷五五七《礼仪部·冢墓一》,第 2520 页。
④ 墓室作为死者永久居所的探讨,详见李清泉:《宣化辽墓:墓葬艺术与辽代社会》,第 162~169 页。
⑤ (宋)孙奕:《示儿编·正误》卷一一"寿堂"条,文渊阁《四库全书》影印本,第 864 册,第 493 页。
⑥ 呼林贵等:《蒲城发现的元墓壁画及其对文物鉴定的意义》,《文博》1998 年第 5 期。关于该墓祭供场景的营造,详见袁泉:《从墓葬中的茶酒题材看元代丧祭文化》,《边疆考古研究》第 6 辑,2007 年,第 329~349 页。
⑦ 武汉市博物馆:《黄陂县周家田元墓》,《文物》1989 年第 5 期。
⑧ 山西省考古研究所:《侯马乔村墓地》,北京:科学出版社,2004 年,第 977~981 页;山西省考古研究所侯马工作站:《侯马两座金代纪年墓发掘报告》,《文物季刊》1996 年第 3 期。

能。除通过图像、文字营造对先考妣的供奉场景外,金元时期的山西墓葬还有多代先祖共同祭奉的情况。如山西金代稷山段楫墓"预修墓记"铭明确提出修造墓穴的目的,即"以为后代子孙祭祀之所",并在墓主名讳"段楫,字济之"后,又附列祖先数位,"曾祖十耶(爷),讳用成,五子。大耶(爷)讳先;二耶(爷)讳密;三耶(爷)讳世长,父六郎;四耶(爷)讳万;五耶(爷)讳智方",昭穆明确,与祀堂供奉的排列有序的祖先神主牌位十分类似。而在山西文水北峪口①和交城裴家山元墓②中,墓主夫妇坐像正中的供案上,安放着"祖父之位"和"宗祖之位"的跌坐牌位;在这种场景下,墓主夫妇所代表的"先考妣"和其他祖先一并,代表了一个传承有序的家族血脉关系,世代永享子孙的供奉和祭祀③。

除上述直接表明祭奉性质的场景外,更多蒙元墓例通过特定的图像来暗示对墓主的供奉与祭祀。河北内丘胡里村元墓④、内蒙凉城后德胜元墓⑤、山西孝义下吐京元墓⑥和山东地区的诸多元代砖雕壁画墓中,均可见摆放在男女墓主中间案桌或两侧壁面上的盆花图像;而河北廊坊桑氏墓⑦和河南洛阳赛因赤达忽墓⑧则出土了陶花槛的实物。这一现象同样可以上溯至宋金时期的墓葬传统,其中最具代表性的就是晋南地区宋金墓中摆放着硕大牡丹或束莲盆花的桌案图像。这些盆花图像上方有时还伴有相应题记,如侯马牛村M1中,男主人几案的左上方即刻有"香花供养"的字样。考《墨庄漫录》所载甘露寺"植莲供养"之故事,则宋代以降的盆花供养常取"永永无迁"之意,所谓"香花永供"。由是推之,广见于北方宋元墓葬中的"几上盆花"图像和随葬陶花槛,很可能均是用作"永为供养"的祭奉之物。

综上,宋元墓葬中夫妇对坐、中设几案、盆花为供的场景,使墓室空间在死者"永宅"的基础上,具备了子孙奉祀、香花永供的祭祀性质。而作为祭奉对象的死者,也在歆享子孙为尽孝所营造的供奉和祭祀场景中履行着对在世子孙后嗣的垂佑荫庇。正如侯马金明昌七年(公元1196年)董海墓⑨前室北壁墓门堂款"庆阴堂"三字所示:庆者,福也;阴者,荫也。所谓"庆阴",即为"福佑后世、荫蔽子孙"之意。

通过营坟治葬来宣达孝行、最终达到荫蒙后嗣这一观念的盛行,伴随着宋以降风水堪舆的普及。而风水堪舆的普及则一定程度上反映出当时的丧葬观念已从隋唐阶段关注彰

---

① 山西省文物管理委员会等:《山西文水北峪口的一座古墓》,《考古》1961年第3期。
② 商彤流、解光启:《山西交城县的一座元代石室墓》,《文物季刊》1996年第4期。
③ 相关讨论,详见袁泉:《物与像:元墓壁面装饰与随葬品共同营造的墓室空间》,《故宫博物院院刊》2013年第2期。
④ 贾成惠:《河北内丘胡里村金代壁画墓》,《文物春秋》2002年第4期。该墓墓志有"丁丑"干支纪年;根据其墓室结构、仿木构建筑及壁画布局均与河南焦作老万庄M3(河南省博物馆、焦作市博物馆:《焦作金代壁画墓发掘简报》,《河南文博通讯》1980年第4期)这一蒙古时期宪宗八年(公元1258年)的墓葬一致,可推定这里的"丁丑"应指前至元十四年(公元1277年),而非简报认定的金代。
⑤ 内蒙古自治区文化厅文物处等:《内蒙古凉城县后德胜元墓清理简报》,《文物》1994年第10期。
⑥ 山西省文物管理委员会等:《山西孝义下吐京和梁家庄金元墓发掘简报》,《考古》1960年第7期。
⑦ 廊坊市文物管理处等:《廊坊市安次县大伍龙村元代墓清理简报》,河北省文物研究所:《河北省考古文集(三)》,北京:科学出版社,2007年,第280~290页。
⑧ 洛阳市铁路北站编组站联合考古发掘队:《元赛因赤答忽墓的发掘》,《文物》1996年第2期。
⑨ 山西省考古研究所侯马工作站:《侯马102号金墓》,《文物季刊》1997年第4期。

示地位的礼制界定,转变为注重孝道的表达和子孙后代的福祉。这一现象与社会精英集团的流动性密切相关:赵宋以来,仕途之法由门第进身转为科举进身,世家大族衰落,旧有的礼法制度动摇,子孙的前途成为变数;因此,通过营坟治葬来表达对祖先的孝心,继而祖辈之灵通过回馈荫庇来福佑后人的堪舆学说大为盛行①。为先人营坟日渐被列于一个重要的位置上,所谓"子孙贵贱、贫富、寿夭、贤愚皆系焉"②。正如程颐《葬说》所言:"地之美者,则其神灵安,其子孙盛,若培壅其根而枝叶茂,理固然矣。"③据宋人记载,风水堪舆之说无非是为了两个目的:一是为求亡者神安,一是为了在世子孙"避凶趋吉"④。由是推之,元墓中的吉语堂款和祥瑞图像,在为死者营造永久的祭奉氛围的同时,也体现出子孙通过供祀墓主先人来获求庇佑、达到"长命富贵"的丧祭理念。这种通过祭奉墓主来福荫子孙的丧祭文化,亦广泛表现在蒙元时期中原北方多地墓葬"东仓西库"的壁面题材和随葬品组合中。

(二) 东仓西库:实仓廪而宜子孙

1. 东仓西库在不同地区的表现形式

东仓西库是中原北方蒙元墓葬中的重要装饰题材,在晋东平定、陕西西安、河南尉氏、河北平乡和山东济南等地的砖雕和壁画墓中均有不同形式的表现。根据这一题材在不同地区墓葬中表现形式的差异,可以将其分作三大类:一、晋东与河南地区的金银财帛库与仓粟谷粮库,二、晋东南与关陇地区的仓、灶、井、碓、磨等农具和炊厨用具组合,三、冀东及山东地区的衣架与粮囤。以下将结合墓葬实例,对上述三类"东仓西库"的表现模式逐一分析。

(1) 晋东、河南地区:金银库与谷粮库

这一地区的蒙元墓葬中往往在墓室左右侧壁通过墨书题记或小龛立碑标明"东仓西库"的图像性质。山西平定东回村元代壁画墓中,左壁假门上墨书"瓯斗库",右壁假门上方题有"金银库"⑤,这就暗示了假门内分别为粮粟库与财帛库。

与之相类,河南尉氏元墓用更为详细的图像细节表现了这一题材。该墓右壁正中的小龛内有刻写"东仓"二字的陶碑,龛外南侧绘佃户交粮入库的图像,或肩负粮袋,或手持农具,三五成群走向"东仓"门口;仓前建筑下一头裹展翅垂角幞头的账房小吏正坐于朱

---

① 详见秦大树:《宋代丧葬习俗的变革及其体现的社会意义》,见《唐研究》第 11 卷,北京:北京大学出版社,2005 年,第 313~336 页。
② (宋)司马光:《温国文正司马公文集》卷七一《葬论》,《四部丛刊初编》,北京:商务印书馆,1922 年,第 500 页。
③ (宋)程颢、程颐著,王孝鱼点校:《二程集》,北京:中华书局,2004 年,第 623 页。
④ (宋)朱熹:《晦庵集》卷六三《答胡伯量》:"某旧闻风水之说断然无之,比因某葬先人,周旋思虑,不敢轻置,既一以审诸己,又以询诸人。既葬之后,略闻或者以为茔窆,坐向少有未安,便觉惕然不安。乃知人子之丧亲,尽心择地以求亡者之安,亦未为害。然世俗之人但从时师之说,专以避凶趋吉为心。既择地之形势,又择年月日时之吉凶,遂至逾时不葬。"(文渊阁《四库全书》影印本,第 1145 册,第 180 页)
⑤ 山西省文物管理委员会:《山西平定县东回村古墓中的彩画》,《文物参考资料》1954 年第 12 期。

漆桌案后,身着圆领宽袖红袍,提笔在卷册上记录入库的粮帛数量(图一六,1)。与之相对,左壁正中小龛内的碑记为"西库"二字,龛外南侧壁画展现了进奉金银钱帛的场景,"西库"门前绘有四人,其中一人手捧托盘,内盛货币银铤①(图一六,2)。

图一六　河南尉氏元墓壁画
1. 东南壁"东仓"图　2. 西南壁"西库"图

除上述两则蒙元墓葬中的壁画材料外,财帛、粱粟库的墓葬图像在金代分布得更为广泛,晋中地区繁峙和汾阳两地均发现了此类墓例②。山西繁峙杏园村金墓左右侧壁的窗棂下,各端坐有一文一武两位官员,西壁为结跏扶膝而坐的武将(图一七,1),东壁则为案后执笔的文吏(图一七,2)。二人身前皆有仆从捧持银铤、珊瑚、犀角等杂宝③。其中文吏提笔记录账册的形象与河南尉氏元墓"东仓"南侧的账房小吏图像十分相似。汾阳三泉明昌五年(公元1194年)金墓中的左后壁,绘出窗棂内外入供银钱的"钱帛库"场景④,恰与尉氏元墓中的"西库"图像和东回村的"金银库"题记相合。此墓东壁图像漫漶,但根据墓室布局左右对称的规律,很可能原为"粮粟仓"的画面。

(2) 关陇、晋东南地区:灶、井、碓、磨的图像组合

关陇地区主要指以西安、宝鸡为中心的陕西地区,这一区域的蒙元墓葬主要发现于渭水流域的西安、兴平、咸阳、户县和宝鸡,以及洛水一线的延安和洛川。这批墓葬虽然墓室结构有异、墓主身份不同,但都随葬一套磨光灰陶或黑陶明器,且均包括以下两组器物:其一是碗、盘、盏、瓶、仓、灶、井等具有时代特征的器物,其二是簠、簋、尊、壶、爵等仿古器

---

① 开封市文物工作队等:《河南尉氏县张氏镇宋墓发掘简报》,《华夏考古》2006 年第 3 期。
② 同作为中原北方地区的晋东、晋中和河南地区尽管在墓室形状、砖画侧重和具体图像表现上略有差异,但自金代中期以来,其区域特征明显体现出统一化的表现模式:墓室四壁以雕镶门窗为中心,仿木构斗栱复杂,孝行题材大量应用。然而,进入蒙元时期,这种金代已经确立并相当巩固的大区域统一面貌却被逐渐打破,一些小的区域风格日益凸显出来,其中包括汾、平、孝、介在内的晋中地区和以邯郸、焦作、洛阳为代表的冀南豫北地区(其中晋东的阳泉平定地区与豫北、冀南地区的墓葬面貌十分相似,故将平定划归此区)开始在壁面装饰上分别选择不同的发展道路与表现形式。这或可解释财帛、粱粟库的壁画题材在金代墓葬中分布更为广泛,而元代有所收缩的现象。
③ 图片材料承山西省考古研究所刘岩副研究员见告,后刊于徐光冀等编:《中国出土壁画全集·山西卷》,北京:科学出版社,2010 年,图 163、164。
④ 马升、王俊:《山西宋金墓葬考古的重要发现》,《中国文物报》2008 年 11 月 19 日第 2 版。

图一七　山西繁峙杏园乡金墓壁画
1. 东北壁"东仓"图　2. 西北壁"西库"图

物。与晋东、河南地区多以壁画或砖雕等图像形式表现不同,关陇地区蒙元墓葬中的"东仓西库"题材,基本以随葬仓、灶类陶明器来展现,且仓、灶形制变化不明显,可作为当地墓葬分期的重要标尺①。这些陶仓、陶灶在墓葬中通常对称摆放,或位于墓室东西壁下,或置于左右耳室中。以西安曲江至元五年(公元1339年)张达夫墓②为例,陶仓位于墓室西侧耳室(小龛),而陶灶发现于相对的东侧(图一八)。

图一八　西安曲江至元五年张达夫墓出土黑陶仓、灶

有趣的是,与炊事、屯粮相关的劳作场景在附近地区的宋金墓葬中往往以壁画、砖雕

---

① 这一地区蒙元墓葬的面貌特征和仓、灶明器的阶段变化,详见袁泉:《略论"洛—渭"流域蒙元墓葬的区域与时代特征》,《华夏考古》2013年第3期。
② 西安市文物保护考古研究院:《西安曲江元代张达夫及其夫人墓发掘简报》,《文物》2013年第8期。

等图像形式展现。与晋东、河南地区对称装饰在左右侧壁的壁画格局不同，以长治为中心的晋东南和甘肃清水等地宋金墓的同类图像，往往出现在墓门两侧或墓门上端，多侧面地表现一组劳作场景，分别为灶前备炊、井边汲水、石碓舂米、推磨碾谷和箩米筛面，而蒙元时期用作随葬明器的仓、灶、井，均可在其中找到一一对应的图像。这种装饰组合由宋至金一直是长治、屯留等地墓葬装饰的重要题材，其在甘肃地区亦有发现。代表墓例为长治故漳宋代壁画墓①、长治五马村宋墓②、甘肃清水上邽乡③、贾川乡金代砖雕壁画墓④（图一九）和山西屯留宋村金代砖雕壁画墓⑤（图二〇）。其中碓、磨、箩、筛组成了粮食加工的"粮仓"组合，而井、灶题材则与"厨库"劳作相关。蒙元时期，这种成组出现的劳作工具与场景则逐渐退出了当地的壁面装饰，仅在渭水流域的出土陶器组合中还保留着仓、灶、井等陶制模型。

图一九 甘肃清水金墓中的砖雕、壁画
1. 上邽乡金墓舂米图 2. 贾湾乡金墓舂米图

如果我们把观察视角的时间线向前后延长，则可发现随葬陶瓷仓、碓、磨、井、灶等粮仓、厨库模型的习俗自汉晋至明清一直存在，不仅在豫、冀、晋、陕等地有发现，也是长江流域墓葬文化的共同特征。湖北荆州谢家桥西汉墓就随葬有逼真的三连陶灶和陶仓模型⑥。陕西西安⑦、山西大同⑧、河南洛阳⑨地区的西魏、北魏墓葬中，均随葬造型相似、组合一致的陶磨、陶灶和陶井模型。湖北鄂城从三国吴至南朝的墓葬中，更大批出土造型多

---

① 朱晓芳、王进先：《山西长治故县村宋代壁画墓》，《文物》2005年第4期。
② 王进先、石卫国：《山西长治市五马村宋墓》，《考古》1994年第9期。
③ 南宝生：《绚丽的地下艺术宝库：清水宋（金）砖雕彩绘墓》，兰州：甘肃人民出版社，2005年，第69~75页。
④ 北京大学中国考古学研究中心等：《甘肃省清水县贾川乡董湾村金墓》，《考古与文物》2008年第4期。
⑤ 山西省考古研究所等：《山西屯留宋村金代壁画墓》，《文物》2008年第8期。
⑥ 荆州博物馆：《湖北荆州谢家桥一号汉墓发掘简报》，《文物》2009年第4期。
⑦ 西安市文物保护考古所：《西安曲江雁南二路西晋墓发掘简报》，《文物》2010年第9期。
⑧ 大同市考古研究所：《山西大同文瀛路北魏壁画墓发掘简报》，《文物》2011年第12期。
⑨ 洛阳市第二文物工作队：《洛阳纱厂西路北魏HM555发掘简报》，《文物》2002年第9期。

图二〇　山西屯留宋村金墓壁画
1. 蒸厨图　2. 舂米图

样的青瓷仓、灶、井、磨、碓模型①。宋元以降，这一明器组合依旧在部分地区的明代墓葬中沿用保留。洛阳道北明墓 M1137 中，就出土成套的仓、灶、磨、碾、井、臼等泥质灰陶模型②；而东仓西库的碑题和图像表现，也发现于重庆永川明代壁画墓中③。

此外，以"水井和辘轳"为象征符号的"汲水"题材除在长治和关中地区与灶、碓、磨组成固定图像搭配外，也单独出现在河南和山东地区的蒙元壁画墓中，河南尉氏元墓右壁"西库"题材的图像中，就有一女担水而至的场景；河北邢台钢铁厂元墓和山东济南埠东村元墓墓门东侧，也描绘有井栏和提桶侍女的形象。

（3）冀东、山东地区：衣帛柜与粮粟仓

沧州—武邑—平乡及其以东地区蒙元墓葬的装饰格局沿袭了宋代以来中原地区的墓葬传统，流行在墓室左壁表现出挂搭有衣物的衣架和立柜，谷仓或粮囤的位置则相对自由，既有与衣架并列于门楼两侧的情况，也绘饰在墓门两边或后壁上。济南历城郭店 M1 中，左壁两立柱间绘有挂搭着衣物的衣架和满盛粮谷的大缸④。济南历城司里街 M1 中，相似的衣架和粮囤则被左右分列在左壁门楼两侧⑤（图二一）。而在章丘地区龙山镇和双山镇的元代砖雕壁画墓中，衣架和立柜仍然固定在西壁，粮仓却被绘饰在后壁门楼下方或墓门两侧⑥（图二二）。那么，这一地区所流行的衣架与粮囤（粮仓）的图像究竟有什么含义呢？河北平乡元墓中的龛内碑记为我们提供了明确的答案。

---

① 南京大学历史系考古专业等：《鄂城六朝墓》，北京：科学出版社，2007 年，图版 79~84。
② 洛阳市第二文物工作队：《洛阳道北二路明墓发掘简报》，《文物》2011 年第 6 期。
③ 汪伟：《凌阁堂壁画墓的壁画艺术与民俗文化》，《重庆社会科学》2009 年第 2 期。
④ 济南市文化局等：《济南近年发现的元代砖雕壁画墓》，《文物》1992 年第 2 期。
⑤ 济南市考古研究所：《济南市司里街元代砖雕壁画墓》，《文物》2004 年第 3 期。
⑥ 代表墓例为章丘双山镇元墓，图片引自徐光冀等编：《中国出土壁画全集·山东卷》，图 123、127。

图二一 济南历城司里街 M1 西壁衣架、粮囤图

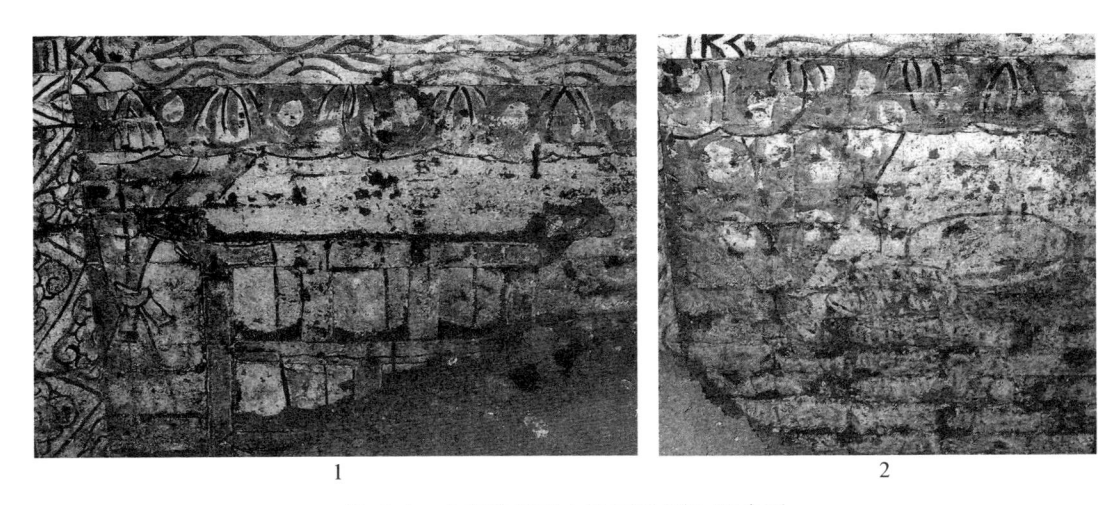

图二二 山东章丘双山镇元墓衣架、粮仓图
1. 西壁衣架图 2. 南壁粮仓图

河北平乡郭店砖雕墓的东西两壁的仿木构建筑下各立有陶碑一方,左侧为"绫罗满柜",右侧刻"粮粟满仓"。此墓中左右对称的刻铭恰好为冀东与山东半岛地区墓葬壁面中衣架和粮囤这两项常见装饰题材作了生动注解:挂搭有衣物的衣架和旁边的立柜、衣匣代表了"衣帛满柜",而满盛着谷物的大缸或粮囤则对应"粮粟满仓"。这种仓柜充盈的场景营造和晋豫地区的"粮仓钱库"异曲同工,可视为"东仓西库"在不同区域的另一图像表现形式。

通过对"东仓西库"图像的梳理,我们发现这一题材在蒙元时期广泛流行于北方墓葬中,无论是钱库与粮仓的组合、井灶碓磨的搭配,还是绫罗与粮囤的成套出现,都是为了营造仓廪与厨库的丰盈场景。接下来的问题是，墓室中"实仓廪"的场景营造究竟隐含着什么样的治葬观念和葬祭习俗呢？

2. 东仓西库与福荫子孙

北方元墓中虽未发现明确提示"东仓西库"题材意义的线索，却可在南方元墓的出土瓷器中找到旁证。景德镇出土的青花釉里红楼阁式谷仓，仓阁两侧的亭楼正墙分别有"凌氏墓用"和"五谷仓所"的题记，标明了这一瓷作建筑模型的功用为"五谷仓"。仓门上方与两侧记楹联一副，横批为"南山宝象庄五谷之仓"，两联作"禾黍丰而仓廪实"、"子孙盛而福禄崇"（图二三）。此即言通过粮谷满仓来为埋葬于墓室中的祖先提供冥界生活衣食无忧的物质保障；而按照死者和生者"对等"的互酬关系，逝去的祖先在歆享了充盈的粮粟之后，会为子孙后嗣赐佑福禄。

图二三　江西省博物馆藏元代青花釉里红楼阁式谷仓

实际上，南方地区这种通过粮罂类明器祈福庇佑子孙的丧葬传统可以向上追溯到东汉和魏晋南北朝时期。江苏吴县狮子山出土的西晋青瓷罐自铭："用此罋，宜子孙，做高吏，其乐无极。"①北京故宫藏吴永安三年（公元260年）青瓷罐亦有题铭："富且祥，宜公卿，多子孙，寿命长，千亿万岁未见殃。"浙江绍兴南池乡西晋墓的出土明器中，亦有刻铭为"用此丧葬，宜子孙，作吏高"的堆塑罐②。一直到宋元阶段，长江流域及以南地区一直保留着通过陶瓷谷仓罐的刻铭或墨书来泽被子孙的传统。现藏于龙泉博物馆的宋代龙泉窑多管瓶上，即保留着"五谷仓柜……荫子益孙，长命富贵"的墨书题记③。

而这种通过为先人墓穴随葬"谷仓类"坛罐或建筑模型明器来达到护佑子孙目的的丧葬传统一直到今天北方地区仍然得以保持和延续。陕西扶风齐家村在葬礼封墓之前，大多要在墓室安放一只陶罐，罐中实以酵母粉，再插入大葱数根。据村民解释，酵母粉取"发"意，大葱则按谐音意即"聪明"：这组随葬品组合意在祝愿墓主后人能够"聪明康健、富贵发达"④。

由是推知，北方各地元墓中"东仓西库"的装饰题材和随葬模型实际上是墓主在另一世界钱粮充盈的表现符号。钱白库和瓠斗库的不断进账、绫罗柜和粮粟囤的日渐充盈、源

---

① 张志新：《江苏吴县狮子山四号西晋墓》，《考古》1983年第8期；上海博物馆：《上海博物馆藏瓷选集》，北京：文物出版社，1979年，图版10。
② 王佐才、董忠耿：《试述绍兴出土的越窑"谷仓罐"》，《江西文物》1991年第4期。
③ 朱伯谦：《龙泉窑青瓷》，台北：艺术家出版社，1998年，第95页。
④ 此材料承中央民族大学民族学与社会学学院讲师马赛博士提供，特此致谢。

源不绝的粮食生产与厨库荐备都是在力图供给祖先安逸的冥间生活；故而"东仓西库"这一通行于南北的墓葬文化因素从本质而言完全契合了"神灵安、子孙盛"的治葬理念。

综合考察蒙元墓葬中的壁面图像和随葬器用，无论是福寿堂款的书写，还是东仓西库题材的频繁出现，均反映出"神灵安、子孙盛"的墓葬文化传统，共同构建了一个祈愿"富贵长命"、"福寿永延"的墓室环境。这种通过营坟治葬活动来表达对逝去祖先的祭奉行为，实际上反映出祖先与子孙、死者与生者以墓葬为媒介所进行的"互酬性"沟通：孝子贤孙预营寿坟来祈愿墓主富贵寿考，又借由为死去祖先营造永久供奉的乐安之堂，冀求祖先对家族在世子孙"福寿延长"的庇佑。

四、结　　语

本文将壁面装饰和随葬实物依据表现类型的不同分作三类：对坐图像、屏风围榻、棺床和葬具共同指代着墓主人之"位"，车马、仪俑和供奉器用组成"明器"之属，而壁面雕绘的家具图像和木陶家具模型的使用则为"下葬"之制。这些墓室装饰和随葬组合在相互补证中共同复原了一种空间模式：以墓主人为中心，左右茶酒供奉、对面表演伎乐、旁设盥洗备荐之具、车马仪仗前导待行。参考当时的礼书记载，可以看出这套空间布局是祭祀供奉场景的典型模式；换言之，墓室不仅作为收柩之所，也在极力营造一种祭奉氛围。而这种通过营坟治葬活动来表达对逝去祖先的祭奉行为，实际上反映出祖先与子孙、死者与生者以墓葬为媒介所进行的"互酬性"沟通：孝子贤孙预营寿坟来祈愿墓主富贵寿考，又借由为死去祖先营造永久供奉的乐安之堂，冀求祖先对家族在世子孙"福寿延长"的庇佑。综合考察蒙元墓葬中的壁面图像和随葬器用，无论是猫雀题材的表现、福寿堂款的书写，还是东仓西库题材的频繁出现，均反映出"神灵安、子孙盛"的墓葬文化传统。

美术与宗教

从考古资料看秦汉时期的北斗信仰*

朱 磊

山东大学历史文化学院

　　北斗信仰是中国古代持续时间最长、影响范围最广的一种宗教信仰,其萌芽于殷周时期。据笔者统计,商代的卜辞中保留有殷人拜祭北斗的记录,为时人存在北斗信仰的有力证据。在周代,北斗已经作为王权的象征为周天子所垄断使用权①。战国早期的曾侯乙墓中共出土了5个彩绘漆箱,分别绘有天象、神树、瑞兽、仙人及几何图案。其中的天象图中"斗"字居中统御二十八宿,青龙、白虎分居左右,表明曾侯希望魂归斗极的终极愿望。

　　秦汉时期是北斗信仰全面发展并且走向成熟的时期。北斗被视为帝车,作为天帝的御辇,北斗因其标识性强的特点经常充当天帝的标志。在此时期大量文献如《淮南子》、《史记》及东汉的纬书中对秦汉时期的北斗信仰都有着较为详细的记载,出土材料中也经常能够见到有关北斗信仰的遗存,为我们了解当时的北斗信仰提供了丰富的资料。

　　《史记·封禅书》载:"及秦并天下,令祠官所常奉天地名山大川鬼神可得而序也。……雍有日、月、参、辰、南北斗、荧惑……百有余庙。"②说明秦时已建有专门的南北斗庙,以供祭祀。

　　秦始皇陵可谓中国古代墓葬中的一座里程碑式的建筑。墓顶"上具天文",其中就应该包括北斗。虽然秦始皇统一了中国,自认功盖三皇五帝,不可一世。但是在时人的宗教观念中,其王权是武力夺取而不是上天所赋予,因此不具有神性。再者,其出身没有"天子"血统,死后不能魂归天庭。于是,秦始皇在生前努力寻求长生之法,甚至遣徐福东渡蓬莱求仙药,企图通过服食仙药达到升天成仙之目的。同时,为使大秦政权得到宗教神学的支持,确保自己的统治地位,必须改变时人的传统观念。于是秦始皇焚书坑儒,改革宗教制度,以重新确立自己的神性以稳固政权。

　　然而,秦始皇纵然能够压制世间的舆论,却不得不面对死后无法升天成仙的命运。在秦汉思想观念中,无法成仙的亡魂只能永久地住在地下阴暗潮湿的墓葬中,终年不见天日,阴森恐怖,让人难以接受。因此秦始皇试图把墓葬营造成人世的样子。所谓的上具天

---

* 本文为教育部人文社会科学研究青年基金项目(编号13YJC730010)、山东大学基本科研业务费资助项目(编号 IFYT1505)阶段性成果。

① 朱磊、李楠:《殷周北斗信仰初探》,《中原文物》2014年第2期。

② 《史记》卷二十八《封禅书》,北京:中华书局,1959年,第1371、1375页。

文,下具地理,以水银模拟江河,用人鱼膏做长明灯,并随葬器具、车马、珍禽、异兽、仆人、兵士……这所有的努力,都是企图将世间一切美好的事物都带入地下。而在墓室顶部营造一个模拟的地下星空,可以给阴暗的墓室带来光明和生机。作为秦代最高权力的拥有者,始皇陵模式代表的是时人观念中最理想化的丧葬理念。

西汉以降,不论是国家祭祀还是宗教祭祀都逐渐增多。庙祭大盛时,北斗与"黄灵"、"后土"受到同样的尊崇①。即使在各种杂祀大为缩减、禁止时,对星辰的祭祀仍然被保留下来,足见其重要程度②。可以说,北斗在汉代一直都是立庙祭祀的对象。王莽尤其迷信北斗,认为只要效法北斗便可得天命,合天道,平定内乱,稳固政权。也正是从王莽时期开始,以神学理论附会儒家经典的纬书大量出现③。多篇纬书对北斗的神奇能力大加附会,并将之与人皇之祖的黄帝联系起来,称黄帝为北斗之精。同时,由于北斗"帝车"之下压着二十八宿之"天尸"鬼宿,民间的方士赋予北斗压鬼镇祟的职能,广泛地应用在死于非命者的厌胜解注葬仪中,以解除注祟,护佑生人。此外,北斗主杀的观念在东汉开始萌芽,纬书中有大量论及,为魏晋以降北斗注死信仰之滥觞。

本文拟从相关出土材料入手,一窥秦汉时期北斗信仰的真实面貌。目前所见汉代考古资料中,带有北斗文化的遗物、遗迹较为丰富,主要有:壁画、画像石、画像砖、带钩、厌胜钱、解注瓶、斗城、式盘等,可归纳为厌胜器类、天象图类、星占类及其他类四大类型,分别从不同侧面反映出当时北斗信仰的不同内容。

一、厌 胜 器

"厌胜"是古时方士所行之通神降鬼、厌劾祈禳巫术,通常以诅咒、画符或使用法物等方式来袚禳邪物、制服恶人、除灾降福、以求吉利④。东汉许慎《说文解字》释曰:"厌,笮也,今人作压。"⑤所以通常又把"厌胜"称作"压胜"。《史记·高祖本纪》载:"秦始皇帝常曰'东南有天子气',于是因东游以厌之。"⑥

利用北斗"厌胜"在古代文献中最早见于《汉书·王莽传》:"莽亲之南郊,铸作威斗。威斗者,以五石铜为之,若北斗,长二尺五寸,欲以厌胜众兵。"⑦可见,在王莽的观念中,北斗具备厌胜禳灾的神奇能力。除了传说中的威斗,用于厌胜的法器还有厌胜钱⑧、七星

---

① 《汉书·郊祀志下》:"中央帝黄灵后土畤及日庙、北辰、北斗、填星、中宿中宫为长安城之未坠兆。"(《汉书》,北京:中华书局,1962年,第1268页)
② 《汉书·郊祀志下》:"本雍旧祀二百三所,唯山川诸星十五所为应礼云。"(《汉书》,第1257页)
③ 相关研究参见贾立霞:《谶书和纬书的产生》,《管子学刊》2003年第1期。
④ 蔡运章等:《洛阳钱币发现与研究》,北京:中华书局,1998年,第384页。
⑤ (清)段玉裁注:《说文解字注》,杭州:浙江古籍出版社,2006年,第448页。
⑥ 《史记》卷八《高祖本纪》,第348页。
⑦ 《汉书》卷九十九《王莽传》,第4151页。
⑧ "目前出土的年代最早的厌胜钱为西汉中期至王莽时期……其中,以钱文和仕途吉语较为常见;在纹饰方面,有北斗七星、南斗六星、博局纹等厌胜纹饰,以及带钩纹、鱼纹等吉祥纹饰,厌禳纹饰中以北斗七星为主,吉祥纹饰则以寿钩纹较为常见"。参见周克林:《厌胜钱初论》,四川大学硕士学位论文,2002年,第78页。

剑、解注瓶等,其上大多可见"北斗"符号(表一)。

表一 汉代北斗厌胜器图案统计表

类别	时代	遗存	图像	描述
解注瓶	东汉	咸阳市渭城区窑店陶瓶		陶瓶右部上方有一幅北斗七星图,星间有连线,斗魁内有三颗星,连成等腰三角形,斗柄下有四颗星,连成菱形。此图之下右侧有六颗星,两两相连,相互平行。
	东汉?	长安县三里村朱书陶瓶		上绘北斗七星,魁内书写"北斗君"三字,图下朱书四行文字:"主乳死咎鬼,主白死咎鬼,主币死咎鬼,主星死咎鬼。"
	东汉晚期	南里王村东汉墓解注瓶		器腹有朱书文字七行:"游光、地柱、南组、北斗、三稆、七星,主别解张氏后死者白伍重复。弭持铅人、人参、雄黄,解佳襄草别罚(蜀),以代生人之名。急如律令!"文后画两行大神符。
	东汉晚期	宝鸡市铲车厂汉墓M1:21		解注文内容:"黄神北斗主为葬者阿丘镇解诸咎殃,葬犯墓神墓伯,行利不便,今日移别,殃害需除。死者阿丘等,无责妻子、子孙、侄弟、宾昏(婚),因累大神。如律令!"
厌胜钱	新莽	厌胜钱		正面铸有"大泉五十",背面铸有北斗、鬼宿等星象图案。

在汉代墓葬中,经常能够见到使用书有镇墓文字及神符的解注瓶(参见表一)作为随葬品。张勋燎总结道:"自清末20世纪初年以来,在北方地区的东汉明帝以至魏晋墓葬中,发现大量带有朱、墨书写镇墓文字的陶罐、砖券、铅券之类的器物,有的上面还带有神符,很早以来就有人指出它们和早期的道教、巫术有关。"①这种书有镇墓文字及神符的陶罐考古学界称为"解注瓶",也叫"镇墓瓶"或"斗瓶"。其腹壁上的镇墓符文多绘有北斗图案,并书有"北斗"、"八魁九坎"、"黄神北斗"、"北斗君"等字样,用以驱逐鬼祟,护佑生人②。

至于汉人在厌胜器上绘制北斗的原因,据笔者考察,从星空中作为"帝车"的"北斗"与二十八宿中被称为"天尸"星的"鬼宿"二者的位置关系来看,恰如"鬼宿"被压在北斗"帝车"之下。或许由于这一独特的天文现象,加之中国古代"天人感应"的神学理论,使笃信"鬼神"的华夏先民认为北斗有压镇鬼祟的能力,并将北斗符号广泛使用在古代凶死者的墓葬中以厌胜亡魂、驱邪镇墓③。

二、天 象 图

许多汉墓墓顶都绘有天象图,照理北斗遗迹最可能出现在这些天象图中。但统计的结果却出乎意料,大部分墓顶的天象图中并不出现北斗。仅有少数壁画墓及画像石(砖)墓的墓室顶部,以及棺的盖板之上发现有北斗图案(表二)。

表二　汉代北斗天象图遗存统计表

类别	地域	时代	遗存	图像	描述	功能
墓室壁画	陕西省西安市	西汉晚期	曲江翠竹园壁画墓M1		墓室券顶主要为云气纹、太阳金乌、月亮蟾蜍、星宿、青龙、白虎、人物图案等构成的天象图。经辨认有"毕"、"轸"、"北斗"等。	天界象征

---

① 张勋燎、白彬:《中国道教考古》第1册,北京:线装书局,2006年,第1页。
② 张勋燎、白彬:《中国道教考古》第1册,第6页。
③ 朱磊:《北斗厌胜信仰的星象学起源考证》,《宗教学研究》2012年第2期。

续表

类别	地域	时代	遗存	图像	描述	功能
墓室壁画	河南省洛阳市	西汉晚期	烧沟61号壁画墓	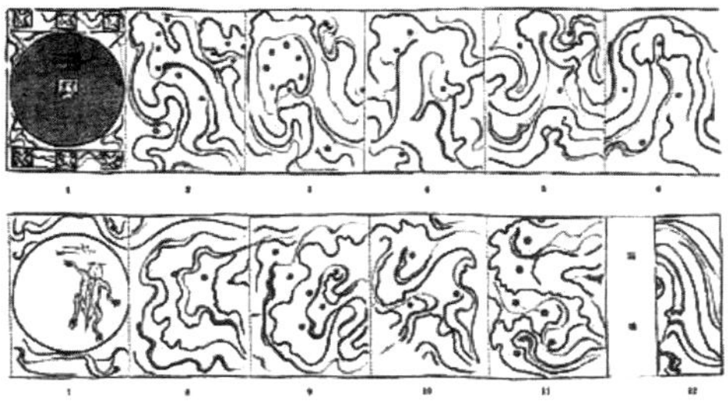	墓室中彩绘有日月星辰、天河、云气之天体形象,成两列并排绘在前室的顶脊上。星辰间没有连线,难以判断是否代表具体星宿。	天界象征
画像石	山东地区	东汉早期	长清孝堂山石祠	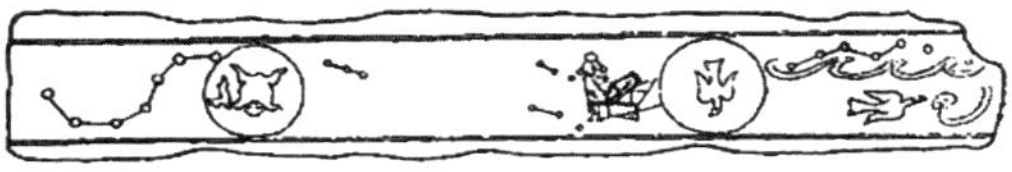	一端刻一日,一端刻一月。日、月之两外端刻南斗与北斗,北斗七星于月之外侧,形如勺。南斗六星于日之外侧。	天界象征
		东汉中期	嘉祥武氏祠		图中的北斗七星,前四星组成车舆,后三星组成车辕。天帝坐在北斗"帝车"之上发号施令,众仙官对其参拜行礼。	天界象征、厌胜
		东汉晚期	滕州三角形画像石		画面中心为北斗七星,斗口冲下。斗魁下为相互交叉的斧头与环首刀。在斗柄上站立一老者,右下方立一鸟衔鱼;顶部还有一大鱼,鱼头部上方刻有两圆形物体,似为星宿。	厌胜(辟兵)

续表

类别	地域	时代	遗存	图像	描述	功能
画像石	河南省南阳市	东汉早期	唐河县针织厂M58		图刻一满月，月中有一蟾蜍。右刻北斗七星，连线组成勺形。左刻相连星宿。	天界象征
		东汉	南阳县丁凤店画像石墓		画像石左刻一背负日轮的金乌，右端七星相连为北斗。北斗勺部四星谓之魁，魁上一星是北极星。斗柄上三星是天枪。柄下一星是开阳附近的辅星。中间竖三星相连者是参宿，四星环连者是鬼宿。	天界象征
		东汉中晚期	南阳麒麟岗画像石墓		整幅画右端刻北斗七星，左端刻南斗六星。紧靠北斗七星刻羲和捧日；紧靠南斗六星则刻有常羲捧月。画像中部，日神羲和、月神常羲之间刻青龙、白虎、朱雀、玄武四神。四神之间，刻一人，面目不清，当为中央之帝"黄帝"，众神皆被云气包裹。	天界象征

续表

类别	地域	时代	遗存	图像	描述	功能
棺盖	江苏地区	西汉中期	仪征烟袋山合葬墓女棺盖板		从出土情况分析,西侧棺葬一女性,东侧棺内为男性。女棺盖内侧用鎏金小铜泡布置出北斗星象图。	天界象征、魂归斗极
		西汉中晚期	盱眙县东阳汉墓		左方圆日与金乌,金乌的头尾刻在圆日的两边,周围分布九个较小的圆日。右方有圆月,月中刻蟾蜍、白兔(线条已模糊不清)和半弧形线条,下刻一人。	天界象征、魂归斗极

（一）墓顶天象

通过表二的统计可知,配置有天象图的墓葬往往规模较大,等级较高,制作成本也较高昂,可见其墓主身份颇为显贵。壁画墓多分布在作为政治中心的长安、洛阳两京地区。然而,在壁画墓天象图中却较少直接绘出北斗,其星辰形状及位置都比较模糊,不易辨识。画像石(砖)墓多出现在南阳、山东、四川等周边郡县,虽然有的墓葬墓顶天象图中出现了北斗,但其位置并不突出,似为有意回避。据《春秋佐助期》载:"天子法斗,诸侯应宿。"[①]或许,在西汉时期北斗文化已作为王权的象征而被皇族所垄断。

（二）棺顶天象

根据笔者分析,先秦时期或许已出现魂归北斗的终极愿望[②]。而到汉代,则已产生了成熟的北斗主杀伐的宗教观念。根据西汉刘安所编《淮南子·天文训》的记载,当时已经通过北斗的天象情况判断万物的阴阳消长：

> 日冬至则斗北中绳,阴气极,阳气萌,故曰冬至为德。日夏至则斗南中绳,阳气

---

① ［日］安居香山、中村璋八:《纬书集成》,石家庄:河北人民出版社,1994年,第819页。
② 朱磊、李楠:《殷周北斗信仰初探》,《中原文物》2014年第2期。

极,阴气萌,故曰夏至为刑。阴气极,则北至北极,下至黄泉,故不可以凿地穿井。万物闭藏,蛰虫首穴,故曰德在室。阳气极,则南至南极,上至朱天,故不可以夷丘上屋。万物蕃息,五谷兆长,故曰德在野。①

古代阴阳观念中认为宇宙万物之化生皆由阴阳二气相交合所致,二气此消彼长引发一切运动变化。冬至时北斗北指子辰部位,与子午经线相合,这时阴气达到极限,阳气开始萌动,所以说冬至是给万物带来阳德的节气。夏至时北斗南指午辰部位,与子午经线相合,这时阳气达到极限,阴气开始萌动,所以说夏至是给万物带来刑杀的节气。汉人相信北斗的斗杓在不同节候的指向能够指示出世间阴气与阳气变化的状态,从而决定世间万物的兴衰生死。

需要强调的是,此处《淮南子》的本意是北斗可以表现阴阳变化,从而判断世间万物的兴衰生死。属于哲学性的探讨,并非是北斗主杀宗教信仰的体现。

《淮南子·本经训》亦载:"取焉而不损,酌焉而不竭,莫知其所由出,是谓瑶光。瑶光者,资粮万物者也。振困穷,补不足,则名生;兴利除害,伐乱禁暴,则功成。"东汉高诱注曰:"瑶光谓北斗杓第七星也。居中而运,历指十二辰,摘起阴阳,以生杀万物也。"②根据这则材料,有学者认为西汉时已经出现了北斗主杀的观念。

结合上下文判断,《淮南子》此处的瑶光当与北斗无关。在西汉时期还没有使用"瑶光"来命名北斗第七星的记载。北斗七星之名最完整的记载,始见于东汉纬书《春秋运斗枢》:"第一天枢,第二璇,第三玑,第四权,第五玉衡,第六开阳,第七瑶光。第一至第四为魁,第五至第七为杓,合为斗。"③显然,生活在东汉的高诱是根据自己所处时代的文化背景来理解《淮南子》中的字句。这也充分说明,东汉时已经开始产生北斗"摘起阴阳,以生杀万物"的思想。

东汉文献《西京杂记》中记载了这样的习俗:"戚夫人侍儿贾佩兰,后出为扶风人段儒妻,说在宫内时……八月四日,出雕房北户,竹下围棋,胜者终年有福,负者终年疾病,取丝缕就北辰星求长命乃免。"④说明东汉时期人们认为北辰⑤司掌世人的福禄寿数,因此祈求北辰可以免疾延寿。据考出于东汉的道书《老子中经》⑥曰:"璇玑者,北斗君也,天之侯王也。主制万二千神,持人命籍。"⑦这一观念为后世所传承,人们祠北斗以求长生。在汉代的死后世界观中,如果灵魂能够归于北斗,便可被还于司命,从而获得重生的机会。据《后汉书·赵壹传》中记载:

---

① (汉)刘安编、刘文典集解:《淮南鸿烈集解》卷三《天文训》,北京:中华书局,1989年,第97页。
② (汉)刘安编、刘文典集解:《淮南鸿烈集解》卷八《本经训》,第253页。
③ [日]安居香山、中村璋八:《纬书集成》,第713页。
④ (汉)刘歆:《西京杂记校注》,上海:上海古籍出版社,1991年,第138页。
⑤ 此处北辰亦指北斗。
⑥ Kristofer Schipper and Franciscus Verellen, eds. *The Taoist Canon: a Historical Companion to the Daozang*(道藏通考). Chicago & London: The University of Chicago Press, 2004, p.92.
⑦ (宋)张君房编,李永晟点校:《云笈七笺》卷十八《老子中经》,北京:中华书局,2003年,第425页。

昔原大夫赎桑下绝气,传称其仁;秦越人还虢太子结脉,世著其神。设使之二人不遭仁遇神,则结绝之气竭矣。然而精脯出乎车軮,针石运乎手爪。今所赖者,非直车軮之精脯,手爪之针石也。乃收之于斗极,还之于司命,使干皮复含血,枯骨复被肉,允所谓遭仁遇神,真所宜传而著之。①

从这段文字可以看出,所谓"收之于斗极,还之于司命"的结果是"使干皮复含血,枯骨复被肉",从而脱胎换骨,起死回生,有"遭仁遇神"之妙也。汉纬《河图帝览嬉》载:"斗七星,富贵之宫也。其傍二星主爵禄,其中一星主寿夭。"②东汉道书《周易参同契》在阐扬金丹大道、批判各家方术之时,曾笑话当时的学道之士日夜朝斗、祈求长生而不得的情况。从一个侧面反映了东汉之时拜斗之风盛行。

《续汉书·天文志》明确记载:"北斗主杀","北斗魁主杀"③。按《太平经》的解释:"故(北斗)后六为破,天斗所破乃死,故魁主死亡,乃至危也。故帝王气起少阳,太阳常守斗建。死亡气乃起于少阴,太阴常守斗魁。"④据笔者论证,斗魁的"魁"字意在表现斗在鬼(宿)上的位置关系。由于北斗压在鬼宿之上,因此北斗君掌管世间之厉鬼,进而演绎成北斗主杀的观念。

在棺盖板上布置北斗的现象主要见于江苏地区,为这种魂归斗极思想之反映。1985年在江苏省仪征县龙河乡丁冲村南烟袋山顶部出土了一座规格较高的西汉中期夫妇合葬墓,其中女棺盖内侧用鎏金小铜泡布置出北斗七星⑤。另一件北斗木刻出现在江苏省盱眙县东阳一座西汉中晚期的汉墓⑥(M01)中。M01出土了一批汉代木刻画。其中两块纵向闲置在棺盖上,当作"顶板",迎面刻有星象图,内面刻简化的穿壁图。其中一块似有北斗(参见表二)。

经笔者观察后发现,其画面整体布局与甘肃酒泉孙家石滩魏晋墓棺盖板星象图非常相似。根据其位置和形状判断,位于日月中间的九个较小的圆圈呈北斗形分布,其所表现应是北斗九星。

江苏地区西汉中晚期似有在棺盖上布置北斗的葬俗。虽然出现的北斗各星之间仍然没有用线连接,但已经较易于辨识。并且都位于棺盖的中央区域,地位显要,应是北斗主杀信仰观念的体现。在《穆天子传》中,记载天子以皇后之葬法安葬盛姬之葬仪:

> 河济之间共事,韦谷黄城三邦之事辇丧,七萃之士抗即车。曾祝先丧,大匠御棺,日月之旗,七星之文,鼓钟以葬,龙旗以□,鸟以建鼓,兽以建钟,龙以建旗。曰丧之先

---

① 《后汉书》卷八十《赵壹传》,北京:中华书局,1965年,第2628、2629页。
② [日]安居香山、中村璋八辑:《纬书集成》,第1135页。
③ 见《后汉书》,第3234、3259页。
④ 王明:《太平经合校》,北京:中华书局,1979年,第304页。
⑤ 南京博物院:《江苏仪征烟袋山汉墓》,《考古学报》1987年第4期。
⑥ 南京博物院:《江苏盱眙东阳汉墓》,《考古》1979年第5期。

后及哭踊者之间毕有钟旗□百物丧器,井(并)利典之,列于丧行,靡有不备。击鼓以行丧,举旗以劝之;击钟以止哭,弥旗以节之。①

此处"日月之旗,七星之文"与盱眙东阳汉墓棺顶盖板上的日月北斗非常吻合,可见当属同一葬俗的传承(至少是皇后之葬法制度),至于天子墓中是否也有类似的北斗制度,由于缺乏相关资料,尚不得而知。

烟袋山汉墓规模较大,拥有"正藏"和"外藏椁",且随葬器物丰富。简报作者认为墓主当与江都国和广陵国皇族有关。由于北斗仅出现在女棺盖内侧,或为"中土神州"之象征②。笔者推测女墓主很可能是大汉公主或贵族,希望死后能够魂归斗极与祖先团聚。男棺之内没有北斗,墓主或为江都国或广陵国的诸侯王,不存在此类北斗信仰。盱眙东阳汉墓中的天象图体现出了类似的北斗信仰,希望在棺顶上绘出北斗,从而指引自己灵魂升天的路径。

三、星占与分野

在汉代占星学中,北斗是最为重要的标准星。西汉学者褚少孙在《史记·龟策列传》中补编了博士卫平通过观察天象为宋元王解梦的故事。提到博士卫平"仰天而视月之光,观斗所指,定日处乡",说明日、月、北斗是星占中最为重要的天象。接下来又根据"斗柄指日"判断出"使者当囚"③,足见斗柄的指向尤为关键。

在正史中保留有大量星象记录,由于北斗主杀,与北斗有关的天象往往与诛伐有关。又因北斗与帝王统治有莫大的关联,故而北斗七星的明暗程度也可反映帝王的功过得失。甚至在相关占书中,通过北斗七星的明暗程度还能判断朝廷用人是否恰当。《荆州占》载:"北斗第一星不明,御史大夫非其人也;第二星不明,大司农非其人也;第三星不明,少府非其人也;第四星不明,光禄非其人也;第五星不明,鸿胪非其人也;第六星不明,廷尉非其人也;第七星不明,执金吾非其人也。"④

目前出土文物中所见到的占星用的仪器主要为式盘(亦称栻盘),是中国古代一种模仿宇宙结构进行占卜的仪器,多由天盘和地盘两部分组成,天盘中心处往往绘制北斗,足见其地位举足轻重。

式盘的种类很多,如六壬式、太乙式、遁甲式、雷公式等(表三),其占卜的原理和方法也多有不同。占星家往往根据实时天象,操作天盘与地盘模拟宇宙的运行,并通过天盘上北斗方位与地盘上干支对应关系,以阴阳五行结合天文历算,对人间诸事的吉凶祸福作出预测。据《汉书·王莽传》记载,王莽极其迷信占星,以至于在汉兵攻入宫中时,仍命天文

---

① 张耘点校:《山海经·穆天子传》,长沙:岳麓书社,2006年,第241页。
② 南京博物院:《江苏仪征烟袋山汉墓》,《考古学报》1987年第4期。
③ 《史记》卷一百二十八《龟策列传》,第3229页。
④ (唐)瞿昙悉达:《开元占经》卷六十七《石氏中官三》,北京:九州出版社,2012年,第660页。

郎在旁以式盘占星,坚信只要调整自己的坐席方向与斗柄一致,便可逢凶化吉,遇难成祥①。

表三 汉代式盘统计表

地域	时间	遗存	图像	描述
安徽省阜阳市	西汉初年	阜阳双古堆汝阴侯墓二十八宿圆盘		上盘直径23.6、边厚0.4厘米,下盘直径25.6、边厚0.5厘米,两盘中心有圆孔相通。上盘面刻六颗圆点,与盘心孔正好连成北斗星象。下盘刻二十八宿星名及其距度,宿名和上盘小圆孔正相接。
		汝阴侯墓六壬式盘		上为小圆盘,直径9.5、厚0.15厘米。圆心有小孔,孔上安一铜泡钉,与下面的方盘相通。中央刻北斗七星星座。边缘分三层刻划:外层按逆时针方向刻二十八宿;中层刻二十八个圆点于各宿的顶上;里层刻十二月次。
山西省吕梁市	西汉晚期	离石象牙七星占盘		象牙七星盘仅存上盘,盘表面直径6.2厘米,底面直径6厘米。中央部分刻有北斗七星。周边所刻三圈文字中,内圈已有十二神将名,中圈为十天干与十二地支,外圈则刻二十八宿。现藏故宫博物院。

---

① 《汉书》卷九十九《王莽传》,第4190页。

续表

地域	时间	遗存	图像	描述
甘肃省武威市	新莽	武威磨咀子漆木式盘		62号墓出土，原物置男尸背部，文字面朝上。木胎髹漆，深褐色。天盘圆形，直径5.9~6、边厚0.2、中心厚1厘米。地盘正方形，四角稍圆，宽9厘米，中心有穿孔，与天盘的中心竹轴相联接。天盘可以转动，刻同心圆两圈，中心圈内用竹珠镶出北斗七星，利用盘轴作为第五星，各星之间刻细线相联。第二层隶书阴刻十二月神。
朝鲜平壤南部	新莽或东汉早期	乐浪遗址石岩里M201出土漆木式盘		仅存天盘残片，直径9.4厘米。
	东汉早期	乐浪遗址王盱墓出土漆木式盘		天、地盘均残破不堪。天盘直径13.5、厚0.5厘米，地盘边长20.5、厚约0.5厘米。

地域	时间	遗 存	图 像	描 述
不详	东汉	濮瓜农旧藏铜式盘		仅存地盘,边长 14.3、厚 0.6 厘米。藏中国历史博物馆。

据统计,目前出土的古代式盘共有 8 件。除一件铜式盘为六朝晚期之外(现藏上海博物馆),其余七件均为汉代遗物。由于式盘中附带的信息量比较丰富,因此在学界倍受关注。

王振铎[①]、严敦杰[②]、陈梦家[③]、李约瑟(Joseph Needham)[④]、殷涤非[⑤]、夏德安(Donald J. Harper)[⑥]、鲁惟一(Michael Loewe)[⑦]、山田庆儿[⑧]、库伦(Christopher Cullen)[⑨]、罗福颐[⑩]、连劭名[⑪]、李学勤[⑫]、李零[⑬]等许多中外学者都曾撰文探讨式盘的有关问题。其中,以美国学者夏德安最为重视北斗的作用。夏德安认为式(cosmic board)是一种机械的宇宙模型,其核心概念是北斗。北斗居于天盘中心,按顺时针方向旋转,指示天时所行的宿度。并指出一些未定名器(dipper dial),其天盘所刻北斗,斗柄与斗口几乎成一直线,但柄端指角宿,仍与式盘大体相同,可推测为式盘的前身。[⑭]

式占之法是以"天人感应"作为理论依据,通过天象判断世间阴阳五行的变化,从而对人间诸事的吉凶祸福作出预测。《淮南子·天文训》中称北斗神分雌雄,是为古代阴阳观念的直接体现:

---

① 王振铎:《司南、指南针与罗经盘》,《中国考古学报》第 3 册,1948 年。
② 严敦杰有三篇研究式盘的论文,分别为:《跋六壬式盘》,《文物参考资料》1958 年第 7 期;《关于西汉初期的式盘和占盘》,《考古》1978 年第 5 期;《式盘综述》,《考古学报》1985 年第 4 期。
③ 陈梦家:《汉简年历表叙》,《考古学报》1965 年第 2 期。
④ [英]李约瑟著:《中国科学技术史》,北京:科学出版社,上海:上海古籍出版社,1990 年。
⑤ 殷涤非:《西汉汝阴侯墓出土的占盘和天文仪器》,《考古》1978 年第 5 期。
⑥ Donald J. Harper, "The Han Cosmic Board", Early China, No.4, 1978~1979.
⑦ Michael Loewe, Ways To Paradise: the Chinese Quest For Immortality, SMC Publishing Inc.1994.
⑧ [日]山田庆儿:《九宫八风说と少师派の立场》,《东方学报》第 52 册,1980 年。
⑨ Christopher Cullen, "Some Further Point on SHIH", Early China, No.6, 1980~1981.
⑩ 罗福颐:《汉栻盘小考》,《古文字研究》第 12 辑,北京:中华书局,1985 年。
⑪ 连劭名:《式盘中的四门与八卦》,《文物》1987 年第 9 期。
⑫ 李学勤:《再论帛书十二种》,《湖南考古辑刊》第 4 辑,长沙:岳麓书社,1987 年。
⑬ 李零:《中国方术考(修订本)》,北京:东方出版社,2001 年。
⑭ Donald J.Harper, "The Han Cosmic Board", Early China, No.4, 1978~1979.

北斗之神有雌雄,十一月始建于子,月从一辰,雄左行,雌右行,五月合午谋刑,十一月合子谋德。太阴所居辰为厌日,厌日不可以举百事。堪舆徐行,雄以音知雌,故为奇辰。数从甲子始,子母相求,所合之处为合,十日十二辰,周六十日,凡八合。合于岁前则死亡,合于岁后则无殃。①

雌雄二北斗神代表阴阳二气,以不同的方向绕极旋转。雌雄两神所对的天干地支互相配合,叫作"合",一年有"八合"。合于太阴经过之前辰位时,是凶年,预兆死亡;合于太阴经过之后辰位时,是吉年,就没有灾殃。古代的式盘当是依据这种北斗运转与天干地支二十八宿相合的说法,预测吉凶祸福。

此外,占星家将天上星宿与地上的邦国州郡互相对应,称作分野。某处星象的变化就预示着其对应地方的吉凶。周时当已出现星宿分野之观念,据《国语·周语下》载"岁之所在,则我有周之分野也",韦昭注曰:"岁星在鹑火。鹑火,周分野也,岁星所在,利以伐之也。"②

汉代的官方星占分野观念主要以北斗七星为依据。《史记·天官书》载:"用昏建者杓;杓,自华以西南。夜半建者衡;衡,殷中州河、济之间。平旦建者魁;魁,海岱以东北也。"③斗杓,主华山西南方向的祸福吉凶。夜半时以斗衡所指方位建明四时月份;斗衡,主黄河、济水之间的中原地区的祸福吉凶。黎明时以斗魁所指方位建明四时月份;斗魁,主海、岱东北方向的祸福吉凶。

东汉时,分野观念出现了不同的说法,但仍以北斗为主。《春秋纬》说:"雍州属魁星,冀州属枢星,兖州、青州属机星,徐州、扬州属权星,荆州属衡星,梁州属开星,豫州属摇星"④。又如《月令辑要》卷一引《星经》:"玉衡者斗九星也。"然后述分野:第一星主徐州,第二星主益州,第三星主冀州,第四星主荆州,第五星主兖州,第六星主扬州,第七星主豫州,第八星主幽州,第九星主并州⑤。正好以北斗九星匹配华夏九州。

在古代的星占理论体系中,北斗几与世间万物均有对应(表四),占星家通过北斗各星的明暗变化及北斗的运行情况,结合其他星辰与北斗的位置关系来判断各地诸事的吉凶祸福。

表四 北斗七星星占对照表

七星	占 名	诸事	万物	分野	职 能	官 员
天枢	正星	天	天	秦	主阳德,天子之象	御史大夫
天璇	法星	地	地	楚	主阴刑,女主之位	大司农
天机	公星	人	火	梁	主祸害	少府

---

① (汉)刘安编、刘文典集解:《淮南鸿烈集解》卷三《天文训》,第124、125页。
② 徐元诰撰:《国语集解》,北京:中华书局,2002年,第125页。
③ 《史记》卷二十七《天官书》,第1291页。
④ 其中魁星指天璇,枢星指天枢,机星指天机,权星指天权,衡星指玉衡,开星指开阳,摇星指摇光。
⑤ (清)李光地等辑:《御定月令辑要》卷一《岁令上》,清康熙内府刻本,见《四库提要著录丛书·史部》,北京:北京出版社,2010年,第21页。

七星	占　名	诸事	万物	分野	职　　能	官　员
天权	伐星	时	水	吴	主天理,伐无道	光禄
玉衡	杀星	音	土	赵	主中央,助四旁,杀有罪	鸿胪
开阳	危星	律	木	燕	主天仓五谷	廷尉
摇光	部星(应星)	星	金	齐	主兵	执金吾

注：本表主要参考明代顾起元《客座赘语》中所归纳的有关说法。

四、其他类北斗遗存

除上述讨论的三大类型北斗遗存外,还有许多北斗文化的表现形式,如斗城、带钩等。由于出土数量较少,难以归类。笔者将其共同归为"其他类",在此简要探讨之。

(一)法天而建的斗城

汉长安城在历史上被称为"斗城"。考《三辅黄图·汉长安故城》所记,汉长安城"城南为南斗形,北为北斗形,至今人呼汉京城为斗城是也"①。这是汉长安"斗城"称呼的由来。虽说《三辅黄图》一书,始著录于《隋书·经籍志》,相传为六朝人撰写,但有学者考证,汉长安城的营建确有取法天象的筑城理念②,并基于南斗、北斗司掌命籍大权,及其对人们具有庇佑功能,其城墙设计采用了象征南斗、北斗的"斗城"形式(图一),以期获得上天的庇护,达到长治久安的目的③。

当然,汉长安城城墙建得不够规整,很可能是由于修建之初规划不科学所致,而未必是设计者刻意为之。但作为一个新帝国的门面,作为王权正统性的标志,城墙的形状需要一个合理的解释。营建者将这个不完美的设计解释成称法天以建"斗城"是完全有可能的。汉初推崇道家哲学,在汉人的观念中,帝王王权之正统地位及其统治是否顺应天道,与北斗的实时天象有着极其重要的联系,法北斗而建城正是为了体现统治者要依天意而治天下的态度。

(二)北斗形墓群

新都县文物管理所在1987年文物普查时,发现一处汉代墓葬群,由七个封土墓组成,七座土墩当地人总称"七星墩",分别以傅、钟、胡、曾、邓、黄、汪七个姓氏称呼命名④(图二)。

---

① 何清谷校释：《三辅黄图校释》卷一《汉长安故城》,北京：中华书局,2005年,第64页。
② 韩国河：《汉长安城规划思想辨析》,《郑州大学学报(哲学社会科学版)》2001年第5期。
③ 陈喜波、韩光辉：《汉长安"斗城"规划探析》,《考古与文物》2007年第1期。
④ 张德全：《四川汉代天文坟——新都七星墩汉墓群》,见《中国汉画学会第九届年会论文集》,北京：中国社会出版社,2004年,第9、10页。

图一　汉长安城平面图

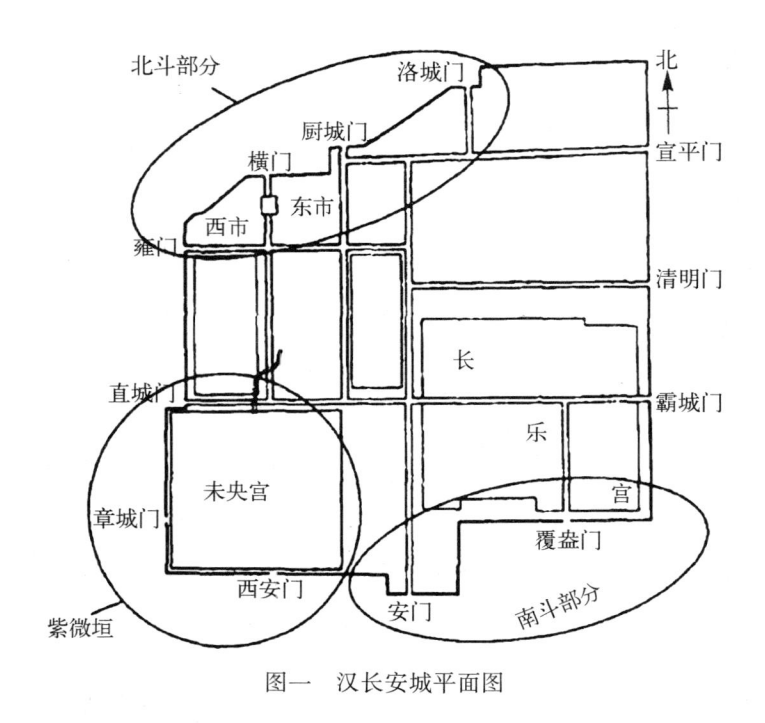

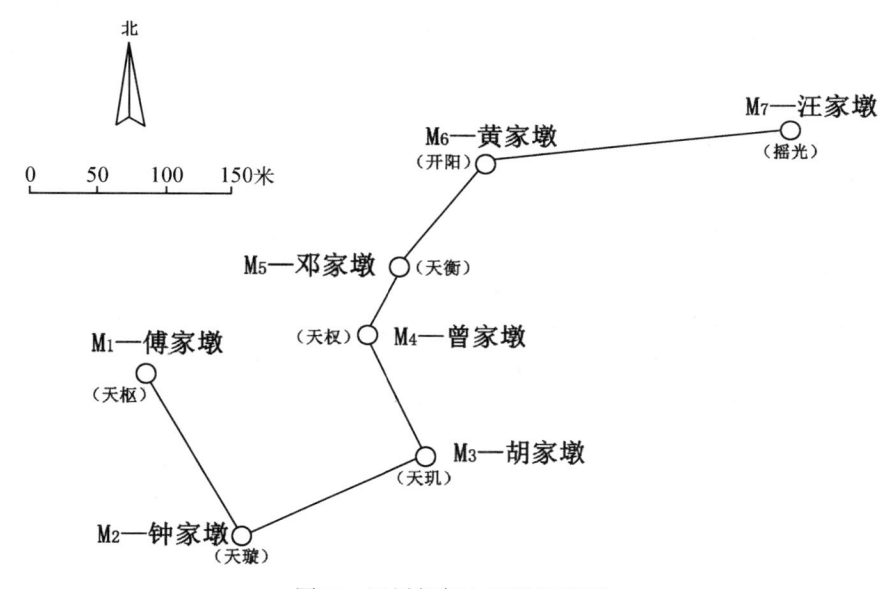

图二　四川新都七星墩汉墓群

此种北斗形分布的墓葬群所表现出来的文化面貌极其特别,很有研究价值。但是目前所见此类墓葬较少,文献中也没有相关的记载,暂时无法开展深入的讨论。笔者姑妄猜测,由于其墓冢较大,这傅、钟、胡、曾、邓、黄、汪"七星墩"所葬之墓主很可能为当时此地区最为显赫的七大家族。因为是七家,正好与天上北斗七星一一对应,遂自称是北斗七星神下凡,以增加其威信,死后也以北斗七星之位排列墓葬,以示各归其位。

(三) 北斗形带钩

1975年,安徽省淮南市博物馆文物保管人员从本市废品回收公司铜库车间拣选而获一罕见的西汉时期北斗七星形铜带钩①(图三)。

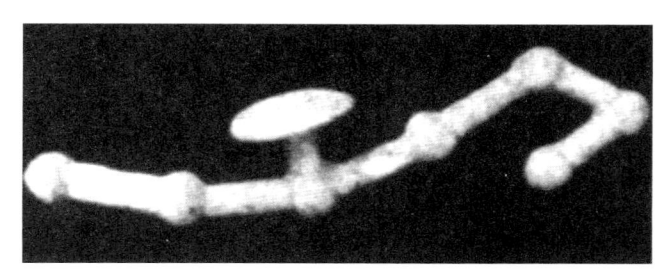

图三 淮南北斗七星形铜带钩

发现于1983年的位于广州市象岗山腹心深处的西汉南越王墓,是岭南地区所发现的规模最大的汉代彩绘石室墓。墓中出土文物一万余件。其中出土于东侧室中的编号E25的北斗七星纹银带钩是南越王墓出土的唯一一件与天文有关的文物②(图四)。

图四 南越王墓北斗七星纹银带钩

另有一件北斗七星造型的汉代铜带钩收藏在酒泉市博物馆。带钩通长15.4厘米,形似七颗星子的乳钮依次排列在带钩上,斗魁四星,斗柄三星,构成天空北斗七星造型,极为精美。

目前所见汉代出土的三件北斗形带钩,均远离汉帝国直辖区域,而在中原地区则未见有斗形饰品。或许,北斗在中国神州范围之内是王室的专属,平民及普通贵族禁止使用。

南越国是秦朝灭亡后,由南海郡尉赵佗于公元前203年起兵兼并桂林郡和象郡后建立。公元前196年和公元前179年,南越国曾先后两次臣属于西汉,成为西汉的"外藩"。因此南越文化遗迹保留了独特的地方性宗教面貌。在南越王墓中出土了金、银、铜、玉等

---

① 徐孝忠:《北斗七星铜带钩与北斗星》,《文物天地》1998年第2期。
② 广州市文物管理委员会等:《西汉南越王墓》上册,北京:文物出版社,1991年,第250页。

各种材质的带钩,题材多样,以神兽居多。此七星纹银带钩钩首呈龙头形,其所表现也应是一神兽。

五、结　　语

对比史料记载和文物遗存可以得知,秦汉时期为北斗信仰全面发展的时期,基本上奠定了后世北斗信仰的主要框架。其文化面貌以王莽为界,可以分为两个阶段。西汉时的北斗信仰主要以立庙祭祀和星占分野为主,功能有分阴阳、建四时、均五行、移节度、定诸纪等。时人常常通过北斗附近的天象变化判断人君的功过夭寿及官员优劣等诸多信息。王莽特别注重对北斗的崇拜,在新朝至东汉出现的大量纬书中赋予了北斗信仰更多的哲学意义和宗教内容,如:主寿、司杀、王权、厌胜、辟兵、星占、分野等。帝王相信北斗是天帝意旨的"指示灯",能够指导君王治理人世。人君只要效法北斗便可顺应天道,天下大治。

汉代猿骑图像研究

苏 奎

成都博物馆

顾名思义,"猿骑"是泛指猿猴骑在其他动物之上的情形。尽管"猿"与"猴"之间有所差异,但是古人在记述和描绘它们时却常常不加以区别。这在考古材料当中也可以得到佐证。有鉴于此,这里所说的"猿"实际上指向"猴"。要知道,猴子是国内常见的动物,在汉代的滇国、西蜀和中原等区域都有生存。它轻灵黠慧、善于攀跃,颇惹人喜爱。其图像被广泛装饰于两汉时期的带钩、玉璧、漆木雕、陶灯和钱树等器物之上。然而,"猿骑"图像却在汉代考古材料当中颇为奇特、少见。于是,它引起了学者们的关注和探讨。

实际上,这一话题是从所谓鄂尔多斯式青铜器中的"猴子骑马青铜饰"引发而来的。最早,在田广金和郭素新所著的《鄂尔多斯式青铜器》中,提到了三件被认为是春秋战国时期的骑马铜饰征集品①。其骑者的形象被后来的一些学者认为是猴子。众所周知,猴子并不生活于北方草原地区。于是,猴子与马的组合关系便成为大家关注的焦点。起初,有三位日本学者考证认为,它是源自印度的"猴避马瘟"观念②。1998年,王迅先生注意到了另外两件相似的骑马铜饰。它们分别是1990年宁夏西吉玉桥村采集到的一件和南西伯利亚米努辛斯克发现的一件。在考证之后,他认为这种铜饰"很可能是受塔加尔文化影响而产生的"③。然而,上述"猴子骑马青铜饰"在年代上存在争议。林沄先生在经过梳理之后发现,迄今所知的此类器物均为征集品,从来没有在墓葬中发现过。尤其,美国赛克勒收藏的一件材质为黄铜,这种材质在唐代以前是不用来制作护身符的。据此,他认为这种垂饰的年代很晚,其确切的年代还有进一步研究的必要④。那么,"猴子骑马青铜饰"的来源等问题需要重新考虑。

无论如何,上述有关猴子与马组合关系的探讨引起了更多学者的关注。最近,有两位学者进一步就汉代的猿骑图像进行了探索。2009年,在美国学者艾玛·邦克女士的启发

---

① 田广金、郭素新著:《鄂尔多斯式青铜器》,北京:文物出版社,1986年,第134~136页。
② [日]石田英一郎:《河童驹引考——比较民族学的研究》(新版),岩波书店,1994年,第220~233页;[日]井本英一:《狷の话、东よ西》,《大法论》第59卷第2号;[日]增田精一:《日本马事文化の源流》,芙蓉书房,1996年。
③ 王迅:《鄂尔多斯猴子骑马青铜饰与〈西游记〉中弼马温的由来》,见《远望集:陕西省考古研究所华诞四十周年纪念文集》,西安:陕西人民美术出版社,1998年,第431~434页。
④ 林沄:《所谓"青铜骑马造像"的考辨》,《考古与文物》2003年第4期。

之下,邢义田先生进一步考察了汉代的陶俑和画像等材料中的"猴与马"组合造型。在结论里,邢先生认为汉代造型艺术中已存在着"马上封侯"母题①。2014年,王子今先生借助汉代画像资料,考证了由晋至宋文献当中记载的"猿骑表演",并认为它在汉代就已经存在。然而,这些研究多少存在混为一谈的情况,即将不同时期、不同地域,甚至不同类型的猴子与马组合关系缠绕在一起。

通过对汉代考古资料的检索,笔者发现猴子所骑的对象并非只有马,而且还有骆驼。如果将猴子骑马类型解释为"马上封侯"的话,那么猴子骑骆驼类型又作何解释?另外,笔者还发现猴子骑在马背上的姿势,不仅有行走的情形(下文称为"走式猿骑"),而且还有端坐的情形(下文称为"坐式猿骑")。如果将"走式猿骑"解释为"猿骑"表演的话,那么"坐式猿骑"又作何解释?实际上,猴子所骑对象不同和猴子骑马不同姿势的背后,不仅存在着年代早晚的差异,而且还蕴藏着来源和内涵的不同。因此,它们都需要单独进行梳理和分析。

为了便于研究的开展,本文主要是从猴子骑马图像入手,然后再考察它与猴子骑骆驼图像之间的关系。

一、坐式猿骑图像

对于猴子正坐在马背上的图像,目前发现有两类考古材料需要进一步确认。

(一)骑马陶俑类

2005年,西安南郊缪家寨杜陵邑西汉晚期以后的厕所遗址出土了一件骑马陶俑。为黄褐色釉陶质,捏塑而成,细部简单刻画。马作昂首状,背上的骑者为圆眼尖腮,面向左侧,长3.9厘米,高4厘米②(图一,1)。原简报将马背上的骑者视为猴子。对此,邢义田先生持肯定态度,并成为他立论的重要依据之一。

然而,这件器物的发现让笔者联想起了西安地区发现的另外两件骑马陶俑。其一,2002年咸阳渭城区周陵镇西汉中期至新莽时期墓葬M64出土一件。它也是釉陶质,长5厘米,高4.6厘米③(图一,2)。其制法和造型与上述杜陵邑那件如出一辙,尤其是手执缰绳的细部。只是,骑在马背上的形象颇似深目高鼻的胡人。其二,1998年陕西省交通学校新莽至东汉初年墓葬M198出土一件。黄色釉陶质,模制而成,长6.3厘米,高5.7厘米。马颈背的鬃毛与上述两件骑马陶俑如出一辙。只是,骑在马背之上的人物是一位侧坐的头戴巾帻的老妇人,身穿宽长袍④(图一,3)。值得注意的是,这两件骑马陶俑的体

---

① 邢义田:《猴与马造型母题:一个草原与中原艺术交流的古代见证》,《"国立"台湾大学美术史研究集刊》(26),2009年,第193~224页。
② 陕西省考古研究所:《西安南郊缪家寨汉代厕所遗址发掘简报》,《考古与文物》2007年第2期。
③ 咸阳市文物考古研究所:《咸阳机杨高速公路周陵段汉唐墓清理简报》,《文博》2003年第2期。
④ 西安市文物保护考古所等编:《长安汉墓》,西安:陕西人民出版社,2004年,第524页。

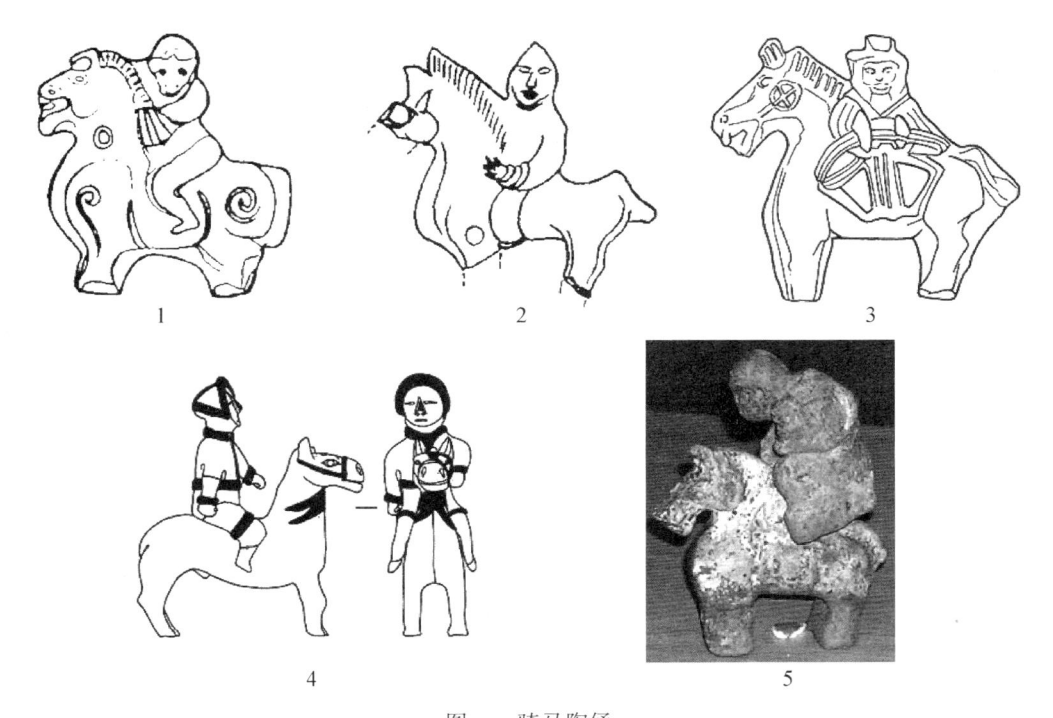

图一 骑马陶俑

1. 西安南郊杜陵邑西汉晚期厕所遗址出土　2. 咸阳渭城区周陵镇西汉中期至新莽时期墓出土
3. 陕西省交通学校西汉中期墓葬出土　4. 咸阳东北塔儿坡战国秦墓出土
5. 河南博物院展出（邢义田先生拍摄）

量都差不多，其长度仅相当于食指长。但是，二者的制作方法却略有差异。其中，前者的体量略小，其制作过程倾向于写意性；后者的体量略大，其人物刻画比较靠近写实性。

相比较而言，西安杜陵邑这件骑马陶俑比咸阳周陵镇那件还要略小一些，其写意性制法毋庸置疑。那么，马背上的骑者形象也就存在模棱两可的情况。也就是说，骑者的形象既有可能是猴子，也有可能是胡人。尤其，西安周围地区汉代以前的墓葬当中确实出土过胡人骑马的陶俑，亦可为证。1995年，咸阳东北的塔儿坡战国秦墓中出土了两件被视为是"我国目前发现最早的"骑马陶俑。二者的形制和大小基本相同，高约22厘米，长约18厘米①（图一，4）。其体量较大，骑者的形象刻画得非常明确。从骑者的面部特征和衣着装饰等情况来看，他确实是北方地区与匈奴有关的游牧民族②。

至于，邢义田先生所提到的另一个重要立论依据，即2004年他在河南博物院参观时所拍摄的一件猴子骑马陶俑③（图一，5）。通过对其所拍摄的照片进行观察，笔者认为它应该是两件不同的南阳出土器物被拼凑在了一起，从而误导了邢先生的判断。另外，日本

---

① 咸阳市文物考古研究所：《塔尔坡秦墓》，西安：三秦出版社，1998年，第125~128页。
② 赵斌：《咸阳塔儿坡战国秦墓出土骑马俑族属考辨》，《考古与文物》2002年第4期。
③ 邢义田：《猴与马造型母题：一个草原与中原艺术交流的古代见证》，"国立"台湾大学美术史研究集刊》（26），2009年，第197、218页。

学者广中智之在 2003 年提到的新疆约特干征集的猴子骑马陶俑和猴子骑骆驼俑①，同样存在形象辨认和年代判定的问题。有鉴于此，本文暂不将其纳入考察范围。

总的说来，即使杜陵邑那件骑马陶俑是猿骑陶俑，也存在孤证难立的问题，无法进行深入探究。

（二）骑马带钩类

2011 年，四川宜宾屏山县桥头沟遗址西汉早期墓葬 M21 出土一件骑马带钩，长 6.2 厘米，宽 3.4 厘米②（图二，1）。同样的带钩于 2014 年江苏宿迁晓店镇三台山汉墓 M19 出土一件，残长 5 厘米③（图二，2）。二者的造型和纹饰完全一致，只是细部略有差异。尽管骑者的形象有点模糊不清，但其鼻部和吻部都比较突出，且两耳都比较大。笔者认为，它应该是猴子的形象。如若无误，此种型式的带钩可称为"猿骑带钩"，属于"异形带钩"一类。

通常，形制独特的带钩应该有着明显的地域性。有意思的是，四川宜宾那件猿骑带钩正好处于汉代猴子生活的几大区域之内。笔者认为，这恐怕不是一种巧合。它很可能表明，此类带钩的来源地应为四川。根据王仁湘先生的研究，"巴蜀带钩并非全由外地输入，也有在本地制作的"④。据此推测，此种猿骑带钩应该是四川本地的杰作之一。那么，江苏出土那件猿骑带钩则应该是由四川流通过去的。希望这一看法将来能够得到更多考古材料的检视。

通过查找资料，笔者发现上述两件猿骑带钩的造型与河北燕下都郎井村 10 号作坊遗址出土的战国晚期骑马带钩非常相似⑤（图二，3）。就马腿的组合数量而言，均表现出前后各一只腿。就骑者的动作姿势而言，均表现为右手执缰绳、左手拍马臀、左腿弯曲上提。由此可以看出，它们的制作匠意如出一辙，属于同一带钩制作传统。只是两者的制作年代存在早晚差异。其背后反映的是它们制作地域的不同。据此，笔者进而认为，前两件猿骑带钩应该是在燕下都骑马带钩的影响之下，于四川本地铸造的。换言之，它们应该是属于大传统之下的两个地域性小传统，甚至可以视为南北两个系统。

需要说明的是，河北燕下都骑马带钩之上的骑者形象较为特别。其大圆头的造型让笔者联想到了另外两件相似的骑马带钩。其一是 1956 年内蒙古集宁市二兰虎沟西汉墓出土的一件，长 5.2 厘米，宽 3 厘米，现藏于中国国家博物馆⑥。其二是在艾玛·邦克女士主编的《赛克勒收藏的欧亚大陆草原地区东部的古代青铜器》一书中提到的一件，长 4.4

---

① ［日］广中智之：《和田约特干出土猴子骑马俑与猴子骑驼俑源流考》，《西域研究》2003 年第 1 期。
② 四川省文物考古研究院编著：《考古宜宾五千年：向家坝库区（四川）出土文物精粹》，北京：文物出版社，2015 年，第 119 页。
③ 王宣波：《三台山森林公园发现"马上封侯"铜带钩一件》，宿迁文化网，2014 年 11 月。
④ 王仁湘：《带钩概论》，《考古学报》1985 年第 3 期。
⑤ 河北省文物研究所编：《燕下都》，北京：文物出版社，1996 年，第 408 页，图二四九，15。
⑥ 中国历史博物馆编：《华夏之路》第二册，北京：朝华出版社，1997 年，第 167 页。

厘米,宽2.9厘米①(图二,4)。此前,艾玛·邦克女士和邢义田先生都曾推测后者可能来自中国或者中原。但是,二者的论说都没有找到直接证据。实际上,河北燕下都骑马带钩的发现,基本上可以证明他们的推测。从骑者形象来说,它们应该是源自河北燕下都骑马带钩的制作传统,即属于北方系统。但是,它们与后者之间又存在较大的差异。就马腿的组合数量而言,前者是将四只腿全部表现出来,而后者仅表现出前后各一只腿。就骑者的动作姿势而言,前者为右手上举执缰绳、左手上举,而后者为右手执缰绳、左手拍马臀、左腿弯曲上提。要知道,细部差异的背后不仅蕴藏着制作年代的不同,而且蕴藏着制作地域的不同。从相对年代来看,它们略晚于燕下都骑马带钩。加之,内蒙古出土那件似乎暗示出了其制作的地域性。据此笔者进一步认为,它们应该是在燕下都骑马带钩的影响之下,于北方草原地区进行仿制的。其制作年代应该略晚,但不晚于西汉中期。

图二 骑马带钩
1. 四川宜宾桥头沟西汉早期墓葬出土 2. 江苏宿迁三台山汉墓出土
3. 河北燕下都郎井村10号作坊遗址出土 4. 美国赛克勒博物馆收藏

总起来看,坐式猿骑图像是存在的。它主要见于带钩之上,其年代可以早到西汉早期。陶俑当中也有存在的可能,只是年代略晚一些。目前,尚无法根据现有资料弄清二者之间是否存在联系。此外,囿于猿骑带钩所属墓葬资料尚未正式发表,其相关研究如使用者身份、文化内涵等,也就暂时无法开展。

---

① Emma Bunker, *Ancient Bronzes of the Eastern Eurasian Steppes from the Arthur M. Sackler Collections*, New York, 1997, p.298, No.277.

二、走式猿骑图像

对于猴子行走在马背上的图像,目前仅在河南新密东汉画像砖上有发现①(图三),现藏于新密市博物馆。该砖的左侧有一人骑马反身射虎(虎出现在相邻的另一块砖上),右侧有一只猴子行走在马背之上。最早,邢义田先生注意到了它,将其视为"马上封侯"和"射猴射爵"结合在一起表达类似寓意的例子。后来,王子今先生根据猴子行走在马背上的动作姿势,将其与东晋陆翙所撰《邺中记》的相关记载联系起来。《邺中记》载:"又衣伎儿,作猕猴之形走马上,或在胁,或在马头,或在马尾,马走如故,名为'猿骑'。"②在这里,表演马戏的伎儿像猴子一样,平稳地行走在前行的马背上。此情形的相似记录在文献当中一直延续到了宋代。笔者认为,"作猕猴之形"一语就道出了这是人在模仿"猿骑"。但是,如果以此来逆推新密画像砖上的猿骑图像为"猿骑"马戏的话,则无法成立。这可以从下文的考察中见到。

图三 河南新密出土东汉画像砖

通过检索考古资料,笔者发现这种猿骑图像实际上在西汉中期的错金银车饰上已经出现。这是以往学者们所没有注意到的。在目前能够见到的西汉错金银车饰当中,有三件器物的第三层图像存在猴子行走在骆驼背上的形象。它们分别是:1999年前后,河南永城黄土山二号墓出土的一件车饰(编号为 M2:560)③(图四);1927年以前,朝鲜平安南道大同江畔墓葬出土的一件车饰,现藏于日本东京艺术大学博物馆④(图五);英国伦敦埃斯肯纳齐古董行收藏的一件车饰⑤,曾在日本美秀美术馆展出过(图六)。

---

① 《中国画像砖全集》编辑委员会编:《中国画像砖全集·河南画像砖》,成都:四川美术出版社,2006年,图版第64。
② 见《丛书集成初编》,北京:商务印书馆,1937年,第3804册,第4、5页。
③ 河南省文物考古研究所等编著:《永城黄土山与酂城汉墓》,郑州:大象出版社,2010年,第56、57页。
④ 东京艺术大学编:《东京艺术大学所藏名品展》第5册,东京:东京艺术大学,1978年,第316页。
⑤ 李学勤、艾兰编著:《欧洲所藏中国青铜器遗珠》,北京:文物出版社,1995年,第374页。

美术与宗教

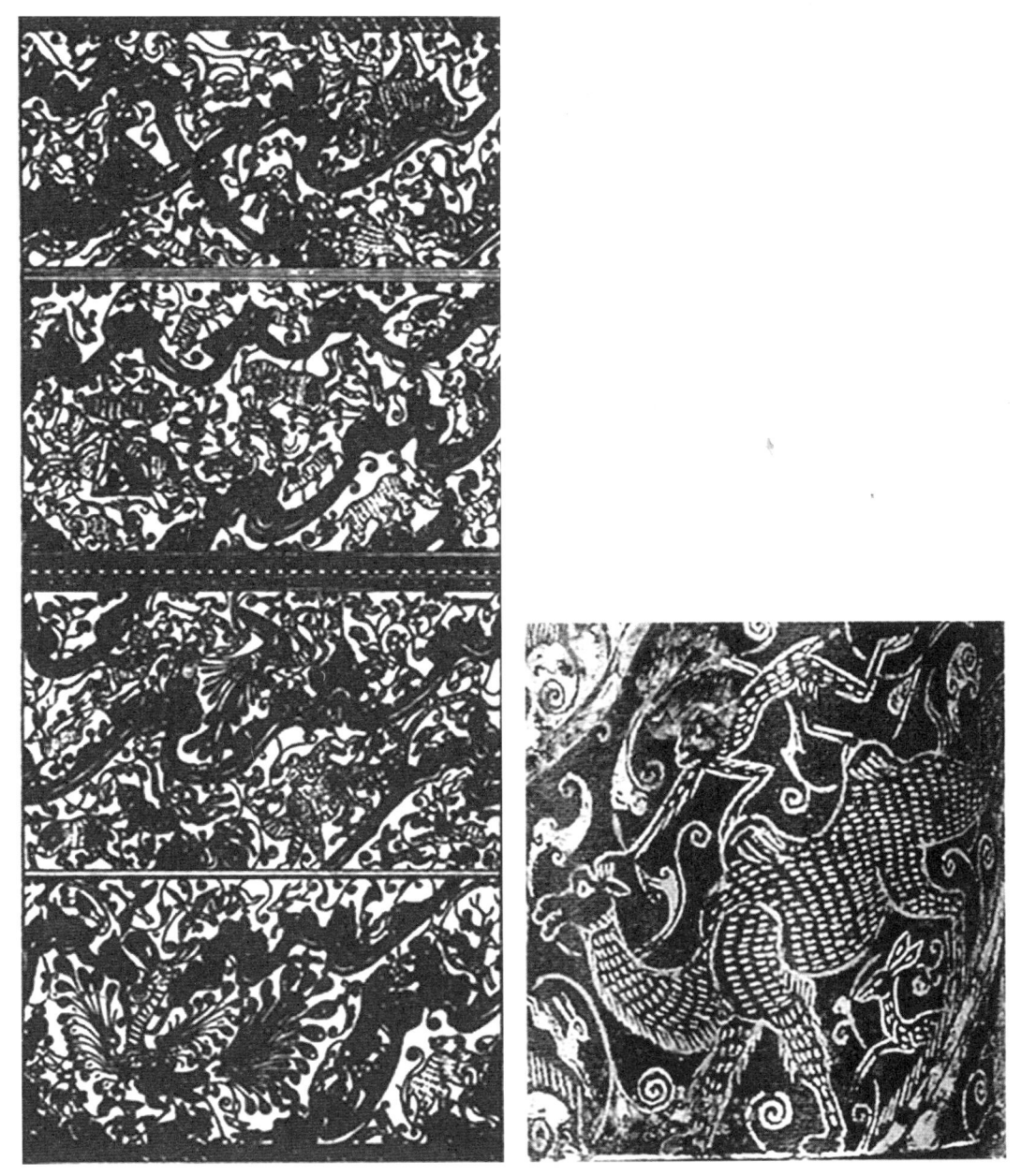

图四 河南永城黄土山二号汉墓出土车饰图像及第三层的猿骑骆驼图像

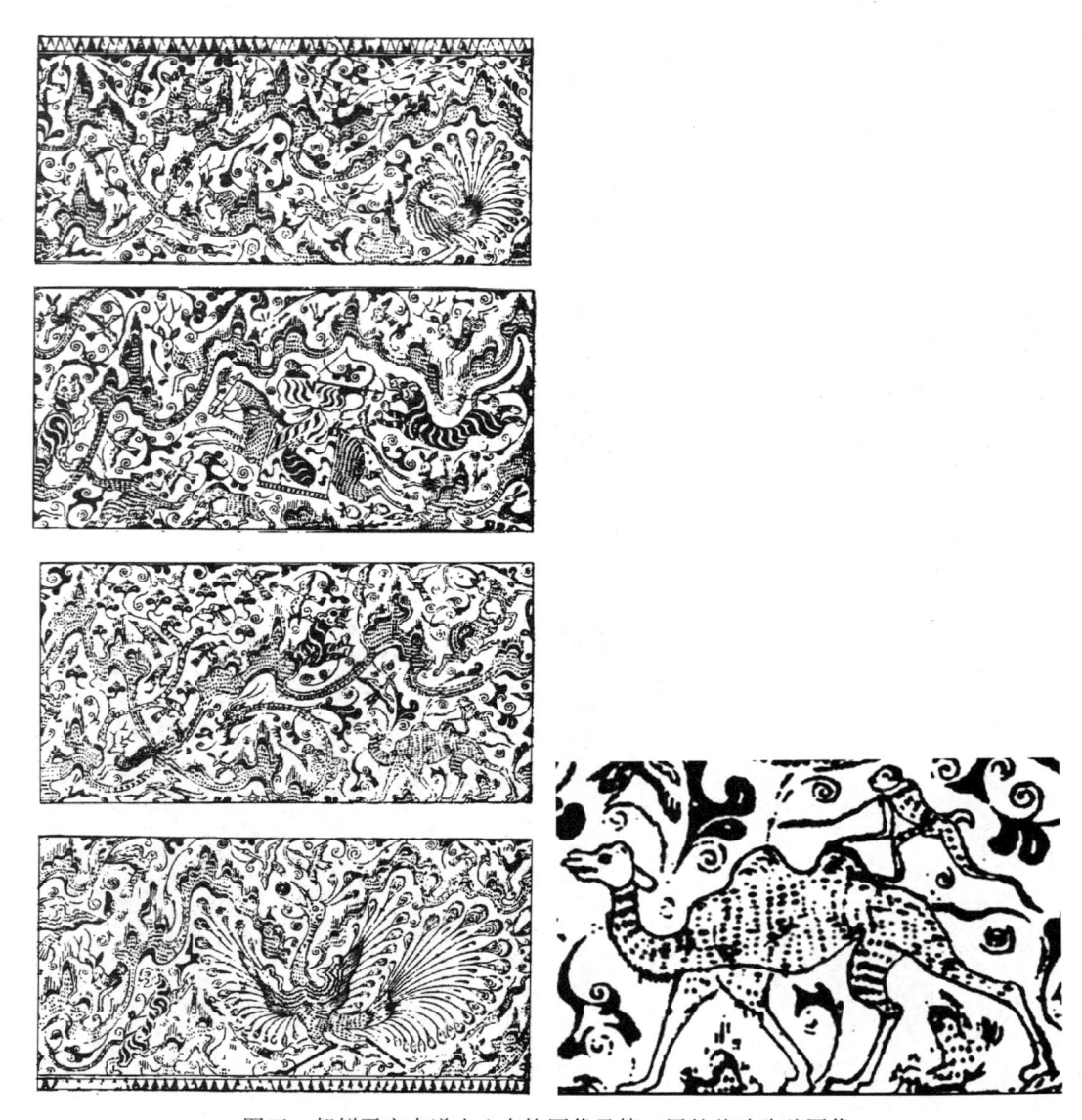

图五　朝鲜平安南道出土车饰图像及第三层的猿骑骆驼图像

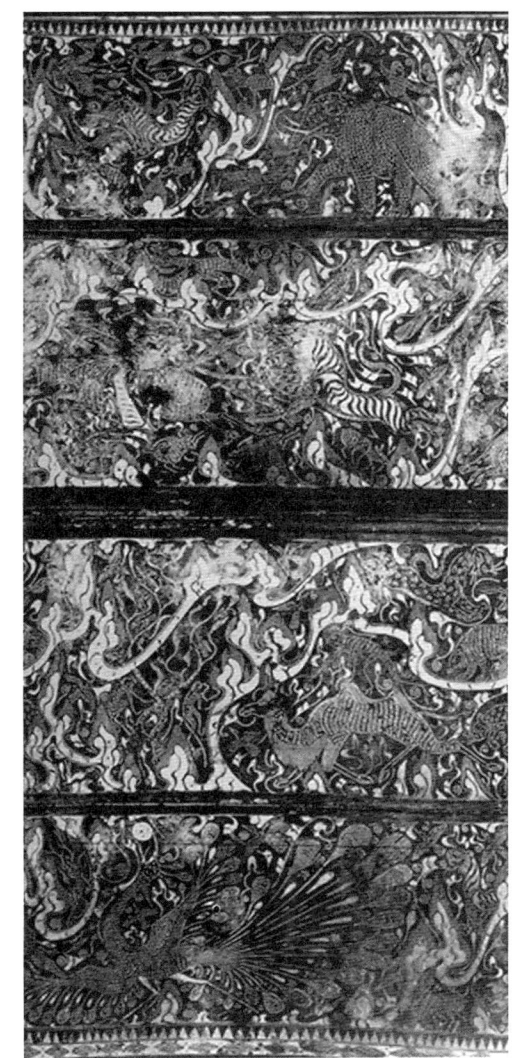

图六　英国伦敦埃斯肯纳齐古董行收藏车饰图像及第三层的猿骑骆驼图像

这些车饰都是伞柄铜箍,是墓主人生前使用过的日常生活用器上的装饰部件。长短基本一致(长 26 厘米左右),只是直径大小略异。其图像内容、风格特征和错金银制法都如出一辙。河南永城黄土山二号墓主人为西汉中期梁国某代梁王后。与之风格相似的错金银车饰,还有 1965 年河北定县三盘山 122 号墓出土的一件①(图七)。其墓主人为西汉中期中山国靖王刘胜后代某位中山王,是康王昆侈的可能性最大②。根据这两件有明确

---

① 史树青:《我国古代的金错工艺》,《文物》1973 年第 6 期;河北省文物研究所编著:《河北考古重要发现:1949~2009》,北京:科学出版社,2009 年,第 162~165 页。
② 巫鸿:《三盘山出土车饰与西汉美术中的"祥瑞"图像》,见《礼仪中的美术》,北京:生活·读书·新知三联书店,2005 年,第 144~146 页。

出土背景的车饰，笔者初步认为：一、它们应出自同一工匠之手，或根据同一粉本创作而成。则朝鲜和英国的两件也应如此，且都应源自河南、河北等地。二、它们的年代基本接近，大致在西汉中期，即公元前100年前后。三、其制作者并非一般工匠，而是梁国或者中山国王室的御用工匠。并且，他们都有很高的绘画修养和造诣。

图七　河北定县三盘山出土车饰图像及第三层的人骑骆驼图像

在明确了这些车饰的来源之后，我们再来看图像内容。它们都是以山峦、树林和云气为背景，配以人物、动物、狩猎等图像。整个画面繁复精美、错落有致。此前，刘敦愿先生从绘画角度对其中的河北三盘山车饰作了详细、准确的解读，并称赞其为"西汉动物画中的杰作"①。这为其他车饰图像的认识提供了重要参考。

基本上可以说,每件车饰都是一组典型的山林野趣与娱猎祥瑞组合图像。它们既有人与动物的关系,也有动物之间的关系。并且,在这两种情况之中,既有紧张的矛盾关系(比如骑马射虎狩猎图和虎牛搏斗图),也有和谐的共处关系(比如骑象图和猿骑图)。当然,各层都有一个突出的主题,它们分别是:第一层主要表现骑象图,第二层主要表现骑马射虎狩猎图,第三层主要表现猴子走在骆驼背上图,第四层主要表现朱雀含珠图。其中,第三层的猴子行走在骆驼背上的形象即为猿骑图。只是,各车饰上的猿骑姿态略有差异。就骆驼而言,或下山,或前行;或缓行,或快跑。就猴子而言,或在前背,或在腰背,或在尾背。其具体组合情况可以从插图中见到。有意思的是,河北三盘山车饰第三层骑在骆驼背上的是人,而不是猴子。笔者认为,它们应该是同一母题在不同器物之间的嬗变。这种情况在朝鲜那件车饰上也可以见到。其第一层的较大图像为朱雀图,而其他几件车饰同一位置为骑象图。这些都证明,制作具有一定的灵活性。工匠既参考粉本,又不完全遵循粉本。就猿骑图像而言,它只是整个车饰图像系统的有机组成部分。不同的姿态则是工匠独具匠心和绘画造诣的体现。

尽管这些车饰图像用错金银的形式来表现,但是其图像纹饰内容、表现技法和风格特征等方面,却与同时期王室贵族日常生活中的漆器锥画有较多相似之处。这就表明,西汉中期社会上层日常生活中曾流行山林野趣与娱猎祥瑞组合图像装饰系统。那么,上述错金银车饰图像与同时期的漆画和漆器锥画,以及墓葬中的壁画、棺画和帛画等绘画表现形式同样重要,应为汉代绘画艺术的珍稀之物。因此,它们对于汉代艺术史的研究具有相当重要的意义。本文对汉代猿骑图像的研究,也是在系统研究这批错金银车饰过程中所考察的一个小母题。

"事不孤起,必有其邻",此画像砖上猿骑图像旁边的骑马反身射虎狩猎图像也见于上述车饰图像的第二层(图八,1)。此外,类似的情形还见于河南南阳及周围一带的西汉晚期至东汉初年的画像砖上。其中,骑马反身射虎狩猎图像(图八,2)、动物追逐图像(图九)和虎牛搏斗图像(图一〇)等母题②,均取材于上述车饰图像的各部分。可以说,它们都是同一母题在不同材料之间的传递。这与郑岩先生在墓葬壁画起源研究中注意到的现象相类似。郑岩先生认为:"相近的图像在不同材料之间的传递,以及由此导致的新形式的产生,是中国考古学和美术史上值得进一步注意的问题。"③回过头来我们再看,这些山林野趣图像由生活装饰向墓葬装饰的转化,笔者认为是事死如生观念影响的结果。甚至,部分母题通过了拆分与重组而产生了新的图像模式,比如在虎牛搏斗、骑马反身射虎等图像中植入双龙穿璧图像而产生的新的组合图像④。当然,其文化内涵就有发生变化的可能。

---

① 刘敦愿:《西汉动物画中的杰作——定县出土金错狩猎纹铜车饰画象》,《美术研究》1984年第2期。
② 《中国画像砖全集》编辑委员会编:《中国画像砖全集·河南画像砖》,图版第25、50、51、69、81、116。
③ 郑岩:《关于墓葬壁画起源问题的思考——以河南永城柿园汉墓为中心》,《故宫博物院院刊》2005年第3期。
④ 《中国画像砖全集》编辑委员会编:《中国画像砖全集·河南画像砖》,图版第117、120。

图八 骑马反身射虎狩猎图像比较
1. 西汉车饰第二层的骑马反身射虎狩猎图像（以河北定县三盘山出土车饰为例）
2. 河南画像砖上的骑马反身射虎狩猎图像

  根据上述几种风格特征的相似性，笔者认为新密画像砖上的猴子行走在马背上的图像，应源于西汉车饰上的猴子行走在骆驼背上的母题。只是，这些画像砖出自河南民间具有一定绘画功底的工匠之手。其制作的精美程度、匠意把握以及题材规模，均明显逊于西汉中期的车饰图像。那么，在西汉晚期至东汉初年，猿骑载体由骆驼变为马，也是可以理解的。然而，其整体文化内涵并未随载体的变化而变化。值得注意的是，这种自上而下的图像传播现象，在汉代美术考古研究中并不少见。不过，其整体文化内涵并未随局部表现形式的变化而变化。可以说，这种情形应该算是变化惯例之外的特例，尤其需要谨慎对待。

  众所周知，骆驼来自我国西部，甚至更遥远的西方（中亚一带），被誉为"沙漠之舟"。它在我国内地的出现，通常被视为"奇畜"（《史记·匈奴列传》），是中西文化交流的见证[①]。

[①] 齐东方：《丝绸之路的象征符号——骆驼》，《故宫博物院院刊》2004年第6期。

图九 动物追逐图像的比较
1. 河南画像砖上的动物追逐图像　2. 朝鲜平安南道出土车饰上的动物追逐图像
3. 河南永城黄土山二号墓出土车饰上的动物追逐图像

图一〇 虎牛搏斗图像的比较
1. 河南画像砖上的虎牛搏斗图像　2. 河北三盘山车饰图像第四层的虎牛搏斗图像

尤其在西汉时期,骆驼及其图像成为统治阶层的珍爱之物,并且得到考古材料的证实。其中,陕西咸阳西汉昭帝平陵二号丛葬坑中出土了大量双峰骆驼的骨骼①,三号丛葬坑出土了四件双峰骆驼驾车的木质模型②。另外,河北满城二号汉墓出土了双峰骆驼图像铜熏炉③、江苏大云山江都王陵汉墓出土了双峰骆驼器座④、安徽阜阳双古堆汝阴侯墓出土了鎏金骆驼纹铜牌⑤和山东临淄西汉初年齐王墓出土了骆驼纹鎏金节约⑥。由此看来,骆驼图像出现在西汉中期梁国和中山国王室日常生活用车上,也在情理之中。

猴子骑骆驼图像最早出现在错金银车饰上,应与诸侯国王室工匠对骆驼和猴子的细致观察有关。匠师们在迎合主人喜好的基础上,创作时进行了想象的升华。他们将温顺执拗的骆驼与聪明灵巧的猴子结合在一起,是动物之间和谐共处的再现,可以说是巧夺天工。这就是艺术源于生活,而高于生活的体现。在文献当中,猴子骑骆驼图像并没有相应的记载。如果不是上述车饰的发现,恐怕新密画像砖上的猴子骑马图像很难得到正确的解释。

文献资料表明,东晋《邺中记》记载的猿骑马戏是社会底层艺人谋生的奇技淫巧。它应该是在汉代马戏基础之上发展的产物。"作猕猴之形"一语非常形象地道出了杂技艺人是在模仿表演。如果它与上述画像砖上的猿骑图像确实有联系的话,那么"猿骑"马戏应该也是从西汉山林野趣中的猿骑逐渐演化而来。但是,其意义已由山林野趣转变为了乐舞百戏。这就是艺术对社会生活的反馈,它促进了汉晋社会的文明与进步。

总的说来,"走式猿骑图像"并不神秘。最初,它源自中原的猴子骑骆驼图像,是山林野趣的艺术化再现。显然,它的出现与"猴避马瘟"观念和"马上封侯"寓意等都没有直接联系。即便是"猿骑"马戏表演之说可能与它有一定的联系,但应该也只是"流"的问题了。

三、结　语

综上所述,猴子坐在马背上的猿骑图像年代较早,其源地为四川。猴子走在马背上的猿骑图像年代略晚,其源地为河南。目前并看不出二者有何直接联系,基本可以说,它们应该有着各自的匠意来源和文化内涵。当然,本文对于汉代猿骑图像的研究仍然是初步的,期待方家的指教。

---

① 庞博:《汉昭帝平陵陪葬坑出土大批骆驼骨骼》,《中国文物报》2001年12月7日第1版。
② 袁靖:《动物考古学研究的新发现与新进展》,《考古》2004年第7期。
③ 中国社会科学院考古研究所等编:《满城汉墓发掘报告》,北京:文物出版社,1980年,第256页。
④ 南京博物院等:《江苏盱眙县大云山西汉江都王陵一号墓》,《考古》2013年第10期。
⑤ 安徽省文物工作队等:《阜阳双古堆西汉汝阴侯墓发掘简报》,《文物》1978年第8期。
⑥ 山东省淄博市博物馆:《西汉齐王墓随葬器物坑》,《考古学报》1985年第2期。

汉代"西王母与平台"图像试探

——兼谈汉代的昆仑信仰及相关问题

王 煜

四川大学历史文化学院

在汉代壁画和画像中,西王母坐于一平台状物体上的题材十分常见,并在全国各大墓葬壁画和画像流行的区域内都形成了一种固定组合,显然具有固定和普遍的丧葬意义。论者多认为此种平台为昆仑的表现,笔者总体上认同此说。但目前尚未见有专门就这种题材进行全面梳理和考论的著作,对此类材料和相关问题的认识显然还不够全面和具体。于是,笔者不揣浅薄,欲在系统梳理材料的基础上,提出个人具体的观点,以求正于学界。笔者认为此种平台准确来说应该是昆仑悬圃的表现,悬圃被认为是昆仑的最高一级,是昆仑升天信仰的代表。昆仑悬圃与西王母的结合是西汉晚期以后升仙信仰的重要部分,这时候的升仙与升天在观念上并没有太大的区别。而此类平台图像上又往往结合了昆仑三山和建木神树的观念,反映出在昆仑升天的大基础上吸纳多种升天、升仙观念而形成的一种全国性普遍信仰的历史背景。

一、汉代"西王母与平台"图像

此种图像皆作西王母坐于平台状物体上,而西王母坐下的平台则可分为独一平台、二平台和三平台三类。以下笔者就按时代和地域,分别将三类材料作出初步的梳理。

(一)独一平台

1. 山东、苏北、皖北地区画像石

山东和以徐州为中心的苏北及以淮北为中心的皖北地区是汉画像流行的重要地区之一。目前所见,该地区有纪年的此类画像出现于山东苍山城前村汉桓帝元嘉元年(公元151年)画像石墓[①]墓门左立柱正面。立柱上部的画像中,在一堆山峦状凸起中耸立出一

[①] 山东省博物馆、苍山县文化馆:《山东苍山元嘉元年画象石墓》,《考古》1975年第2期;方鹏钧、张勋燎:《山东苍山元嘉元年画像石题记的时代和有关问题的讨论》,《考古》1980年第3期。

平台，平台的支柱扭曲似草木的茎状，而平台又颇有些像后世佛教中的莲台。平台上侧坐一人，手持一曲状物，平台下有一狐和一人（兽）向平台作跳跃状，该画像下还有二羽人（图一，1）。根据其画像位置和对比下述材料，平台上侧坐之人当为西王母，不过将西王母表现成此种形式及其手中所持物体，颇为罕见。我们已经讨论过，其造型之特别可能附会了其他一些观念和形象[①]，此处不再赘述。

山东嘉祥宋山出土的一方画像石上[②]有此类图像的丰富表现，结合当地其他画像石出土的情况来看，该石应该是一个东汉晚期墓地祠堂的西壁。其上画像分为三层，最上层中央有一蘑菇状的平台，平台上端坐着戴胜的西王母，两侧有羽人持穗状物侍奉。平台两侧是经常伴随西王母出现的玉兔捣药和蟾蜍图像，再两侧有长耳羽人和鸡首人身的羽人等（图二，2）。

山东滕州官桥镇后掌大出土的一方东汉晚期的墓葬画像石[③]上有一幅内容更为丰富的画像。画像最左侧，戴胜有翼的西王母端坐于高脚杯状的平台上。王母左侧有一只凤鸟，其下有一羽人；右侧有捣药玉兔，其下为一有翼天马朝平台飞腾。其右有五（六）龙所拉的云车向此平台行进，驾车者似为蟾蜍，其上有一人乘龙似为导引（图二，1）。

山东沂南汉墓[④]中室八角柱西面，刻画两个有翼神兽向上飞奔，其上有一龟托举着一丛山峰，山峰中耸立出一平台，平台立柱仍然呈弯曲状，其上端坐着有翼、戴花冠的西王母，王母头上有华盖（图一，2）。

苏北徐州铜山出土一方画像石，应该是一个墓地祠堂的西壁[⑤]。画像分为四层，最上

图一　山东地区"西王母与平台"画像（一）
1. 苍山城前村元嘉元年画像石墓墓门左立柱拓片
2. 沂南汉墓中室八角擎天柱西面摹本

---

① 王煜、唐熙阳：《汉代西王母图像与西方女神像之关系及其背景》，《考古与文物》2015年第5期。
② 中国画像石全集编辑委员会：《中国画像石全集2·山东汉画像石》，郑州：河南美术出版社，济南：山东美术出版社，2000年，第89页，图九六。
③ 中国画像石全集编辑委员会：《中国画像石全集2·山东汉画像石》，第168页，图一七六。
④ 南京博物院、山东省文物管理处：《沂南古画像石墓发掘报告》，文化部文物管理局，1956年。
⑤ 中国画像石全集编辑委员会：《中国画像石全集4·江苏、安徽汉画像石》，第72页，图一〇一。

图二 山东地区"西王母与平台"画像(二)
1. 滕州后掌大东汉晚期画像石拓片局部　2. 嘉祥宋山东汉晚期墓地祠堂西壁画像石拓片局部

层的中央为一上下粗中间细的柱状平台,下部可能表现的是簇拥的山峦,平台上端坐有翼的西王母,两侧有骑龙的羽人侍奉,右侧有两只兔举杵捣一个药臼。画像下部的图像为山峦、神兽和车马出行。

安徽萧县圣村画像石墓 M1 前室南壁门楣即后室门楣,前后有一对横幅画像①,其中一面的两侧分别为西王母和东王公端坐于一个"工"形平台上,两侧各有羽人侍奉(图三)。该平台"工"形立柱虽然不高,但下部多有凸起,上部也有与之对应的凸起,这种形象在后述陕北、晋西地区十分常见,应该仍属一类。

2. 河南地区壁画和画像

河南的洛阳、郑州、南阳地区是汉墓壁画和画像出现较早且数量丰富的另一重要地

---

① 周水利:《安徽萧县新出土的汉代画像石》,《文物》2010 年第 6 期。

图三　安徽萧县圣村画像石墓 M1 后室门楣画像

区。加拿大皇家安大略省博物馆所藏的一件出土于洛阳地区的西汉晚期画像砖①上即有此类题材。该画像砖上尚可见施涂的色彩。其上有一上下宽、中间细的平台,左侧弧度较大。平台上刻画西王母凭几端坐,头上的胜十分突出(图四,1)。《山海经·海内北经》云"西王母梯几而戴胜",郭璞注"梯谓冯也"②。可见"梯几",即"凭几",与该画像砖上表现者一致。

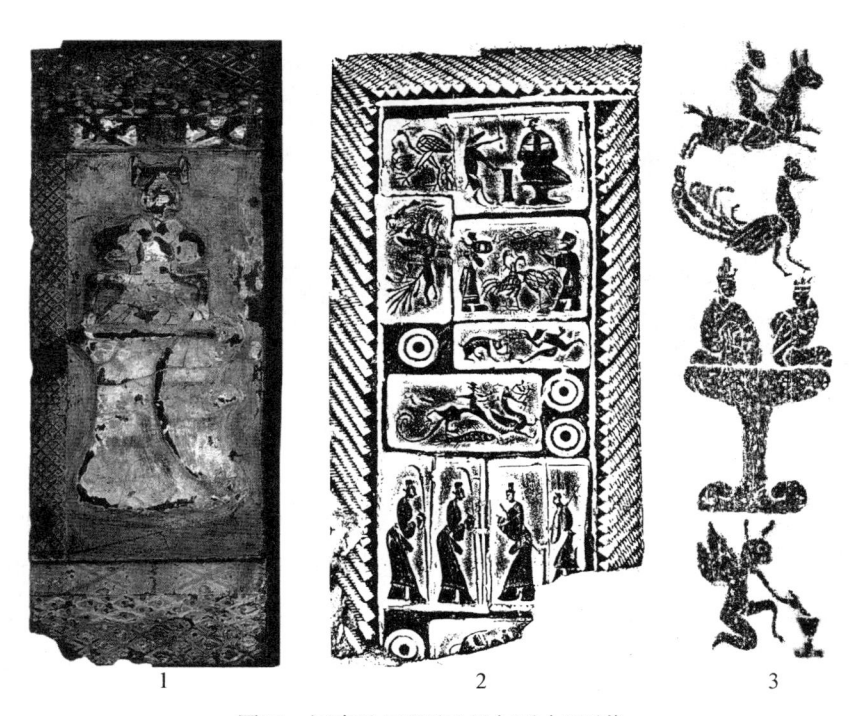

图四　河南地区"西王母与平台"图像
1. 加拿大安大略省博物馆藏彩绘画像砖　2. 郑州出土画像空心砖拓片　3. 南阳宛城区熊营出土画像石拓片

郑州地区出土的一些西汉晚期至东汉早期的画像空心砖上也有同类题材。如一方空心砖上方最高处刻画有一戴胜的西王母端坐于一"工"形平台之上,旁有玉兔捣药,证明

---

① 王绣、霍宏伟:《洛阳两汉彩画》,北京:文物出版社,2015 年,第 50 页,图 1-22。
② "胜"后原有一"杖"字,盖衍文也。见袁珂校注:《山海经校注》,成都:巴蜀书社,1992 年,第 358 页。

了其为西王母的表现。周围尚有一些鹤、九尾狐、斗兽、羽人乘龙的画像①(图四,2)。该画像上的平台虽然很小,看起来似西王母之坐榻,但这可能是受图像高幅的限制,对比上述和下述材料来看,其本来也应该是一突出的高大平台。

南阳宛城区熊营出土的一方东汉画像石中央雕刻着一个高脚杯状的平台,其下有带翼的玉兔捣药,其上有一只凤鸟和羽人骑兽②(图四,3)。整个环境都与上述画像类似,但平台上坐着二人,一人戴三峰冠,一人似戴进贤冠,不似有西王母,而三峰冠往往为东王公所戴。根据学界较为一致的意见,东王公的画像往往模仿自西王母,则该地区似乎应该也存在类似的西王母和平台的画像。

3. 陕北、晋西地区画像石

该地区是汉画像石分布的一个重要地区,也是笔者目前所见此类画像最为丰富,格套化最为明显的地区。因此,此类画像似可以以下几种形式来概括。

(1) 蘑菇状平台

平台似蘑菇状,立柱从一丛山峦状凸起中伸出,长短适中,中间稍有扭曲,平台上侧坐西王母(与之对应的画像或同一平台上也有出现东王公的情况)。山西离石马茂庄汉画像石墓中就有多例此种画像。如二号墓前室东壁左侧中央画像上,头覆华盖、肩生羽翼的西王母就侧坐于这样的平台上,其下有一牛首人身的神怪持戟护卫③(图五,1)。该地出有此种画像的墓葬见有纪年者为东汉灵帝熹平四年④(公元175年)。陕西神木大保当画像石墓⑤中也见有类似的画像,只是这里平台立柱的扭曲部位显得比较臃肿,略异于前者,但立柱的长短适中、扭曲度较小,与之比较接近。陕西榆林米脂的画像石墓⑥中也见有此种画像,平台立柱稍见扭曲处也刻画得比较臃肿,其旁还有一些仙鸟、神兽。

(2) 茎状平台

平台似植物茎状,立柱特长,扭曲颇甚,台面并不明显,且多枝蔓,其上坐西王母(东王公)。如山西离石马茂庄三号墓墓门立柱画像,此种平台上侧坐着西王母(东王公),平台下的山峰状凸起上还立有一鸟,值得注意的是平台上王母(王公)两侧似乎还长有植物⑦(图五,2)。类似的图像在陕西米脂、绥德、清涧、神木的画像石墓中比比皆是,看来是该地区此类画像一种颇为流行的表现形式。

---

① 《中国画像砖全集》编辑委员会:《中国画像砖全集·河南画像砖》,成都:四川美术出版社,2006年,第45、46、47页,图四五、四六。
② 中国画像石全集编辑委员会:《中国画像石全集6·河南汉画像石》,第133页,图一六二。
③ 中国画像石全集编辑委员会:《中国画像石全集5·陕西、山西汉画像石》,第185页,图二一八。
④ 中国画像石全集编辑委员会:《中国画像石全集5·陕西、山西汉画像石》,第201页,图二七二、二七三。
⑤ 陕西省考古研究所、榆林市文物管理委员会办公室:《神木大保当——汉代城址与墓葬考古报告》,北京:科学出版社,2001年。
⑥ 榆林市文物保护研究所、榆林市文物考古勘探工作队:《米脂官庄画像石墓》,北京:文物出版社,2009年。
⑦ 中国画像石全集编辑委员会:《中国画像石全集5·陕西、山西汉画像石》,第192页,图二二八。

图五 陕北、晋西"西王母与独一平台"画像
1. 山西离石马茂庄二号墓出土画像石拓片　2. 离石马茂庄三号墓墓门立柱画像拓片
3. 陕西米脂官庄出土墓门立柱画像石拓片

(3) 规整平台

与前者相似有较长的植物茎状平台,立柱也颇长,扭曲度也较大,但整个平台图像十分规整,平台下山峰状凸起向上尖出,平台上有与之相似的尖状结构向下垂吊,显得颇为对称,而且台面比较宽大,与前者飞扬枝蔓的形象明显不同。如陕西米脂官庄出土的一对墓门立柱画像石上,此种平台上端坐有西王母和东王公,西王母旁有玉兔捣药,东王公旁则有羽人侍奉①(图五,3)。类似的图像在该地出土的画像石中还有较多发现,但目前尚不见于其他地区,可见其流行的地域可能并不广泛。

(4) 树桩状平台

平台类似较高的树桩,立柱从群峰中耸出,总体上不似前述作扭曲状者,虽然其表面也呈波形和带有芽状凸起,但整体为直立状。立柱上平台并不突出,上坐鸡首人身和牛首

---

① 李林、康兰英、赵力光编:《陕北汉代画像石》,西安:陕西人民出版社,1995年,第40页。

人身的神怪，一般认为是西王母和东王公的变体或替代。如陕西米脂官庄二号墓墓门①，左右立柱上均刻画有此种平台，其上分别坐着鸡首人身和牛首人身的西王母和东王公，平台下为一阙状物（图六）。类似的画像在绥德、神木还有发现，不过数量不多。

图六　陕北米脂官庄二号墓墓门画像石

另外，陕西神木大保当画像石墓 M18 墓门横额上，左右两个平台出现于云气之中，鸡首人身和牛首人身的西王母和东王公分别坐于其上，两侧为日、月，中间有一虎形神怪张牙舞爪②。画像上平台略呈杯状，立柱低矮，似乎只是一种坐榻，但对比前述材料也有可能是此类画像在横窄的门楣画像石上的压缩表现。绥德五里店出土的一对墓门立柱画像石上③，西王母和东王公坐下的平台颇为奇怪，没有明显的立柱，而是代之以缠绕的植物藤蔓。不过，这些都是孤例，此类画像中最为常见的还是上述蘑菇状和茎状平台。

4. 四川地区画像砖

该地区也是汉画像分布的重要地区之一，以东汉晚期的画像砖最为丰富，目前笔者只见一例相关材料。彭山出土的一方画像砖④上，西王母端坐于龙虎座上，这是四川画像中西王母的典型表现形式，王母之下为一"T"形平台，其在该砖上占据大半位置。平台左侧有持戈戟的仙人，平台右侧有一人戴冠着衣，手持节杖，应该为四川画像中常见的持节方士（图七）。

---

① 李林、康兰英、赵力光编：《陕北汉代画像石》，第 13 页。
② 陕西省考古研究所、榆林市文物管理委员会办公室：《神木大保当——汉代城址与墓葬考古报告》，第 67 页。
③ 李林、康兰英、赵力光编：《陕北汉代画像石》，第 170 页。
④ 高文、王锦生编：《中国巴蜀汉代画像砖大全》，澳门：国际港澳出版社，2002 年，第 186 页，图一八四。

图七　四川彭山出土画像砖拓片

另外，甘肃酒泉一座十六国时期的壁画墓①中也见有此类题材。该墓顶西坡壁画下缘为一列山峰，群峰中央耸出一个平台，平台的立柱与其下的山峰为一体，平台为云气状，其上端坐西王母，其旁一侍女为王母撑伞盖，平台两侧有三足乌、九尾狐各一只。西王母上方有月，月中有蟾蜍，其上还有倒挂而大张其口的神兽一只（图八）。该墓顶东坡有与之一致的平台，其上为东王公，南、北坡皆无平台，主体图像为一只天马和神鹿，还有飞腾于云中的仙人。我们知道，河西地区魏晋时期的壁画墓往往继承了东汉晚期的题材和风格，可以作为很好的对比材料。该壁画中平台之下明显是一列山峰，而上述此类汉画像中平台下往往也有一排类似的凸起，多作山峰状，可以明确后者也应该是山峰的表现。而且此壁画中平台与山峰显然是一体的，着色也相同，这对我们考察平台的性质具有重要的意义。

图八　甘肃酒泉十六国壁画墓墓顶西坡壁画

---

① 甘肃省文物考古研究所：《酒泉十六国壁画墓》，北京：文物出版社，1989年。

（二）二 平 台

目前所见此类画像只有安徽淮北一例。淮北市电厂出土的一方墓门西侧画像石①上，下部为车马出行等图像，上部在簇拥的群山中耸立一高一矮两个平台，平台的立柱直挺，其上主要的台面较宽。主体平台右侧侧坐一有翼的西王母，平台中间有一棵树，树下有一人拱手向树，似作祈求状。下方平台上为一只九尾狐，这也是判定主体平台右侧之人为西王母的重要依据（图九，1）。

图九　安徽淮北地区"西王母与平台"画像
1. 淮北市电厂出土墓门西侧画像石拓片　2. 淮北市时村塘峡子出土画像石拓片

（三）三 平 台

此类材料在汉代壁画和画像中都有出现，画像材料较多，主要见于山东、苏北、皖北地区和陕北、晋西地区以及四川地区。

1. 陕西定边郝滩汉墓 M1 墓室西壁南部壁画②

该墓葬的时代发掘者推测为新莽至东汉早期。壁画左侧有三个蘑菇状的平台自一丛山峰状物中伸出，中间的平台最为高大，其上坐着戴胜的西王母和两名侍女，王母右侧有一羽人立于云气之上持物侍奉。左侧平台上一羽人持华盖覆遮王母，右侧平台上伏卧一

---

① 高书林编著：《淮北汉画像石》，天津：天津人民美术出版社，2002年，第179页。
② 陕西省考古研究院：《壁上丹青——陕西出土壁画集》，北京：科学出版社，2009年，第76页。

兽,似九尾狐。其右部分是一幅场面壮观的神仙、神兽宴乐图。最上部描绘着一艘云气般的神船,其上端坐四人,上有一帷帐,帷帐前面挂着红色的旗帜,写着"大一坐(?)"三字。其下部分有蟾蜍舞蹈、白象弹琴、斑豹吹奏,正中一条巨龙似正引吭高歌,其下还有编钟和编磬各一部。壁画右上角还有一鱼车,上有车主和车夫各一人,正向平台和西王母赶来。壁画中还点缀着许多梭子状物体,似为鱼类(图一〇)。

图一〇　陕西定边郝滩汉墓 M1 墓室西壁南部壁画

2. 山东、苏北、皖北地区画像石

沂南汉墓中除有前述西王母与独一平台画像外,墓门的西立柱上还另有一种西王母与三平台画像。其上并列的三个平台从底部分化出来,状似斗栱。平台皆作收腰形柱状,中间一个略为突出,其上端坐戴胜、有翼的西王母,两侧平台上各有一玉兔捣药,三平台间有一只白虎。西王母头上是一只刻画得很奇怪的神兽,观其长鼻,应该是象。其上是一个面目狰狞的怪兽。与之相对的东立柱上坐于三平台中央的自然是东王公,这里的东王公虽然有髭表明其性别,却还戴着西王母的标识——胜,两侧也是捣药图像,只是将捣药者换成羽人而已(图一一)。毫无疑问,这里的东王公与三平台的画像完全是东王公的观念出现后仿照对应的西王母画像而制作的。这很好地证明了学界关于东王公画像为东汉中晚期对应和模仿西王母画像而出现的观点。

安徽淮北市时村塘峡子出土的一方画像石①,其下部刻画一棵大树,树左侧有一人,

---

① 高书林编著:《淮北汉画像石》,第181页。

其上图像不清。树右下侧为喂马图像,右上侧有一扭身回首的龙。上部图像为一丛山峦中耸立出的三个平台,中间一个最为高大,平台顶端已覆盖其两侧的两个。两个小平台上分别为一只鸟(或为青鸟)和九尾狐,则主平台正中端坐的人物应该就是西王母,其两侧或为侍从(图九,2)。

3. 陕北、晋西地区画像石

此类画像在该地区极为流行,但画像形式却大同小异。虽然细节上仍有许多不同,但总体基本一致,笔者就以有纪年墓中的画像为例予以介绍。

陕西绥德杨孟元画像石墓中有东汉和帝永元八年(公元96年)的纪年,其墓门两侧的立柱上刻画着几乎完全一致而对称的画像①。其上部有三个蘑菇状平台,下面似有山峦,中间一个最为突出高大,其上坐戴胜的西王母,王母旁为玉兔捣药和仙人侍奉。两侧的平台

图一一　山东沂南汉墓墓门左右立柱画像石拓片

相对很小,一高一矮,高者上有鹿形兽一只,矮者上有一只狐形兽,当为九尾狐。其下为常见的持戈守卫的人物(图一二,1)。值得注意的是,此时由于一般认为东王公画像尚未出现,所以该墓门两侧皆为西王母,这再次提醒我们,即便稍后东王公画像对应出现,其应该完全是此类画像的翻版。此类画像在该墓前室后壁还有同样的表现,在该地较之稍晚的永元十二年(公元100年)王得元墓中也有大致相似的图像②。在陕西绥德、清涧、米脂、靖边、神木的画像石墓中比比皆是,有些上坐鸡首人身和牛首人身的西王母和东王公,有些以仙人六博与西王母相对(图一二,2),但总体形象比较一致,是当时该地区最为流行的墓葬画像题材之一。

4. 四川地区画像

四川地区的画像石棺上其实有不少三平台的画像,而且三个平台明显都是一种山体,但其上往往是仙人六博、弹琴等题材,尚未见西王母。虽然未出现西王母,但此种三平台的意义还是应该与上述材料相类似。四川大学博物馆所藏一块出土于成都的东汉画像

---

① 中国画像石全集编辑委员会:《中国画像石全集5·陕西、山西汉画像石》,第65页,图九〇、九一。
② 中国画像石全集编辑委员会:《中国画像石全集5·陕西、山西汉画像石》,第53页,图七二、七三。

图一二　陕北地区"西王母与三平台"画像
1. 陕西绥德杨孟元墓墓门立柱画像石拓片　2. 陕西绥德出土东汉中晚期画像石拓片

砖①，中间为十分突出的一个似平台山体，上端宽出，其上有西王母端坐于龙虎座上（此种形式为四川地区西王母画像的特点）。中央平台的左下侧有一个小平台，其上坐有二人，右下侧砖体残缺，根据整体造型，其原本也为一个小平台的可能性非常大（图一三）。果真如此，则此砖表现的也是西王母与三平台的题材。

笔者将目前所见汉代的"西王母与平台"图像材料列为一表，以便查考（见附表）。从这些材料中可以总结出以下几点认识：

第一，目前所见汉代的"西王母与平台"图像在几个重要的壁画和画像流行地区都有发现，虽然细节上具有一些地域特征，但总体意匠十分一致，应该是当时一种全国性普遍观念的反映。此类题材最早出现于西汉晚期的墓葬画像砖上，盛行于东汉中晚期，延续至魏晋时期的河西地区。

第二，该类题材又可分为独一平台和三平台两类，这两类的数量极多，流行地域也广泛，目前只见一例为二平台，应当作为特例来看待。就目前所见的材料而言，独一平台者出现较早，在西汉晚期的洛阳、郑州地区已有发现，但材料还比较少，断代也相当宽泛。而陕西发现的新莽至东汉早期的壁画墓中已出现了三平台者，所以，目前尚不敢断言这两类

---

① 《中国画像砖全集》编辑委员会：《中国画像砖全集·四川汉画像砖》，第119页，图一六一。

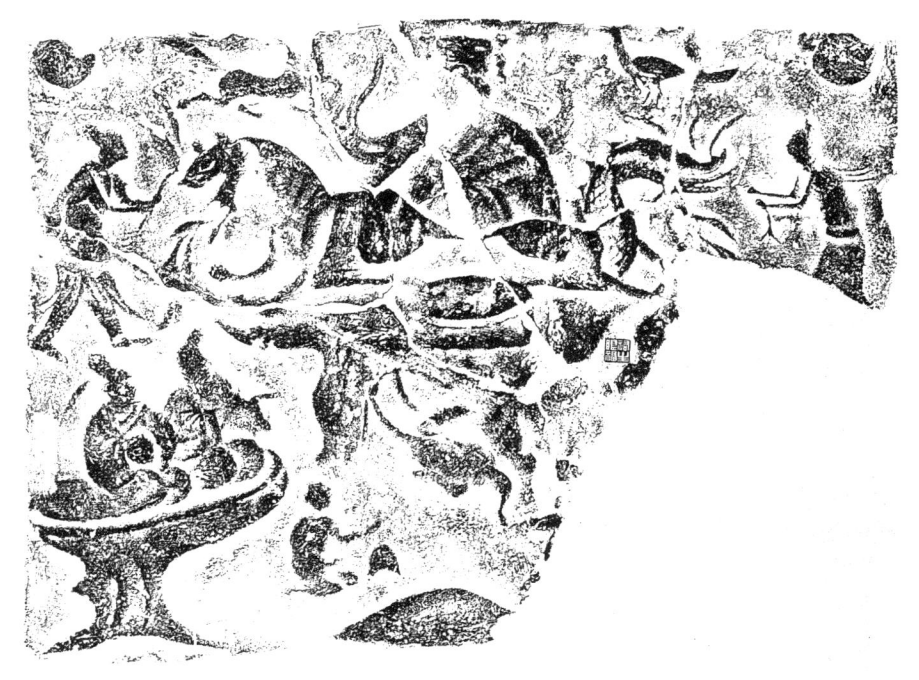

图一三　四川大学博物馆藏"西王母与三平台"画像砖拓片

有明确的时代早晚关系。

第三,该类题材为西王母坐于独一和三平台之上,也见有东王公,但东王公画像显然是东汉中晚期以来对西王母的翻版,时代较早的几例上要么都是西王母,要么就是带有明显西王母特征的东王公。因此,此类平台的性质与意义应仅与西王母密切联系。当然,东王公画像出现以后,是否会将其意义有所附会和扩大,这是另外一回事。其原本的意义显然是与西王母为一体的。

第四,此类题材上的平台往往从一丛山峰状凸起中耸出,在意义明确的例子中,这些凸起毫无疑义为山峰的表现,而且平台与山峰是作为一体的。平台多作蘑菇状或高脚杯状,其中部支柱弯曲,有些类似树木茎状。旁边往往有各种神人神兽,其下则往往有持戈护卫的神人。这是我们理解此类题材性质和意义的重要条件。

二、"西王母与平台"图像的性质与意义

对于汉墓中西王母的性质和意义,虽然具体意见上有一些差异,但其属于当时的神仙信仰这一点是没有异议的,而且应该是当时神仙信仰中最为重要和关键的内容(但并非就等于神仙信仰中的最高神)。对于西王母座下的平台,学界则没有专门的讨论,在涉及西王母画像的论述中,学者们往往根据其与西王母紧密结合的关系,及文献中关于许多仙山"上广下狭"的记载,认为应该是西王母所居的神山昆仑。按照一般的认识,在汉画像流

行的东汉时期,西王母与昆仑信仰已经完全结合在一起了,所以西王母居于昆仑之上是当时的一种普遍观念。笔者认为,这些意见应该是正确的。如上所述,这些平台往往都是从一丛山峰中耸出,而且与山峰一体,说明其也应该为一种山体,昆仑山无疑是最好的解释。不过,联系上述此类画像的特征,似乎可以使讨论更加具体和深入一些。

这里我们先来考察一下汉代人观念中昆仑的形象。关于这一问题,最早记载昆仑的文献如《山海经》、《楚辞》等都没有给我们进行描绘,《山海经》原本有图相配,《楚辞·天问》据说也是"看图说话"①,这或许是它们对昆仑形象不加描述的原因。

《尔雅·释丘》云"三成为昆仑丘",郭璞注"昆仑山三重,故以名云"②。《淮南子·墬形训》云"昆仑之丘,或上倍之,是谓凉风之山……或上倍之,是谓悬圃……或上倍之,乃维上天……是谓太帝之居",又云"悬圃、凉风、樊桐在昆仑阊阖之中"③。《水经注·河水》引《昆仑说》云:"昆仑之山三级,下曰樊桐,一名板桐;二曰玄圃,一名阆风;上曰层(增)城,一名天庭,是为太帝之居。"④《广雅·释山》亦云"昆仑虚有三山,阆风、板桐、元圃",王念孙疏:"悬圃与元圃同,阆风或作凉风,板桐或作樊桐"⑤。《海内十洲记》又云:"……昆仑山三角。其一角正北,干辰之辉,名曰阆风巅;其一角正西,名曰玄圃堂;其一角正东,名曰昆仑宫。"⑥

从上引文献大概可以知道汉晋时期人们心中昆仑的一个概括形象,即昆仑有"三重"、"三级"、"三山"或"三角"。在昆仑有三部分这方面诸书所说尽同,唯《楚辞·天问》云:"增城九重,其高几里?"王逸注"《淮南》言昆仑之山九重"⑦。但查今本《淮南子》并无此种说法,其云"九重"说的是昆仑之上有"增城九重",与《天问》所问一致,并非言昆仑九重。显然是王逸作注时混淆了"昆仑"与昆仑之上的"增城"两个概念,《淮南子》中所言的昆仑已见上引文献,十分明确为三个部分。虽然都说是三个部分,但仔细分辨还是有些不同,"三重"、"三级"大概是一种垂直的三个层次的形象,而"三山"、"三角"则更偏向于是横向的三个山峰。所以,日本学者曾布川宽先生认为昆仑的形象,有由垂直的三重向横向的三峰演变的过程⑧。但应该注意的是,对于人们心目中山峦的形象而言,三重与三峰未必有本质的区别,现实生活中雄伟的大山也需是一重重的山峰逐渐到达最高的顶峰,这里垂直与横向的关系并非是对立的,而是统一的。上引汉晋时期的文献中,《淮南子》的时

---

① 《楚辞·天问》王逸注:"屈原放逐……嗟号昊旻,仰天叹息。见楚有先王之庙及公卿祠堂,图画天地山川神灵,琦玮僪佹,及古贤圣怪物行事……因书其壁,何而问之。"(《楚辞补注》卷三《天问》,北京:中华书局,1983年,第85页)
② (晋)郭璞注,(宋)邢昺疏:《尔雅注疏》卷七《释丘》,见《十三经注疏》阮刻本,上海:上海古籍出版社,1997年,第2616页。
③ (汉)刘安著,(汉)高诱注:《淮南子注》卷四《墬形训》,见《诸子集成》第7册,上海:上海书店,1986年,第56、57页。
④ (北魏)郦道元著,陈桥驿校证:《水经注校证》卷一《河水》,北京:中华书局,2007年,第1页。
⑤ (清)王念孙疏证:《广雅疏证》卷九《释山》,北京:中华书局,1983年,第302、303页。
⑥ (汉)东方朔撰,王根林校点:《海内十洲记》,见《汉魏六朝笔记小说大观》,上海:上海古籍出版社,1999年,第70页。
⑦ (宋)洪兴祖补注:《楚辞补注》卷三《天问》,第92页。
⑧ [日]曾布川宽:《昆仑山と升仙图》,《东方学报》第51册,1979年,第83~185页。

代算是最早者之一,其并未明说昆仑是垂直三重还是横向三峰,只说是逐步而上的三个层次。即便早期智识阶层心目中的昆仑形象应该是垂直的三重,但画师或工匠手下这种三重的图像仍可以用三峰来表现,而且会显得更加容易理解。

至于这三重各自的具体名称,因为上述文献也有不同说法,所以还不敢遽定。《淮南子·墬形训》中大概是以昆仑丘为最开始一级,上一级是凉风,上为悬圃,再上就是天界,不是山体了,可见其以悬圃(玄圃)为昆仑山体的最高处。这与王逸注《天问》时所云"昆仑……其巅曰悬圃,乃上通于天也"①是完全一致的。《水经注·河水》引《昆仑说》中的三级为:樊桐(板桐)、玄圃(阆风)、增城(天庭)。但增城(天庭)显然不能算作山体本身之一级,与其自身所说的"昆仑之山三级"就矛盾了。问题显然出在其把"玄圃"与"阆风"等同起来,共同作为一级。对比《淮南子》,"阆风"应该就是"凉风","玄圃"应该就是"悬圃",在凉风(阆风)之上,这样正合三级之数,而仍以玄圃(悬圃)为最高。《广雅·释丘》中为:阆风、板桐、元圃(悬圃)。虽然其所说的是三山,而非三级,但如果这三山仍有高下,对比上述判断,仍可能以最后者元圃(悬圃)为最高。

悬圃(玄圃)又名"疏圃"。《淮南子·览冥训》中云"过昆仑之疏圃",高诱注"疏圃,在昆仑之上"②。《说文·𠫓部》:"疏,通也。"③《玉篇·𠫓部》:"疏……阔也。"④《说文·囗部》:"圃,种菜曰圃。"⑤《周礼·天官·大宰》"园圃,毓草木",郑玄注"树果蓏曰圃"⑥。《国语·周语中》韦昭注:"圃,大也。"⑦《文选·东都赋》李善注引薛君云:"圃,博也。"⑧可见,悬圃(玄圃)、疏圃即悬于空中的大型园圃,其为昆仑三重中的最高一重,其上即是天庭和天上的"增城九重"。故上引王逸注《天问》时云:"其(昆仑)巅曰悬圃,乃上通于天也。"《楚辞·离骚》王逸亦注:"悬圃,神山,在昆仑之上。《淮南子》曰:昆仑悬圃,维绝,乃通天。"⑨因此,悬圃(玄圃)是昆仑三重中最为重要的一重,甚至可为昆仑信仰的代表,屈原在《天问》中对昆仑发问时直问"昆仑悬圃",即为明证。

而本文所论的"西王母与平台"图像中,其上的平台正可作为平圃,而其弯曲的支柱,正可作为对"悬"的表现。笔者认为,这些平台正是昆仑悬圃的表现,其作为昆仑山体的最高一级和最为重要的部分,本身又是一个大型平圃,正好与西王母相结合,作为神仙信仰的核心内容。此类题材上的独一平台自然为昆仑悬圃,而作三平台者也正好符合昆仑三重、三山的观念。虽然更为准确地说,平台应该是昆仑悬圃的表现,而非整个昆仑,但如前所述,悬圃是昆仑的最好象征,以之象征整个昆仑,并结合昆仑三重、三山的形式,应该

---

① (宋)洪兴祖补注:《楚辞补注》卷三《天问》,第 92 页。
② (汉)刘安著,(汉)高诱注:《淮南子注》卷六《览冥训》,见《诸子集成》第 7 册,第 93 页。
③ (汉)许慎撰,(清)段玉裁注:《说文解字注》,上海:上海古籍出版社,1981 年,第 744 页。
④ (梁)顾野王撰:《玉篇》,北京:中国书店,1983 年,第 529 页。
⑤ (汉)许慎撰,(清)段玉裁注:《说文解字注》,第 278 页。
⑥ (汉)郑玄注,(唐)贾公彦疏:《周礼注疏》卷二《天官冢宰·大宰》,见《十三经注疏》阮刻本,第 647 页。
⑦ 上海师范大学古籍整理组校点:《国语》卷二《周语中》,上海:上海古籍出版社,1978 年,第 70 页。
⑧ (梁)萧统编,(唐)李善注:《文选》卷一《东都赋》,北京:中华书局,1977 年,第 32 页。
⑨ (宋)洪兴祖补注:《楚辞补注》卷一《离骚》,第 26 页。

是合乎情理的。

此类题材表现的应该是西王母和昆仑还可以从平台下方往往出现的持戈神人得到旁证。《山海经·海内北经》云:"西王母梯几而戴胜杖,其南有三青鸟,为西王母取食。在昆仑虚北。有人曰大行伯,把戈。"①笔者认为上述画像平台下方的持戈神人正是护卫西王母和昆仑的大行伯。

三、汉代的昆仑信仰

昆仑在当时人观念中为中国西北方的大山,但其又处于天地中心。《水经·河水》云:"昆仑墟在西北,去嵩高五万里,地之中也。"注引《禹本纪》同②。《河图括地象》亦云:"地中央曰昆仑,昆仑东南,地方五千里,名曰神州。"又云:"地部之位,起形高大者,有昆仑山。……其山中应于天,最居中,八十城市绕之。中国东南隅,居其一分……"③昆仑为大地中心,其上则对应着天的中心——北极、北辰。《周礼·春官·大司乐》郑玄注:"天神则主北辰,地祇则主昆仑。"④《春秋命历序》亦云:"天体始于北极之野,地形起于昆仑之墟。"⑤既然昆仑下处地心,上对天极,则为天地的中轴,为通天之中心天柱。《龙鱼河图》云:"昆仑山,天中柱也。"《河图括地象》云:"昆仑山为天柱,气上通天。昆仑者,地之中也……"又云:"昆仑有铜柱焉,其高入(人)天,所谓天柱也。"⑥《神异经·中荒经》亦云:"昆仑之山有铜柱焉,其高入天,所谓天柱也。"⑦

既然昆仑是通天的中心天柱,在古代的升天信仰中就处于核心的地位,这一点尤其在汉武帝以来特别突出。众所周知,战国以来的升仙信仰中有两个最为重要的内容,一是由燕、齐地区方士所鼓吹的东海仙山——蓬莱、方丈、瀛洲,一个便是以昆仑、西王母等神山、神人为中心的区域⑧。早期求仙活动在燕、齐君主的资助下往往向东海寻求,秦始皇和汉武帝将此种活动推向了最高峰。在东海寻仙屡屡失败的情况下,汉武帝便把更多的目光投向了西方,不断派出使者去寻求传说中的昆仑和西王母。汉武帝向西域遣使当然有当时政治、军事方面的原因,但求仙也是其最重要的内容之一。《史记·大宛列传》中载:"而汉使穷河源,河源出于寘,其山多玉石,采来,天子案古图书,名河所出山曰昆仑云。"⑨此"昆仑"虽只是汉武帝的一厢情愿,但也可从中看出汉使的重要目的。《史记·大宛列传》又载"自博望侯开外国道以尊贵,其后从吏卒皆争上书言外国奇怪利害,求使。……

---

① 袁珂校注:《山海经校注》,成都:巴蜀书社,1992年,第358、359页。
② (北魏)郦道元著,陈桥驿校证:《水经注校证》卷一《河水》,第1页。
③ [日]安居香山、中村璋八辑:《纬书集成》,石家庄:河北人民出版社,1994年,第1089、1095页。
④ (汉)郑玄注,(唐)贾公彦疏:《周礼注疏》卷二十二《春官·大司乐》,见《十三经注疏》阮刻本,第790页。
⑤ [日]安居香山、中村璋八辑:《纬书集成》,第885页。
⑥ [日]安居香山、中村璋八辑:《纬书集成》,第1154、1091、1092页。
⑦ (汉)东方朔撰,王根林校点:《神异经》,见《汉魏六朝笔记小说大观》,第57页。
⑧ 顾颉刚:《昆仑传说和羌戎文化》,见《顾颉刚古史论文集》卷六,北京:中华书局,2011年,第193~447页。
⑨ 《史记》卷一百二十三《大宛列传》,北京:中华书局,1959年,第3173页。

其吏卒亦辄复盛推外国所有,言大者予节,言小者为副,故妄言无行之徒皆争效之"①,而同书《孝武本纪》载方士李少君死后"海上燕齐怪迂之方士多相效,更言神事矣",又载方士栾大"大见数月,佩六印,贵振天下,而海上燕齐之闲,莫不搤捥而自言有禁方,能神仙矣"②。可见这些使者与方士何其相似,只是使者向西而方士向东而已。武帝的西方求仙活动既然有大量的"妄言无行之徒皆争效之",可见其应为当时社会上的一种比较流行的信仰;另一方面,由武帝推向高潮的此种西方求仙活动,必然对整个社会产生重大而深远的影响。关于昆仑、西王母的信仰便逐渐结合在一起,并成为此时最为重要的升仙信仰的内容。

早期神话传说中,关于西王母的神性虽然有多种说法,但长生不死是其中较为重要的一部分。《庄子·大宗师》说西王母"莫知其始,莫知其终"③,《穆天子传》中西王母与周穆王相约"将子无死,尚能复来"④,也暗示出西王母是长生不死的。到了西汉前期就已经明确有了西王母拥有不死之药,能令人升天成仙的内容。如《淮南子·览冥训》中云:"羿请不死之药于西王母,姮娥窃以奔月。"⑤

拥有不死之药、长生不死进而升天成仙这恰恰也是昆仑信仰的核心。《山海经·海内西经》中就说昆仑上有不死树,又有"巫彭、巫抵、巫阳、巫履、巫凡、巫相,夹窫窳之尸,皆操不死之药以距之"⑥。《淮南子·墬形训》中云:"昆仑之丘,或上倍之,是谓凉风之山,登之而不死。或上倍之,是谓悬圃,登之乃灵,能使风雨。或上倍之,乃维上天,登之乃神,是谓太帝之居。"⑦也是先获得不死之身,进而再升天成仙的。

可见,西王母信仰的主体部分实际上与昆仑信仰是一致的,两者又都是关于西方的神话传说,而西王母的居所虽然在早期文献中有多种说法,但其本身就存在着居住于昆仑的说法。《山海经·大荒西经》中云:"西海之南,流沙之滨,赤水之后,黑水之前,有大山,名曰昆仑之丘。……其下有弱水之渊环之,其外有炎火之山,投物辄然。有人,戴胜,虎齿,有豹尾,穴处,名曰西王母。此山万物尽有。"⑧如此,有关昆仑和西王母的信仰势必要结合起来,而汉代人更将升天之门也加入了昆仑和西王母的信仰中。

汉武帝时所作的《郊祀歌》云:"神之斿,过天门,车千乘,敦昆仑。"⑨其中,天门和昆仑似有关系,但未明说天门就在昆仑上。而西汉晚期焦延寿所作的《易林·比》中云:"登昆仑,入天门。"⑩东汉时王充所作之《论衡·道虚篇》亦云:"天之门在西北,升天之人,宜从

---

① 《史记》卷一百二十三《大宛列传》,第 3171 页。
② 《史记》卷十二《孝武本纪》,第 455、463、464 页。
③ (清)郭庆藩集释:《庄子集释》,见《诸子集成》第 3 册,第 113 页。
④ (晋)郭璞注,王根林校点:《穆天子传》卷三,见《汉魏六朝笔记小说大观》,第 14 页。
⑤ (汉)刘安著,(汉)高诱注:《淮南子注》卷六《览冥训》,见《诸子集成》第 7 册,第 98 页。
⑥ 袁珂校注:《山海经校注》,第 352 页。
⑦ (汉)刘安著,(汉)高诱注:《淮南子注》卷四《墬形训》,见《诸子集成》第 7 册,第 57 页。
⑧ 袁珂校注:《山海经校注》,第 466 页。
⑨ 《汉书》卷二十二《礼乐志》,北京:中华书局,1961 年,第 1066 页。
⑩ 徐芹庭注:《焦氏易林新注》卷八《比·姤》,北京:中国书店,2010 年,第 99 页。

昆仑上。"①就十分明确地指出天门在昆仑之上了。

如此，西汉中晚期以来便形成了一个以西方的昆仑、西王母、天门为中心的升仙信仰的体系。该体系中有升天成仙的理论基础，即昆仑在天地最接近之处，又是天地之中心，上对天极太一，为登天最重要的中心天柱；有升天成仙的具体步骤，即先到达昆仑，拜见西王母，取得仙药和仙籍，进入天门而升往天界；又有天界的最高统治者——天皇大帝太一，其下还有一些分管相关工作和能助人升仙的天神（此点笔者有专文论述②，兹不再赘）。而西汉中晚期以后的大量考古材料中亦有对此一信仰体系的表现③，可作明证，本文中所论的"西王母与平台"图像便是其中一例。

四、结论与余论：建木、通天茎台、"升仙"与"升天"

综上所述，"西王母与平台"题材在汉代壁画和画像中十分流行，在汉画像的几大分布区域中都有发现，尤其在山东、苏北、皖北地区和陕北、晋西地区，数量特别丰富，并形成了一些明显的格套，其表现的应该是汉代全国性的神仙信仰中的重要内容。该类画像上的平台多作弯曲状，从一丛山峰中耸出，并与山峰为一体，数量有独一平台，也有三平台，笔者认为应该是对昆仑，尤其是昆仑悬圃的表现，三平台中兼及了对昆仑三重、三山的反映。悬圃为悬于空中的大型平画，其作为昆仑三重中的最高一重，是昆仑信仰的代表，其与西王母的组合成为当时升仙信仰中最为重要和最为关键的内容，甚至以二者为中心，再加上天门与天上之神，形成了一套系统的信仰。有学者认为，昆仑与西王母的结合是在东汉中晚期才出现的④，但从新发现的考古材料来看，在新莽至东汉早期已经有将二者紧密结合在一起的壁画出现了。

东汉中晚期以来，汉画像中与西王母相对应地出现了东王公，从一些材料上可以明显看到，东王公画像的出现最初完全是西王母画像的翻版，"西王母与平台"题材也被模仿用来表现东王公。在这些画像中，东王公坐下的平台显然不再是昆仑悬圃，而应该是东王公所在的仙山（或为东海三神山）的表现，但汉晋时期对于东王公的所在并没有准确的说法，东王公坐下的仙山此时显然仍只能视作是对昆仑悬圃的一种翻版而已。

另外，我们知道，在西汉初期的马王堆一、三号汉墓出土的两幅帛画上，都有墓主人站

---

① （汉）王充：《论衡》，见《诸子集成》第7册，第69页。
② 王煜：《汉代太一信仰的图像考古》，《中国社会科学》2014年第3期；《南阳麒麟岗汉画像石墓天象图及相关问题讨论》，《考古》2014年第10期；《汉代牵牛、织女图像研究》，《考古》2016年第5期；《汉代伏羲、女娲图像研究》，《考古》待刊。
③ 王煜：《四川汉墓出土"西王母与杂技"摇钱树枝叶试探——兼论摇钱树的整体意义》，《考古》2013年第11期；《雅安芦山汉墓出土摇钱树座初步研究——再谈摇钱树的整体意义》，《中国国家博物馆刊》2016年第5期；《昆仑、天门、西王母与天神——汉晋升仙信仰体系的考古学综合研究》，四川大学博士学位论文，2013年。
④ 巫鸿著，柳扬、岑河译：《武梁祠：中国古代画像艺术的思想性》，北京：生活·读书·新知三联书店，2006年，第136页。

立在一个平台状物上的形象,而且这个平台处于整幅帛画中心和天界天门的正下方,其意义显然不可轻视,这是否也是昆仑悬圃的表现呢?昆仑为登天之山,前引《淮南子·墬形训》云"昆仑之丘,或上倍之,是谓凉风之山……或上倍之,是谓悬圃……或上倍之,乃维上天,是谓太帝之居",可见,昆仑悬圃之上即为天帝所居的天界。这与帛画上平台的位置十分符合,如果帛画上的平台果真就是昆仑悬圃的表现,那么,一方面汉代壁画和画像中用平台表现昆仑悬圃的源头便可上推到西汉初期,另一方面,马王堆帛画的整体意义也将得到更进一步的认识。此点笔者也已有所论述①,兹不再赘。

值得注意的是,上述许多"西王母与平台"图像中,都将平台表现为扭曲的植物根茎状,除了表现悬圃之"悬"外,应该也糅合了树茎的意味,即在平台上刻画有树木。《史记·封禅书》载:"(武帝)乃作通天茎台,置祠具其下,将招来仙神人之属。"②可见,汉代人对通天之台的表现,确实就有树茎状的形式。

我们知道,上古神话中对于天地中心往往有两种观念,一种是神山,一种是神树。具体到中国古代神话中这个中心神山就是昆仑,神树就是建木。《淮南子·墬形训》云:"建木在都广,众帝所自上下,日中无景,呼而无响,盖天地之中也。"③但由于战国晚期以来尤其是汉代昆仑信仰的盛行,关于建木的信仰远比不上昆仑,而且从早期神话来看,建木似乎就已经有与昆仑结合的趋势。《山海经·海内西经》云:"有木,其状如牛,引之有皮,若缨、黄蛇。其叶如罗,其实如栾,其木若蓲,其名曰建木。在窫窳西弱水上。"《大荒西经》云:"昆仑之丘……其下有弱水之渊环之。"④弱水是环绕着昆仑的河流,建木如何能长在水上?自然当在昆仑之上。

既然,昆仑和建木都是关于宇宙中心的神话,昆仑是神山,而建木是神树,在昆仑信仰盛行的汉代,早期关于宇宙中心树——建木的信仰可能就与之结合而从属于昆仑。而且,昆仑之上也确实有关于神木的传说。如《山海经·海内西经》云:"昆仑之虚,方八百里,高万仞。上有木禾,长五寻,大五围。"⑤这种巨大的"木禾"也可以被人们表现在或糅合在昆仑的图像中,甚至在图像上与建木等神树相糅合和附会,一同融入昆仑的图像和信仰之中。昆仑悬圃、建木、木禾等元素也可能被人们一起糅合成一种关于通天之台的想象,这或许就是汉武帝所造的"通天茎台"的观念背景。

还需要说明的是,本文中认为"西王母与平台"的图像最终反映了汉代人关于死后升仙的理想,而且使用了"升仙"、"升天"这两个词语,并未将之进行区别。早期研究中有一种意见认为西汉前期还没有死后升仙的观念,理由是此时的文献中不见记载⑥。但东汉时期的文献中同样也不容易找到关于死后升仙的记录,而东汉墓中大量关于升仙愿望

---

① 王煜:《也论马王堆帛画——以闾阖(璧门)、天门、昆仑为中心》,《江汉考古》2015年第3期。
② 《史记》卷二十八《封禅书》,第1400页。
③ (汉)刘安著,(汉)高诱注:《淮南子注》卷四《墬形训》,见《诸子集成》第7册,第57页。
④ 袁珂校注:《山海经校注》,第329、466页。
⑤ 袁珂校注:《山海经校注》,第344、345页。
⑥ 俞伟超:《马王堆一号汉墓帛画内容考》,见《先秦两汉考古学论集》,北京:文物出版社,1985年,第156页。

的表达使我们毫不怀疑此时死后升仙信仰的存在。可以推想,人们当然更多的是期望生前成仙,但具体到个人显然不可能实现,于是自然将这种愿望延伸到死后,并不一定非是两个不同阶段的信仰,生与死在相信灵魂不灭的古人眼中显然是可以延续的,自然可以有同样的追求。而且《史记·孝武本纪》载"李少君病死,天子以为化去不死也",正义引《汉书起居》云"……少君病死,又发棺看,唯衣冠在也"①。《论衡·道虚》云:"世学道之人,无少君之寿,年未至百,与众俱死,愚夫无知之人,尚谓之尸解而去。"②即便汉武帝认为李少君死后的"化去不死",与王充认为的"尸解"可能不是一回事,但至少说明在汉武帝的时代已经有了学仙之人死后还能化去的观念,恐怕还不能轻易否定当时存在死后成仙的想法。

又有意见根据《楚辞·招魂》所描述的天界之恐怖,认为汉代还没有升天思想,有的只是升仙③,将升天与升仙完全对立起来。其实,招魂是在人刚死之时希望招回人的魂魄,在招魂失败后才确认其死亡而开始丧葬程序。所以,《招魂》中恐吓死者不要去天上,显然是由其性质决定的,并非真不可去,如果真按《招魂》所述,岂止是天上,灵魂哪里都不能去,升仙同样讲不通。而且《楚辞》其他篇章中就有大量关于升天游仙的内容,也可以为反证。何况现在已经发现了不少墓葬中的天门材料,有的还自题为"天门"④,性质十分明确。既然刻画如此多的天门,就应该存在升天成仙的愿望。《淮南子·精神训》云:"是故精神天之有也,而骨骸者地之有也。精神入其门,而骨骸反其根。"高诱注:"精神无形,故能入天门。骨骸有形,故反其根,归土也。"⑤说明当时人认为人死后骨骸归土、灵魂升天并不是完全没有可能的。

因此,本文并不刻意区分"升仙"与"升天"两个概念,而认为两者是一体的,升仙大多便要升天(后世所谓"地仙"、"散仙"者毕竟是少数),而升天者即为神仙,可以按照中国人传统的说法称之为"升天成仙"。关于这一问题,笔者有另文讨论⑥,兹不赘述。

---

① 《史记》卷十二《孝武本纪》,第455页。
② (汉)王充撰:《论衡》,见《诸子集成》第7册,第72页。
③ 信立祥:《汉代画像石综合研究》,北京:文物出版社,2000年,第61、62页。
④ 重庆巫山县文物管理所、中国社会科学院考古研究所三峡工作队:《重庆巫山县东汉鎏金铜牌饰的发现与研究》,《考古》1998年第12期;武汉市文物考古研究所、巫山县文物管理所:《重庆巫山土城坡墓地Ⅲ区东汉墓葬发掘报告》,《江汉考古》2008年第1期;重庆市文物考古研究所、武汉市文物考古研究所:《重庆巫山县神女路秦汉墓葬发掘简报》,《江汉考古》2008年第2期;赵殿增、袁曙光:《天门考——兼论四川汉画像砖(石)的组合与主题》,《四川文物》1990年第6期;王煜:《汉墓"天门"画像试探——兼论汉代有无升天观念》,《考古》待刊。
⑤ (汉)刘安著,(汉)高诱注:《淮南子注》卷七《精神训》,《诸子集成》第7册,第99页。
⑥ 王煜:《试论汉墓中的"天仓"——也读汉代有无升天观念》,《四川文物》待刊。

附表　汉代"西王母与平台"壁画和画像一览表

类	出土地点	时代	质地	位置	画像组合	出处
独一平台	山东苍山城前村画像石墓	东汉元嘉元年	画像石	墓门左立柱正面	丛山、西王母、狐、羽人、兽	《考古》1975年第2期
	山东嘉祥宋山	东汉晚期	画像石	墓地祠堂西壁中央	西王母、羽人、穗状物、玉兔捣药、蟾蜍、鸡首人身神人	《中国画像石全集2·山东汉画像石》,第89页
	山东滕州官桥镇后掌大	东汉晚期	画像石	画面最左侧	西王母、凤鸟、羽人、玉兔捣药、有翼天马、乘龙者、龙车出行、墓主？东王公？	《中国画像石全集2·山东汉画像石》,第168页
	山东沂南汉墓	东汉晚期	画像石	中室八角擎天柱西面	山峰、有翼神兽、西王母、华盖、龟	《沂南古画像石墓发掘报告》
	江苏徐州铜山	东汉晚期	画像石	墓地祠堂西壁中央	丛山、西王母、骑龙羽人、玉兔捣药、神兽、车马出行	《中国画像石全集4·江苏、安徽汉画像石》,第72页
	安徽萧县圣村M1	东汉	画像石	后室门楣	方花（柿蒂纹）、六博宴饮	《文物》2010年第6期
	河南洛阳	西汉晚期	彩绘画像砖	不详	不详	《洛阳两汉彩画》,第50页
	河南郑州	西汉晚期至东汉早期	画像空心砖	不详	车马出行、仙人乘龙、建鼓、斗鹤、搏斗、铺首衔环	《中国画像砖全集·河南画像砖》,第45页
	河南郑州	西汉晚期至东汉早期	画像空心砖	不详	鹤、九尾狐、斗鹤、斗兽、璧、仙人乘龙、门吏	《中国画像砖全集·河南画像砖》,第46页
	河南南阳宛城区熊营	东汉	画像石	画面中央	玉兔捣药、凤鸟、羽人骑兽、人物、东王公？	《中国画像石全集6·河南汉画像石》,第133页
	陕西榆林米脂官庄M1	东汉	画像石	墓门左立柱正面	丛山、西王母、华盖、凤鸟、神兽、东王公（右门柱）、门吏、云气	《米脂官庄画像石墓》,第25页
	陕西榆林米脂官庄M1	东汉	画像石	前室北壁左立柱	丛山、西王母、华盖、博山炉与璧？东王公（右立柱）、车马出行、云气	《米脂官庄画像石墓》,第40页
	陕西榆林米脂官庄M2	东汉	画像石	墓门左立柱正面	丛山、西王母、华盖、玉兔捣药、凤鸟、东王公（右立柱）、人物、门吏、云气	《米脂官庄画像石墓》,第46页

续表

类	出土地点	时代	质地	位置	画像组合	出处
独一平台	陕西榆林米脂官庄M2	东汉	画像石	前室东壁左立柱	西王母、羽人、联璧、仙人与鹿、龙、天马、神兽、东王公（右立柱）、牛首、鸡首人身神人、云气	《米脂官庄画像石墓》，第64页
	陕西榆林米脂官庄M2	东汉	画像石	前室西壁左门柱	西王母、羽人、联璧、仙人与鹿、龙、天马、神兽、东王公（右立柱）、牛首、鸡首人身神人、云气	《米脂官庄画像石墓》，第71页
	陕西榆林米脂官庄M2	东汉	画像石	前室北壁左立柱	西王母、华盖、玉兔捣药、天马、凤鸟、博山炉与璧？东王公（右立柱）、云气	《米脂官庄画像石墓》，第81页
	陕西榆林米脂官庄M3	东汉	画像石	墓门左立柱正面	西王母、华盖、伏羲女娲与日月、凤鸟、鹿、羽人、神兽、东王公（右立柱）、车马出行、门吏、云气	《米脂官庄画像石墓》，第95页
	陕西榆林米脂官庄M3	东汉	画像石	前室北壁左立柱	西王母、华盖、伏羲女娲？羽人、日月、神兽、车马出行、云气	《米脂官庄画像石墓》，第103页
	陕西榆林米脂官庄征集	东汉	画像石	左立柱	丛山、西王母、华盖、羽人、神兽、博山炉、凤鸟、东王公（右立柱）、云气	《米脂官庄画像石墓》，第150页
	陕西榆林米脂官庄征集	东汉	画像石	左立柱	丛山、西王母、玉兔捣药、华盖、羽人、神兽、博山炉、凤鸟、东王公（右立柱）、云气	《米脂官庄画像石墓》，第151页
	陕西榆林米脂官庄M8	东汉	画像石	前室北壁左立柱	西王母、华盖、羽人、麒麟、神兽、东王公（右立柱）、云气	《米脂官庄画像石墓》，第182页
	陕西榆林米脂官庄M8	东汉	画像石	墓室壁面右立柱	丛山、西王母、羽人、狐、玉兔捣药、鸡首牛首人身神人、仙人六博（左立柱）、云气	《米脂官庄画像石墓》，第187页
	陕西榆林米脂官庄M8	东汉	画像石	墓室壁画左立柱	丛山、西王母？鹿、狐、虎首人身神人、蟾蜍舞蹈？门吏、云气	《米脂官庄画像石墓》，第190页
	陕西绥德后思家沟	东汉	画像石	墓门左立柱	西王母、凤鸟、独角兽、东王公（右立柱）、车马出行、门吏、云气	《陕北汉代画像石》，第67页
	陕西绥德延家岔	东汉	画像石	前室东壁左立柱	西王母、神兽拉车出行、持戟神龙、羽人、云气	《陕北汉代画像石》，第86页

续表

类	出土地点	时代	质地	位置	画像组合	出处
独 一 平 台	陕西绥德刘家湾	东汉	画像石	墓门左立柱	西王母、凤鸟、独角兽、东王公（右立柱）、车马出行、门吏、云气	《陕北汉代画像石》，第90页
	陕西绥德	东汉	画像石	墓门左立柱	丛山、变体西王母、天马、仙人骑鹿、厅堂人物、凤鸟、翼龙、翼虎、门吏、联璧、云气	《陕北汉代画像石》，第103页
	陕西绥德黄家塔	东汉	画像石	墓门左立柱	西王母、华盖、伏羲女娲？羽人、凤鸟、独角兽、东王公（右立柱）、车马出行、门吏、云气	《陕北汉代画像石》，第113页
	陕西绥德黄家塔M2	东汉	画像石	左立柱	西王母、龙、日月、东王公（右立柱）、仙人、有翼神兽、车马出行、云气	《陕北汉代画像石》，第114页
	陕西绥德黄家塔M3	东汉	画像石	左立柱	西王母、华盖、人物、东王公（右立柱）、云气	《陕北汉代画像石》，第115页
	陕西绥德黄家塔M8	东汉	画像石	左立柱	西王母、华盖、玉兔捣药？凤鸟、日月、羽人、东王公（右立柱）、翼龙、虎、车马出行、门吏、云气	《陕北汉代画像石》，第121页
	陕西绥德五里店	东汉	画像石	左立柱	西王母、羽人、东王公（右立柱）、门吏、云气	《陕北汉代画像石》，第170页
	陕西绥德	东汉	画像石	右立柱	东王公？羽人、凤鸟、麒麟？门吏、云气	《陕北汉代画像石》，第185页
	陕西绥德	东汉	画像石	左立柱	山峦、西王母、华盖、凤鸟、羽人、有翼神兽、东王公（右立柱）、牛车	《陕北汉代画像石》，第191页
	陕西清涧贺家沟	东汉	画像石	墓门左立柱	山峦、西王母、华盖、凤鸟、独角兽、东王公（右立柱）、车马出行、门吏、云气	《陕北汉代画像石》，第217页
	陕西吴堡李家塬	东汉	画像石	墓门左立柱	山峦、西王母、华盖、凤鸟、独角兽、东王公（右立柱）、车马出行、门吏、云气	《陕北汉代画像石》，第221页
	陕西神木大保当M18	东汉	画像石	墓门左立柱	变体西王母、东王公、神兽、日月、凤鸟、鹿、羊、翼龙、翼虎、云气	《神木大保当——汉代城址与墓葬考古报告》，第67页
	陕西神木大保当M24	东汉	画像石	墓门左立柱	山峦、西王母、日月、天马、服象、东王公（右立柱、残）、云气	《神木大保当——汉代城址与墓葬考古报告》，第72页

续表

类	出土地点	时代	质地	位置	画像组合	出处
独 一 平 台	陕西神木大保当 M17	东汉	画像石	墓门左立柱	山峦、变体西王母、鹿、神兽、天马、羽人、凤鸟、翼龙、翼虎、变体东王公（右立柱）、联璧、博山炉、门吏	《神木大保当——汉代城址与墓葬考古报告》，第76页
	陕西神木大保当 M9	东汉	画像石	墓门左立柱	丛山、西王母、羽人、神兽、东王公（右立柱）、车马出行、门吏、云气	《神木大保当——汉代城址与墓葬考古报告》，第82页
	陕西神木大保当 M20	东汉	画像石	墓门左立柱	变体西王母、天马、仙人骑鹿、厅堂人物、凤鸟、翼龙、翼虎、变体东王公（右立柱）、博山炉、联璧、门吏	《神木大保当——汉代城址与墓葬考古报告》，第96页
	陕西榆林南梁	东汉	画像石	墓门左立柱	西王母、麒麟、凤鸟、羽人、玉兔捣药、东王公（右立柱）、博山炉？云气	《中国画像石全集 5·陕西、山西汉画像石》，第9页
	陕西榆林古城界	东汉	画像石	墓门左立柱	丛山、西王母、东王公（右立柱）、门吏、神兽、云气	《中国画像石全集 5·陕西、山西汉画像石》，第10页
	陕西榆林古城界	东汉	画像石	墓门左立柱	山峦、西王母、羽人、凤鸟、鹿、翼龙、虎、东王公（右立柱）	《中国画像石全集 5·陕西、山西汉画像石》，第11页
	陕西榆林郑家沟	东汉	画像石	墓门左立柱	西王母、华盖、羽人、东王公（右立柱）、麒麟、凤鸟、门吏、云气	《中国画像石全集 5·陕西、山西汉画像石》，第19页
	陕西绥德	东汉	画像石	墓门左右立柱	人物、胡人？神兽、龙、凤鸟、独角兽、云气	《中国画像石全集 5·陕西、山西汉画像石》，第98页
	陕西清涧贺家沟	东汉	画像石	墓门右立柱	山峦、西王母、植物？羽人、神兽、鹿、云气	《中国画像石全集 5·陕西、山西汉画像石》，第153页
	陕西吴堡	东汉	画像石	墓门左立柱	西王母？华盖、凤鸟、东王公（右立柱）、门吏、云气	《中国画像石全集 5·陕西、山西汉画像石》，第156页
	山西离石马茂庄 M2	东汉晚期	画像石	前室南壁左侧	丛山、西王母、东王公、华盖、乘神兽飞升、云气	《中国画像石全集 5·陕西、山西汉画像石》，第182页

续表

类	出土地点	时代	质地	位置	画像组合	出处
独一平台	山西离石马茂庄M2	东汉晚期	画像石	前室南壁右侧	丛山、西王母、东王公、华盖、乘神兽飞升、云气	《中国画像石全集5·陕西、山西汉画像石》,第183页
	山西离石马茂庄M2	东汉晚期	画像石	前室东壁右侧	丛山、西王母(东王公?)、华盖、鸡首人身神人、云气	《中国画像石全集5·陕西、山西汉画像石》,第184页
	山西离石马茂庄M2	东汉晚期	画像石	前室东壁左侧	丛山、西王母、华盖、牛首人身神人、云气	《中国画像石全集5·陕西、山西汉画像石》,第185页
	山西离石马茂庄M3	东汉晚期	画像石	墓门左立柱	丛山、西王母、植物、华盖、青鸟?东王公(右立柱)、门吏	《中国画像石全集5·陕西、山西汉画像石》,第192页
	山西离石马茂庄牛公产墓	东汉熹平四年	画像石	墓门左立柱	西王母、华盖、东王公(右立柱)、门吏	《中国画像石全集5·陕西、山西汉画像石》,第201页
	山西离石马茂庄M44	东汉晚期	画像石	前室南壁右侧	山峦、植物、仙人六博、华盖、骑马出行、云气	《中国画像石全集5·陕西、山西汉画像石》,第206页
	山西离石马茂庄	东汉晚期	画像石	墓门左右立柱	山峦、西王母、东王公、华盖、羽人、门吏	《中国画像石全集5·陕西、山西汉画像石》,第218页
	山西离石马茂庄	东汉晚期	画像石	墓门右立柱	山峰、东王公、华盖、植物、羽人、凤鸟?	《中国画像石全集5·陕西、山西汉画像石》,第219页
	陕西离石石盘	东汉晚期	画像石	墓门左立柱	西王母?植物、东王公(右立柱)、门吏	《中国画像石全集5·陕西、山西汉画像石》,第224页

续表

类	出土地点	时代	质地	位置	画像组合	出处
独一平台	四川彭山梅花村崖墓 M496	东汉晚期	画像石棺	石棺后挡	山峰、麒麟？天门、三平台型昆仑、仙人六博、伯牙弹琴、车马出行	《汉代画像石棺》，第51页
	四川彭山	东汉晚期	画像砖	不详	西王母、龙虎座、持戟羽人、持节方士	《中国巴蜀汉代画像砖大全》，第186页
二平台	安徽淮北电厂	东汉	画像石	墓门西侧	群峰、西王母、神树、人物、九尾狐、车马出行	《淮北汉画像石》，第179页
三平台	山东沂南汉墓	东汉晚期	画像石	墓门东立柱	西王母、羽人捣药、龙、伏羲女娲？太一？	《沂南古画像石墓发掘报告》
	山东沂南汉墓	东汉晚期	画像石	墓门西立柱	西王母、玉兔捣药、龙、象、神怪	《沂南古画像石墓发掘报告》
	安徽淮北市时村塘峡子	东汉	画像石	墓门左侧	群峰、西王母、侍者、九尾狐、三足乌？龙、神树、喂马、神怪	《淮北汉画像石》，第181页
	陕西定边郝滩汉墓 M1	新莽至东汉早期	壁画	墓室西壁南部	丛山、西王母、华盖、侍女、羽人、神船、旌旗、太一座？鱼车、白象弹琴、斑豹吹箫、蟾蜍舞蹈、巨龙高歌、编钟、编磬	《壁上丹青——陕西出土壁画集》，第76页
	陕西榆林	东汉	画像石	墓门左立柱	丛山、变体西王母、日月、九尾狐、三足乌？凤鸟、变体东王公（右立柱）、神兽、车马出行、独角兽、门吏、云气	《陕北汉代画像石》，第5页
	陕西榆林古城滩	东汉	画像石	墓门左立柱	西王母、玉兔捣药、九尾狐、三足乌？日月、羽人、天马、鹿、玄武、独角兽、凤鸟、车马、门吏、云气	《陕北汉代画像石》，第6页
	陕西榆林古城滩	东汉	画像石	墓门右立柱	仙人六博、鹿、天马、神兽、门吏、玄武、云气	《陕北汉代画像石》，第6页
	陕西榆林 M1	东汉	画像石	墓内左右立柱	变体西王母、东王公、日月、龙、凤鸟、射猎、门吏、云气	《陕北汉代画像石》，第8页
	陕西榆林 M1	东汉	画像石	墓内左右立柱	西王母、华盖、狐、鹿、神兽、凤鸟、羽人、日月、门吏、云气	《陕北汉代画像石》，第11页

续表

类	出土地点	时代	质地	位置	画像组合	出处
三平台	陕西榆林M3	东汉	画像石	墓门左右立柱	西王母、玉兔捣药、羽人、日月、狐、鹿、神兽、凤鸟、龙虎、门吏、云气、联璧	《陕北汉代画像石》，第15页
	陕西榆林M4	东汉	画像石	左立柱	仙人六博、鹿、龙、日月、玄武、车马出行、门吏、云气	《陕北汉代画像石》，第16页
	陕西榆林M4	东汉	画像石	右立柱	西王母？羽人、狐、鹿、日月、玄武、门吏、云气	《陕北汉代画像石》，第16页
	陕西榆林M4	东汉	画像石	不详	仙人六博、鹿、龙、神怪、玉兔捣药、人物、鹿、羊、兽、博山炉	《陕北汉代画像石》，第21页
	陕西米脂党家沟	东汉	画像石	墓门左右立柱	变体西王母、东王公、楼阙、龙、射猎、鹿、楼阁仙人、九尾狐、蟾蜍、龙虎、神兽、博山炉、门吏、云气、方花、植物	《陕北汉代画像石》，第25页
	陕西米脂官庄	东汉	画像石	墓门左右立柱	西王母、羽人、狐、鹿、日月、凤鸟、玄武、车马出行、门吏、云气	《陕北汉代画像石》，第32页
	陕西米脂党家沟	东汉	画像石	墓门左立柱	仙人六博、鹿、龙、玄武、凤鸟、独角兽、门吏、云气	《陕北汉代画像石》，第34页
	陕西米脂党家沟	东汉	画像石	墓门右立柱	西王母、狐、鹿、玄武、凤鸟、独角兽、门吏、云气	《陕北汉代画像石》，第34页
	陕西米脂官庄	东汉	画像石	左右立柱	西王母（残）、狐、鹿、神兽、马、门吏、云气	《陕北汉代画像石》，第45页
	陕西米脂	东汉	画像石	左立柱	西王母、羽人、狐、鹿、神兽、玄武、门吏、车马出行、云气	《陕北汉代画像石》，第47页
	陕西米脂	东汉	画像石	左立柱	西王母、羽人、狐、鹿、神兽、玄武、门吏、云气	《陕北汉代画像石》，第47页
	陕西米脂	东汉	画像石	左立柱	西王母、羽人、狐、鹿、神兽、玄武、门吏、云气	《陕北汉代画像石》，第48页
	陕西绥德王得元墓	东汉永元十二年	画像石	墓门左右立柱	西王母、羽人、狐、鹿、玉兔捣药、日月、凤鸟、有翼神兽、麒麟、独角兽、玄武、门吏、云气	《陕北汉代画像石》，第55页
	陕西绥德赵家铺	东汉	画像石	左右立柱	西王母、羽人、狐、鹿、日月、玄武、车马出行、门吏、云气	《陕北汉代画像石》，第64页

续表

类	出土地点	时代	质地	位置	画像组合	出处
	陕西绥德后思家沟	东汉	画像石	墓门左右立柱	西王母、羽人、狐、鹿、天马、神兽、凤鸟、翼龙、翼虎、羊、博山炉、植物、门吏、云气	《陕北汉代画像石》,第66页
	陕西绥德后思家沟	东汉	画像石	墓门左右立柱	西王母、羽人、狐、鹿、日月、凤鸟、龙虎、玄武、羽人、有翼神兽、双首神兽、玉兔捣药、门吏、云气	《陕北汉代画像石》,第69页
	陕西绥德大坬梁	东汉	画像石	墓门左立柱	西王母、羽人、狐、鹿、日月、凤鸟、杂技、拜谒、玄武、独角兽、门吏、云气	《陕北汉代画像石》,第70页
	陕西绥德大坬梁	东汉	画像石	墓门右立柱	仙人六博,其他同上	《陕北汉代画像石》,第70页
	陕西绥德四十里铺	东汉	画像石	墓门左右立柱	西王母、羽人、狐、鹿、日月、玉兔捣药、有翼神兽、凤鸟、独角兽、门吏、云气	《陕北汉代画像石》,第77页
三平台	陕西绥德延家岔	东汉	画像石	墓门左立柱	仙人六博、鹿、龙、有翼神兽、凤鸟、麒麟、龙虎、玄武、羊、日月、门吏、云气	《陕北汉代画像石》,第92页
	陕西绥德延家岔	东汉	画像石	墓门右立柱	西王母,无仙人六博,其他同上	《陕北汉代画像石》,第92页
	陕西绥德	东汉	画像石	前室北壁左立柱	仙人六博、鹿、龙、门吏、树、马、联璧、车马出行	《陕北汉代画像石》,第96页
	陕西绥德	东汉	画像石	前室北壁右立柱	西王母、羽人、狐、鹿、门吏、树、马、联璧、车马出行	《陕北汉代画像石》,第96页
	陕西绥德四十里铺	东汉	画像石	左右立柱	变体西王母、东王公、凤鸟、狐、鹿、日月、马、独角兽、人物、云气	《陕北汉代画像石》,第106页
	陕西绥德四十里铺	东汉	画像石	左右立柱	西王母、羽人、狐、鹿、翼兽、双首神兽、凤鸟、麒麟、日月、玄武、门吏、云气	《陕北汉代画像石》,第108页
	陕西绥德杨孟元墓	东汉永元八年	画像石	左右立柱	西王母、羽人、狐、鹿、神兽、凤鸟、人物、车马出行、博山炉、门吏、云气	《陕北汉代画像石》,第109页
	陕西绥德杨孟元墓	东汉永元八年	画像石	前室南壁	西王母、羽人、狐、鹿、日月、车马出行、博山炉、门吏、云气	《陕北汉代画像石》,第110页

续表

类	出土地点	时代	质地	位置	画像组合	出处
三平台	陕西绥德黄家塔M9	东汉	画像石	墓门左立柱	西王母、羽人、狐、鹿、日月、天马、有翼神兽、麒麟、凤鸟、独角兽、玄武、门吏、云气	《陕北汉代画像石》，第124页
	陕西绥德呜咽泉	东汉	画像石	左右立柱	西王母、羽人、狐、鹿、日月、玉兔捣药、有翼神兽、凤鸟、麒麟、玄武、门吏、云气	《陕北汉代画像石》，第133页
	陕西绥德四十里铺	东汉	画像石	左立柱	仙人六博、鹿、龙、日月、门吏、车马出行、云气	《陕北汉代画像石》，第138页
	陕西绥德四十里铺	东汉	画像石	右立柱	西王母、羽人、狐、鹿、日月、车马出行、牛车、门吏、云气	《陕北汉代画像石》，第138页
	陕西绥德	东汉	画像石	墓门左右立柱	西王母、羽人、狐、鹿、天马、凤鸟、独角兽、玄武、门吏、云气	《陕北汉代画像石》，第140页
	陕西绥德	东汉	画像石	墓门左右立柱	变体西王母、东王公、凤鸟、翼龙、翼虎、门吏、云气	《陕北汉代画像石》，第141页
	陕西绥德快华岭	东汉	画像石	左右立柱	西王母、东王公、羽人、狐、鹿、方花、门吏、云气	《陕北汉代画像石》，第166页
	陕西绥德快华岭	东汉	画像石	左右立柱	西王母、羽人、狐、鹿、博山炉、门吏、云气	《陕北汉代画像石》，第166页
	陕西绥德	东汉	画像石	左右立柱	变体西王母、东王公、狐、兔、鸟、博山炉、门吏、植物、联璧	《陕北汉代画像石》，第172页
	陕西绥德四十里铺	东汉	画像石	左立柱	仙人六博、鹿、龙、玄武、击鼓、门吏、云气	《陕北汉代画像石》，第174页
	陕西绥德四十里铺	东汉	画像石	右立柱	西王母、羽人、狐、鹿、玄武、击鼓、门吏、云气	《陕北汉代画像石》，第174页
	陕西绥德	东汉	画像石	左右立柱	丛山、变体西王母、东王公、狐、鸟、树木拴马、玄武、门吏、云气	《陕北汉代画像石》，第176页
	陕西绥德	东汉	画像石	左右立柱	西王母、羽人、狐、鹿、玄武、门吏、云气	《陕北汉代画像石》，第177页
	陕西绥德	东汉	画像石	左立柱	西王母、羽人、狐、鹿、翼龙、门吏、云气	《陕北汉代画像石》，第178页
	陕西绥德	东汉	画像石	左立柱	西王母、羽人、狐、鹿、玄武、门吏、云气	《陕北汉代画像石》，第178页

续表

类	出土地点	时代	质地	位置	画像组合	出处
三平台	陕西绥德	东汉	画像石	左立柱	西王母、羽人、狐、鹿、树木、养马、门吏、云气	《陕北汉代画像石》，第178页
	陕西绥德	东汉	画像石	左立柱	西王母、羽人、狐、鹿、博山炉、人物、云气	《陕北汉代画像石》，第179页
	陕西绥德	东汉	画像石	左立柱	仙人六博、玄武、门吏、云气	《陕北汉代画像石》，第179页
	陕西绥德	东汉	画像石	左立柱	变体西王母、狐、鹿、奔马、奔兽、联璧	《陕北汉代画像石》，第179页
	陕西绥德	东汉	画像石	左立柱	变体西王母、狐、鹿、鸟、羽人、麒麟、门吏、云气	《陕北汉代画像石》，第180页
	陕西绥德	东汉	画像石	右立柱	西王母？羽人、狐、鹿、神兽、博山炉、门吏、云气	《陕北汉代画像石》，第182页
	陕西绥德	东汉	画像石	右立柱	西王母、羽人、狐、鹿、神兽、牛车、门吏、云气	《陕北汉代画像石》，第182页
	陕西绥德	东汉	画像石	右立柱	西王母？羽人、狐、鹿、玄武、云气	《陕北汉代画像石》，第182页
	陕西绥德	东汉	画像石	右立柱	变体东王公？鸟、马、神兽、门吏、云气	《陕北汉代画像石》，第183页
	陕西绥德	东汉	画像石	右立柱	变体西王母？狐、鹿、羽人、神兽、马、门吏、云气	《陕北汉代画像石》，第183页
	陕西清涧贺家沟	东汉	画像石	墓门左右立柱	丛山、西王母、羽人、狐、鹿、日月、有翼神兽、天马、龙虎、凤鸟、博山炉、植物、门吏、云气	《陕北汉代画像石》，第216页
	陕西神木大保当M4	东汉	画像石	墓门左右立柱	西王母、羽人、狐、鹿、天马、凤鸟、独角兽、人物、马、门吏、云气	《神木大保当——汉代城址与墓葬考古报告》，第67页
	陕西神木大保当M5	东汉	画像石	墓门左立柱	西王母、羽人、狐、鹿、日月、有翼神兽、凤鸟、独角兽、玄武、人物、门吏	《神木大保当——汉代城址与墓葬考古报告》，第54页
	陕西神木大保当M5	东汉	画像石	墓门左立柱	仙人六博，无西王母，其他同上	《神木大保当——汉代城址与墓葬考古报告》，第54页

续表

类	出土地点	时代	质地	位置	画像组合	出处
三平台	陕西神木大保当M16	东汉	画像石	墓门左右立柱	变体西王母、东王公、狐、鹿、鸟、龙虎、凤鸟、玄武、马、西王母、玉兔捣药、日月、鸟车出行、人物、云气	《神木大保当——汉代城址与墓葬考古报告》，第60页
	陕西榆林陈兴墓	东汉	画像石	墓门左立柱	仙人六博、鹿、龙、神兽、玄武、门吏、云气	《中国画像石全集5·陕西、山西汉画像石》，第8页
	陕西榆林陈兴墓	东汉	画像石	墓门右立柱	西王母、羽人、狐、鹿、神兽、牛车、门吏、云气	《中国画像石全集5·陕西、山西汉画像石》，第8页
	陕西米脂党家沟	东汉	画像石	墓门左右立柱	西王母、羽人、狐、鹿、鸟、玄武、门吏、云气	《中国画像石全集5·陕西、山西汉画像石》，第39页
	陕西绥德王得元墓	东汉永元十二年	画像石	墓室东壁门左立柱	仙人六博、鹿、龙、有翼神兽、树木、牛耕、植物	《中国画像石全集5·陕西、山西汉画像石》，第56页
	陕西绥德王得元墓	东汉永元十二年	画像石	墓室东壁门右立柱	仙人六博、鹿、龙、有翼神兽、树木、牛耕、植物	《中国画像石全集5·陕西、山西汉画像石》，第56页
	陕西绥德王得元墓	东汉永元十二年	画像石	墓室内右立柱	仙人六博、鹿、龙、人物、植物、卧鹿、云气	《中国画像石全集5·陕西、山西汉画像石》，第59页
	陕西绥德	东汉	画像石	墓门右立柱	西王母？狐、鹿、飞鸟、麒麟兽、独角兽、门吏、云气	《中国画像石全集5·陕西、山西汉画像石》，第101页
	陕西绥德	东汉	画像石	墓门左立柱	仙人六博、鹿、龙、拴马、门吏	《中国画像石全集5·陕西、山西汉画像石》，第104页
	陕西靖边寨山	东汉	画像石	墓门左立柱	西王母、玉兔捣药、羽人、九尾狐、鹿？三足乌、兽首蛇身神怪、麒麟、玄武、翼兽、大鸟、舞蹈、耕地	《中国画像石全集5·陕西、山西汉画像石》，第178页
	陕西靖边寨山	东汉	画像石	墓门右立柱	仙人六博、鹿、龙、羽人、人首蛇身神人、人首鸟身神人、凤鸟、树木、博山炉？马、人物、比武	《中国画像石全集5·陕西、山西汉画像石》，第178页

续表

类	出土地点	时代	质地	位置	画像组合	出处
三平台	山西离石马茂庄 M44	东汉晚期	画像石	墓门左右立柱	西王母、东王公、门吏	《中国画像石全集 5·陕西、山西汉画像石》,第205页
	四川成都	东汉晚期	画像砖	不详	日、月、人物	《中国画像砖全集·四川汉画像砖》,第119页
	四川彭山梅花村崖墓 M496	东汉晚期	画像石棺	石棺右侧板	山峰、仙人六博、伯牙弹琴、听琴、车马出行、麒麟、独一平台型昆仑、天门	《汉代画像石棺》,第51页

汉代"凤鸟献药"图像试探

庞 政

四川大学历史文化学院

汉代图像中有很多"羽人"和"凤鸟"相伴出现的情况,出现在各式各样的场景中,学界通常把此类图像称为"羽人饲凤",很少有学者对其命名缘由、性质和意义发表看法。笔者最近在翻阅汉代画像资料时,发现一些所谓"羽人饲凤"的图像并不是在表现"饲凤"而是"凤鸟献药"。笔者拟对相关图像进行梳理,并结合文献材料对其性质和意义进行考察。对此类图像的理解,也会为进一步认识汉人的升仙观念提供一些帮助。

一、汉代的"凤鸟献药"图像

笔者认为,"羽人饲凤"中有一些明显表现的是凤鸟在给予凤卵或是丹药,无论是凤卵还是丹丸,都是汉人认为服食后可以长生不老甚至升仙的仙药。因此笔者将此类图像称为"凤鸟献药"。有些图像明显地表现了凤鸟口中所含之物为卵,有些则明确地表现为丹丸状,这里有必要根据凤鸟口中所含之物的形状和大小,将图像细分为"凤鸟献卵"和"凤鸟献丹"两类。

(一)"凤鸟献卵"图像

此类图像既有壁画也有画像石,表现为凤鸟口中衔卵,可称为"凤鸟含卵";或表现为凤鸟献卵状物于羽人(包括胡人貌羽人),可称为"羽人求卵"。

1. "凤鸟含卵"图像

洛阳偃师辛村新莽墓中后室间横额壁画上[1],彩绘了一只口衔凤卵的凤鸟,作回首状,冠羽华丽,孔雀翎般的尾羽舒展上翘,口中的凤卵表现得十分明显(图一)。

---

[1] 洛阳市第二文物工作队:《洛阳汉墓壁画》,北京:文物出版社,1996年,第139页。

图一　洛阳偃师辛村新莽墓中后室间横额凤鸟壁画

2. "羽（胡）人求卵"图像

江苏徐州市贾汪区征集的一方东汉画像石[①]上，画面最左边（以观者为准，后同）一只凤鸟口衔一串卵状物，一羽人蹲踞在凤鸟前，双手捧着卵状物（图二）。很明显这是凤鸟在给予羽人一些卵状的东西，并不像介绍此画像石的书中所说的"羽人饲凤"。

图二　江苏徐州市贾汪区征集东汉"凤鸟献卵"画像石拓片

---

① 中国画像石全集编辑委员会：《中国画像石全集4·江苏、安徽、浙江汉画像石》，郑州：河南美术出版社，济南：山东美术出版社，2000年，第70页。

1957年山东邹城市峄山镇大故村收集的两方东汉晚期画像石上,刻画着十分明显的"凤鸟献卵"图案,可是介绍两方画像石的书中依旧将此图案解释为"羽人饲凤"①。画面正中有一棵大树,树根作双兽状,两兽背上分别有一人弯弓射箭;大树上立一凤鸟,两个戴着尖帽的羽人伸手承接凤鸟口中吐出的卵状物,另有一戴尖帽羽人立于凤鸟身上拨弄着它的羽毛(图三)。

山东临沂市白庄出土的一方东汉画像石②上,一只凤鸟口衔卵状物,卵状物被串连起来,一个头戴怪异装饰的羽人在其身后抚摸着凤头,似乎在引导凤鸟吐卵;画面中央有一翼兽手捧卵状物,疑为画面上部凤鸟所吐之物(图四,1)。山东临沂白庄出土的另一方东汉画像石③与前一方画像石较为相似,画面分为四格,上起第二格图像表现了一凤鸟口衔三个被串连在一起的卵状物,一羽人立于前,伸手抚摸着凤鸟的喙部和颈部,也应是在引导吐卵(图四,2)。

图三　邹城市峄山镇大故村"凤鸟献卵"画像石拓片　　图四　山东临沂市白庄"凤鸟献卵"画像拓片

山东滕州桑村镇大郭村东汉中期画像④上,刻绘了楼阁拜谒、椎牛和车马出行等图像,在画面右上方刻画了一株大树,一只凤鸟立于树上,一羽人立于凤前,右手上举,疑似

---

① 胡新立:《邹城汉画像石》,北京:文物出版社,2008年,图版说明67。
② 中国画像石全集编辑委员会:《中国画像石全集3·山东汉画像石》,第24页。
③ 中国画像石全集编辑委员会:《中国画像石全集2·山东汉画像石》,第25页。
④ 中国画像石全集编辑委员会:《中国画像石全集2·山东汉画像石》,第198页。

图五　山东滕州桑村镇大郭村东汉中期"凤鸟献卵"画像石拓片

导引;右手从凤鸟嘴中接过被串连在一起的卵状物(图五)。山东滕州桑村镇西户口村出土的一方东汉晚期画像石①与上一方画像石在内容上比较相似,此处不再赘述。

(二)"凤鸟献丹"图像

一些"凤鸟献药"图像中,凤鸟所含之物为丹丸状,明显与第一类图像中的卵状区分开来,这类图像可称为"凤鸟献丹"。一般有两种表现形式,一为凤鸟口含丹状物,可称为"凤鸟含丹";二为羽人或胡人向凤鸟索取丹状物,可称为"羽(胡)人求丹"。

1."凤鸟含丹"图像

河南新安磁涧镇里河村汉墓的脊顶壁画②中,描绘了两只凤鸟,其中一只口衔红色丹状物(图六)。这应该是"凤鸟献丹"图像的简化形式或另一种表达方式。

成都大邑县出土的一方汉画像砖③上,双阙之上栖一凤鸟,口衔丹丸状物(图七)。

河南郑州出土的一方西汉晚期至东汉早期的画像砖④上下各有一幅凤鸟含丹的图像,两图完全一致(图八)。

江苏徐州茅村汉墓画像⑤中,在亭子上有两只凤鸟对衔丹状物,下为宴饮场景(图九)。

---

① 中国画像石全集编辑委员会:《中国画像石全集2·山东汉画像石》,第208页。
② 中国墓室壁画全集编辑委员会:《中国墓室壁画全集·汉魏晋南北朝》,石家庄:河北教育出版社,2011年,第12页。
③ 高文、王锦生:《中国巴蜀汉代画像砖大全》,澳门:国际港澳出版社,2002年,第176页。
④ 《中国画像砖全集》编辑委员会:《中国画像砖全集·河南画像砖》,成都:四川美术出版社,2006年,第32页。
⑤ 江苏省文物管理委员会:《江苏徐州汉画像石》,北京:科学出版社,1959年。

美术与宗教

图六 河南新安磁涧镇里河村汉墓脊顶壁画(局部)

图七 成都大邑汉代"凤鸟含丹"画像砖拓片

图八　河南郑州西汉晚期至东汉早期"凤鸟献丹"画像砖拓片

图九　江苏徐州汉墓"凤鸟献丹"画像石拓片

1972 年山东沂水县韩家曲出土的一方东汉画像石①中,一羽人单膝跪于高台之上,手持仙草,疑似正在导引凤鸟;羽人两旁各有一凤鸟,其中左侧凤鸟口含丹丸状物(图一〇)。

图一〇　山东沂水县韩家曲东汉"凤鸟献丹"画像石拓片

1996 年出土的陕西神木大保当东汉墓左右门扉②上,各有一凤鸟立于铺首之上,口含丹丸状物(图一一)。

图一一　陕西神木大保当汉墓左右门扉

---

① 中国画像石全集编辑委员会:《中国画像石全集 3·山东汉画像石》,第 62 页。
② 中国画像石全集编辑委员会:《中国画像石全集 5·陕西、山西汉画像石》,第 157 页。

2. "羽（胡）人求丹"图像

山东莒县东莞镇东莞村出土东汉画像石①上，在画面右上方仙草丛中有一凤鸟，身子前倾，口衔丹丸状物；前有一深目高鼻、头戴尖帽的羽人，一手扶壁，一手高举，准备承接凤鸟给他的丹丸状物（图一二）。

图一二　山东莒县东莞镇东莞村东汉"凤鸟献丹"画像石拓片

1970年山东济宁市喻屯镇城南张村出土的东汉晚期画像石②上，对于"凤鸟献丹"的描绘更加清晰生动。画面最上一格中，一凤鸟立于左侧，身前有三人索取丹状物，最前的羽人单膝跪地，左手高抬，承接着正在从鸟喙中吐出的丹丸状物，画面十分生动；另外两头戴尖帽、深目高鼻的胡人跪在羽人身后，同样左手高抬，向凤鸟祈求丹状物。画面上方还有两人首鸟身怪在空中飞翔，人首深目高鼻、戴尖帽状（图一三）。

"凤鸟献丹"图像在陕西、河南、山东和江苏等地十分流行，类似图像在各地东汉画像石上多有表现（参见附表）。

综上所述，所谓"羽人饲凤"图案中的一部分应该不是在表现羽人饲养凤鸟，而是"凤鸟献药"；这类图像又可以分为"凤鸟献卵"和"凤鸟献丹"两种。前者主要分布在山东、河南和江苏等地，出现于王莽新朝时期到东汉晚期的壁画和画像石中。后者主要分布在河南、山东、江苏和陕西等地，出现于西汉晚期到东汉晚期的壁画、画像石和画像砖上。两者均有一定的格套。而且值得注意的是，图像中胡人形象（胡人貌羽人）出现频繁。那么，"凤鸟献药"图像中的卵状物和丹状物是什么，此类图像的意义又如何？为什么胡人与此类图像结合得如此紧密呢？

---

① 中国画像石全集编辑委员会：《中国画像石全集3·山东汉画像石》，第123页。
② 中国画像石全集编辑委员会：《中国画像石全集2·山东汉画像石》，第7页。

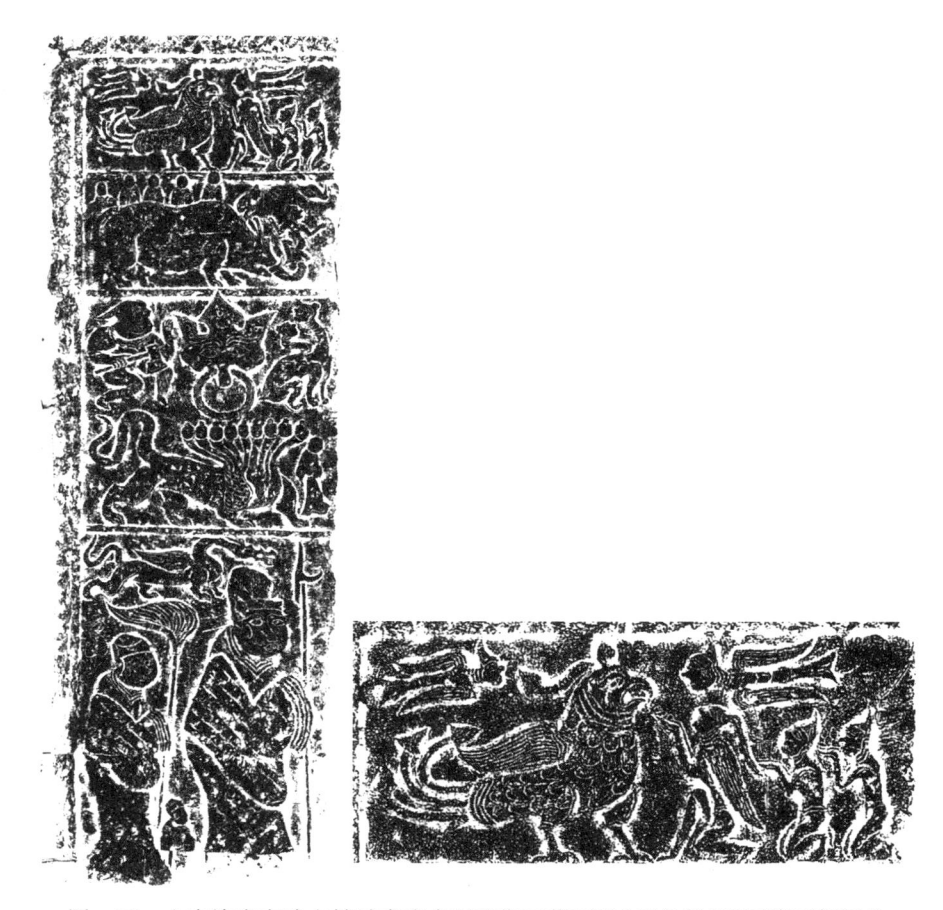

图一三　山东济宁市喻屯镇城南张东汉晚期画像石及"凤鸟献丹"画像西部拓片

二、汉代"凤鸟献药"图像性质与意义

（一）凤鸟与西王母和服食丹药的关系

为了说明此类图像的性质和意义，我们有必要对相关文献进行一番考察。《山海经》中有许多关于凤鸟的描写，《大荒西经》便有这样的记载，其云：

> 西有王母之山、壑山、海山。有沃之国，沃民是处。沃之野，凤鸟之卵是食，甘露是饮。凡其所欲，其味尽存。爰有甘华、甘柤、白柳、视肉、三骓、璇瑰、瑶碧、白木、琅玕、白丹、青丹，多银、铁。鸾凤自歌，凤鸟自舞，爰有百兽，相群是处，是谓沃之野。①

---

① 袁珂校注：《山海经校注》，北京：北京联合出版公司，2014年，第335页。

一般认为,此处的"西有王母之山"为"有西王母之山"之误①。可见,当时人们观念中西王母之地的"沃民"是以凤卵为食的。《海外西经》也记载了有关故事:

> 此诸夭之野,鸾鸟自歌,凤鸟自舞;凤皇卵,民食之;甘露,民饮之,所欲自从也。百兽相与群居。在四蛇北。其人两手操卵食之,两鸟居前导之。②

"诸夭"为"诸沃"之误③。此处的描述更加详细、生动。《吕氏春秋·本味篇》也有相关记载:"流沙之西,丹山之南,有凤之丸,沃民所食。"高诱注曰:"丸,古卵字也。"④略晚时期编撰的《弘明集》更进一步记载了相关情况:

> 《山海经》说死而复生者甚众。昆仑之山,广都之野,轩辕之丘,不死之国,气不寒暑,凤卵是食,甘露是饮,荫玕琪之树,猷朱泉之水,人皆数千岁。⑤

可见,人们认为,在昆仑山、西王母之地服食凤卵的"沃民"可以长生不死。

由上述文献可知在汉代和稍晚时候,人们观念中西方的沃国与食凤卵的沃民和西王母有密切的关系,而且食凤卵有长生不死的功效。

西王母在汉人的观念中是居住在昆仑神山之上,拥有不死之药,可以令人升仙并进入天界的神灵。所以汉人为了长生不死和升仙,便去寻找凤卵。《抱朴子·释滞》便有这样的记载:

> ……是探燕巢而求凤卵,搜井底而捕鳝鱼,虽加至勤,非其所有也,不得必可施用,无故消弃日月,空有疲困之劳,了无锱铢之益也。进失当世之务,退无长生之效……⑥

虽然葛洪是从批评的角度来记述的,却正说明了汉晋时期人们的这种观念。直到数百年后的唐代,人们依然认为食凤卵可以长生不死并升仙入天。王勃的《九成宫颂》便是最好的证据:"龙胎凤卵,入禹膳而调芳;石乳琼浆,委尧樽而湛色。……华胥已泰,济群生于不死之庭;间阎可观,致仙历于无穷之境。"⑦"间阎"疑为"间阖",即天门。"凤鸟献卵"的性质与意义说明之后,"凤鸟献丹"的性质与意义便更加清晰。

炼制并服食丹药是汉人为达长生不死目的的重要方法之一。《史记·封禅书》便对武帝时炼丹的情况有这样的记载:

> 少君言上曰:"祠灶则致物,致物而丹沙可化为黄金,黄金成以为饮食器则益寿,

---

① 袁珂校注:《山海经校注》,第 335 页。
② 袁珂校注:《山海经校注》,第 202 页。
③ 袁珂校注:《山海经校注》,第 202 页。
④ 许维遹撰,梁连华整理:《吕氏春秋集释》卷十四《本味篇》,北京:中华书局,2009 年,第 316 页。
⑤ (梁)僧祐编,刘立夫、魏建中、胡勇译注:《弘明集》卷三,北京:中华书局,2013 年,第 218 页。
⑥ 王明:《抱朴子内篇校释》卷八《释滞》,北京:中华书局,1985 年,第 151 页。
⑦ (唐)王勃著,蒋清翊注:《王子安集注》卷第十三,上海:上海古籍出版社,1995 年,第 369~371 页。

益寿而海中蓬莱仙者乃可见,见之以封禅则不死,黄帝是也。臣尝游海上,见安期生,安期生食巨枣,大如瓜。安期生仙者,通蓬莱中,合则见人,不合则隐。"于是天子始亲祠灶,遣方士入海求蓬莱安期生之属,而事化丹沙诸药齐为黄金矣。居久之,李少君病死。天子以为化去不死,而使黄锤史宽舒受其方。求蓬莱安期生莫能得,而海上燕齐怪迂之方士多更来言神事矣。①

《史记》和《汉书》中有大量关于炼丹情况的记载,诸如李少君等一大批方士为皇帝炼丹的事迹比比皆是。葛洪在《抱朴子·仙药》中引《玉经》说:"服金者寿如金,服玉者寿如玉。"②认为服食用金石炼制的丹药便可长生不死,升仙入天。《抱朴子》、《淮南子》等书中详细记载了大量炼制和服食丹药的情况。《山海经·南次三经》中记载,凤鸟居于"丹穴之山,其上多金、玉"③。金、玉便是炼丹的重要原料。而且《艺文类聚》引《庄子》记载了凤鸟食玉,其云:"老子叹曰:'吾闻南方有鸟其名为凤,所居积石千里,天为生食,其树名琼枝,高百仞,以璆琳琅玕为实。'"④《尔雅·释地》云:"西北之美者,有昆仑虚之璆琳琅玕焉。"郭璞注:"璆琳,美玉名。"⑤

炼丹包括"外丹"与"内丹"。凤鸟服食昆仑美玉,在体内修炼内丹,将仙丹贡献出来,人服食后可以长生不老,升仙入天。图七将此描绘得淋漓尽致,口衔仙丹的凤鸟立于天门之上,人只有服食丹药后,才能够穿过天门,进入仙界。所以人们竞相前往西方昆仑,寻找凤鸟,求取仙药。汉代人认为凤卵和丹丸都是可以使人长生不老、升仙入天的仙药,而且两者形状相似,便出现两者相互混淆、并存的现象,将凤鸟口中的卵替换成丹丸便是合乎情理的事情。

由前文的图像材料可以看出,求取仙药的有一些是胡人或是胡人装束的羽人,这又说明了什么?

(二) 求取仙药的胡人

西王母在遥远的西方,汉代的西方就是广袤的西域,汉人因此将西王母所在地推定在西域之西,并且随着人们对西域认识的不断加深而"西移",总是在人们认识的最西国家之西⑥。汉人观念中的胡人主要为以匈奴为主的游牧民族,但西域诸国也可称为"西胡"⑦,相对于匈奴和东胡而言。在西王母之地的胡人,前去求取仙药便是自然而然的事情;拥有这些壁画或画像的墓主人可能会请求胡人帮助自己前去求取仙药,以达到死后升

---

① 《史记》,北京:中华书局,1959年,第1385、1386页。
② 王明:《抱朴子内篇校释》卷十一《仙药》,第204页。
③ 袁珂校注:《山海经校注》,第14页。
④ (宋) 欧阳询撰,汪绍楹校:《艺文类聚》卷九十,上海:上海古籍出版社,1982年,第1558页。
⑤ (晋) 郭璞注,(宋) 邢昺疏:《尔雅注疏》,《十三经注疏》标点本,北京:北京大学出版社,1999年,第193页。
⑥ 王煜:《西王母地域之"西移"及相关问题讨论》,《西域研究》2011年第3期;《"车马出行——胡人"画像试探——兼谈汉代丧葬艺术中胡人形象的意义》,《考古与文物》2012年第1期。
⑦ 王国维:《西胡考》,见《观堂集林》卷十三,北京:中华书局,1959年,第606页。

仙的目的。这便是"凤鸟献药"图像中胡人形象的性质与意义。

三、结论与余论

综上所述，汉代图像中一些所谓的"羽人饲凤"图案应该是"凤鸟献药"的表现。这些图像可以分为"凤鸟献卵"和"凤鸟献丹"两大类，两者均有一定的数量，且有一定的格套；两者在主要汉画像流行区域均有出现，流行时间自西汉晚期到东汉晚期，应该是一种比较普遍的信仰观念的表现。这里的"凤鸟献药"图像表达了汉代人渴望前往西王母之地，获得仙药，进而实现长生不老和升仙的愿望；时人认为西王母在西域之西，求取仙药需要胡人的帮助。此外，"凤鸟献丹"图像也体现了汉人服食丹药和修炼内丹的观念，其实也是汉人渴望长生不老和升仙观念的体现。

除前文所述明确为"凤鸟献药"图像外，还有一部分"羽人饲凤"图像，这些图像内容表达不够明确，但根据前文的分析，笔者认为也应是"凤鸟献药"的表现。不过，河南西华县出土的一方东汉画像砖①中，有两幅一模一样的"凤鸟献药"，一头戴尖帽、深目高鼻的羽人双手捧物立于凤鸟前，鸟喙中疑似还有一颗丹药（图一四）。前文曾说到凤鸟以"璆琳琅玕"为食，郭璞注："璆琳，美玉名。琅玕，状似珠也。"②羽人手中之物也"状似珠也"；或许该画像中的羽人确实在饲喂凤鸟，也未可知。目前此类图像无法给出一个合理的解释，暂且存疑。此类图像多分布在河南和山东两省，分布时期贯穿整个东汉，在画像石和画像砖中均有表现，也有一定的格式和套路，应该是比较流行的观念的一种体现，虽然无

图一四　河南西华县东汉"凤鸟献药"画像拓片

---

① 《中国画像砖全集》编辑委员会：《中国画像砖全集·河南画像砖》，第132页。
② 袁珂校注：《山海经校注》，第26页。

法肯定地确认为"凤鸟献药"图像,但继续称之为"羽人饲凤"也不合适,建议改称"羽人—凤鸟"图,这样不会有太大的问题。

附记:本文写作过程中得到四川大学霍巍和王煜两位先生的悉心指导和帮助,谨此致以衷心感谢。

附表　汉代"凤鸟献药"图像一览表

类	型	地　点	时代	质地	出　处
凤鸟献卵	凤鸟含卵	河南洛阳偃师高龙乡辛村	王莽新朝	壁画	《洛阳汉墓壁画》,第139页
	羽人求卵	江苏徐州市贾汪区	东汉	画像石	《中国画像石全集4·江苏、安徽、浙江汉画像石》,第70页
		山东邹城市峄山镇大故村	东汉晚期	画像石	《邹城汉画像石》,第150、151页
		山东临沂市白庄	东汉	画像石	《中国画像石全集3·山东汉画像石》,第24页
		山东临沂白庄	东汉	画像石	《中国画像石全集3·山东汉画像石》,第25页
		山东滕州桑村镇西户口村	东汉晚期	画像石	《中国画像石全集2·山东汉画像石》,第208页
		山东滕州桑村镇大郭村	东汉中期	画像石	《中国画像石全集2·山东汉画像石》,第198页
凤鸟献丹	羽(胡)人求丹	山东莒县东莞镇东莞村	东汉	画像石	《中国画像石全集3·山东汉画像石》,第123页
		山东济宁市喻屯镇城南张村	东汉晚期	画像石	《中国画像石全集2·山东汉画像石》,第7页
	凤鸟含丹	河南新安磁涧镇里河村	西汉后期	壁画	《中国墓室壁画全集·汉魏晋南北朝》,第12页
		河南郑州	西汉晚期至东汉早期	画像砖	《中国画像砖全集·河南画像砖》,第32页
		河南新野	东汉	画像砖	《中国画像砖全集·河南画像砖》,第121页
		河南新野樊集	东汉	画像砖	《中国画像砖全集·河南画像砖》,第96页
		河南永城酂城	东汉	画像石	《中国画像石全集6·河南汉画像石》,第46页

续表

类型		地点	时代	质地	出处
凤鸟献丹	凤鸟含丹	河南南阳环城乡	汉	画像石	《南阳汉代画像石图像资料集锦》，第177页
		河南唐河县湖阳辛店	汉	画像石	《南阳汉代画像石图像资料集锦》，第182页
		江苏徐州茅村	东汉	画像石	《江苏徐州汉画像石》，图版十一
		山东临沂白庄	东汉	画像石	《中国画像石全集3·山东汉画像石》，第8页
		山东临沂白庄	东汉	画像石	《中国画像石全集3·山东汉画像石》，第17页
		山东沂水县韩家曲	东汉	画像石	《中国画像石全集3·山东汉画像石》，第62页
		山东微山两城	东汉中晚期	画像石	《微山汉画像石选集》，第131页
		四川成都大邑县	东汉	画像砖	《中国巴蜀汉代画像砖大全》，第176页
		陕西米脂县尚庄	东汉	画像石	《中国画像石全集5·陕西、山西汉画像石》，第33页
		陕西绥德县	东汉	画像石	《中国画像石全集5·陕西、山西汉画像石》，第51页
		陕西绥德县	东汉	画像石	《中国画像石全集5·陕西、山西汉画像石》，第88页，图一一五、一一六
		陕西绥德四十里铺	东汉	画像石	《中国画像石全集5·陕西、山西汉画像石》，第132页
		陕西清涧县	东汉	画像石	《中国画像石全集5·陕西、山西汉画像石》，第150页
		陕西神木大保当	东汉	画像石	《中国画像石全集5·陕西、山西汉画像石》，第157页
		陕西米脂官庄	东汉	画像石	《陕北汉代画像石》，第33页
		陕西绥德县后思家沟	东汉	画像石	《中国画像石全集5·陕西、山西汉画像石》，第66页
		陕西绥德县后思家沟	东汉	画像石	《中国画像石全集5·陕西、山西汉画像石》，第68页
		陕西绥德县后思家沟	东汉	画像石	《中国画像石全集5·陕西、山西汉画像石》，第69页
		陕西绥德裴家茆	东汉	画像石	《中国画像石全集5·陕西、山西汉画像石》，第137页
		陕西绥德贺家沟	东汉	画像石	《中国画像石全集5·陕西、山西汉画像石》，第201页

试论北魏陇东大型佛教洞窟营建的背景

董华锋

四川大学历史文化学院

佛教传入中国后,很早就到达了位居河西走廊与关中交界处的陇东地区(即今甘肃省平凉市和庆阳市),佛教造像随之出现。这一地区现存最早的佛教造像是平凉市泾川县玉都乡出土的一件金铜造像[1],时代为十六国时期。到北魏晚期,陇东地区迎来第一个佛教造像高峰期,出现了一批大型佛教洞窟:泾川王母宫石窟、庆阳楼底村1号窟、庆阳北石窟寺第165窟、泾川南石窟寺第1窟。这批洞窟的形制有中心塔柱窟和殿堂式七佛窟两种,是北魏陇东石窟的杰出代表。本文拟在厘清洞窟形制、样式之渊源的基础上,揭示洞窟营建的背景。

一、北魏陇东中心塔柱窟的形制、样式及其渊源

(一)北魏陇东中心塔柱窟的洞窟形制及其渊源

北魏时期陇东的中心塔柱窟主要有泾川王母宫石窟和庆阳楼底村1号窟。关于这类洞窟的形制及渊源问题,早在1929年时,美国人霍勒斯在《泾河流域的佛教石窟》一文中就已经注意到了王母宫石窟"各方面与云冈第6窟及那里其他早期窟内的造像完全相似"[2];楼底村1号窟被发现后,张宝玺、暨远志、李静杰等先生又进一步论证了这两个洞窟与云冈二期第6窟之间存在的明显的相似性[3]。

结合前贤的论证,我们将王母宫石窟[4]、楼底村1号窟[5]的形制与云冈石窟第6窟[6]比对如下:

---

[1] 甘肃省文物局编:《甘肃文物菁华》,北京:文物出版社,2006年,第252页,图268。
[2] 霍勒斯·H·F·杰恩著,梁旭萍译,李崇峰校:《泾河流域的佛教石窟》,《敦煌学辑刊》1992年第1、2期。
[3] 张宝玺:《北魏太和期的中心柱窟》,见《2005年云冈国际学术研讨会论文集·研究卷》,北京:文物出版社,2006年,第519~524页;暨远志:《泾州王母宫石窟窟主及开凿时代考》,见《2004年石窟研究国际学术会议论文集(下)》,上海:上海古籍出版社,2006年,第923~936页;李静杰:《陕北陇东北魏中晚期之际部分佛教石窟造像考察》,见《麦积山石窟研究》,北京:文物出版社,2010年,第338~344页。
[4] 甘肃省博物馆:《甘肃泾川王母宫石窟调查报告》,《考古》1984年第7期。
[5] 甘肃北石窟寺文物保护研究所编:《庆阳北石窟寺内容总录》,北京:文物出版社,2013年,第244~251页。
[6] 云冈石窟文物保管所编:《中国石窟·云冈石窟一》,北京:文物出版社,1991年,图51~139。

1. 洞窟形制

王母宫石窟为平面长方形的平顶中心塔柱窟,中心塔柱分为上下两层,前壁及窟门已不存(图一,1)。楼底村1号窟也是平面长方形的平顶中心塔柱窟,中心塔柱亦为上下两层,窟门大部已不存,仅存北侧一小部分(图一,2)。云冈石窟第6窟同样为平面方形的中心塔柱窟,方格平棋顶,窟门上方开明窗。显然,三窟都是平面长方形(或方形)的平顶中心塔柱窟。不过,王母宫石窟和楼底村1号窟中心塔柱的上层为八面体,与云冈第6窟迥然不同,为目前所知北魏洞窟中仅见。

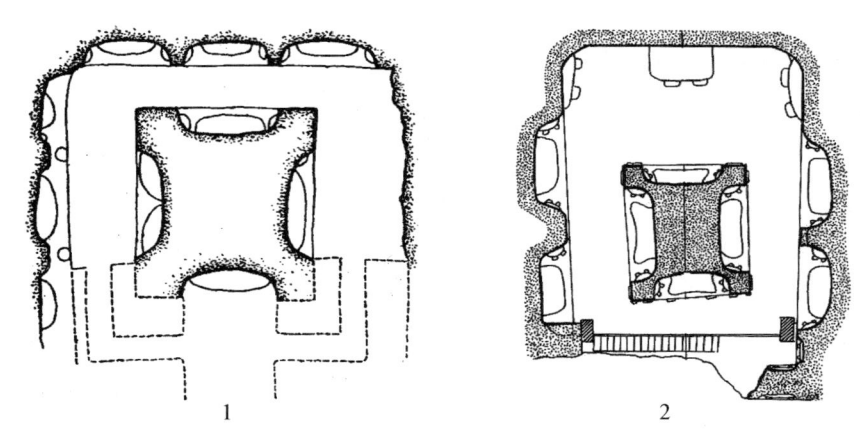

图一 北魏陇东中心塔柱窟平面图
1. 泾川王母宫石窟平面图 2. 庆阳楼底村1号窟平面图

2. 造像布局

王母宫石窟的西、南、北三壁均分四层开龛造像,最上层雕一排小坐佛,上层开五龛,中层开三梯形龛,下层脱落不明。中心塔柱下层为方形,四面皆开龛,内有造像,龛外浮雕造像,四角各雕一大象驮楼阁式塔;上层为八面体,八面皆开龛,内造像。窟门外是否有天王不明。楼底村1号窟后壁雕三身立像,南、北两壁分三层开龛造像,上层并列三龛,中层并列二龛,下层浮雕力士、狮子。上、中两层龛的分界栏上浮雕造像。中心塔柱下层为方形,四面皆开龛,内有造像,龛外亦浮雕造像,西北角雕一象头;上层为八面体,八面皆开龛,内造像。窟门外北侧残留一身天王。而云冈石窟第6窟正壁分上下两层开龛;其余三壁分五层开龛造像,最上层浮雕天宫伎乐,上、中两层开龛,下层浮雕分栏长卷式画面,最下层为供养人行列。中心塔柱分上下两层,均为四面体,四面皆开龛;下层龛外雕出浮雕佛传故事,四角雕大象驮楼阁式塔。窟门外两侧各雕一天王。比对三窟的情况可知其造像布局均为:中心塔柱上下层各面均开龛造像,洞窟两侧壁均分多层开龛造像,除楼底村1号窟外的另两窟正壁也分多层开龛造像。

3. 造像内容

王母宫石窟南壁上层五龛内为坐佛，中层中龛为坐佛，两侧龛各一立佛。西、北壁与此相同。中心塔柱下层四面龛外浮雕佛传故事、力士，南面龛内雕释迦、多宝，东、北二面龛内皆雕一佛二菩萨，西面雕弥勒菩萨；上层八面龛内均雕一坐佛二菩萨。楼底村1号窟正壁雕一佛二菩萨立像；南北壁上、中两层龛除南壁上层东龛雕释迦、多宝外，余龛皆雕一坐佛二菩萨；上、中两层龛的分界栏上浮雕佛传故事。中心塔柱下层四面龛内均雕一坐佛二菩萨，龛外浮雕佛传故事或胁侍菩萨、弟子；上层八面体龛内皆雕一佛二菩萨。云冈第6窟正壁下龛中为坐佛，两侧各一立佛；上龛为三立佛。西壁第一、二层龛漫漶不可识，第三层三龛内雕二交脚弥勒一坐佛，第四层三龛内雕三立佛，第五层雕伎乐、化生童子及坐佛；东壁第一层风化严重，第二层雕六幅佛传故事，第三层三龛雕佛传故事和千佛，第五层内容与西壁第五层略同。中心塔柱下层南面龛内雕坐佛，西面雕弥勒菩萨，北面雕释迦、多宝，东面雕倚坐佛像；上层四面龛内皆为立佛。比对三窟的造像内容可知：三窟中心塔柱下层四面龛内雕坐佛、释迦、多宝、弥勒等造像，龛外浮雕佛传故事，四角雕出象驮宝塔的形象（楼底村1号窟只雕出西北角的象头）；中心塔柱上层龛内雕坐佛或立佛。洞窟侧壁的壁面上都有坐佛、立佛、弥勒、释迦、多宝等造像及部分佛传故事浮雕。

综合上述比对可知，王母宫石窟、楼底村1号窟在洞窟形制、造像布局、造像内容等方面与云冈石窟第6窟之间确实有着明显的渊源关系，尤其是王母宫石窟与云冈石窟第6窟更为相似。

（二）北魏陇东中心塔柱窟的造像样式及其渊源

王母宫石窟、楼底村1号窟的造像存在着多种不同的样式，暨远志先生已经注意到了这一点①。梳理这批造像，我们可根据佛像的身体比例和佛衣样式将其分为三种：

第一种为秀骨清相型佛像，高肉髻，面相瘦长，身体修长。这种样式的佛像又可按照其佛衣样式分为两种：第一种内着僧祇支，胸前束带打结，外着双领下垂式袈裟，如王母宫石窟南壁左龛立佛（图二，1）、楼底村1号窟中心塔柱下层北面龛内坐佛（图二，3）。这种造像在云冈二期同样十分流行，如云冈第6窟西壁上层南侧立佛（图二，2）。第二种内着右袒僧祇支，外着右袒袈裟，袈裟边缘有"之"字形纹，右肩和右臂上着偏衫，如王母宫石窟中心塔柱下层北面龛、楼底村1号窟中心塔柱下层东面和南面龛内主尊（图二，4）。这类造像在云冈二期亦十分流行，如云冈第7窟后室东壁第5层南侧龛内坐佛（图二，5）。

第二种为短壮敦实型佛像，亦为高肉髻，但面相丰圆，肩宽体厚，身体短壮。这种样式的佛像只出现在楼底村1号窟，王母宫石窟未发现，云冈石窟也未发现。依据其服饰亦可分为两种：第一种内着右袒僧祇支，外着双领下垂式袈裟，如楼底村1号窟中心塔柱下层

---

① 暨远志：《北朝豳宁地区部族石窟的分期与思考》，见《2005年云冈国际学术研讨会论文集·研究卷》，第94页。

图二　北魏秀骨清像型佛像
1. 王母宫石窟南壁左龛立佛　2. 云冈石窟第6窟西壁上层南侧立佛
3. 楼底村1号窟中心塔柱下层北面龛内坐佛　4. 楼底村1号窟中心塔柱下层南面龛内坐佛
5. 云冈石窟第7窟后室东壁第五层南侧龛内坐佛

西面龛内坐佛(图三,1);第二种着通肩袈裟,胸前施"U"形纹,如楼底村1号窟中心塔柱上层八面龛内坐佛(图三,2)。

第三种为等距离平行绵密纹风格佛像,其基本特征是全身饰以等距离的平行绵密纹。这种佛像也只出现在楼底村1号窟中心塔柱下层西、南、北三面的龛楣上(图四,1)。王母宫石窟和云冈石窟中均未发现。

楼底村1号窟出现的短壮敦实型佛像虽在云冈石窟同期造像中没有发现,但在这一时期的陇东中小型石窟中常有出现:合水张家沟门石窟共8龛,其中第1~4龛开凿于太和十五年(公元491年),第5~8龛开凿于太和二十年(公元496年)。龛内坐佛面相方圆,肩宽颐广,身体短壮,内着右袒僧祇支,外着袒右袈裟,通身饰以阴刻平行线衣纹(图三,3)。与张家沟门石窟同时代的还有合水马勺场石窟和保全寺石窟。马勺场石窟第3、4龛与张家沟门石窟十分类似,拱形龛内的坐佛亦为面相方圆、头大肩宽、身体短壮的形

美术与宗教 · 205 ·

图三 北魏陇东短壮敦实型佛像
1. 楼底村1号窟中心塔柱下层西面龛内坐佛 2. 楼底村1号窟中心塔柱上层西面龛
3. 合水张家沟门第3龛内坐佛 4. 合水马勺场石窟第4龛内坐佛
5. 合水保全寺石窟第3龛内坐佛

图四 等距离平行绵密纹风格佛像
1. 楼底村1号窟中心塔柱下层北面龛楣佛像 2. 宁县出土的太和十二年成丑儿造像碑坐佛

象（图三，4）。保全寺石窟共41龛，大部分为小龛，龛内多雕释迦、多宝并坐和交脚弥勒菩萨造像。其中，第3龛内左龛（图三，5）、第13号龛均雕释迦、多宝并坐，坐佛样式与张家沟门第1～4龛十分相近，同样显得较为矮壮。

楼底村1号窟出现的等距离平行绵密纹风格佛像虽同样不见于云冈石窟同期的造像中，但在这一时期陇东、关中及陕北地区的单体造像和造像碑中常有出现，如宁县出土的太和十二年（公元488年）成丑儿造像碑①（图四，2）。

综上可见，王母宫石窟、楼底村1号窟在洞窟形制、造像布局、造像内容、造像样式等方面与云冈二期第6窟之间有诸多相似之处，存在明显的渊源关系。但陇东北魏中心塔柱窟又有自身的特点：在洞窟形制方面，王母宫石窟、楼底村1号窟出现了独特的八面体中心塔柱，这种形制在云冈及同时代的其他洞窟内均不见，其渊源与北凉石塔有关②；在造像样式方面，陇东地区既有借鉴自云冈二期的双领下垂或袒露右肩的秀骨清相型佛像，同时也出现了极具陇东特色的短壮敦实型和等距离平行绵密纹风格的佛像。

（三）北魏陇东中心塔柱窟营建之历史背景

如前所述，王母宫石窟和楼底村1号窟的洞窟形制、造像布局、造型内容、造像样式等方面与云冈二期的第6窟之间有明显的渊源关系，但也有自己的特色；这与北魏陇东中心塔柱窟营建的历史背景有直接的关系。

王母宫石窟并没有碑记保存下来，较早记载该窟相关情况的是《金石录》卷三：" 《后魏化政寺石窟铭》，杞嶷造，文帝大统七年十二月。"在同书卷二十一中赵明诚作了考证："右《后魏化政寺石窟铭》，《北史》及《魏书》有《宦者抱嶷传》，云嶷终于泾州刺史，自言其先姓杞，后辟（避）祸改焉。今此碑题'泾州刺史杞嶷造'，疑后复改从其本姓尔。"③

而《魏书·阉官列传·抱嶷传》的记载与赵明诚所论是一致的：

> 抱嶷，字道德，安定石唐人，居于直谷。自言其先姓杞，汉灵帝时杞匡为安定太守，董卓时，惧诛，由是易氏，即家焉。无得而知也。幼时，陇东人张乾王反叛，家染其逆。及乾王败，父睹生逃逸得免，嶷独与母没内京都，遂为宦人。小心慎密，恭以奉上，沉迹冗敬，经十九年。后以忠谨被擢，累迁为中常侍、安西将军、中曹侍御、尚书，赐爵安定公。自总纳言，职当机近，诸所奏议，必致抗直。高祖、文明太后嘉之，以为殿中侍御，尚书领中曹如故，以统宿卫。俄加散骑常侍。高祖、太后每出游幸，嶷多骖乘，入则后宫导引……加嶷大长秋卿。嶷老疾，请乞外禄，乃以为镇西将军、泾州刺史，特加右光禄大夫。④

---

① 甘肃省宁县博物馆：《甘肃宁县出土北朝石造像》，《文物》2005年第1期。
② 董华锋：《试论北魏陇东的八面体中心塔柱》，见《二〇〇九丝绸之路国际学术研讨会论文集》，西安：三秦出版社，2010年，第97～102页；陈晓露：《从八面体佛塔看犍陀罗艺术之东传》，《西域研究》2006年第4期。
③ （宋）赵明诚撰：《宋本金石录》，北京：中华书局，1991年，第46、501、502页。
④ 《魏书》卷九十四《阉官列传·抱嶷传》，北京：中华书局，1974年，第2021、2022页。

温玉成先生最早根据《金石录》的记载,推断泾川王母宫石窟"有可能是杞嶷于太和末年经营的'化政寺石窟',完工或在景明年间"①。张宝玺先生在王母宫石窟的调查报告中认为其完工于北魏太和至景明之间②,但未指出窟主。暨远志先生确认泾川王母宫石窟即是化政寺石窟,并经过与云冈石窟第9、10、6窟以及庆阳楼底村1号窟的比对,推测其开凿时间为公元494~500年之间③。杨晓春先生再次肯定了温、暨两位先生的观点,并推测王母宫石窟开凿年代在太和十九年(公元495年)前后④。至此,王母宫石窟的窟主及开凿年代基本为学界所认可。

从上文引述的资料可知,抱嶷的先人本姓"杞",汉末时,因担心被董卓杀死而改姓"抱"。北魏太武帝平定泾州时被掳往平城,成为太监,后因"忠谨"得到冯太后和孝文帝的赏识,不断升迁,成为冯太后的宠臣。

冯太后佞佛,在她的推动下,在京都平城形成了独特的后族与宦官相结合的造像群体。冯太后的造像活动一方面倚重冯氏后族,如冯熙、冯诞父子;另一方面信任身边的宦官抱嶷、王遇、张祐、苻承祖,一旦看重,迅速擢升⑤。抱嶷作为冯太后的宠臣,继王遇(钳耳庆时)之后于太和十六至十八年(公元492~494年)担任大长秋卿,他本人甚至"又养太师冯熙子次兴"⑥,与冯氏后族的关系十分紧密,因而他责无旁贷地参与了王遇时期形成的后族与宦官结合的造像群体。太和十三年(公元489年),王遇主持修建的云冈第9、10双窟,即崇教寺落成⑦。随后,云冈第5、6双窟开始营建,此时担任大长秋卿的是抱嶷。又,如前所论,泾川王母宫与云冈石窟第6窟的洞窟形制、造像布局、主像组合、造像样式都十分相近,可以说,泾川王母宫石窟在很大程度上是对云冈石窟第6窟的模仿。因而,"可以推想,云冈第5、6双窟的开凿,当与抱嶷关系密切,至少,担任大长秋卿的抱嶷应参与云冈第6窟工程的筹划、监督工作"⑧。如同王遇在平城监作石窟、陵庙、宫殿,在家乡开窟建寺一样,大长秋卿抱嶷监作了云冈第5、6窟,后又在家乡开凿化政寺石窟(即今王母宫石窟)。

与后族关系十分密切的抱嶷,以宦官同时也是泾州大族的身份开启了北魏陇东大型石窟的营建。后族、宦官与大族三种力量在陇东石窟的开凿中都得到了体现,也正是因为这种特殊的造像团体,使得云冈石窟的窟形、造像内容、造像样式可以有效地传播到陇东地区,构成了该地区这一时期大型中心塔柱窟的主要内涵。

虽然云冈二期是陇东北魏中心塔柱窟诸多方面的主要来源,但同时,在前文的讨论

---

① 温玉成:《中国石窟与文化艺术》,上海:上海人民美术出版社,1993年,第177页。
② 甘肃省博物馆:《甘肃泾川王母宫石窟调查报告》,《考古》1984年第7期。
③ 暨远志:《泾州王母宫石窟窟主及开凿时代考》,见《2004年石窟研究国际学术会议论文集(下)》,第923~936页。
④ 杨晓春:《从〈金石录〉的一则题跋推测甘肃泾川王母宫石窟的开凿者与开凿时代》,《敦煌研究》2008年第1期。
⑤ 《魏书》卷十三《文成文皇后冯氏传》,第329页。
⑥ 《魏书》卷九四《阉官列传·抱嶷传》,第2021、2022页。
⑦ 宿白:《中国石窟寺研究》,北京:文物出版社,1996年,第89~113页。
⑧ 暨远志:《泾州王母宫石窟窟主及开凿时代考》,见《2004年石窟研究国际学术会议论文集(下)》,第934页。

中,我们也发现了陇东北朝中心塔柱窟有一些云冈二期所不见的因素,如八面体中心塔柱,显然受到了来自河西走廊的影响;另外,楼底村1号窟中短壮敦实型佛像、等距离平行绵密纹风格造像两种样式也是云冈二期所不见的,可以说是陇东的地方因素。有关短壮敦实型佛像的来源,张家沟门石窟第2、3龛之间的造像题记为我们留下了宝贵的资料,"太和十五年,太岁在未癸巳朔三月十五日,佛弟子程弘庆供养佛时,造石坎(龛)佛一躯"①。同样,我们可从宁县太和十二年成丑儿造像碑的题记来考察等距离平行绵密纹风格造像的来源。该造像碑正面中部开龛,龛下部浅浮雕七身供养人,并分别镌刻"成丑儿、成□□"等7个成姓供养人题名。碑左侧面阴刻造像题记:"太和十二年岁次戊辰二月十二日,弟子成丑儿合家眷属为七世父母历劫□□一切众生敬造石像十四区。"②题记显示,程弘庆、成丑儿是这两龛造像的供养人。程氏和成氏在陇东北魏石刻的题名中多次出现,《豳州刺史山公寺碑颂》碑阴题名中就有录事史成定龙、部郡史成□□、田曹成法□等人。结合姚薇元、马长寿、暨远志等先生的研究可知,成氏可能为卢水胡人,而程氏则可能为屠各或羌人③。

　　两汉至南北朝时期,陇东地区一直活跃着大量的胡族群体。西汉时设安定郡,治高平(今宁夏固原),管理归附的羌人等部落;东汉时,安定郡改治临泾(今甘肃镇原),降附的部分羌人被安置于安定郡④,之后,羌人与当地政府之间屡有冲突,汉献帝建安十九年(公元214年)时,羌人大部降附汉朝,仍然被安置在安定郡各地⑤。魏晋十六国时期,氐、羌、屠各、卢水胡等少数民族部族大量活跃于安定郡范围之内⑥。公元430年北魏设立泾州,治安定(今甘肃泾川县),太和十一年(公元487年)时,置豳州。此时,少数民族部族在陇东地区已经有相当的实力,任职于各级军政机关中,并多有起义:太平真君六年(公元445年),安定卢水胡人盖吴率众起义,一时氐、羌、屠各、卢水胡等群起而响应,太武帝亲征,次年起义失败;不久,安定卢水胡人刘超又聚众万余起义⑦,后被镇压;延兴元年(公元471年),泾州民张羌郎又发动起义;正始三年(公元506年),屠各人王法智推羌人吕苟儿为主,称王建元,屠各人陈瞻亦随之称王⑧;永平二年(公元509年)正月,泾州沙门刘慧汪又聚众起义,秦州沙门刘光秀率众响应。连绵不断的起义说明,北魏时期氐、羌、屠各、卢水胡等胡族在陇东地区有着重要的地位。

　　有意思的是,这些胡族也接受了佛教。他们或单独造像,或与本地的大族联合造像。张家沟门石窟的题记表明,活跃于陇东子午岭一带的胡族很早就开始开龛造像。而2004

---

① 甘肃省博物馆、庆阳地区博物馆:《甘肃张家沟门、保全寺、莲花寺石窟调查记》,《文物资料丛刊》第3辑,北京:文物出版社,1980年,第179页。
② 甘肃省宁县博物馆:《甘肃宁县出土北朝石造像》,《文物》2005年第1期。
③ 参见暨远志、宋文玉:《北朝豳宁地区部族石窟的分期与思考》,《艺术史研究》第7辑,广州:中山大学出版社,2005年;暨远志:《北朝泾州地区部族、世族石窟的甄别、分期与思考》,见《麦积山石窟研究》,第347~387页。
④ 《后汉书》卷八十七《西羌传》,北京:中华书局,1965年,第2896页。
⑤ 马长寿:《氐与羌》,桂林:广西师范大学出版社,2006年,第92~128页。
⑥ 马长寿:《氐与羌》,第92~128页。
⑦ 《魏书》卷四十《陆俟传》,第903页。
⑧ 《魏书》卷四《世祖纪》,第101页。

年发现的正始元年（公元504年）《大代持节豳州刺史山公寺碑颂文》①则表明，北魏陇东地区胡族同时也积极参与了当地大族主持的佛教造像活动。暨远志先生对该碑碑阴及两侧雕刻的题名做了统计，发现有相当一部分为胡族，其中以羌人最多，屠各次之，氐人和卢水胡再次，此外还有粟特人和鲜卑人②。

可见，经过汉魏时期的民族迁徙和融合，至北魏时期，胡族在陇东地区迅速发展，并成为该区域石窟营建的重要力量。短壮敦实型佛像、等距离平行绵密纹风格造像两种样式反映的正是这些秦陇胡族在长期的造像实践中形成的审美情趣，他们是北魏陇东地区不可忽视的一类造像群体。

二、北魏陇东殿堂式七佛窟的形制、样式及其渊源

（一）北魏陇东殿堂式七佛窟的洞窟形制及其渊源

除中心塔柱窟之外，北魏时期陇东还有另外一种大型洞窟——覆斗顶殿堂式七佛窟，包括北石窟寺第165窟和南石窟寺1号窟。

这两个洞窟的造像布局和内容十分相似③：洞窟平面为横长方形，覆斗顶，窟内四壁凿坛基，正壁和两侧壁坛基上雕刻高大的七身立佛，其中正壁三身，两侧壁各二身，立佛间雕胁侍菩萨（图五）。窟门内两侧雕交脚菩萨，北石窟寺第165窟窟门内两侧另雕有骑象菩萨和阿修罗，窟门顶部有明窗。窟顶、四披及立佛身光间的壁面上浮雕佛传或本生故事。北石窟寺第165窟窟门外雕二天王及狮子。

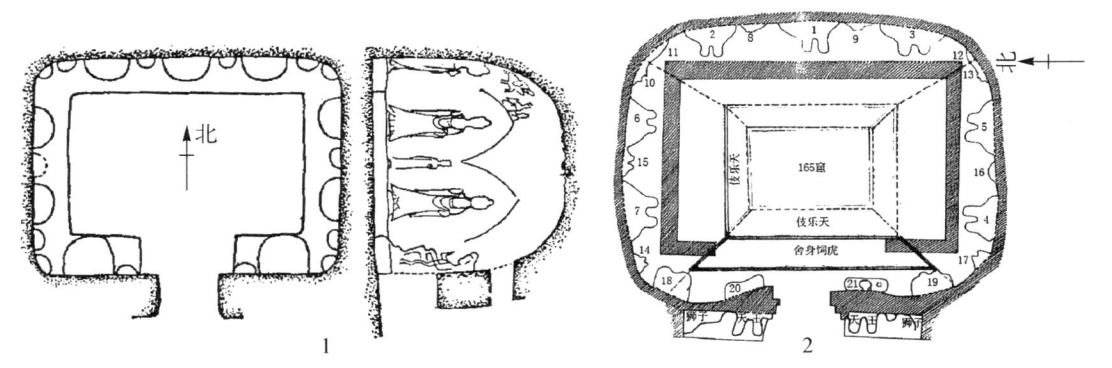

图五 北魏陇东殿堂式七佛窟平面图
1. 南石窟寺1号窟平面图 2. 庆阳北石窟寺第165窟平面图

---

① 吴荭、张陇宁、尚海啸：《新发现的北魏〈大代持节豳州刺史山公寺碑〉》，《文物》2007年第7期。
② 暨远志、宋文玉：《北朝豳宁地区部族石窟的分期与思考》，《艺术史研究》第7辑，第351页；同文亦载《2005年云冈国际学术研讨会·研究卷》，第85页。
③ 甘肃北石窟寺文物保护研究所编：《庆阳北石窟寺内容总录》，北京：文物出版社，2013年，第152~163页；甘肃省博物馆：《甘肃泾川南石窟调查报告》，《考古》1983年第10期。

北石窟寺第 165 窟和南石窟寺 1 号窟分别开凿于北魏永平二年（公元 509 年）和三年（公元 510 年）。此前陇东地区流行的中心塔柱窟已为殿堂式七佛窟所取代。正如前贤所注意到的那样，这种覆斗顶殿堂窟在同期的云冈、龙门石窟中均不见，这是该地区在洞窟形制上的创新①。覆斗顶殿堂窟最早的实例当属敦煌莫高窟北凉第 272 窟②，而学术界一般认为莫高窟这种洞窟形制源自河西走廊魏晋时期的覆斗顶墓葬。因而，在洞窟形制上，陇东地区的北石窟寺第 165 窟和南石窟寺 1 号窟再次受到了来自河西地区的影响。

（二）北魏陇东殿堂式七佛窟的造像样式及其渊源

北石窟寺第 165 窟和南石窟寺 1 号窟内的造像表现出了多元的样式，其中立佛像和交脚菩萨像最具代表性。

1. 立佛像

北石窟寺第 165 窟的七身立佛头部较大，身体较短，头身之比大致为 1∶5.5。立佛为磨光高肉髻，面部方正饱满，两耳垂肩，嘴唇较厚，颈部粗短，肩宽胸广，腹部突出，体形肥厚，掌面宽厚；内着两层僧祇支，胸前有上下两个打结的束带，除南壁东侧佛的下层束带垂搭于袈裟外之外，其余六佛的两个束带均覆于袈裟内；外着双领下垂式袈裟，袈裟右角绕过腹前及双腿，形成弯度较小的平行"U"形纹，后从左臂上经过甩搭于体侧；袈裟的下摆略向外张，并饰以反复出现的倒"Ω"形纹；袈裟整体显得十分厚重，有下坠感（图六，1）。南石窟寺 1 号窟内七身立佛的头身比例为 1∶6，显得较为清秀，其基本样式与北石窟寺第 165 窟相似，但面部较瘦削，颈部细长，肩部较窄，腹部较平，体形瘦薄。立佛同样内着两层僧祇支，并有上下两个打结的束带垂下；外着双领下垂式袈裟，袈裟穿着方式与北石窟寺第 165 窟相同，但腹前及双腿间的"U"形纹弯度较大，袈裟下摆外张略大，且同样饰有反复出现的倒"Ω"形纹；袈裟整体显得较轻薄（图六，2）。

这两个洞窟内立佛袈裟的穿着方式、倒"Ω"形为主的衣纹等均与同期开凿的龙门石窟宾阳中洞南壁立佛有明显的相似之处（图六，3）。不过，北石窟寺第 165 窟立佛宽大的面部、壮硕的身体与宾阳中洞及南石窟寺第 1 窟有较大的差异，显得较为短壮敦实。这一点和前揭陇东地区胡族开凿的窟龛和单体造像显现出同样的审美情趣。

2. 弥勒菩萨

北石窟寺第 165 窟西壁门内两侧、南石窟寺第 1 窟南壁门内两侧均雕有交脚弥勒菩萨。北石窟寺第 165 窟和南石窟寺第 1 窟的交脚菩萨在洞窟内所处的位置相同；从样式上来看，如同两窟内立佛体现出来的差异一样，北石窟寺第 165 窟的两身弥勒菩萨同样比

---

① 暨远志：《泾州地区南北石窟寺与云冈二期石窟的比较分析》，见《深圳文博论丛》2005、2006 年合刊，北京：文物出版社，2007 年，第 61 页。
② 敦煌文物研究所编：《中国石窟·敦煌莫高窟一》，北京：文物出版社，2011 年，图 7。

图六 北魏立佛像

1. 北石窟寺第165窟东壁立佛 2. 南石窟寺1号窟西壁立佛 3. 龙门宾阳中洞南壁立佛

南石窟寺第1窟交脚菩萨显得更为敦厚、粗犷。北石窟寺第165窟南侧交脚菩萨头戴三叶冠,脸部较扁平,鼻棱高锐,嘴角略上翘,颈部佩戴近桃形的宽项圈,项圈被分成了若干块,还装饰了铃铛等饰物;宽大的帔帛自两肩垂下,在腹前交叉穿璧后绕两肘垂于体侧,下身着长裙,腿部饰以波状纹。北侧的交脚弥勒则显得更加粗狂简约:颈部的项圈为素面,腹前长裙的羊肠纹也被省去(图七,1)。

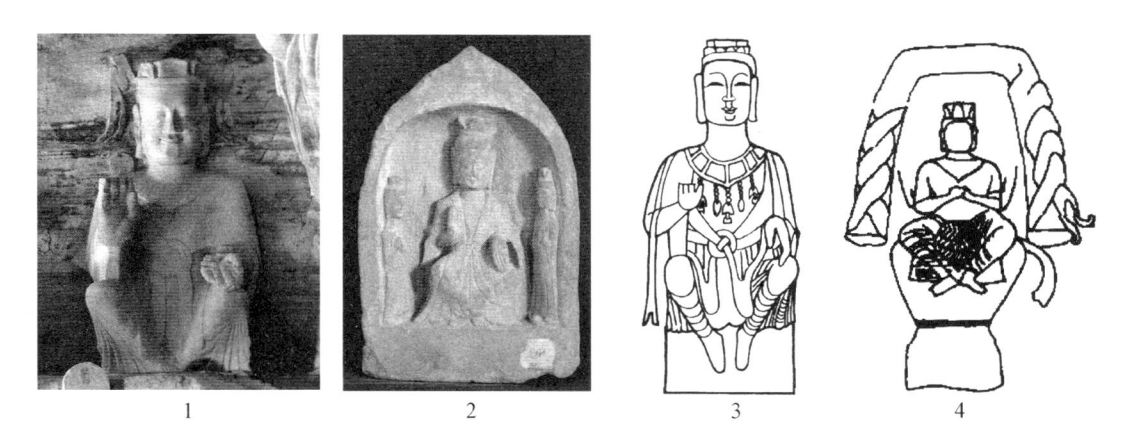

图七 北魏陇东交脚弥勒菩萨

1. 北石窟寺第165窟西壁北侧交脚菩萨 2. 宁县出土GNS1931号造像碑
3. 北石窟寺第165窟西壁南侧交脚弥勒 4. 合水保全寺第4龛内左侧龛交脚弥勒

关于这两身弥勒菩萨有两个问题值得关注:

第一,较之正壁及两侧壁华贵富丽的七佛,北石窟寺第165窟西壁的两身交脚弥勒显得较为粗率,邓健吾先生认为弥勒的草率雕刻"可能是强调表示'未来'而有意识地作这样处理的"①。不过,如果我们对比宁县出土的 GNS1931 号石造像碑(图七,2)就会发现,这种粗率的交脚弥勒菩萨在陇东地区的小型单体造像及造像碑中同样流行。

第二,弥勒菩萨有多种样式,交脚坐弥勒菩萨是其中重要的一种。所谓交脚,一般的形象是双脚脚踝交叉。但是,北石窟寺第 165 窟西壁南侧交脚菩萨的双脚脚踝并未交叉在一起,而只是双脚跟靠近(图七,3)。这种形象的交脚弥勒在合水保全寺第 4 龛中也有出现(图七,4)。从目前掌握的资料看,这种交脚菩萨的分布范围主要在陇东地区。李静杰先生称之为"类似交脚"的菩萨像,并认为其尊格同样是弥勒菩萨②。这一说法是合理的。

综上,北石窟寺第 165 窟和南石窟 1 号窟内立佛的样式与龙门石窟同期造像有明显的相似之处,但北石窟寺第 165 窟的立佛又显现出了陇东地区胡族的因素;同时,北石窟寺第 165 窟内的交脚菩萨像则表现出更明显的陇东地方特点。陇东北魏殿堂式七佛窟内的造像兼具龙门石窟和陇东地区两种艺术风格。

(三)北魏陇东殿堂式七佛窟的历史背景

北魏时期,陇东一带频频爆发氐、羌、屠各、卢水胡等胡族起义。永平二年(公元509年)正月,"泾州沙门刘慧汪聚众反,诏华州刺史奚康生讨之"③。奚康生很快就镇压了这次起义,随后"出为平西将军、华州刺史,颇有声绩。转泾州刺史,仍本将军"④。奚康生崇信佛教,"康生久为将,及临州尹,多所杀戮。而乃信向佛道,数舍其居宅以立寺塔。凡历四州,皆有建置"⑤。

《南石窟寺之碑》称南石窟寺 1 号窟为:"大魏永平三年岁在庚寅,四月壬寅朔十四日乙卯,使持节都督泾州诸军事、平西将军、□华、泾二州刺史、安国县开国男奚康生造。"⑥北石窟第 165 窟虽无开窟碑记保存,但此窟内的宋代残碑记载:"……□泾州节度使奚侯创置□历景□□……□屡经残毁……"⑦可见,北石窟寺第 165 窟和南石窟寺 1 号窟均为奚康生所建。这一点已为学术界广泛认可。

奚康生与佞佛的胡太后关系密切:"灵太后反政,赠都督冀瀛沧三州诸军事、骠骑大将军、司空公、冀州刺史,又追封寿张县开国侯,食邑一千户。"⑧奚康生修建南、北石窟寺时,胡太后之父胡国珍正赋闲在安定临泾老家,且胡国珍亦是崇佛之人,因而"奚康生不可能

---

① 邓健吾:《庆阳寺沟石窟"佛洞"介绍》,《文物》1963 年第 7 期。
② 李静杰:《陕北陇东北魏中晚期之际部分佛教石窟造像考察》,见《麦积山石窟研究》,第 334、335 页。
③ 《魏书》卷八《世宗纪》,第 207 页。
④ 《魏书》卷七十三《奚康生传》,第 1631 页。
⑤ 《魏书》卷七十三《奚康生传》,第 1633 页。
⑥ 甘肃省文物工作队、庆阳北石窟寺文管所:《陇东石窟》,北京:文物出版社,1987 年,图 100。
⑦ 甘肃省文物工作队、庆阳北石窟寺文管所:《庆阳北石窟寺》,北京:文物出版社,1985 年,第 38 页。
⑧ 《魏书》卷七十三《奚康生传》,第 1633 页。

不与该家族发生密切的往来"①。从《南石窟寺之碑》碑阴的题名来看确实有胡氏家族的成员胡武□、胡文安、胡季安、胡□□。胡氏是安定大族,《元和姓纂四校记》载:

> 安定(胡),汉有胡建,始居焉。后汉有太尉胡广。魏胡质,荆州刺史;生威,清州刺史、平春侯,又居淮南。晋左仆射胡奋,石季龙入关,与梁、皇甫、韦、杜、牛、辛皆以华胄,不在戎役之限。奋裔孙国珍,后魏司空,女为宣武帝皇后,生孝明帝。②

《南石窟寺之碑》碑阴还载有梁僧授、皇甫询、皇甫慎、席道原等人。胡太后的母亲为皇甫氏,其父后来又娶梁氏,因而梁氏、皇甫氏不仅是安定大族,同时也是胡太后的娘舅。关于梁氏,《北史·梁昕列传》载:"梁昕,字元明,安定乌氏人也。世为关中著姓。其先因官,徙居京兆之鳌屋。"③《元和姓纂四校记》"梁氏"条亦载:"梁,安定乌氏:汉初,以豪族自河东徙乌氏。"④而皇甫氏,《元和姓纂四校记》亦称其为安定大族:"皇甫:后汉安定都尉皇甫携生棱,始居安定。棱子彪,有八子,号'八祖皇甫氏',为著姓。"⑤直到中晚唐时,梁氏、皇甫氏、席氏依然是泾州大族。大约成书于大历十四年至元和元年间(公元779~806年)的敦煌文书S.2052《新集天下姓望氏族谱》还称:"泾州安定郡,出八姓,梁、皇甫、席、伍、胡、安、蒙、程。"⑥

因此,奚康生主持建造的北石窟寺第165窟和南石窟寺1号窟显然得到了既是安定大族,同时也是胡氏后族的胡氏、梁氏、皇甫氏的支持。同时,从《南石窟寺之碑》碑阴的题名来看,也有少量的胡族参与了该窟的营建⑦。

当然,在这两个洞窟的营建过程中宦官同样也发挥过作用。奚康生与宗室元叉关系密切,在元叉的支持下,"与子难(奚康生之子)娶左卫将军侯刚女,即元叉妹夫也。又以其通姻,深相委托"⑧。正光元年(公元520年)元叉与宦官刘腾又邀请奚康生合谋幽禁胡太后,但是身为元叉亲信的奚康生却毅然站在了胡太后一边,支持胡太后还政。因而,永平二年(公元509年)时,奚康生应已与宦官刘腾有一定的交往,否则他们不会在后来共谋幽禁胡太后。而刘腾曾主持修建龙门石窟宾阳三洞、长秋寺,监修太上公、太上君及城东三寺、巩县石窟第1、2窟,有着丰富的开窟经验。永平二年奚康生开凿南、北石窟寺时,完全有可能得到刘腾的指导。

可见,奚康生主持开凿的南、北石窟寺与胡氏后族、宦官及安定大族都有着密切的关系。龙门宾阳中洞的造像样式正是在这样的背景下传入陇东的。后族、宦官及大族三方

---

① 程晓钟、杨富学:《庄浪石窟》,兰州:甘肃文化出版社,1999年,第12页。
② (唐)林宝撰,岑仲勉校记,郁贤皓等整理:《元和姓纂(附四校记)》卷三,北京:中华书局,1994年,第279页。
③ 《北史》卷七十《梁昕列传》,北京:中华书局,1974年,第2422页。
④ (唐)林宝撰,岑仲勉校记,郁贤皓等整理:《元和姓纂(附四校记)》卷五,第582、583页。
⑤ (唐)林宝撰,岑仲勉校记,郁贤皓等整理:《元和姓纂(附四校记)》卷五,第610页。
⑥ 郑炳林:《敦煌地理文书汇辑校注》,兰州:甘肃教育出版社,1989年,第323、331页。
⑦ 暨远志:《北朝泾州地区部族、世族石窟的甄别、分期与思考》,见《麦积山石窟研究》,第372~375页。
⑧ 《魏书》卷七十三《奚康生传》,第1632页。

面结合的陇东石窟开凿群体又一次结合起来开创了北魏陇东的大型石窟。

三、《敕赐嵩显禅寺碑记》所反映的北魏陇东石窟的营建

北魏陇东地区还有一个寺院值得注意——嵩显寺。该寺与北石窟寺同年建成，位于泾川县南2公里处的高峰山上，但已毁，没有造像保存下来。据陈万里《西行日记》记载，1935年时嵩显寺碑藏于泾川文庙，后来遗失①。现仅可见甘肃省博物馆收藏的拓片，残高2米，宽1米，碑额篆书《敕赐嵩显禅寺碑记》。《金石萃编》、《甘肃新通志稿》、《陇右金石录》均著录了该碑。

《敕赐嵩显禅寺碑记》尾题："大魏永平二年岁在己丑，四月戊申朔，八日乙卯，使持节都督泾……"②该碑刻中寺主的姓名漫漶不可识。嵩显寺在唐代时名为高峰寺，《古今图书集成》卷五五三记载："高峰寺，在州南五里笔峰山顶，魏永平年泾、平二州刺史高乘造，唐开国伯段归文重修。"③

关于嵩显寺的寺主问题，秦明智先生曾撰文认为是高绰④。高绰确实任过泾州刺史："绰为政强直，不避豪贵，邑人惮之。又诏参议律令。迁长兼国子博士，行颖川郡事。诏假节，行泾州刺史。"⑤但根据《敕赐嵩显禅寺碑记》和《古今图书集成》的记载可知，嵩显寺的寺主应为"使持节都督""高乘"。《魏书·高肇传》记载文昭皇太后之父"（高）飏卒，景明初，世宗追思舅氏，征肇兄弟等"，在此之前高飏之弟高乘信已是明威将军⑥。因而，永平年间的这个泾、平二州刺史"高乘"应为高肇之叔"高乘信"。

刘慧汪造反爆发后，时任泾、平二州刺史高乘信前去镇压，四月时高乘信修成了嵩显寺。因而，奚康生至早在永平二年（公元509年）四月之后接任泾州刺史。至永平三年（公元510年）四月时，奚康生建成南石窟寺，那么，高绰接任泾州刺史最早应该在永平三年四月之后了。

宣武皇后高氏，笃信佛教，肃宗即位后，尊其为皇太后，"寻为尼，居瑶光寺，非大节庆，不入宫中"⑦。高乘信是文昭皇太后的堂叔，宣武帝高皇后的堂祖父。永平元年高乘信侄高偃之女被立为皇后的第二年，高乘信即在泾州修建了嵩显禅寺。既为"敕赐"，可知宣武帝应该给予了嵩显禅寺特别的支持。

从《敕赐嵩显禅寺碑记》碑阴雕刻的捐款造寺各级官吏的名单看，梁穆、梁徽、梁瑞、

---

① 陈万里：《西行日记》，兰州：甘肃人民出版社，2002年，第40页。
② （清）王昶：《金石萃编》卷二十七，但未录人名；张维：《陇右金石录》卷一，甘肃省文献征集委员会，1943年，第32~37页。
③ 《古今图书集成》卷五五三《方舆汇编职方典》第105册，北京：中华书局，1934年，第31页。
④ 秦明智：《北魏泾州二碑考》，《西北史地》1984年第3期。
⑤ 《魏书》卷四十八《高允传》，第1091页。
⑥ 《魏书》卷八十三《高肇传》，第1829页。
⑦ 《魏书》卷十三《宣武皇后高氏传》，第336页。

梁通、皇甫轨、皇甫□等安定大族都参与了嵩显寺的修建，尤其是其中的皇甫轨，此人是安定皇甫氏发展史上的重要人物。《元和姓纂四校记》载："安定朝那县：彪七代孙轨，（轨）五代孙璠①，生诞。诞生无逸，唐户部尚书、滑国公……"②

此外，从《敕赐嵩显禅寺碑记》碑阴的题名来看，同样有少量的胡族参与了该寺的营建③。

因而，嵩显寺是由高氏后族的重要人物高乘信主持修建的。在该寺的修建过程中，泾州大族也参与了进来。后族和陇东大族又一次走到一起开窟建寺。

四、结 语

综合上述情况，我们发现北魏陇东大型石窟的开凿是多种势力联合完成的，如下表所示：

表一 陇东大型石窟开凿情况表

石窟名称	开凿年代	营建群体			备 注
		后族	宦官	大族/胡族	
王母宫（化政寺）	公元494～500年	冯氏后族	大长秋卿抱嶷	泾州大族抱嶷	抱嶷曾参与开凿云冈石窟第5、6窟
楼底村第1窟	太和末年至景明年间			胡族	
嵩显寺	永平二年（公元509年）	高氏后族		泾州大族梁氏、皇甫氏	
北石窟寺第165窟	永平二年（公元509年）		大长秋卿刘腾	泾州刺史奚康生、胡族	
南石窟寺第1窟	永平三年（公元510年）	胡氏后族	大长秋卿刘腾	泾州刺史奚康生、泾州大族胡氏、梁氏、皇甫氏	刘腾曾主持修建龙门石窟宾阳洞

从上表可以看出，北魏陇东大型洞窟均是在地方官员的组织下由多种势力组成的造窟群体完成的。这一特殊的造窟群体有以下几个特点：

第一，北魏时期，主持陇东大型石窟开凿者多与后族有密切的关联。北魏后期的两位著名的太后——冯氏和胡氏后族，以及高氏后族，均直接或间接参与了陇东石窟的开凿。后族势力或直接主持，如高氏后族主持开凿的嵩显寺，或参与开凿，如胡氏后族参与的南、

---

① 《北史》卷七十《皇甫璠传》，第2423页。
② （唐）林宝撰，岑仲勉校记，郁贤皓等整理：《元和姓纂（附四校记）》卷五，第610页。
③ 暨远志：《北朝泾州地区部族、世族石窟的甄别、分期与思考》，见《麦积山石窟研究》，第375页。

北石窟寺。通过开窟造寺,巩固了后族在陇东地区的影响力。

第二,宦官是北魏陇东大型石窟开凿过程中的一股特殊的势力。他们或直接主持开凿,如抱嶷,或参与石窟的规划,如刘腾。这些宦官均极为后族势力所赏识。更为重要的是,他们均担任过大长秋卿,并曾在京都平城、洛阳主持开凿过大型石窟,这使得京都石窟的样式、内容可以有效地传播到陇东地区。这正是陇东北魏大型洞窟的形制及样式与云冈、龙门之间的渊源关系的历史背景。因而,北魏时期,陇东地区虽远离政治、宗教中心,但这一区域的石窟却保持了较高的艺术水平和较大的规模。

第三,北魏陇东大型石窟的开凿多有当地大族及胡族的参与。这批石窟的开凿者或本身即为陇东大族,如抱嶷,或广泛联合陇东地区的大族和胡族,《南石窟寺之碑》《敕赐嵩显禅寺碑记》等造窟碑碑阴所记载的众多参与造窟者姓名即是明证。大族及胡族的参与保证了开窟必需的财力、人力,同时也给洞窟打上了地方特色的烙印。

综上所述,北魏时期,陇东地先后开凿了王母宫石窟(化政寺)、楼底村 1 号窟、北石窟寺第 165 窟、南石窟寺 1 号窟、嵩显寺等一批大型洞窟。这些洞窟的形制、内容及样式明显受到云冈、龙门石窟的影响,这与后族、宦官及当地大族在洞窟营建过程中的作用密不可分;同时,洞窟中独具特色的陇东地方样式,则是由于胡族的参与形成的。北魏时期,陇东地区的后族、宦官、地方大族及胡族等多种势力联合形成了一种独特的造窟团体,他们通力合作,使北魏陇东石窟在中国石窟营造史上写下了浓墨重彩的一笔。

南朝佛教造像碑 WSZ50 下方伎乐研究

——兼谈《上云乐》与《文康乐》的关系

师若予

上海博物馆

笔者通过对成都万佛寺出土造像碑 WSZ50 正下方伎乐雕刻与《上云乐》中相似结构的比较，探讨其与《上云乐》的关系，并依文献探讨《上云乐》七曲与道教上清派的关系及梳理从《上云乐》到《文康乐》的流变。

一、南朝造像碑 WSZ50 及其正面下方伎乐的基本情况

成都万佛寺遗址出土南朝佛教造像碑 WSZ50，红砂岩质，有风化现象，碑的上半段残，仅剩底座部分，正面呈圆弧形，残高 75、宽 65、厚 28 厘米（图一、图二）。根据与其结构相似且较完整的造像碑 WSZ48 推测，造像碑 WSZ50 正面可能原雕两立菩萨作为主尊，因碑的上部遗失，现仅见两菩萨的足部和下垂披帛的残迹，两菩萨脚下以两朵盛开的莲花作为台座，其中左侧莲台残损。两莲台从下方的敞口鼓腹满瓶中生长出来，丰腴的莲茎呈段状，从满瓶中生出后分为两枝，在莲蒂处并合，其间布满荷叶、莲蕾、莲蓬和生出化生童子的小莲花。主尊之下两侧各雕一力士，头戴羽翅小冠，长髯垂胸，上身袒露，下着裙裳，披帛、璎珞相交于腹部，手中持一金刚杵。两力士的内侧有一对匍匐的狮子，两狮子中间为一香炉，风化严重。

两狮子外侧与力士间各雕伎乐六身，分前后两排，每排三人，前排表现清楚，后排只雕出头部。伎乐卷发，大眼高鼻，双耳垂肩，颈戴项圈，披帛从身后绕肩下垂，上身着袒右僧祇支，腰间系带垂于体侧，下身着紧身短裤，手腕及脚踝上有环形饰物，跣足。整个伎乐作奏乐腾踏状。具体情况如下（左右以主尊方向为准）：左侧狮子外六身伎乐，前排从左至右第一身上身残，由造像碑 WSZ48 同类伎乐可知，残存的右手持桴，缺失的左手应夹着长筒鼓，左腿弯曲，右腿高抬；第二身横置琵琶于胸前，左手握琵琶颈部，右手拨弦，此处雕刻漫漶，故不知右手是否持拨子，所奏为四弦曲项琵琶，左腿后踢，贴近臀部，右腿弯曲而立；第三身两手正反对握吹奏横笛，左腿高抬及右肘，右腿弯曲而立；后排三身仅雕出头部，非常简略。右侧狮子外六身伎乐，前排自左至右第一身左臂掩于狮后，右臂高举铙钹置于左

图一 造像碑正面照片

耳侧,左腿高抬,右腿弯曲而立;第二身双手捧排箫吹奏,左腿弯曲而立,右腿高抬;第三身双手捧乐器于身体左侧,乐器残,双腿交叉,左足尖点地,右脚掌着地;后排三身仅雕出头部。

造像碑最下部为十七身伎乐雕于圆弧形平面上。中间一身头部残缺,上身穿宽袖衫,腰间系带,下身穿贴身长裤,脚蹬尖角翘头靴,高抬右腿,左腿弯曲着地,左手上举麈尾扇,右手于腰间持一长条状物,细部模糊,肘后部分有竖刻线四道。两侧各有伎乐八身,向中间持麈尾者倾斜,头部多残,只有右列吹笛伎乐和左列弹阮歌唱伎乐头顶绾发髻,垂于两侧。伎乐上身内着抹胸,外套宽袖大襦,披帛绕肩垂于体侧,腰间系绦带,于胸前打结后下垂至膝,下身着曳地长裙,足蹬笏头履,挽起裙边,便于行走,具体情况如下:左侧从左至右第一、二身双手上举耳侧,作歌咏状;第三身弹奏阮咸;第四身双手捧笙吹奏;第五身双手持排箫吹奏;第六身双手持铙钹;第七身双手拍击挎于腹前的腰鼓;第八身残,对照右侧相同图像,为双手举翟于胸前。右侧从左至右第一身,双手举翟于胸前;第二身腹前斜挎腰鼓,双手抬起作拍击状;第三身击铙钹;第四身双手捧排箫吹奏;第五身双手捧笙吹奏;第六身双手正反对握吹奏横笛;第七、八身双手上举耳侧,作歌咏状。

造像碑左侧长方框内雕一神王,有头光,满脸胡须,右手上举,左手握环首刀,脚踩莲座。右侧长方框内亦雕一神王,有头光,戴宝冠,双手拄杖,脚踩莲座。造像碑 WSZ50 没

美术与宗教

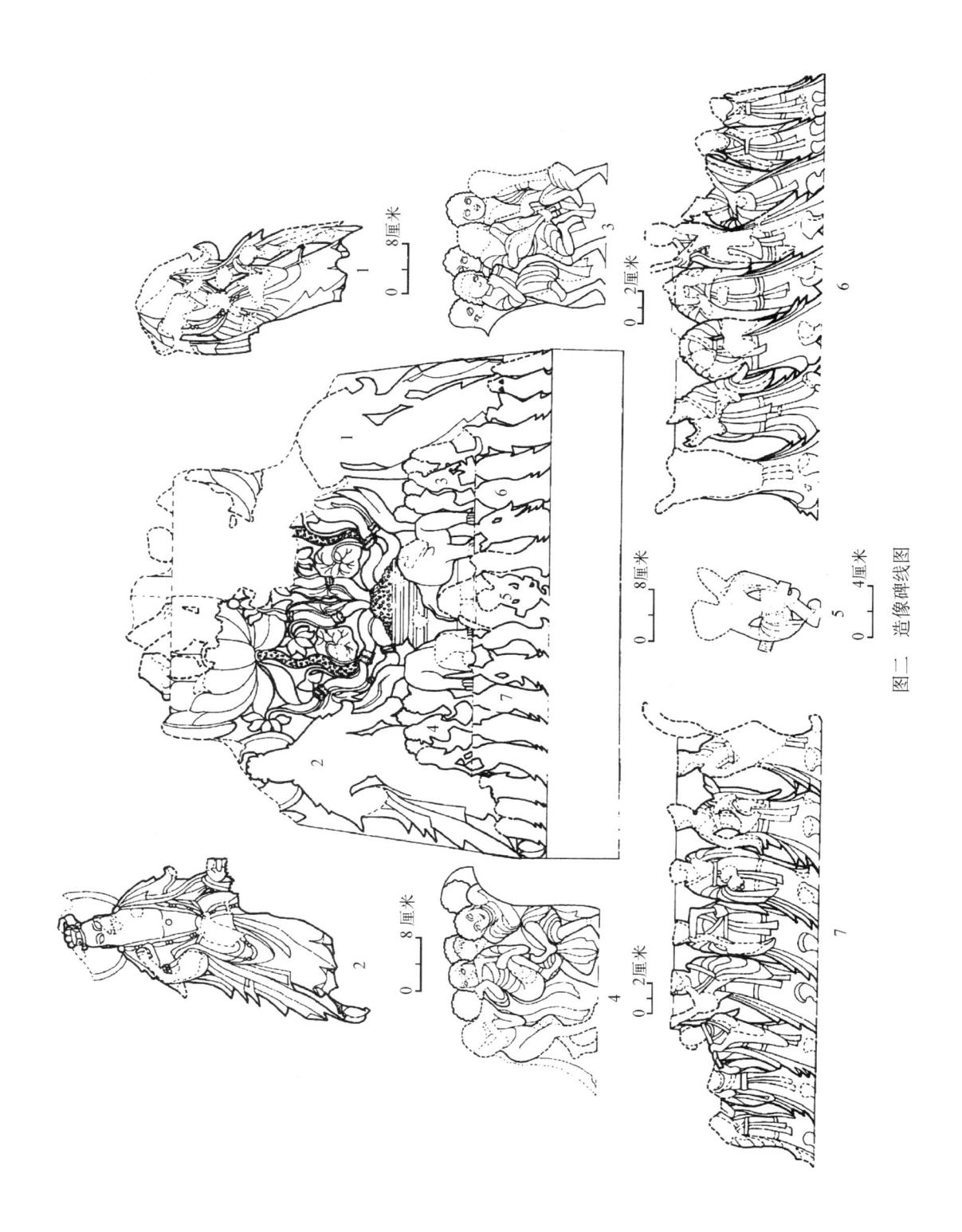

图二 造像碑线图

有纪年,正面造像的布局、样式与同出于万佛寺遗址的较完整的造像碑WSZ48相似,时代为萧梁中晚期①。

整个伎乐由上下两部分组成,共二十九身,上部中间由香炉、两狮子隔开,每边各六身;下部中间一持麈尾者,两边各对称相向排列伎乐八身。由上排伎乐卷发、高鼻大眼及手持曲项琵琶、横笛等胡乐器,欢腾跳跃等特征来看,应为胡乐。而相对应下排的伎乐娴雅飘逸,为典型的南朝伎乐,其中大多头部残缺,只有右列吹笛伎乐和左列弹阮、歌唱伎乐头顶绾发髻,垂于两侧,由此可知为女伎。

二、造像碑WSZ50下方伎乐与梁元会中的《上云乐》

造像碑WSZ50下方伎乐上排为胡乐,下排为南朝乐舞,一持麈尾者居于中心位置,其头部残损,上身穿宽袖衫,下身长裤,脚蹬尖角靴,为胡装打扮,此造像碑为萧梁后期作品。《隋书·音乐上》中有关于梁三朝元会的记载:"四十四,设寺子导安息孔雀、凤凰、文鹿胡舞登连上云乐歌舞伎。"②是由一西方老胡导弄瑞兽及带领胡汉乐舞表演的形式,为行文方便以下简称梁元会《上云乐》。与此伎乐有关的文献有梁武帝的《上云乐》七曲,周捨的《上云乐》又称《老胡文康词》③,李白拟周捨旧作而成的《上云乐》④。该造像碑上伎乐与上述文献时代接近,构成要素相似,可以互为图说,进行比较。

周捨的《上云乐》是整个梁元会《上云乐》的开场致语,即一首调笑戏谑供元会娱乐的俳歌辞,由老胡文康(倡优假扮)在表演时念唱。内容表现老胡导引诸瑞兽和带领胡儿们舞蹈,向梁武帝祝寿。李白的《上云乐》拟周捨旧作而成,且更加奇幻⑤。现尝试将这两篇《上云乐》与造像碑WSZ50中的持麈尾者和上部胡乐进行比较。

造像碑WSZ50中的持麈尾者,可与《上云乐》中的老胡文康相对比。周捨云:"西方老胡,厥名文康。遨游六和,傲诞三皇。西观濛汜,东戏扶桑。南泛大蒙之海,北至无通之乡。昔与若士为友,共弄彭祖扶床。往年暂到昆仑,复值瑶池举觞。周帝迎以上席,王母赠以玉浆。故乃寿如南山,志若金刚。"李白云:"金天之西,白日所没。康老胡雏,生彼月窟……大道是文康之严父,元气乃文康之老亲。扶顶弄盘古,推车转天轮。云见日月初生时,铸冶火精与水银。阳乌未出谷,顾兔半藏身。女娲戏黄土,团作愚下人。散在六合间,濛濛若沙尘。生死了不尽,谁明此胡是仙真。西海栽若木,东溟植扶桑。别来几多时,枝叶万里长……老胡感至德,东来进仙倡。"可见老胡文康为倡优假扮的西方仙人形象,所演乐舞多神仙之事。造像碑WSZ50中持麈尾者下身着长裤,脚蹬尖角靴,身穿胡服又位居

---

① 雷玉华:《成都地区南朝佛教造像研究》,见《成都考古研究》,北京:科学出版社,2009年,第635~637页。
② 《隋书》卷十三《音乐上》,北京:中华书局,1973年,第303页。
③ (宋)郭茂倩编:《乐府诗集》卷第五十一《清商曲辞八》,北京:中华书局,1979年,第746、747页。
④ (清)王琦注:《李太白全集》卷之三《乐府三十首》,北京:中华书局,1977年,第204页。
⑤ 许云和:《汉魏六朝文学考论》,上海:上海古籍出版社,2006年,第235~240页。

整个伎乐的中心,符合老胡文康的形象。又李白将"老胡文康"称为"康老胡雏",依据李白的说法,《上云乐》中胡乐或来源于康国,即中古中亚地区粟特人的一支。

老胡的相貌,周捨云"青眼眢眢,白发长长。蛾眉临髭,高鼻垂口";李白云"巉岩容仪,戍削风骨。碧玉炅炅双目瞳,黄金拳拳两鬓红。华盖垂下睫,嵩岳临上唇。不睹谲诡貌,岂知造化神"。具有西域胡人的特征。造像碑WSZ50上持麈尾者头部虽然残缺,但造像碑WSZ50上排胡伎乐也是满头卷发、高鼻深目的。

老胡导弄指挥,周捨云"非直能俳,又善饮酒。箫管鸣前,门徒从后。济济翼翼,各有分部。凤皇是老胡家鸡,师子是老胡家狗";李白云"五色师子、九苞凤皇,是老胡鸡犬鸣舞飞帝乡"。老胡为整个乐舞组合的指挥,表现在文物图像上,下排伎乐居中者左手持麈尾,右手握带流苏棍状物,蹬踏跳跃,指挥整个乐队。造像碑WSZ50上两狮子俯身举爪,表现得非常亲昵,没有了护法狮子的威严,但这是否就是表现老胡导弄狮子,笔者持保留态度。在成都出土的其他没有表现伎乐的南朝造像上也有此类呈嬉戏状的狮子,其含义就是护法狮子,出现在伎乐中,只是借用已有的"图式"。或许此处伎乐中出现的狮子具有了佛教护法狮子与百戏中导弄的瑞兽的双重含义。

胡儿歌舞,周捨云"从者小子,罗列成行。悉知廉节,皆识义方。歌管愔愔,铿鼓锵锵。响震钧天,声若鹓皇。前却中规矩,进退得宫商。举技无不佳,胡舞最所长";李白云"淋漓飒沓,进退成行,能胡歌,献汉酒,跪双膝,并两肘,散花指天举素手"。比较造像碑WSZ50上排的西胡伎乐,蹬踏跳跃,表演胡舞,持曲项琵琶、横笛等西域乐器,图文之间基本上是相符合的。

造像碑WSZ50下排的南朝伎乐,可与梁元会《上云乐》中梁武帝御制的《上云乐》七曲相对应。《上云乐》七曲是改西曲歌而成,接近建康流行的吴声,而吴声、西曲都属于清商乐。历史上著名的法曲,就是清商乐与胡乐结合而成的,以清商为主,胡乐为辅。大约产生于梁武帝时的法乐,包括道曲与佛曲,经常是彼此融合的。《隋书·音乐上》云:"(梁武)帝既笃敬佛法,又制《善哉》、《大乐》、《大欢》、《天道》、《仙道》、《神王》、《龙王》、《灭过恶》、《除爱水》、《断苦轮》十篇,名为正乐,皆述佛法。"①其中《仙道》显然带有浓厚的神仙色彩,与其他佛教乐曲一起名为"正乐",用来宣传佛教。释与道,仙与佛不分,为梁武帝法乐的特色②。造像碑WSZ50下排伎乐所持乐器有腰鼓、铙钹、排箫、笙、横笛、阮等,为传统清商乐与胡乐混杂的形式,演奏的是萧梁时期的法曲。

由上文的对比可知,万佛寺造像碑WSZ50所表现的是老胡形象的伎乐左手持麈尾,右手持带流苏棍状物,居中指挥整个乐队;上排乐队为具有西域胡人因素、跳胡舞的伎乐;下排为演奏萧梁法曲的南朝伎乐。

---

① 《隋书》卷十三《音乐上》,第305页。
② 邱琼荪:《燕乐探微》,上海:上海古籍出版社,2007年,第44~56页。

三、造像碑 WSZ50 下方伎乐的意义

　　此种伎乐形象与南北朝时期空中飞舞的伎乐天不同,表现为在造像正下方脚踏实地舞蹈的伎乐人形象。早在印度桑奇大塔石围栏上就有伎乐人供养佛塔的雕刻①。后秦佛陀耶舍等译的《佛说长阿含经》卷三记载:"佛告阿难:天下有四种人,应得起塔,香花缯盖伎乐供养。何等为四? 一者如来,应得起塔,二者辟支佛,三者声闻人,四者转轮王。阿难,此四种人应得起塔,香华缯盖伎乐供养。"②可为其注解。又姚秦鸠摩罗什译《妙法莲华经》卷一记载:"若使人作乐,击鼓吹角具(贝)。箫笛琴箜篌,琵琶铙铜钹。如是众妙音,尽持以供养。或以欢喜心,歌呗颂佛德。乃至一小音,皆以成佛道。若人散乱心,乃至以一华。供养于画像,渐见无数佛。或有人礼拜,或复但合掌。乃至举一手,或复小低头。以此供养像,渐见无量佛。"③即以伎乐人演奏诸种乐器来供养佛。故造像碑 WSZ50 及其他四川出土的南朝佛教造像底座正面的伎乐为佛教供养伎乐人。

　　与造像碑 WSZ50 形式相同的造像碑 WSZ48,有关专家考订其背面的经变画表现的是法华经变④。而造像碑正面的两位主尊,李裕群先生推定为双观音⑤。故整个造像碑表现的是西方净土题材,造像碑 WSZ50 下方的伎乐人为西方净土世界中的供养伎乐人。而梁元会《上云乐》是一个把祝寿、外国朝贡、佛教、道教结合在一起的大型散乐组合。梁武帝与臣下周捨等人,于天监十一年(公元 512 年)冬改作此伎目,是为天监十二年(公元 513 年)元会上庆祝其五十大寿之用⑥。老胡文康为西方神仙,其中的长生因素受到西汉中期以来以西王母和不死仙药为中心的西方求仙观念的影响⑦。《上云乐》中胡曲《散花》为佛教乐曲,僧人法云帮助梁武帝改制《上云乐》,南北朝散乐百戏常被用作佛教伎乐供养⑧,故万佛寺造像碑 WSZ50 上的伎乐人,为我们提供了梁元会《上云乐》被用作佛教供养伎乐的确切证据。

　　梁元会《上云乐》中含有老胡文康、西王母等西方升仙因素,也含有《散花》曲等佛教因素,既可演于朝会,也可作为佛教供养伎乐演出,甚至被表现在具有西方净土色彩的造像碑上。这可能与南北朝时期人们的观念有关,即西汉中期以来的西方求仙观念依旧有

---

① [日]宫治昭著,李萍、张清涛译:《涅槃和弥勒的图像学》,北京:文物出版社,2009 年,第 20 页。
② (后秦)佛陀耶舍:《佛说长阿含经》卷三,见《大正新修大藏经》第 1 册,台北:新文丰出版公司,1996 年,第 20 页。
③ (姚秦)鸠摩罗什:《妙法莲华经》卷一,《大正新修大藏经》第 9 册,第 9 页。
④ [日]吉村怜:《南朝的法华经普门品变相》,《佛教艺术》第 162 期;赵声良:《成都南朝浮雕弥勒经变与法华经变考论》,《敦煌研究》2001 年第 1 期。
⑤ 李裕群:《试论成都地区出土的南朝佛教石造像》,《文物》2000 年第 2 期。
⑥ 许云和:《汉魏六朝文学考论》,上海:上海古籍出版社,2006 年,第 229~259 页。
⑦ 王煜:《西王母地域之"西移"及相关问题讨论》,《西域研究》2011 年第 3 期。
⑧ [日]服部克彦:《中国における佛教と娱乐芸能—特に北魏洛阳时代の佛教寺院に关して》,《印度学佛教学研究》第 13 册,1965 年。

所延续,而佛教的西方净土信仰又在此时方兴未艾。当时的人们在开始接受西方净土信仰的时候,可能用西汉以来的西方求仙观念来理解之。净土初祖昙鸾求长生术于陶弘景①,为一鲜明例证。

四、道教上清派对《上云乐》七曲的影响

上文讨论了造像碑下排伎乐演奏的是融合南朝清商乐与西域胡乐的法曲,依据整个伎乐包含胡汉两支乐队的结构,其可能表现的是演奏梁武帝所作《上云乐》七曲的南朝伎乐。周捨《上云乐》为倡优假扮的老胡所念唱的俳歌辞,总括全伎内容,老胡读俳并调度指挥全伎表演。所演内容为老胡文康因得到王母玉浆而不死成仙,导弄西域瑞兽、胡歌和胡舞等表演于梁元会上,向梁武帝祝寿,并以"老胡寄箧中……老耄多所忘"引出《上云乐》七曲。而《上云乐》七曲所咏的仙境仙真属于茅山道派的上清经法,除第六首《金丹曲》歌咏服食仙药外,所咏仙境依次为凤台、桐柏山、方丈山、方诸山、玉龟山及金陵句曲山等。此类仙境的次序由天上宫府的凤台以至人间福地的句曲,可见其排列次序中隐有特殊用意。其中《金丹曲》置于第六,暗寓服丹新升而乐游洞天之意。萧梁帝室本就出自道教盛行的滨海地域,"武帝若年好事,先受道法;及即位,尤自上章"②。即位之后虽改信佛教,仍敬奉陶弘景;依道教斋醮制作《上云乐》以歌颂神仙③。七曲的含义及其中西方升仙的线索笔者分析如下。

梁武帝《上云乐》第一曲《凤台曲》:"和云:'上云真,乐万春。'凤台上,两悠悠。云之际,神光朝天极,华盖遏延州。羽衣昱耀,春吹去复留。"④凤台为太上玉晨大道君所居天上宫阙之一,在玉清妙境⑤。据《上清明堂元真经诀》记载:"白玉龟台九灵太真元君西王母受说《明堂玄真经》曰:'大上玄玄,二气洞明。玄真内映,明堂外清。吞吸二晖,长生神精。上补司命,监御万灵。六华充溢,彻见黄宁。'凡四十字,太上刻于凤台南轩也。非总真弟子而不教,非司命之挺而不传矣。"夹注曰:"玄挺录名,应得主司命录者,皆先受行此道。"⑥故《明堂玄真经》由太上玉晨大道君刻于凤台上,并由西王母传授于"应得主司命录者"。《登真隐诀》第四佚文曰:"玄真白玉龟台,《明堂玄真经》在其中。"⑦据《太元真人东岳上卿司命真君传》记载:"后二十年,(茅盈)从王君西至龟山见王母……于是(王母)口告盈以玉珮金珰之道、太极玄真之经。"⑧又《上清明堂元真经

---

① 汤用彤:《汉魏两晋南北朝佛教史》,北京:中华书局,1983年,第577~583页。
② 《隋书》卷三十五《经籍四》,第1093页。
③ 李丰楙:《忧与游:六朝隋唐游仙诗论集》,台北:学生书局,1984年,第19、153~159页。
④ (宋)郭茂倩:《乐府诗集》第五十一卷《清商曲辞八》,第745、746页。下文所引《上云乐》七曲皆据此。
⑤ (梁)陶弘景撰,王家葵辑校:《登真隐诀辑校》,北京:中华书局,2011年,第114页;(梁)陶弘景纂,(唐)闾丘方远校定,王家葵校理:《真灵位业图校理》,北京:中华书局,2013年,第54页。
⑥ (梁)陶弘景撰,王家葵辑校:《登真隐诀辑校》,第297页。
⑦ (梁)陶弘景撰,王家葵辑校:《登真隐诀辑校》,第129、130页。
⑧ (宋)张君房编:《云笈七签》,北京:中华书局,2003年,第2256、2257页。

诀》夹注曰："昔司命（茅盈）受玄真于王母及总真诀，教行之三年，色如女子，日有流光，面生玉泽。司命使以经存之法授二弟，竭诚精思，三年之中，神光乃见尔，乃更受缠旋之事，故得为定录保命之位矣。"①明堂玄真法见于《上清握中诀》卷下之《茅君传行事诀》②。可见西王母将太上玉晨大道君刻于凤台的《明堂玄真经》传于茅盈，茅盈又传于二弟茅固、茅衷。故由第一曲《凤台曲》引出《明堂玄真经》，之后第五曲《玉龟曲》写西王母，第七曲《金陵曲》写三茅君，三曲相呼应，以王母传经授道于三茅君构成《上云乐》七曲整个故事的主线。

第二曲《桐柏曲》："和云：'可怜真人游。'桐柏真，升帝宾。戏伊谷，游洛滨。参差列凤管，容与起梁尘。望不可至，徘徊谢时人。"写桐柏真人王子乔。《道藏》有唐代上清派宗师司马承祯撰《上清侍帝晨桐柏真人真图赞并序》，其事迹以《真诰》为主，共十一幅图，前数幅内容依据《列仙传》，第七以后即采用上清派说法："第七，上清天高圣太上玉晨玄皇大道君，为万道之主。诸真之所尊奉，世学之所宗禀。得道登仙者，必诣金阙，而朝拜受事焉⋯⋯王君是焉，敬承圣旨。图画天上上清宫阙，作道君形像，仙真侍卫，作二童侧立共捧案，案上有玉策，并作一真人侧立宣付王君。第八，王君于金阙拜受策命，号曰侍帝晨领五岳司右弼王桐柏真人。既承圣旨，将赴洞宫⋯⋯图画王君乘云车羽盖，仙灵侍从，旌节导引，龙鹤飞翔，从天而降，欲赴桐柏山洞宫事。第九，天台山一名桐柏棲山，山有洞府，号曰金庭宫⋯⋯王君处焉，以理幽显，侍弼帝晨。有时朝奉，领司诸岳群神，于兹受事矣。图画桐柏山，作金庭洞宫，王君坐在宫中，众仙侍卫，并五岳君各领佐命等百神来拜谒。"③可见王子乔赴上清金阙朝拜太上玉晨大道君，受策命为侍帝晨领五岳司右弼王桐柏真人，以桐柏山为洞府，统领山岳众神。与第一曲《凤台曲》中所咏太上玉晨大道君事，前后连贯。又桐柏山本在今河南，南北朝时，南方道教以天台山为桐柏，称金庭洞天。《真诰》云："越桐柏之金庭，吴句曲之金陵，养真之福境，成神之灵墟也。"陶弘景注释："此即桐柏帝晨所说，言吴越之境，唯此两金最为福地者也。"④桐柏与金陵对应，而第七曲为《金陵曲》，此种安排与上清派仪轨有关。

第三曲《方丈曲》："方丈上，峻层云。把八玉，御三云。金书发幽会，碧简吐玄门。至道虚凝，冥然共所遵。"《真诰》记载："北元中玄道君李庆宾之女，太保玉郎李灵飞之小妹，受书为东宫灵照夫人，治方丈台第十三朱馆中。"⑤灵照李夫人居东海方丈山，为南北朝时上清经派降真记录中经常出现的仙真。《方丈曲》中"金书发幽会，碧简吐玄门"一句，与《方诸曲》中"搋金集瑶池，步光礼玉晨"相对应，从而引出第四曲《方诸曲》所咏的东华青童君。

第四曲《方诸曲》："和云：'方诸上，可怜欢乐长相思。'方诸上，上云人。业守仁，搋金

---

① （梁）陶弘景撰，王家葵辑校：《登真隐诀辑校》，第300页。
② （梁）陶弘景撰，王家葵辑校：《登真隐诀辑校》，第293、294页。
③ （梁）陶弘景纂，（唐）闾丘方远校定，王家葵校理：《真灵位业图校理》，第57页。
④ （梁）陶弘景撰，赵益点校：《真诰》，北京：中华书局，2011年，第194、195页。
⑤ （梁）陶弘景撰，赵益点校：《真诰》，第43、326页。

集瑶池,步光礼玉晨。霞盖容长肃,清虚伍列真。"《真诰》云:"方诸正四方,故谓之方诸。"①为东华青童君的治所。《方诸曲》中"摐金集瑶池,步光礼玉晨"一句,"摐金集瑶池"为青童君、王子乔、灵照李夫人等仙真集于王母瑶池,"步光礼玉晨"指众仙真参拜玉晨大道君。青童君"东华定名"与西王母"西龟定录"一样,都保有传经、定录的地位,东、西二圣从定位作为对称的"上圣"而列名于上清玄纪的"七圣"中。在上清经派的升登神话与仪式中,修道者需求西王母或青童君作为接引者,先希求其降真启蒙问道,而后完成接引之任,定录与升登是修道者所要达成的终极目标②。由此而引出歌咏西王母的《玉龟曲》。

第五曲《玉龟曲》:"和云:'可怜游戏来。'玉龟山,真长仙。九光耀,五云生。交带要分影,大华冠晨缨。耆如玄罗,出入游太清。"《墉城集仙录》中《西王母传》记载:"西王母者,九灵太妙龟山金母也,一号太灵九光龟台金母,亦号曰金母元君,乃西华之至妙洞阴之极尊……又以西华至妙之气,化而生金母焉。金母生于神洲伊川,厥姓猴氏,生而飞翔,以主阴灵之气,理于西方,亦号王母……所居宫阙,在龟山之舂山西那之都,昆仑玄圃阆风之苑,有金城千重,玉楼十二,琼华之阙,光碧之堂,九层玄台,紫翠丹房,左带瑶池,右环翠水,其山之下,弱水九重……茅君从西城王君诣白玉龟台朝谒王母,求乞长生之道曰:'盈不肖之躯,慕龙凤之年,欲以朝菌之脆,求积朔之期。'王母愍其勤志,告之曰:'吾昔师元始天王及皇天搏桑帝君,授我以玉珮金珰二景缠练之道,上行太极,下造十方,溉月咀日,以入天门,名曰玄真之经,今以授尔,宜勤修焉。'"③又《释九灵太妙龟山元录》记载:"龟山在天西北角,周回四千万里,高与玉清连界,西王母所封也。"④西王母为汉地本土神祇,以汉武帝交通西域为背景,西汉中期以后成为西方仙境的代表而可能与西域神话结合,随着人们对西域认识的逐渐扩展而不断西移,总在当时认识的极西之地。西王母成为西方拥有不死之药、能令人升天成仙的女神。形成了以昆仑、天门和西王母为中心的西方升仙信仰体系。而之后的道教也将这种西王母信仰纳入自己的信仰体系中⑤。故茅盈从其师西到玉龟山谒见王母求仙的故事受到了西汉中期以来以昆仑、天门和西王母为中心的西方升仙思想的影响。

第六曲《金丹曲》:"和云:'金丹会,可怜乘白云。'紫霜耀,降雪飞。追以还,转复飞。九真道方微,千年不传,一传裔云衣。""紫霜耀,降雪飞"为上清派对仙丹的描写。"九真道方微,千年不传,一传裔云衣",在道教经典的传授科禁中,以悠长的时间强调道授有缘,这是有所承袭的教内通说⑥,可与上清经派关于九转丹的记载比较。《华阳陶隐居内传》

---

① (梁)陶弘景撰,赵益点校:《真诰》,第160、161页。
② 李丰楙:《王母、王公与昆仑、东华:六朝上清经派的方位神话》,见《仙境与游历:神仙世界的想象》,北京:中华书局,2010年,第147~174页。
③ (宋)张君房编:《云笈七签》,第2527~2530页。
④ (宋)张君房编:《云笈七签》,第150页。
⑤ 王煜:《西王母地域之"西移"及相关问题讨论》,《西域研究》2011年第3期;《四川汉墓出土"西王母与杂技"摇钱树枝叶试探——兼论摇钱树的整体意义》,《考古》2013年第11期。
⑥ 李丰楙:《仙境与游历:神仙世界的想象》,第218、219页。

卷中:"九转神丹升虚上经,是太极真人传长里先生,长里先生传西城总真王君,王君传太元真人也。"①又《太平御览》卷六百七十一引《登真隐诀》:"太极真人昔以神方一首传长里先生,先生姓薛,自号长里,周武王时人也。先生以传西域总真王君,即金阙圣君之上宰也。按餟饭方受西梁真人所传,时在大宛北谷,今长里传九转,乃周初间。是为受服餟饭三四百年后,乃合此丹。盖司命剑经序也。总真王君传太元真人,即东卿司命茅大君也。以汉武帝天汉三年受之,时年四十八。后又以付二弟,并各赐成丹一剂。司命既传二弟,而不载于此,当以王君命使付,非正次传授也。"②本段可能为陶弘景撰《登真隐诀》的佚文,主要涉及九转丹,正文与陶注相杂③。其中"按餟饭方受西梁真人所传,时在大宛北谷,今长里传九转,乃周初间。是为受服餟饭三四百年后,乃合此丹。盖司命剑经序也",与"后又以付二弟,并各赐成丹一剂。司命既传二弟,而不载于此,当以王君命使付,非正次传授也",可能为陶弘景的注释。三茅君得九转丹法也与西王母有关。《仙苑编珠》卷中记载:"大茅君,字叔申(茅盈),年十八,入恒山学道,师西城王君。诣龟山,得九转还丹。至汉元帝时,仙官下降,授玉皇九锡,为太元真人东岳上真卿吴越司命君,治天台赤城洞。弟字季伟(茅固),服太极九转丹,为吴越定录君。弟字思和(茅衷),所学与中茅同,为三官保命君,封掌川源,监植芝英也。"④故茅盈于西王母处得玄真经书与九转丹法,以助升天成仙,并将经书与丹法传于二弟茅衷、茅固,也使其成仙。

第七曲《金陵曲》:"勾(句)曲仙,长乐游洞天。巡会迹,六门揖,玉板登金门,凤泉回肆,鹭羽降寻云。鹭羽一流,芬芳郁氛氲。"据《茅司命传》记载:"君曰:'仙道有九转神丹,服之化为白鹄。'"⑤正好与《金陵曲》中"凤泉回肆,鹭羽降寻云。鹭羽一流,芬芳郁氛氲"数句相合,写三茅君得《明堂玄真经》和九转丹而升仙后,乘鹄游于句曲山。此传说见《真诰》记载:"句曲山……汉有三茅君来治其上,时父老又转名茅君之山。三君往曾各乘一白鹄,各集山之三处,时人互有见者,是以发于歌谣,乃复因鹄集之处,分句曲之山为大茅君、中茅君、小茅君三山焉。总而言之,尽是句曲一山耳,无异名也。"⑥歌谣见《太元真人东岳上卿司命真君传》:"父老歌曰:'茅山连金陵,江湖据下流。三神乘白鹄,各治一山头。召雨灌旱稻,陆田苗亦柔。妻子咸保室,使我无百忧。白鹄翔青天,何时复来游。'"又同传记载茅盈受录为东岳上卿司命,治赤城玉洞之府,与二弟于茅山临别时曰:"吾今去矣,便有局任,不得复数相往来,旦夕相见。要当一年再过来于此山,三月十八日、十二月二日期要吾师及南岳太虚赤真人游盼于二弟之处也,将可记识之。及有好道者,待我于是

---

① (梁)陶弘景撰,王家葵辑校:《登真隐诀辑校》,第188页。
② (宋)李昉等撰:《太平御览》卷六百七十一引《登真隐诀》,北京:中华书局,1960年,第2990页。
③ (梁)陶弘景撰,王家葵辑校:《登真隐诀辑校》,第185页。
④ (梁)陶弘景撰,王家葵辑校:《登真隐诀辑校》,第140、141页。
⑤ (梁)陶弘景撰,赵益点校:《真诰》,第81页。
⑥ (梁)陶弘景撰,赵益点校:《真诰》,第192页。

乎。吾自当料理之,以相教训未悟。"①故此曲写三茅君及诸仙真游会于句曲山,并以仙真降诰的形式开悟有志学仙求道者。

《金陵曲》所述"勾(句)曲仙,长乐游洞天"为道教神仙所治的洞天福地,乃是实际地理的宗教化、圣神化。道教地理乃源于纬书地理说,金陵为南朝都城之所在,茅山为茅君所领治之山,为南朝上清经派的本山。《上云乐》七曲的歌辞与六朝晚期的道教化游仙诗有关,因其着重仙境的描写,在遣辞用字上多使用仙言仙语,即扶箕降笔的仙真歌辞②。笔者推测《上云乐》七曲所写上清道教故事与《茅君内传》有关。《隋志》著录有"《太元真人东乡司命茅君内传》一卷,弟子李遵撰"③,东乡司命当是东岳上卿司命。据陈国符研究,茅三君传系定录中君茅固降授长史许谧,为东晋出世的仙传。又推测其撰成乃增益父老传说。《茅君内传》至李遵之手编撰完成,其所增益当与上清经派有关。李遵所撰之本,目前仅能依据《云笈七签》卷一百零四《太元真人东岳上卿司命真君传》,而此本显然已有佚失之处④。

《上云乐》七曲,写王母将九转丹和玉晨大道君刻于凤台上的《明堂玄真经》授于茅盈,以茅盈及茅固、茅衷三兄弟成仙为主线,伴随王子乔、灵照李夫人、青童君、西王母等仙真游会降诰的场景。《墉城集仙录》中《西王母传》记载:"又大茅君盈南治句曲之山,元寿二年八月己酉,南狱(岳)真人赤君、西城王君、方诸青童并从王母降于茅盈之室……五帝君各以方面车服降于其庭,传大帝之命,赐盈紫玉之版,黄金刻书九锡之文,拜盈为东狱(岳)上卿司命真君太元真人,授事讫俱去。王母及盈师西城王君为盈设天厨酣宴,歌玄灵之曲。宴罢,王母携王君及盈,省顾盈之二弟,各授道要。"⑤西王母定录、青童君定名,得到此两"上圣"的接引,才能成仙。据学者考证东晋初期《茅君内传》原有仙真降诰作乐的情节⑥。故《上云乐》七曲可能是模仿东晋《茅君内传》故事,以上清派道教斋仪为背景,仿仙真降诰的形式写成的仙歌。梁武帝的《上云乐》不仅是以仙真降诰的笔法模写三茅君得道的故事,其所咏仙境由天上凤台到南朝都城所在的金陵福地,展现了上清经派的宗教舆图,所述神仙次序与陶弘景撰《真灵位业图》的神灵谱系一致⑦。以《金陵曲》作为整套乐曲的结束,暗示梁武帝在其国都就可成仙长生。诸仙真游会降诰的对象正是梁武帝本人,通过模拟的神仙接引场景来满足其长生不死的愿望。这种降诰仙歌的表演形式或是以乐人代表众仙,分别歌唱而近于讲唱,是乱文而近于戏文,已是具有完整故事情节的

---

① (宋)张君房编:《云笈七签》,第2262页。
② 李丰楙:《六朝乐府与仙道传说》,见《忧与游:六朝隋唐仙道文学》,北京:中华书局,2010年,第156、157页。
③ 《隋书》卷三十三《经籍二》,第979页。
④ 陈国符:《道藏源流考》,台北:古亭书屋,1975年,第9~11页;李丰楙:《仙境与游历:神仙世界的想象》,第182页。
⑤ (宋)张君房编:《云笈七签》,第2536、2537页。
⑥ 李丰楙《〈汉武内传〉研究》,见《仙境与游历:神仙世界的想象》,第187页。
⑦ (梁)陶弘景撰,王家葵辑校:《真灵位业图校理》,第23~27页。

具有宗教色彩的戏剧了①。故任半塘先生认为梁元会《上云乐》是已知我国最古的故事情节完整的戏剧,其上承汉代"总会仙倡"下启元代之"神仙道化"剧②。

《上云乐》七曲中西王母成为求道者升仙的关键。在南朝西王母为上清派谱系中的上仙,但从其所居龟山在天西北角,茅盈西至龟山谒见王母求经书与丹药,以及王母与众仙降诰接引三茅君升天成仙的记载来看,应是受到西汉中期以来以西王母、昆仑和天门为中心的西方求仙观念的影响。故梁元会《上云乐》受到汉代西方求仙思想的影响,以中原礼制四夷宾服观念为基础,在继承汉代散乐百戏中神仙思想与西域因素的基础上加入当时兴起的道教上清派思想和粟特乐舞。梁元会《上云乐》的胡乐部分表现西方老胡文康因得到王母玉浆而不死成仙,导弄西域瑞兽、胡歌和胡舞等表演于梁元会上,向梁武帝祝寿。老胡文康及胡儿歌舞作为西域来的祥瑞引出《上云乐》七曲。《上云乐》七曲以王母度化三茅君成仙为主线,伴随上清诸真降诰,表明梁武帝在金陵便可长生成仙。

五、从《上云乐》到《文康乐》的流变

《上云乐》与《文康乐》同源,董每戡先生较早注意到此问题③。近年来黎国韬先生在《〈老胡文康乐〉的东传与改编》一文中将宋人陈旸《乐书》卷一百八十三关于《上云乐》的记载与《隋书·音乐志》关于《文康乐》(《礼毕》)的记载进行比较,发现两者有相同的舞曲《散花》和《单交路》,为《文康乐》(《礼毕》)与《老胡文康乐》(黎先生提出的概念比拟周捨的《上云乐》题为"老胡文康辞",用来定义《上云乐》的胡乐部分)同源关系的极有力证据④。

先将《隋书·音乐下》中关于《文康乐》的史料罗列于下,再来考证其与《上云乐》的关系。《隋书·音乐下》记载:"始开皇初定令,置七部乐:一曰国伎,二曰清商伎,三曰高丽伎,四曰天竺伎,五曰安国伎,六曰龟兹伎,七曰文康伎。""及大业中,炀帝乃定清乐、西凉、龟兹、天竺、康国、疏勒、安国、高丽、礼毕,以为九部。""礼毕者,本出自晋太尉庾亮家。亮卒,其伎追思亮,因假为其面,执翳以舞,象其容,取其谥以号之,谓之为《文康乐》。每奏九部乐终则陈之,故以礼毕为名。其行曲有《单交路》,舞曲有《散花》。乐器有笛、笙、箫、篪、铃盘、鞞、腰鼓等七种,三悬为一部。工二十二人。"⑤据上引《隋书·音乐下》的记载,在隋七、九部乐中,都以《文康乐》作为宴乐的结束曲目,故也称为《礼毕》,其得名与晋太尉庾亮的谥号"文康"有关。

关于庾亮与《文康乐》,较早的文献资料除《隋书·音乐下》外,还见于《颜氏家训》:"或问:'俗名傀儡子为郭秃,有故事乎?'答曰:'风俗通云诸郭皆秃,当是前代人有姓郭而

---

① 李丰楙:《孟郊〈列仙文〉与道教降真诗》,见《忧与游:六朝隋唐仙道文学》,第139、140页。
② 任半塘:《唐戏弄》,上海:上海古籍出版社,2006年,第1264页。
③ 董每戡:《说"礼毕"——"文康乐"》,见《说剧:中国戏剧史专题研究论文集》,北京:人民文学出版社,1983年,第109、110、117页。
④ 黎国韬:《〈老胡文康乐〉的东传与改编》,《西域研究》2012年第1期。
⑤ 《隋书》卷十五《音乐下》,第376、377、380页。

病秃者,滑稽戏调,故后人为其象,呼为郭秃,犹文康象庾亮耳。'"刘盼遂解曰:"庾亮字文康,胡俳虽名文康,然其实非元规,犹傀儡子名郭秃,而实非郭秃也。"①老胡文康用《颜氏家训》的记载解释就是老胡假面,与庾亮故事有关的"文康"作为假面舞代称的观念,可能至迟在南北朝中晚期就已经存在了,应是有所依托而非"元规"(中古时期以人名为伎艺名代称的还有郭秃与傀儡,俳戏称古掾曹等②)。又《晋书》记载庾亮美姿容,庾亮及其家族都认为胡人是丑恶的③,若其家伎作过《文康乐》,采用庾氏家族厌恶的丑胡来纪念庾亮,这是无法说通的。既然《文康乐》的本源就是《上云乐》,为何《隋书·音乐下》关于《文康乐》的记载对《上云乐》只字未提,却在其来源方面采用庾亮家伎假为其面,以其谥号文康为乐舞名这一说法呢?

《文康乐》得名来源于庾亮谥号的记载有其历史原因。《隋书·音乐下》记载:"开皇二年,齐黄门侍郎颜之推上言:'礼崩乐坏,其来自久。今太常雅乐,并用胡声,请凭梁国旧事,考寻古典。'高祖不从,曰:'梁乐亡国之音,奈何遣我用邪?'是时尚因周乐,命工人齐树提检校乐府,改换声律,益不能通。俄而柱国、沛公郑译奏上,请更修正。于是诏太常卿牛弘、国子祭酒辛彦之、国子博士何妥等议正乐。"④隋文帝称梁乐为"亡国之音",而修礼乐者多为梁、陈旧人,所修礼乐多沿袭南朝旧制⑤,故负责制定礼乐者于具体乐舞名称及记载上有所选择与回避。不能简单地将隋书《文康礼毕》中庾亮家伎作乐的说法看作其本源。《隋书》中所记《文康礼毕》乐器多为清乐部,而依据宋人陈旸《乐书》的记载,乐曲《散花》、《单交路》为胡乐,这是对梁元会所演《上云乐》由假面老胡致辞,导弄瑞兽,众胡儿胡歌胡舞,接《上云乐》七曲(属清商乐)的演出内容进行了刻意选择的记载,只记录其清商部的乐器与胡舞名称,又以"文康"即假面舞这种表演形式来源于庾亮家伎假为其面,以其谥号文康为舞名的故事,对老胡文康即老胡假面的原委进行刻意掩盖。

故《上云乐》在隋初演变为《文康礼毕》,而与庾亮有关的"文康"本来只是就假面舞这种表演形式而言,《隋书》的编修者采用这一至迟流行于南北朝中晚期的说法,是为了刻意回避《上云乐》这一"梁乐亡国之音"的恶名。又《上云乐》向《文康礼毕》的传承,据《旧唐书》卷二十九关于四夷乐的记载:"宋世有高丽、百济伎乐。魏平冯跋,亦得之而未具。周师灭齐,二国献其乐。隋文帝平陈,得《清乐》及《文康礼毕曲》,列九部伎,百济伎不预焉。"⑥比较《唐会要》卷三十三"东夷两国(高丽、百济)乐"条记载:"高丽百济乐,宋朝初得之。至后魏太武灭北燕,亦得之,而未具。周武灭齐,威振海外,二国各献其乐。周人列

---

① 王利器撰:《颜氏家训集解(增补本)》,北京:中华书局,1993年,第504~507页。
② 传(汉)刘歆撰,(晋)葛洪集:《西京杂记》卷四,见《汉魏六朝笔记小说大观》,上海:上海古籍出版社,1999年,第107页。
③ 《晋书》卷七十三《庾亮》,北京:中华书局,1974年,第1915、1925、1933~1935页。
④ 《隋书》卷十四《音乐中》,第345页。
⑤ 陈寅恪:《隋唐制度渊源略论稿·唐代政治史述论稿》,北京:生活·读书·新知三联书店,2009年,第128~136页。
⑥ 《旧唐书》卷二十九《音乐二》,北京:中华书局,1975年,第1069页。

于乐部,谓之国伎。隋文平陈,及《文康礼曲》,俱得之百济。"①《唐会要》成书晚于《旧唐书》,《唐会要》对东夷两国乐的记载,明显源于《旧唐书》卷二十九的记载。比照《旧唐书》中"隋文帝平陈,得《清乐》及《文康礼毕曲》,列九部伎,百济伎不预焉",《唐会要》中"隋文平陈,及《文康礼曲》,俱得之百济"显得非常突兀,似为衍文。又《隋书·音乐上》关于陈朝元会的记载:"其鼓吹杂伎,取晋、宋之旧,微更附益。旧元会有黄龙变、文鹿、师子之类,太建初定制,皆除之。至是(太建六年)蔡景历奏,悉复设焉。"②"文鹿"在"四十四,设寺子导安息孔雀、凤凰、文鹿胡舞登连上云乐歌舞伎"中就有出现,"师子"在周捨《上云乐》中有"师子是老胡家狗"的记载,都是老胡文康导弄的瑞兽,可见《上云乐》(隋时称《文康礼毕》)在陈朝元会中得到保留。故应以《旧唐书》记载为准,《文康礼毕》即改编过的梁元会《上云乐》,与《清商乐》同为隋文帝平陈所得,列入九部伎,只是在后面补充《百济伎》而不在九部中。

六、结　　语

　　梁武帝参与创作的梁元会《上云乐》,形成于建康,用在当时元会中祝圣寿,属散乐百戏。南北朝时散乐百戏可作为佛教供养伎乐演出,僧人法云帮助梁武帝改制《上云乐》七曲,梁元会《上云乐》中的《散花》为佛曲,故梁元会《上云乐》在萧梁时可作为佛教供养伎乐演出,造像碑 WSZ50 上的伎乐就是梁元会《上云乐》作为佛教供养伎乐的实证。梁元会《上云乐》以西汉武帝以来西方升仙观念为依据,以西方仙人老胡文康献仙乐引出《上云乐》七曲,七曲按道教上清派的仪轨编排,以王母接引三茅君升仙为主线,将西汉以来的西方升仙观念融入上清派仪轨中,暗示梁武帝在金陵便可得道升仙。整个演出故事情节完整清晰,为一具有神仙色彩的早期戏剧。具有西方求仙背景的梁元会《上云乐》,被作为佛教供养伎乐雕刻于同一时期的西方净土题材造像碑上,可能与当时人们用两汉以来的西方求仙观念理解兴起不久的西方净土信仰有关。梁元会《上云乐》经改编后保存于南朝陈元会散乐百戏中。隋平陈后,得到改编过的梁元会《上云乐》,因隋文帝恶"梁乐亡国之音",故制定礼乐者,取其假面表演形式"文康"以代之,并援引晋太尉庾亮故事以为掩盖,遂改为《文康礼毕》列入宫廷七部、九部伎中,作为压轴伎目演出。

　　成都出土的众多南朝佛教造像表明,作为南朝通往西域门户的成都,在当时可能出现了一个地域性的佛教造像中心。就这批造像的本地因素与外来因素,特别是当时都城建康的佛教艺术对其的影响,相关专家已有较多论述。对这批造像的本地因素与外来因素的分辨,相关造像的具体细节或许能给大家一些提示。而本文讨论成都万佛寺遗址出土萧梁造像碑WSZ50 上的伎乐,表现的是创作于当时都城建康的梁元会《上云乐》。该造像碑上的伎乐,特别是下排演奏法曲的伎乐,为南朝都城建康的佛教题材对成都佛教造像影响的一例。

---

① (宋)王溥撰:《唐会要》卷三十三《雅乐下》,北京:中华书局,1955 年,第 619 页。
② 《隋书》卷十三《音乐上》,第 309 页。

民族与交流

关于天山地区早期游牧文化的思考

任 萌

西北大学文化遗产学院

游牧是人类除农业之外的一种基本的生产生活方式。由于古代游牧民族,特别是早期游牧人群几乎没有留下记载本民族历史的文献,要了解他们的历史、文化只能主要依据古代农业民族对游牧民族的文献记录,以及对古代游牧文化遗存的考古学研究。但是游牧与农业的生产生活状况差异明显,文献并不一定能做到准确记录,而游牧文化考古又难免受到农业文化考古研究经验、方法的严重影响,具有一定的片面性。

位于欧亚大陆腹地的天山山系及其周边地区是古代游牧人活动的核心区域之一,直到今天仍生活有大量保持着传统生活方式的游牧民族。与这一地区游牧民族相关的历史文献、民族学资料都较为丰富,近年来在当地也开展了许多较为全面的游牧文化考古工作,让我们对早期游牧人群及其文化有了更多的认识、理解与思考。

一、游牧文化的特征和界定标准

游牧,顾名思义至少应包含两个最基本的要素,即"游"和"牧"。所谓"牧",即指主要依靠动物养殖业来获取各种生存资源,尤其是食物资源,而不是依靠农作物种植业。所谓"游",即指养殖动物的过程中具有高移动性,会根据环境的变化相对频繁地转移生产地和居住地,而不会在一个地点长期定居,这也是游牧区别于定居畜牧的主要标志。游牧经济和游牧文化的各种特征,大多是基于这两个基本要素产生的。

相对于农业经济和定居的畜牧经济来说,游牧经济是一种低效且不稳定的生计方式。在适宜开展大规模农耕生产的环境中,人们一般不会选择游牧经济。以游牧方式为主的人群大多生活在荒漠、草原、山地、高寒地带等相对恶劣的环境下,多少都面临热量、水分或土壤等资源匮乏的情况,不适合开展农业,只能依靠草食动物的食性,将"人类无法直接消化、利用的植物资源,转换为人们的肉类、乳类等食物以及其他生活所需"[1]。甚至在这些地区,单位面积的自然资源不能长期承担大规模动物养殖和人类生活所需,一个地点的生存资源消耗到一定程度,人们必须带着牲畜和各种物资转移居住地以获取新的生存资

---

[1] 王明珂:《游牧者的抉择》,南宁:广西师范大学出版社,2008年,第3页。

源,从而产生了频繁迁徙的特征。

在这样的经济方式下,游牧人的生产方式、生活习俗、居住形态等都和定居农业人群有明显的差异。为适应频繁且高速的游牧生活,游牧人所豢养的牲畜多是能够进行长途跋涉、有运输能力且适应群居生活的草食动物,如山羊、绵羊、马、牛、骆驼等,而不适合猪、鸡等动物;动物的肉、乳、皮毛等是游牧人最主要的食物和衣物来源,而较少来自植物;游牧人的居所也常常采用帐篷、棚屋等搭建简单、方便拆卸搬运的轻结构房屋,以适应颠沛流离的迁徙生活;游牧人的日常生活用品,也以轻便耐用的金属、皮革、木材制品为主,陶器由于易碎,而且需要较长的定居生活和合适的黏土才能制作,因此用量相对较少。

这些特征往往作为界定某类古代遗存是否属于游牧文化的惯用标准。有的研究通过畜产种类、比例和人骨的食性分析展开,若某类遗存出土的动物骨骼中有较多的马、牛、羊、骆驼等牲畜,并且是当时人类食物的主要来源,而粮食作物遗存和猪、鸡等牲畜的骨骼发现较少,就被认为更偏向游牧经济。

有的研究通过出土遗物分析,如果某类遗存出土当时使用的主要器具多为金属器、皮革、木器等适合游牧生活使用的器具,尤其流行金属武器、马具和动物纹装饰品等"斯基泰三要素"[1],而陶瓷器、农业工具等器具较少,一般就被认为偏向游牧文化。

也有研究者结合了对自然环境和居住方式的观察,如果某遗存仅发现较多的墓葬,而未发现或较少发现与之对应的定居性的房屋或聚落遗址,再结合其他证据,往往会被认为是过着"居无定所"生活的游牧人的遗存。

这些界定标准总体上来说是基本适用的,但仍存在一些问题,如定居畜牧经济也会驯养大量牲畜,仅仅根据动物骨骼出土的数量而不看畜产种类和比例的话很难将游牧和定居畜牧相区分。而如"斯基泰三要素"等,只是说明存在游牧的文化因素,并不能代表使用这些器物的人群就一定过着游牧的生活。并且,游牧经济并不是单一类型的,正如郑君雷先生指出,游牧民的具体生产生活方式和文化传统存在许多差别,且绝大多数考古学者是站在根植于农耕文明的现代视角上来观察游牧社会的,未必能够涵盖历史上游牧社会的实际情况。要在考古学上正确界定游牧的遗存,首先要了解不同的游牧社会的本质[2]。

不同的环境、气候产生不同的游牧社会。如东非草原地区的热带草原游牧,以饲养牛、山羊、绵羊为主,居住棚屋,因干、湿季的气候变化在草原上安排环形的迁徙路线,游牧的同时兼营种植业。北非撒哈拉和西亚阿拉伯沙漠地区的热带荒漠游牧,以饲养单峰骆驼为主,居住毛织帐篷,在沙漠的绿洲间迁徙。欧亚大陆北方草原是最著名的游牧区,从黑海北岸一直延伸到大兴安岭一带,属温带草原游牧方式,以饲养马、绵羊、山羊、牛、双峰骆驼为主,居住圆形帐篷、毡房,以马车作为交通工具,依靠马的高速移动能力根据四季变化在广阔的草原上沿着一定路线做长距离迁徙。此外还有以青藏高原地区为代表,饲养

---

[1] 乌恩:《欧亚大陆草原早期游牧文化的几点思考》,《考古学报》2002年第4期。
[2] 郑君雷:《关于游牧性质遗存的判定标准及其相关问题——以夏至战国时期北方长城地带为中心》,《边疆考古研究》第2辑,北京:科学出版社,2004年,第431页。

牦牛、绵羊、山羊、马为主的高原游牧;以欧亚大陆北部高寒地区为代表,饲养驯鹿为主的苔原、森林游牧以及以南美安第斯山区为代表,以饲养羊驼、驼羊、骆马为主的游牧类型等,也各有不同的生活方式和习俗①。

而本文所讨论的天山地区,以天山山系为中心,从中国新疆东部一直延伸至乌兹别克斯坦东部,地处欧亚大陆的中心,是典型的山地游牧区域,这里与欧亚草原游牧区相毗邻,但草原面积远不如前者广阔,天山造就的复杂地形地貌导致了当地多样的环境气候,其所处的位置又是多种人群和文化的交汇之地。因此,这里的游牧经济和游牧文化的特征是非常鲜明的。

二、天山地区游牧经济的起源

游牧经济起源是一个复杂的过程,不同类型的游牧方式有不同的起源背景②。在欧亚草原地区,学者们大多接受游牧起源于混合经济人群③,气候转变和人口压力是两个最主要的背景因素。

阿纳托利·哈扎耶夫(A. M. Khazanov)认为,干旱的气候使部分兼营牧业的农民专注于畜牧而变成游牧人群。目前关于欧亚大陆全新世气候的研究普遍发现,在公元前二千纪,欧亚大陆的总体气候较现在更为温暖湿润,定居农业和畜牧业经济广泛分布,出现了繁荣的"草原青铜文化",人口也大量增长。但是,到公元前14~前13世纪,气候开始变得干冷,进入全新世最寒冷的时期,一直持续到公元前10~前9世纪。欧亚草原地带农业失去了存在的基础,原来住在此地的人群或者被迫远徙他地,或者带上马、羊与骆驼等牲畜走上游牧化的道路,这里的游牧经济和游牧民族即由此产生④。

史密斯(P. E. Smith)等认为,专业化牧业产生于原始短期休耕农业中,在此社会中畜牧原是补贴农业的重要经济来源。后来因为受人口压力影响,需生产更多农产品,养更多牲畜,部分人口因此放弃农业定居,而成为专业的牧人⑤。

拉铁摩尔(Owen Lattimore)则认为,草原上的绿洲是游牧经济产生的关键,野生动物喜欢接近绿洲觅食,因此绿洲的农业居民对于驯养、利用草食植物积累了一定的经验技术,这种知识与技术成熟后,他们才有可能离开绿洲,以驯养动物深入利用周边草原带的水、草资源。至于人们离开绿洲并开始游牧生活的原因,则是由于人口增长导致的自然资

---

① 王明珂:《游牧者的抉择》,第3~27页;郑君雷:《关于游牧性质遗存的判定标准及其相关问题——以夏至战国时期北方长城地带为中心》,《边疆考古研究》第2辑,第431、432页。
② Fiona Marshall, "Origins of Specialized Pastoral Production in East Africa", *American Anthropologist*, Vol.92, No.4 (Dec,1990), p.889.
③ Sevyan Vainshtein, *Nomads of South Siberia: the Pastoral Economies of Tuva*, Cambridge: the University Press, 1980, p.163.
④ A. M. Khazanov, *Nomads and the Outside World*, Madison: University of Wisconsin Press, 1994, pp.85~86.
⑤ P. E. Smith & Young, "The Evolution of Early Agriculture and Culture in Greater Mesopotamia: a Trial Model", in *Population Growth: Anthropological Implications*, ed. by B. Spooner, Cambridge, Mass: MIT Press, 1972, pp.1~59.

源匮乏①。

另外,就欧亚草原地区来说,马对游牧经济的出现具有相当重要的作用,骑马技术为人类的冒险和征服活动提供了一种可能。欧亚草原的游牧离不开马,只有骑着马,游牧人才能控制大量畜群及利用远处的草场。公元前二千纪前半叶,人类虽然已经将马作为牲畜,但乘骑技术尚未开发。直到公元前二千纪后半叶,骑马技术才开始成熟,并成为游牧经济出现的重要条件。

天山地区和欧亚草原毗邻,同样属温带大陆性气候。但高大的天山山体具有垂直地带性,不同海拔高度的环境、植被不尽相同,其中适合游牧生活的山地草原带和高山草甸带主要分布在海拔较高的天山山体中部(不同地段海拔不一,大体在1 000~4 000米之间)平缓的坡地上或有水的山间峡谷中,多呈带状或点状分布,大面积的广阔草原相对较少②。这种草原和草甸非常适合养殖牲畜,但缺乏农业生产所需的热量和土壤,在现代主要是游牧人群如哈萨克、蒙古、吉尔吉斯等民族的生活区域。而今天的定居农业人群主要生活在草原带之下海拔较低、热量较高、有充足土壤和水源的灌木荒漠带的绿洲地区,如天山脚下的哈密、吐鲁番、费尔干纳、泽拉夫善等大型盆地、河谷的腹心地带。至于草原带和灌木荒漠带的交界之地,只要水源足够,就是农业和牧业都可以经营的地区。

但在公元前二千纪之前,天山草原和草甸带的气候要比今天更加温暖湿润,如根据巴里坤湖湖面变迁和孢粉等研究证实,距今4 000~3 000年前,东天山地区气温比今天略高且湿润,巴里坤湖湖面广大,达到约470平方公里,今天的天山草原带可以生长阔叶林③。天山其他地段的情况应该也类似。

这种环境气候同时适合农业和牧业,天山地区发现的公元前13世纪至前8世纪的遗存,基本都处于定居农业或畜牧业的经济方式。在东天山地区,无论是位于哈密绿洲的哈密天山北路、焉不拉克、五堡等墓地,还是分布在天山山区的巴里坤石人子沟、红山口、兰州湾子遗址和哈密柳树沟墓地等,都出土了大量的动物骨骼,同时也出土丰富的粮食作物、大型粮食贮藏器、石锄、石磨盘、石磨棒等农业工具,说明是农牧并重的生产模式。而这一时期所发现的居住遗迹基本都是固定式房屋,未见适应游牧生活的帐篷;动物骨骼中羊骨占绝对优势,马骨很少;缺乏马具和"动物纹"装饰品,说明游牧经济尚未出现④。在西天山地区,山区的发掘较少,但邻近山区的河谷地带也分布着定居的农业畜牧业聚落,情况应该是类似的。

在公元前1000年前后的欧亚大陆降温过程中,天山地区尤其是山区的气候受到严重影响。在公元前一千纪,巴里坤湖水面萎缩至约380平方公里,显示东天山地区气候趋向

---

① Owen Lattimore, *Inner Asian Frontiers of China*, 1940, Oxford: Oxford University Press, 1988, pp.160~163.
② 胡汝骥:《中国天山自然地理》,北京:中国环境科学出版社,2004年,第336~357页;黄璜:《天山荒漠绿洲的关联效应》,《实事求是》2003年第5期。
③ 汪海燕:《全新世以来巴里坤湖面积变化及气候环境记录》,西北大学硕士学位论文,2013年,第41~48页。
④ 任萌:《公元前一千纪东天山地区考古学文化遗存研究》,西北大学博士学位论文,2013年,第212页。

于降温和干旱,不再适合农业生产①。草本植物成为天山山体中部的主要植被,草原带和草甸带形成。

约从公元前9~前8世纪开始,海拔较高的东天山地区山前草原带原本分布的密集的定居农业畜牧业遗存明显变少,天山北麓的红山口遗址、石人子沟遗址和天山南麓的柳树沟墓地等的C14测年显示很少有属于这一阶段的数据,似乎文化有所中断,应是受气候变化的影响导致原有人群的迁徙。而海拔较低的哈密绿洲地带受气候变化影响较小,原有的定居农业畜牧业文化仍然延续。

直到公元前5世纪之后,东天山山前草原带的遗存才重新丰富起来,从墓葬形态和出土的陶器上看,这一时期和之前的时代以及同时期的哈密盆地在文化上存在密切的联系,但也发生了明显的变化。很少发现粮食作物和农业工具,动物骨骼却较之前出土更多,除了绵羊之外,马的比例明显增加,还有一定数量的山羊、牛、骆驼骨,畜产比例已经和当地现代哈萨克游牧民接近。马骨常整具出现在墓葬填土或祭祀坑中,多带有马具。一些马骨见有胸椎病变的情况,应是长期被骑乘所致。与之对应的是,有的墓葬人骨的股骨大转子前外侧和上内侧各有一明显平面,而一般人大转子内侧没有这个平面,应该是长期骑马所导致的。

与此同时,这一时期的陶器也趋于小型化,金属器数量骤增并出现铁器和金银器,"斯基泰三要素"出现并流行,开始使用帐篷式的房屋建筑。这应该能说明游牧经济和游牧文化已经出现,并且很有可能是在当地原有的定居农业畜牧业经济的基础上,受到邻近欧亚草原地区游牧人群的影响发展出来的②。

天山其他地段游牧经济起源的具体状况暂不明朗。大部分地段可能和东天山地区一样,因为环境的剧变,在当地原有的定居农业、畜牧、狩猎等经济的基础上,受到其他游牧人群的影响,逐步发展出游牧经济。而西天山最西端的乌兹别克斯坦撒马尔罕州、卡什卡达利亚州的山前地区,定居农业经济经过青铜时代、波斯时代一直延续到希腊化时代,直到公元前2世纪中亚游牧民族大迁徙的浪潮中,才被大量外来的游牧经济所取代。如撒马尔罕盆地北缘的考科特佩遗址,从青铜时代的聚落发展到波斯—希腊化时代的古城,直到公元前2~前1世纪,被游牧民的墓葬所打破③。2015年中国西北大学和乌兹别克斯坦科学院考古研究所组成的联合考古队发掘了卡拉图拜山(西天山支脉)北缘的萨扎干遗址,也发现波斯—希腊化聚落——城塞遗址之上叠压着公元前2~前1世纪的游牧文化聚落。2014~2015年,中乌考古队对西天山西端区域进行了广泛调查,普遍发现游牧文化遗存叠压、打破定居农业畜牧业遗存的现象④。

---

① 汪海燕:《全新世以来巴里坤湖面积变化及气候环境记录》,第41~48页。
② 任萌:《公元前一千纪东天山地区考古学文化遗存研究》,第204~211页。
③ Alexej Gricina, Bruno Genito, "The Achaemenid Period in the Samarkand Area (Sogdiana): Trial Trenches at Koj Tepa 2009 Campaign", *Newsletter di Archeologia CISA*, Vol.1 (2010), pp.113~161; Joe Cribb, Georgina Herrmann, *After Alexander: Central Asia before Islam*, New York: Oxford University Press, 2007, pp.32~55.
④ 西北大学丝绸之路文化遗产保护与考古学研究中心、边疆考古与中国文化认同协同创新中心、乌兹别克斯坦共和国科学院考古研究所:《2014年乌兹别克斯坦撒马尔罕盆地南缘考古调查简报》,《西部考古》第8辑,北京:科学出版社,2015年,第1~32页。

三、天山地区早期游牧人群的居住方式和迁徙规律

频繁的迁徙、移动的生活是游牧经济最基本的特征之一,但游牧民族并不都如文献中所说的"随水草居止……草尽即移,居无定所"①,很多游牧人群都有相对固定的迁徙路线,游牧活动是非常有规律的。

在天山地区,现代的游牧民族如哈萨克人,其一年的游牧生活按照季节的变化,至少可以分为冬、夏两个阶段,有的可分成春、夏、秋、冬四个阶段②。天山地区的冬季漫长寒冷,游牧人必须寻找一处避风向阳、水源充足的地方作为相对固定的居所,依靠储存的食物和草料度过寒冬,天山南麓海拔较低的山脚下,尤其是有水源的谷地内是最合适的环境。也就是说,在冬季,天山地区的游牧人实际上是过着相当长时间的定居生活的③。

牧民的冬季营地并不仅仅在冬季使用。即使在夏季,大多数牧民迁徙到夏牧场时,不适应颠沛流离生活的老弱病残、妇孺等也会留守在冬季营地,因此很多冬季营地都是常年有人定居的。这就需要有良好稳固性和保暖防寒性能的永久性房屋来供人们度过寒冬并常年居住,现代哈萨克人常建造石筑、土石混筑的房屋或地穴来满足这一需求。天山南麓这种现代牧民的冬季营地附近往往也发现早期游牧人的聚落遗址,其房屋建筑和现代冬季营地如出一辙,如东天山南麓常见有高而厚的石砌墙体构筑的居所,西天山南麓则更常见沿山分布的地穴式房屋,这些都可能是古代游牧人的冬季营地。

夏季是进行游牧经济生产的主要时节,需要广阔的草原和充足的水源。海拔较高、气候相对凉爽湿润、草场连续的天山北麓山前草原带是更好的选择。一处草场消耗殆尽后,牧民会很快短距离迁移到新的草场,因此夏季的游牧生活才是真正的"逐水草而居"。牧民选择轻便的帐篷、窝棚等轻结构的房屋作为这种频繁移动生活中的临时性居所,便于拆卸、移动、组装或就地取材搭建,而且夏季也不用考虑保暖性等问题。古代帐篷的遗迹相比固定式房屋来说难以保存,但在天山北麓的一些现代牧场仍能发现一些古代搭建帐篷留下的石构基础或平台,有些分布还较为集中,应该就是古代游牧人的夏季营地。

夏季居住地点虽然时常变动,不像冬季那样固定,但也会局限在一个有限的范围内,不会毫无规律地移动。因为每个游牧家庭、家族乃至部落的夏季牧场都是固定的,每年循环重复使用。正如《史记·匈奴列传》所说的"逐水草迁徙,毋城郭常处耕田之业,然亦各有分地"④。因此,游牧民的夏季营地,也可以说是相对固定的。

---

① (唐)杜佑:《通典》卷二百《边防十六·驳马》,北京:中华书局,1988年,第5493页。
② 阿利·阿布塔里普、汪玺、张德罡、师尚礼:《哈萨克族的草原游牧文化(Ⅱ)——哈萨克族的游牧生产》,《草原与草坪》2012年第5期。
③ 王建新、席琳:《东天山地区早期游牧文化聚落考古研究》,《考古》2009年第1期。
④ 《史记》卷一百一十《匈奴列传》,北京:中华书局,1999年,第2205页。

短暂的春秋两季，就是游牧民在冬季营地和夏季营地之间做长距离迁徙的时间，这种长距离的迁徙路线也一般是固定的。在长途迁徙过程中，几乎每天都在不同的地方宿营，帐篷也是首选的居住方式。但有时他们会在路线上的某地做短暂停留，从事春季的幼畜降生和秋季收割、储存草料等劳作，形成较固定的春秋牧场，也会留下一些永久性的居所。

由于冬夏营地分别处于天山南北两麓，在它们之间进行长距离迁徙就需要穿越整个山脉或盆地，在现代这种迁徙一般被称作"转场"。新疆巴里坤县的哈萨克牧民，会在秋季从巴里坤山（东天山主脉）北麓向北转场，穿越巴里坤盆地到达莫钦乌拉山（东天山支脉）南麓，直线距离长达30~40公里；吉木萨尔县的部分牧民，则在秋季沿着山间峡谷，从博格达山（东天山主脉）北麓穿山而过，转场到博格达山南麓的吐鲁番盆地北缘一带，距离长达50~70公里；而伊犁河流域一带由于天山山脉或盆地宽度很大，部分哈萨克人的转场距离可长达上百公里。

文献也记载了古代游牧民的转场习俗。如《汉书·西域传》记载的康居，"王冬治乐越匿地到卑阗城，去长安万二千三百里，不属都护。至越匿地马行七日，至王夏所居，蕃内九千一百四里"①，可见康居王庭至少分成冬、夏两处，两处的距离还相当远，需要马行七日。《北史·西域传》记载的嚈哒，又称"滑国"，即西方所谓之"白匈奴"，"无城邑，依随水草，以毡为屋，夏迁凉土，冬逐暖处。分其诸妻，各在别所，相去或二百、三百里。其王巡历而行，每月一处。冬寒之时，三月不徙"②。显然也是有至少两处以上的营地，在冬季营地过着定居的生活，在每处营地都有妇女留守，只有男子过着长途转场的生活，并且其统治者都是要一起"转场"的。斯特拉波（Strabo）《地理志》也记载，中亚的"Asii"、"Passiani"、"Tochari"和"Sakarauli"等游牧民族在西天山南北两麓迁徙③，很可能也是"转场"。

调查发现，东、西天山南北两麓的游牧聚落遗址，其规模和位置往往呈隔山对称分布的特征，也就是说，在天山北麓某处分布着一处游牧聚落遗址，而在天山南麓同样位置也往往分布同样规模和内涵的聚落遗址，尤其是大中型聚落遗址这种特征更加明显。如巴里坤山南北麓最大的聚落遗址石人子沟—红山口遗址和西山遗址隔山正对，喀尔里克山（东天山主脉）南北麓最大的遗址伊吾河遗址和乌拉台遗址隔山正对，泽拉夫善山（西天山主脉）南北麓的中型聚落兹纳克遗址和该山南麓奥恰布拉克遗址隔山正对。而且，通过附近的山间峡谷，往往能将这种南北对称的遗址相连，可见它们之间的沟通较为便利。

这说明这种南北对称分布的游牧聚落很可能分别属于同一游牧团体的冬、夏季营地和牧场，而沟通这些聚落遗址的山间峡谷应该就是他们"转场"迁徙的路线。今后可以对这些峡谷进行调查，有希望找到游牧民迁徙过程中留下的迹象。

---

① 《汉书》卷九十六《西域传》，北京：中华书局，1962年，第3891、3892页。
② 《北史》卷九十七《西域列传》，北京：中华书局，1974年，第3231页。
③ Strabo, *Geography*, London: Geogre Bell & Sons, 1903, p.245.

四、天山地区早期游牧经济与农业经济的关系

前文已述,天山地区地形地貌复杂,气候多样,除了适宜游牧经济的地域之外,很多地方还适合农业经济,或适宜兼营农牧。并且农业区域和游牧区域往往相距很近。如东天山北麓的半山坡的草原带是现代哈萨克牧民的夏季牧场,而仅仅相隔 5~10 公里的山脚下,又是汉族居民的耕地。东天山南麓牧民的冬季营地和哈密、五堡绿洲等农业人群定居点也仅相距 30 公里。中亚地区农业文明的中心之一——泽拉夫善河谷地南北 10 公里左右就是游牧民生活的西天山山区,游牧与农业两大经济圈进行交流是非常方便的。

游牧经济具有不稳定性,往往因为自然灾害、瘟疫等原因使畜产损失殆尽,而农业经济对自然灾害的抵抗能力和恢复能力则要好得多。游牧经济也不是自给自足的经济,必须从农业经济获得一些自己无法生产但又不可或缺的生存资源,如植物性食物、精细的陶器、纺织品等。因此,游牧和农业并不相排斥,游牧经济离不开农业经济的补充作用。在天山地区,由于自然环境、文化背景和历史背景的不同,游牧经济和农业经济的关系有多种形式。

部分游牧人群本身也兼营农业,有的还占到经济的较大比重。如《后汉书·西域传》记:"蒲类国,居天山西疏榆谷……庐帐而居,逐水草,颇知田作","东且弥国……庐帐居,逐水草,颇知田作"①。这两个小"国"显然主要经营游牧业,但肯定也有一部分人长期从事并且精通农业生产,才能被称作"颇知田作"。由于游牧人的冬季营地往往常年都有人定居且具备一定的水热条件,耕地一般会位于冬季营地附近,现代的游牧业中也能见到这种现象。

天山东部地区常见这种情况。如汉代西域的车师国,本为一国,西汉宣帝时在汉与匈奴的斗争中被分为前、后二部。其中车师前国"王治交河城",在今吐鲁番绿洲的交河故城一带,是农业区域,并且居住在"城"中;而车师后国"王治务涂谷",在今博格达山北麓的吉木萨尔一带的山谷中②,属于游牧区域,连王治都在山谷中。《后汉书·西域传》记载,永兴元年,阿罗多驱逐车师后王卑君,东汉戊己校尉阎详"仍将卑君还敦煌,以后部人三百帐别属役之,食其税。帐者,犹中国之户数也"③。可见车师后国的人的确是居住在"帐"中的游牧人。这说明车师前、后部的人口从事着不同的经济方式。那么在车师分裂之前,就应当是在同一族群内,一部分人从事农业,一部分人从事游牧业,根据《汉书·西域传》关于两国人口和兵力数字的对比,农业人口和游牧人口所占比重相差不大。

---

① 《后汉书》卷八十八《西域传》,北京:中华书局,1999 年,第 1980 页。
② 岑仲勉:《汉书西域传地理校释》上册,北京:中华书局,1981 年,第 478~512 页;薛宗正:《车师考——兼论前、后二部的分化及车师六国诸问题》,《兰州学刊》2009 年第 8 期。
③ 《后汉书》卷八十八《西域传》,第 1981、1982 页。

吐鲁番盆地两汉前后的考古学遗存最具代表性的有鄯善洋海墓地和吐鲁番交河故城沟北与沟西墓地等,均被认为很可能与车师人及其祖先有关①。这些墓葬的随葬品既有大量的陶器和植物性食物遗存,也有马、牛、羊等殉牲和丰富的"斯基泰三要素"等牧业或游牧的文化因素。而在天山以北"车师后国"境内的吉木萨尔、奇台、阜康等地的考古发现,如吉木萨尔大龙口、阜康白杨河墓地等②,出土随葬品多反映游牧文化因素,但也有和吐鲁番盆地同样的彩陶器。说明当时游牧区域和农业区域的交流非常深入,这也和车师人部分从事定居农业畜牧业,部分从事游牧业相吻合。

还有哈密地区,从前文可知当地最早的居民都是从事定居农业与畜牧业经济的。随着气候的变化,公元前8世纪之后,山区草原地带农业经济所占的比例在逐渐减少,游牧经济开始出现,并且所占的比重越来越大,而在哈密绿洲地区,则一直保持着定居农业畜牧业经济,形成了同一类考古学文化遗存,一部分属于游牧经济,一部分属于定居农业畜牧业经济的情况③。

也有的游牧人群并不大量兼营农业,而是从邻近的农业人群那里获得物资。如"乌孙国……不田作种树,随畜逐水草,与匈奴同俗……民刚恶,贪狼无信,多寇盗,最为强国"④;"移支国,居蒲类地……其人勇猛敢战,以寇钞为事……随畜逐水草,不知田作"⑤,明显是主要通过掠夺获取资源。

有的游牧人群建立起了强大的政权,并且征服、统治了大量农业人群,则可以通过一些较和平的方式获取自己管辖下农业人群生产的资源。在东天山地区,最著名的就是匈奴。匈奴驱逐月氏之后即占据了东天山地区,而天山以南的西域农业小国因为"大率土著,有城郭田畜,与匈奴、乌孙异俗,故皆役属匈奴"。匈奴设置了专门管辖西域的机构僮仆都尉,"使领西域,常居焉耆、危须、尉黎间,赋税诸国,取富给焉"⑥,通过掠取和征收赋税的方式从农业国家获取物资。东天山的石人子沟遗址、黑沟梁墓地中有一类石封堆墓被认为是匈奴的遗存⑦,通过对该类墓葬出土人骨同位素分析,得知这群人的日常饮食中肉类保持有较高比例的摄入,但同时还辅以C3类植物为主的植物性食物⑧,这些食物很可能来自附近哈密绿洲中被统治的农业人群。

在西天山,首先是西汉前期从中国西迁至此的大月氏,"过大宛,西击大夏而臣之",

---

① 新疆文物考古研究所:《交河故城——1993、1994年度考古发掘报告》,北京:东方出版社,1998年,第15~74页;新疆文物考古研究所:《交河沟西——1994~1996年度考古发掘报告》,乌鲁木齐:新疆人民出版社,2001年,第1~43页;新疆吐鲁番学研究院、新疆文物考古研究所:《新疆鄯善洋海墓地发掘报告》,《考古学报》2011年第1期。
② 新疆文物考古研究所:《新疆吉木萨尔县大龙口古墓葬》,《考古》1997年第9期;新疆文物考古研究所:《阜康市白杨河墓地考古发掘简报》,《新疆文物》2012年第1期。
③ 任萌:《公元前一千纪东天山地区考古学文化遗存研究》,第218页。
④ 《汉书》卷九十六《西域传》,第3901页。
⑤ 《后汉书》卷八十八《西域传》,第1980页。
⑥ 《汉书》卷九十六《西域传》,第3872页。
⑦ 王建新、席琳:《东天山地区早期游牧文化聚落考古研究》,《考古》2009年第1期;张坤:《东天山地区第二类早期游牧文化墓葬研究》,西北大学硕士学位论文,2011年,第50~53页。
⑧ 任萌:《公元前一千纪东天山地区考古学文化遗存研究》,第233页。

在阿姆河以北的西天山南麓一带建立强大的政权。大夏即希腊化的巴克特里亚王国,是农业城邦国家,居住在中亚南部的河谷地带,向大月氏臣服后,大夏和其他农业人群先后被分为臣属大月氏的五翕侯,仍在"城"中居住,而大月氏则依据游牧之俗,建立了"王庭"而不是城。类似的还有地处西天山以北、乌孙之西、大月氏之北的康居,也是较强大的游牧政权,在其治下还有"小王五",均居住在"城"中①,都是臣属康居的农业小国。

在西天山地区大月氏、康居领土内的北巴克特里亚、索格狄亚那一带,这一时期游牧和农业的遗存皆有发现,农业遗存多位于盆地、河谷内,游牧遗存一般位于山谷边缘,并没有对绿洲农业遗存的灌溉系统和农田造成破坏,并且游牧的墓葬中经常发现产自农业人群的器物,尤其是陶器。研究者认为这些游牧人征服、统治这一区域后,并没有大量驱逐农业人群,并使他们保存原有的经济结构,只是通过供赋或交换等方式与农业人群保持紧密的联系②。

还有时代晚一些的嚈哒,在公元4~6世纪开始强大,"征其旁国波斯、盘盘、罽宾、焉耆、龟兹、疏勒、姑墨、于阗、句盘等国",兼并了很多农业政权,几乎统治了整个中亚。嚈哒人虽然仍过着"无城郭,毡屋为居"的游牧生活,但在其领土内"土地温暖,多山川树木,有五谷,国人以麨及羊肉为粮"③。显然是其治下有大量的农业人群从事谷类种植,为游牧人提供了粮食,并且和羊肉一起作为游牧人主要的食物。

五、天山地区的早期游牧聚落

游牧人群不同季节的营地和牧场都是相对固定的,因此游牧文化也会留下聚落遗址。尤其是天山南北两麓的冬夏季营地,游牧文化聚落遗址分布是较为密集的。在很多地段,这些游牧聚落往往叠压着时代更早的定居农业畜牧业聚落遗址,体现了环境演化、人群迁移和游牧经济起源的联系。但是也导致难以将游牧遗存和定居农业畜牧业遗存相区分。

冬季营地是天山地区游牧人定居生活时间最长的居住地,可能常年都有人居住生活,因此留下的遗迹遗物最为丰富。固定式的房屋是冬季营地最具代表性的遗迹,很容易被发现。由于所处环境和资源的不同,在东天山地区,这种固定式的房屋以有高大石结构墙体者最为常见,而在西天山,土结构墙体的房屋或地穴式房屋更多一些,它们会在地表留下仍有一定高度的墙体或明显的坑穴。这些房屋内外常发现较丰富的文化层堆积,说明是常年居住的。

在夏季,天山地区的游牧民移动性较强,以居住临时性的帐篷、窝棚为主,一般不会在地表留下明显的迹象,因此难以被发现。有的帐篷会残留有石结构的基础,在地表形

---

① 《汉书》卷九十六《西域传》,第3890~3894页。
② [匈]哈尔马塔主编,徐文堪译:《中亚文明史》第二卷,北京:中国对外翻译出版公司,2002年,第368~380页。
③ 《梁书》卷五十四《诸夷传》,北京:中华书局,1973年,第812页。

成断续分布的石围,一般面积较小。2015年中乌考古队在乌兹别克斯坦萨扎干遗址发掘了一座此类石围遗迹,在石围的石块间发现细小的柱洞和木柱残余,石围内外发现地面,有火塘、灰坑、灰堆等遗迹,但文化堆积很薄,这些特征都符合用于临时居住的帐篷。有的帐篷没有石结构的基础,但是会搭建在人工修筑的平台上,平台的边缘往往用石块垒砌,这在山区是常见的房屋构筑方式,现代仍然存在。这样,就会留下"人工平台"这种特殊的遗迹,有时多个人工平台沿地势呈阶梯状分布①。这种遗迹在天山分布广泛,2015年东天山北麓的石人子沟遗址解剖了一座人工平台,发现了当时的地面和少量遗物。

古代游牧人的各级统治者,为了统治方便并从安全角度考虑,必须随着大多数牧民的迁徙而迁徙。他们夏季会和大多数牧民一起到夏季牧场,但不一定要和普通牧民们一起到草原上放牧,而是在夏季牧场的附近寻找合适的地点作为定居场所,建立夏季的各级统治中心②,这种场所和冬季营地一样是稳定的,也会留下一些固定式的房屋。如东天山北麓的大型游牧聚落石人子沟遗址,就在其居住区发现了和石围遗迹、人工平台共存的固定式房屋,其中不乏规模巨大的高等级建筑。

王建新先生提出了东天山地区游牧文化聚落"三位一体"的分布规律③,意思是说,一个东天山地区的游牧聚落往往由居住遗迹、墓葬和岩画三种最主要的遗迹构成。经过在天山地区更大范围的调查发现,在大部分地区,尤其是岩石分布较丰富的地区,这种"三位一体"的聚落布局非常明显;在一些岩石分布较少的地区,岩画相对少见,或者距离聚落核心区域较远,但是居址和墓葬共同分布的聚落形态非常明显。

但需要注意这些遗迹是否存在共时关系。因为游牧聚落遗址往往和时代更早的定居农业畜牧业聚落遗址共同分布,很多遗迹又外形相似。根据东天山地区的情况看,墓葬、固定式房屋建筑和人工平台,如不经发掘,很难确定哪些属于游牧文化,哪些属于定居农业畜牧业文化,它们的地表形态是非常接近的,只有帐篷类的居址可以说绝大多数属于游牧聚落。而岩画,根据初步分期的成果,东天山地区早在游牧经济产生之前,有的聚落遗址就已经出现了岩画,只有一些非常典型的岩画,如明显具有"动物纹"风格的画面,才能较确定地认为属于游牧文化。

天山地区游牧聚落遗址能体现一定的规划布局,居住遗迹、墓葬和岩画根据不同的地形地貌,在聚落中各自集中分布,形成居住区、埋葬区和岩画区。但大多数聚落的居住区外围,并没有城墙一类的防御设施。这和文献记载天山地区的农业小国一般"王治××城"、游牧小国一般"王治××谷"是相合的,游牧政权多在山谷草原地带设王庭,不像农业人群那样修筑城池。

---

① 西北大学丝绸之路文化遗产保护与考古学研究中心、边疆考古与中国文化认同协同创新中心、乌兹别克斯坦共和国科学院考古研究所:《2014年乌兹别克斯坦撒马尔罕盆地南缘考古调查简报》,《西部考古》第8辑,第1~32页。
② 王建新、席琳:《东天山地区早期游牧文化聚落考古研究》,《考古》2009年第1期。
③ 王建新、席琳:《东天山地区早期游牧文化聚落考古研究》,《考古》2009年第1期。

然而也有一些游牧政权，尤其是较强大的游牧政权，统治中心是有"城"的。如汉代乌孙"大昆弥治赤谷城"①，大月氏"治监氏城"②，康居冬治"乐越匿地"③；北朝时期的嚈哒"王治拔底延城，盖王舍城也，其城方十余里"④。

游牧人建设的"城市"可能包括三种情况：

一是为了军事防御或突显统治者的地位，在统治中心修建地位鲜明、防御功能突出的小城或城堡，一般面积较小，不会居住大量人口。如石人子沟遗址西南部河谷边缘台地上发现一座长约90、宽约60米的大型石垣墙建筑，石构墙体厚达5~8米，残高1~2米，四角有3~4米高的墩台，年代在战国至西汉前期。在其周边还围绕有大量中小型居住遗迹，明显以这座大型建筑为中心，说明它可能和统治阶层相关。这种形制和规模的建筑，在古人眼里是可称为"城"的。东天山地区的其他大型游牧聚落如红山口、西山、乌拉台遗址等也有类似的发现⑤。

二是该游牧人群中可能有较多的从事农业、手工业的人口，因此会在冬季营地筑城使他们能够长期定居来维持这些生产，如农业人口和游牧人口都占较大比例的车师国等也许存在这种状况，但在考古中尚未得到证实。

三是统治了大量农业人口的强大游牧政权，会学习定居农业人群的做法，修建带有城墙的聚落，或直接利用其治下农业人群已有的城市。如在《史记》中，大月氏刚刚臣服大夏时，还"都妫水北，为王庭"⑥；等到《汉书》中，就已经以原大夏的都城"监氏城（蓝市城）"为统治中心；嚈哒在《梁书》中"无城郭，毡屋为居"⑦，到了《周书》中就"王治拔底延城"⑧，应当都是受到其治下农业人群的影响。在这种情况下，游牧统治阶层很可能逐渐脱离了游牧的生活。

游牧"城市"的内部结构和农业人群的城市往往不完全一样，仍会保留大量游牧的特征。如乌孙王治虽然在城中，居所却是"穹庐为室兮旃为墙"⑨的庐帐。石人子沟遗址的大型石垣墙建筑内北部经过发掘，发现多个可能是帐篷类居住遗迹留下的地面，说明该"城"内是搭建帐篷为居的。乌兹别克斯坦卡什卡达利亚州的"Kalai Zakhoki Maron"古城遗址，时代在公元前2~前1世纪，有边长400米的外城墙，城中心有边长30米的大型台基，除此之外城内其他部分非常空旷，可能用于搭建帐篷而不是修建固定的房屋⑩。2014年中乌考古队在泽拉夫善山南麓山间发现的恰奇特佩遗址为嚈哒时期的聚落，北端可能为统治者居住的城堡式建筑，其南侧则由疑似的城墙围成近三角形的范围，内部也非常空

---

① 《汉书》卷九十六《西域传》，第3901页。
② 《汉书》卷九十六《西域传》，第3890页。
③ 《汉书》卷九十六《西域传》，第3891页。
④ 《北史》卷九十七《西域列传》，第3230、3231页。
⑤ 任萌：《公元前一千纪东天山地区考古学文化遗存研究》，第188~196页。
⑥ 《史记》卷一百二十三《大宛列传》，第2398页。
⑦ 《梁书》卷五十四《诸夷传》，第812页。
⑧ 《周书》卷五十《异域下》，北京：中华书局，1971年，第918页。
⑨ 《汉书》卷九十六《西域传》，第3903页。
⑩ KABANOV. S. K., *Nakhsheb na rubezhe drevnosti i srednevekov'ya* (III–VII vv.), Tashkent, 1977, p.47.

旷,不见建筑遗迹,应该也用于搭建帐篷。

六、天山地区早期游牧文化的族属问题

将某类游牧的考古学文化所代表的人群和文献记载中的游牧民族、政权相对应,进而探讨游牧文化的族属,是一个无法回避、最终要解决的问题,但实际操作起来难度很大、争议较多。

根据文献,天山地区大多数古代游牧民族的活动地域和时间大体是可以确定的,但文献对这些民族具体的分布地域的记载非常模糊。游牧民族的活动地本身又有交叉性,一个区域内往往会生活数个游牧部族或政权。天山地区发现的一些早期游牧文化墓地中,有时几种时代接近、形制不同的墓葬会在同一墓地分布,甚至同一封堆下有时都会包含两种或两种以上的墓葬类型,如柴窝堡墓地、穷科克Ⅰ号墓地、索墩布拉克墓地等[1],可能就代表了不同游牧人群交错分布的特点[2]。

战国晚期至西汉前期,被认为生活在东天山地区的民族有月氏和乌孙[3],月氏、乌孙远徙后,两汉时期游牧在东天山的又有匈奴[4]、蒲类国、蒲类后国、移支国等[5],而文献中对于如何区分他们没有任何记载。游牧文化本身又具有相似性,东天山地区战国秦汉时期的游牧遗存,其特征都表现为石结构的墓葬和居住遗迹,具有动物纹风格的岩画,以及相似的出土遗物,很难看出明显的区别,更不用说和如此多的民族或政权相对应。即使被认为是属于"匈奴文化"的石封堆墓,虽然的确具有匈奴的文化因素,但也保留有大量当地早期的文化因素[6],而且东天山也并非匈奴统治的核心地域,这些墓葬究竟是属于吸收了当地原有文化的匈奴人,还是受匈奴文化影响或加入匈奴集团的当地游牧人,其实并不好说。

文献记载中有一些强大的游牧政权单独占据了一大片区域,如占据伊犁河流域的乌孙,占据西天山西端区域和阿姆河流域的大月氏等。但一个强大游牧政权的崛起过程,往往是一个小的核心团体通过兼并、扩张、结盟等手段,吸收了其他游牧团体,才变成一个庞大的集团,正如文献中所说的"故乌孙民有塞种、大月氏种云"[7]。大集团内的文化不可能

---

[1] 新疆文物考古研究所:《乌鲁木齐柴窝堡古墓葬发掘报告》,《新疆文物》1998年第1期;新疆文物考古研究所:《尼勒克县穷科克一号墓地考古发掘报告》,《新疆文物》2002年第3、4期;新疆文物考古研究所:《察布查尔县索墩布拉克古墓葬发掘简报》,《新疆文物》1988年第2期;新疆文物考古研究所:《新疆察布查尔县索墩布拉克古墓群》,《考古》1999年第8期。

[2] 郭物:《新疆史前晚期社会的考古学研究》,上海:上海古籍出版社,2012年,第442~444页。

[3] 余太山:《塞种史研究》,北京:中国社会科学出版社,1992年,第53~55页;林梅村:《祁连与昆仑》,《敦煌研究》1994年第4期;王建新:《中国西北草原地区古代游牧民族文化研究的新进展——古代月氏文化的考古学探索》,《周秦汉唐研究》第三辑,西安:三秦出版社,2004年,第240~241页。

[4] 王建新、席琳:《东天山地区早期游牧文化聚落考古研究》,《考古》2009年第1期。

[5] 余太山:《汉晋正史"西域传"所见西域诸国的地望》,《欧亚学刊》第2辑,2000年。

[6] 任萌:《从黑沟梁墓地、东黑沟遗址看西汉前期东天山地区匈奴文化》,《西部考古》第5辑,西安:三秦出版社,2011年,第262~274页。

[7] 《汉书》卷九十六《西域传》,第3901页。

在短时间内就得到统一,其内的各个小团体的文化可能仍会保留。而其中占统治地位的核心团体,由于地位的突变,文化又往往和其他团体有明显差异。伊犁河流域、七河流域和中亚天山地区发掘了一些属于两汉时期的墓葬,往往被确认属于乌孙的文化遗存,但是其文化面貌各不相同①,究竟哪些属于"乌孙"的核心团体,哪些又分别属于"塞种"或"大月氏种"的乌孙,也很难说清。

以一些因为重大历史事件导致长途跨境迁徙的游牧民族为线索,解决游牧文化的族属问题是一个很好的思路,如大月氏和乌孙的发源地都在东天山,西汉前期分别迁徙到了西天山地区和伊犁河流域。可以将西天山、伊犁河流域西汉前期之后的游牧考古学文化和东天山西汉前期之前的文化相比较,如果存在相似的成分,就有可能分辨出和大月氏、乌孙核心团体相对应的典型文化因素,从而找到解决游牧文化族属问题的突破口。但一个游牧团体在离开长期居住地进入跨境迁徙的过程中,面临着新的生存环境,过着新的生活方式,接触到新的人群,文化也很可能发生较大变化。甚至在与其他人群交往、融合的过程中,连人种都有可能发生变化,如何在这些变化中找到能真正代表某一游牧人群文化的精髓或核心也是相当有难度的。

根据目前的初步研究,公元前2~1世纪的东、西天山地区的游牧考古学文化虽然确实存在一些相似的文化因素,但尚未找到明确的文化、人群上的联系。今后不仅仍需大量的考古、历史研究工作,还要结合民族学、人类学、科技考古等多学科综合研究的手段,才有希望找到解决这一问题的线索。

---

① 陈戈:《新疆伊犁河流域文化初论》,《欧亚学刊》第2辑,2000年;[匈]哈尔马塔主编,徐文堪译:《中亚文明史》第二卷,第371、372页。

从考古材料看西域早期骆驼的扩散

陈晓露

中国人民大学历史学院、出土文献与中国古代文明研究协同创新中心

一、骆驼的驯化与早期传播

骆驼①最初驯化的确切时间和地点,学术界目前仍未能确定。较多的早期材料集中于伊朗东部和土库曼斯坦南部,年代大致在公元前四千纪晚期到公元前三千纪②。虽然大部分作为驯化直接证据的骨骼材料或多或少都存在着一定问题,但很多遗址出土了骆驼造型的人工制品,如陶塑像、青铜像等,这些被认为是骆驼已经驯化的间接证据③(图一)。然而,中亚西南部地区的新石器时代地层中从未发现过野生骆驼骨骼材料,部分学者据此认为骆驼的驯化应是在野生骆驼分布较多的地区、由对其习性较为熟悉的人群完成的。哈萨克斯坦南部和蒙古西北部发现了公元前二千纪的完整的驯化骆驼骨骼材料,

图一 中亚出土早期骆驼雕塑
1. 中亚出土骆驼拉车陶塑像(公元前 2200 年) 2. 大都会博物馆藏青铜骆驼(公元前三千纪末~二千纪初)

---

① 骆驼分为单峰驼和双峰驼两种,西域地区主要是双峰驼。除特殊说明外,本文中的骆驼均指双峰驼。
② E. J. Reitz & E. S. Wing, *Zooarchaeology*, Cambridge: Cambridge University Press, 1999, pp.282~283; R. W. Bulliet, *The Camel and the Wheel*, Cambridge: Harvard University Press, 1975.
③ D. T. Potts, "Camel Hybridization and the Role of Camelus Bactrianus in the Ancient Near East", *Journal of the Economic and Social History of the Orient*, Vol.47, No.2 (2004), pp.146~153.

被认为是另一个可能的驯化地点①。

骆驼如何从最初驯化地点向周边地区扩散的过程亦不清楚。大英博物馆收藏的亚述沙尔马纳塞尔三世（Shalmaneser III，公元前858~前824年）黑方尖碑上有进贡双峰驼的场景，表明公元前一千纪初双峰驼已经向西扩散到近东地区②（图二）。不过，该地区主要是单峰驼的活动区域，这一分布格局一直延续到今天。有学者认为，亚洲西部和中部地区曾经广泛分布双峰驼，但逐渐被单峰驼所取代，这迫使双峰驼向北扩散③。

图二 亚述浮雕上的双峰驼

内蒙古朱开沟遗址出土了一颗骆驼上臼齿，不过研究者认为该骆驼只是当地居民狩猎所得的野生动物④。甘肃玉门火烧沟遗址亦出土有骆驼骨骼，很有可能是驯化的骆驼，年代在距今3700年左右。如果该材料被证实，那么距今3000多年前家养骆驼就已扩散到河西走廊⑤。

可以肯定的是，到了公元前一千纪，骆驼在欧亚草原已被普遍驯养。这正是游牧经济在欧亚草原形成和兴盛的时期。骆驼正是随着游牧经济的发展而在欧亚草原逐渐扩散和普及的。

骆驼本身的肉、血、奶等可供人食用，毛皮和粪便也可用于生产。不过，相对于这些副

---

① J. Peters & A. von den Driesch, "The Two-Humped Camel (Camelus bactrianus): New Light on its Distribution, Management and Medical Treatment in the Past", *Journal of Zoology*, Vol.242, No.4 (1997), pp.651~679; A. N. Mukhareva, "Camel Scenes in the Rock Art of the Minusinsk Basin", *Archaeology, Ethnology and Anthropology of Eurasia*, Vol.32, No.1 (Dec. 2007), pp.102~109.
② T. C. "Camels in the Assyrian Bas-Reliefs", *Iraq*, Vol.62 (2000), pp.187~194.
③ R. T. Wilson, *The Camel*, Longman Group Ltd, 1988, pp.1~15；转引自韩建林：《旧世界驼属动物的起源、演化及遗传多样性》，兰州大学博士学位论文，2000年，第11页。
④ 黄蕴平：《内蒙古朱开沟遗址兽骨的鉴定与研究》，《考古学报》1996年第4期。
⑤ 傅罗文、袁靖、李水城：《论中国甘青地区新石器时代家养动物的来源及特征》，《考古》2009年第5期。

产品,骆驼对于游牧经济更重要的是在牵引运输上的独特优势。骆驼的生理特性使得它能够适应缺水、植被贫乏的环境。在较为恶劣的条件下,相对于其他牲畜,骆驼在负载、长距离运行方面都更有优势,使得人们能够最大程度地利用资源。中亚马尔吉亚那阿尔丁遗址出土的驼车说明,骆驼从被驯化开始就用作牵引动力(图一,1)。对哈萨克斯坦东南部青铜时代的"Bagesh"遗址(公元前 2500~前 1900 年)出土动物骨骼的研究亦证明,游牧人群蓄养骆驼的目的并非为获取其副产品,而是用于运输[①]。

民族学调查表明,游牧经济以家庭为最基本的生产单位,作为转场时的主要负载役力,一匹骆驼即能够负载起一个家庭生产和生活所需的全部物品[②]。当环境发生变化,或游牧社会本身发生剧烈变动的时候,骆驼能够极大地提高每个家庭的机动性,从而提高整个游牧群体的流动性。因此,尽管骆驼的重要性不及马、牛、羊这三种最主要的牲畜,但是对于游牧生活来说也是不可或缺的补充。

目前所知欧亚草原最早的双峰驼图像资料集中在哈萨克斯坦西部和乌拉尔南部。哈萨克斯坦南部的卡拉套山(Karatau)发现了不少表现骆驼的岩画。有学者认为,部分图像的年代可能可以早至青铜时代,有些骆驼身上还有复杂的装饰。其他的骆驼图像被认为属于早期铁器时代的作品,表现形式多样,既有单独的骆驼,也有多峰骆驼排成一列,还有双驼互搏的图像[③](图三、图四)。

图三 卡拉套山岩画中的骆驼形象

双驼互搏是乌拉尔南部动物纹牌饰的重要装饰题材之一,如"Besoba"、"Piatimary"、"Filippovka"墓地均有出土,年代在公元前 6~前 4 世纪(图四)。特别是"Filippovka"墓地,一般被认为与文献中的萨尔马泰人(Sarmatian)有关,出土了大量骆驼图像材料。有学者认为,黑海北岸地区在公元前 2 世纪之前的动物纹风格艺术品中从未出现过骆驼形象,

---

① M. Frachetti & N. Benecke, "From Sheep to (Some) Horses: 4500 Years of Herd Structure at the Pastoralist Settlement of Begash (South-Eastern Kazakhstan)", *Antiquity*, Vol.83, no. 322, 2009, pp.1023~1027.

② S. A. Rosen & B. A. Saidel, "The Camel and the Tent: an Exploration of Technological Change among Early Pastoralists", *Journal of Near Eastern Studies*, Vol.69, No.1 (April 2010), pp.63~77.

③ S. Myrgabayev, "Some Questions Regarding the Rock Art of Kazakhstan", Sören Stark et al. ed., *Nomads and Networks: the Ancient Art and Culture of Kazakhstan*, Princeton & Oxford: Princeton University Press, 2012, pp.66~69.

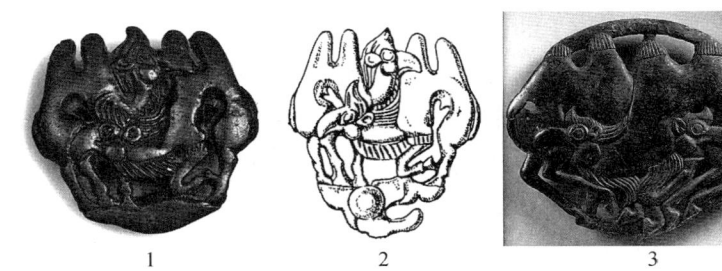

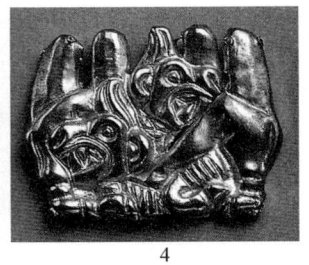

图四　乌拉尔南部墓地中出土的双驼互搏图像
1. "Besoba"墓地出土　2. "Piatimary"墓地出土　3、4. "Filippovka"墓地出土

正是萨尔马泰人将骆驼图像传入伏尔加河下游及其以西地区①。

值得注意的是，骆驼是一种性情较为温顺的动物，中亚、哈萨克斯坦所见骆驼图像多表现为站立或前蹄伏卧的姿态，风格较为写实，体现了骆驼温顺的特点。然而，"Filippovka"所见骆驼却表现出张口龇牙的凶狠形象，融合了猛禽类格里芬的特点，偏于抽象化，与其真实形象差距较大。这种做法可能是受到了阿尔泰地区的影响。如"Filippovka"一号墓出土一件驼首金饰片，与巴泽雷克"Tuekta"一号墓出土的驼首木雕几乎如出一辙。

图五　融合格里芬特点的骆驼图像
1~3. "Filippovka"出土骆驼金饰　4. 巴泽雷克驼首木雕

同一时期，骆驼也广泛出现于中国北方及其以北的蒙古高原地区。从汉文文献来看，中原地区至迟在战国时期就知道了骆驼这种动物，称之为橐驼、犃牛、封牛等。《山海经》《逸周书》《穆天子传》等史籍中均有对于骆驼的记录。《山海经·北山经》载"（虢山）其兽多橐驼"，郭璞注"有肉鞍，善行流沙中，日三百里，其负千斤，知水泉所在也"②。《逸周书·王会解》载："正北空同、大夏、莎车……匈奴、楼烦、月氏（氏）……请令以橐驼、

---

① E. Korolkova, "Camel Imagery in Animal Style Art", in J. Aruz, A. Farkas & E. V. Fino ed., *The Golden Deer of Eurasia: Perspectives on the Steppe Nomads of the Ancient World*, New Haven & London: Yale University Press, 2006, pp.196~207.

② 袁珂校注：《山海经校注》，成都：巴蜀书社，1993年，第84、85页。

白玉、野马、騊駼、駃騠、良弓为献。"①《穆天子传》载:"天子饮于文山之下,文山之人归遗。乃献……牦牛二百,以行流沙。"②一般认为这些文献的创作年代不早于战国。从这些记载来看,中原地区是在与北方游牧民族的交往中了解到骆驼的。显然,战国时期骆驼已成为草原游牧民族的重要畜种之一。与此呼应的是,北方长城沿线地区出土了大量这一时期有骆驼图像装饰的牌饰,年代集中在公元前5~前1世纪之间。骆驼与羊、马等同为这一时期北方草原最常见的家畜,多用于装饰,其表现形式可大致分为几类:驼首、伏卧状骆驼、双驼伫立、骆驼与其他动物搏斗、人物骑骆驼。其中双驼伫立、骆驼与人物形象常一起出现,是数量最多的两种题材③(图六)。

图六 北方草原出土的骆驼图像

一般来说,中国北方的动物纹艺术受中原风格的影响,相比起欧亚草原西部同类作品,叙事性更强,更注重表现"场景",具有浓厚的生活气息。骆驼图像属于欧亚草原动物纹艺术的一部分,亦表现出了这种差异④。此外,马艳注意到,有骆驼图像的牌饰较为特殊,不但造型相对固定,而且无论是透雕还是浮雕,多为鎏金作品。这意味着骆驼牌饰的使用者可能是级别较高或具有特殊地位的人群⑤。

要之,在公元前一千纪,骆驼已普遍出现在广袤的欧亚草原地带。在游牧经济生活中,骆驼的地位并不如马、牛、羊重要,主要是作为特殊情况下的负载动物,并非普通家畜。因而,随着社会的分化,拥有骆驼可能成为一种地位、财富的象征。

---

① 黄怀信等校注:《逸周书汇校集注》卷七《王会解》,上海:上海古籍出版社,1995年,第970~982页。
② 王贻樑、陈建敏选:《穆天子传汇校集释》卷四,上海:华东师范大学出版社,1994年,第208页。
③ C. Kost, *The Practice of Imagery in the Northern China Steppe ($5^{th} \sim 1^{st}$ Century BCE)*, Bonn: Vor-und Frühgeschichtliche Archäologie, Rheinische Friedrich-Wilhelms-Universität Bonn, 2014.
④ E. Bunker, *Nomadic Art of the Eastern Eurasian Steppes: the Eugene V. Thaw and other New York Collections*, London/New Haven: Yale University Press, 2002;潘玲:《矩形动物纹牌饰的相关问题研究》,《边疆考古研究》第3辑,北京:科学出版社,2004年,第137页。
⑤ 马艳:《战国至西汉鄂尔多斯式牌饰的物质文化讨论》,中山大学硕士学位论文,2010年,第33页。

二、北疆地区骆驼的扩散

西域地区发现的早期骆驼材料多集中在北疆地区。其中,轮台县群巴克二号墓地出土的骆驼骨骼年代最早,亦是中国境内目前所知最早的能够确认属于驯化骆驼的骨骼材料。群巴克二号墓地为察吾呼文化的代表性遗存之一,流行在墓室周围埋葬儿童小墓和马头、牛头、骆驼头或整马整狗的习俗。结合 C14 测年数据和群巴克一号墓地、察吾呼墓地等类似材料,发掘者将察吾呼文化的年代定在公元前 950～前 600 年之间①。尽管该骆驼头骨并未进行鉴定,但从察吾呼一、三号墓地普遍流行随葬家畜的情况②来看,可以认为群巴克墓地随葬的骆驼是驯养的③。察吾呼一号墓地 M315 出土的一件单耳带流陶罐,颈部装饰了 7 峰伏卧骆驼图像(图七)。察吾呼文化的彩陶十分发达,一般认为与甘青地区的彩陶文化存在密切的联系④。然而,甘青地区的彩陶绝大多数以各种几何图形为基本纹样,极少直接表现具体动物形象,而察吾呼墓地彩陶上的骆驼形象却是动物纹艺术风格的典型做法。同时,察吾呼墓地还出土了卷狼纹铜镜、鹰头狮身兽铜铃等典型的欧亚草原文化器物,这些与殉马、殉驼的习俗显然均为欧亚草原游牧文化的影响⑤。

图七 察吾呼一号墓地出土卧驼纹带流陶罐

尼勒克县加勒克斯卡茵特墓地 M80 的墓室填土中,出土有牛骨、羊骨和骆驼头骨。该墓地共有墓葬 106 座,文化内涵具有一定的差异,年代被认为集中在公元前 5 世纪至汉代,个别墓葬可能更早或者更晚一些⑥。从墓葬形制和出土陶器来看,该墓地可能与察吾呼、苏贝希等文化以及中亚地区存在联系。M6 出土的一件骨剑鞘,通体装饰动物纹,为典

---

① 中国社会科学院考古研究所新疆工作队、新疆巴音郭楞蒙古自治州文管所:《新疆轮台县群巴克墓葬第二、三次发掘简报》,《考古》1991 年第 8 期。
② 安家瑗、袁靖:《新疆和静县察吾乎沟口一、三号墓地动物骨骼研究报告》,《考古》1998 年第 7 期。
③ 张小云、罗运兵:《中国骆驼驯化起源的考古学观察》,《古今农业》2014 年第 1 期。
④ 周金玲:《初论察吾呼文化彩陶》,《新疆文物》1994 年第 2 期。
⑤ 韩建业:《新疆的青铜时代和早期铁器时代文化》,北京:文物出版社,2007 年,第 113 页。
⑥ 新疆文物考古研究所、西北大学文化遗产与考古研究中心、伊犁州哈萨克自治州文物局:《新疆尼勒克县加勒克斯卡茵特墓地发掘简报》,《考古与文物》2011 年第 5 期。

型的欧亚草原器物①。剑鞘两侧突出的四个半圆形部分上均有一个小孔,用于将剑鞘牢牢地固定在佩者的腰带和大腿处以免滑落。这种形式的剑鞘早在公元前三千纪在南西伯利亚、萨彦阿尔泰、图瓦地区就已出现(图八)。

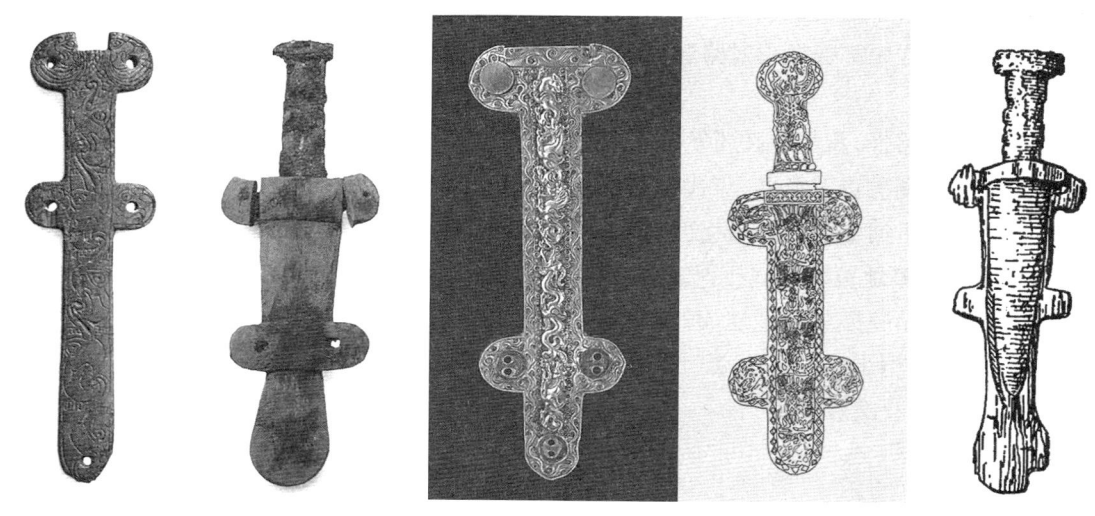

图八　加勒克斯卡茵特墓地与欧亚草原出土四叶剑鞘

鄯善县三个桥墓地发现了6座牲畜坑,均为竖穴土坑,平面呈圆形或矩形,坑内埋驼、马,年代约在战国时期或更晚一些②。简报中并未说明这些牲畜坑与同时代墓葬之间的关系,推测应为邻近墓葬的殉葬坑或祭祀坑。年代稍晚一些的交河故城沟北墓地,发掘了汉代墓葬55座,其中17座有殉牲坑,包括马坑51座,驼坑4座,坑内均埋葬完整牺牲。其中单M16就殉马29匹、骆驼3峰。M01号墓还出土了两件卧驼纹金饰片,嘴、峰和腿部留有钉孔,应为缝缀连接衣服之用③。这两处墓地属于苏贝希晚期文化,与欧亚草原尤其东部地带有着广泛而深入的交流④。

哈密石人子沟遗址M012,地表封堆西侧有三座埋葬动物牺牲的殉牲坑,其中一座殉牲坑K1发现1峰比较完整的骆驼,该墓葬为中型贵族墓葬,年代在战国末期至西汉前期。此外,居址也发现了零星的骆驼骨骸⑤。经动物考古学分析,这些骆驼确属家养骆驼。其

---

① H. Francfort, "Tillya Tepe and Its Connections with the Eurasian Steppes", J. Aruz & E. V. Fino ed., *Afghanistan: Forging Civilizations along the Silk Road*, New Haven & London: Yale University Press, 2012, pp.92~93.
② 新疆文物考古研究所、新疆大学历史系、吐鲁番地区博物馆、鄯善县文化局:《新疆鄯善三个桥墓葬发掘简报》,《文物》2002年第6期。
③ 联合国教科文组织驻中国代表处、新疆文物事业管理局、新疆文物考古研究所:《交河故城——1993、1994年度考古发掘报告》,北京:东方出版社,1998年,第36~44、64页,图版一九,5。
④ 陈戈:《新疆史前时期又一种考古学文化——苏贝希文化试析》,见《苏秉琦与当代中国考古学》,北京:科学出版社,2001年,第159~167页;韩建业:《新疆的青铜时代和早期铁器时代文化》,第108~111页。
⑤ 新疆文物考古研究所、西北大学文化遗产与考古学研究中心:《新疆巴里坤县东黑沟遗址2006~2007年发掘简报》,《考古》2009年第1期。

功能主要是役使、殉牲和食用①。研究者将该地区这一时期的遗存命名为"红山口—石人子沟二期遗存",认为其形成与欧亚草原东部地带,尤其是蒙古高原有着十分密切的关系②。

吉木萨尔县小西沟遗址③、哈密市小东沟南口墓地④、柯坪县亚依德梯木遗址⑤等在田野调查的过程中都曾发现过骆驼骨骸,但均未进行深入研究,年代、文化内涵等情况亦无法知晓。

除动物骨骸外,新疆地区还发现了一些与骆驼有关的图像和人工制品。阿勒泰塔尔浪出土一件青铜驼首刀形器,年代在公元前7世纪至公元前后⑥(图九,1)。类似的驼首纹饰亦见于锡尔河下游维加里克(Nygarak)墓地第四期遗存,年代在公元前5~前3世纪⑦(图九,2)。该墓地被认为属于马萨革泰人(Massagetae),与来自东方的斯基泰文化关系密切。哈密艾斯克霞尔南墓地M27出土一件木箜篌,残存箜篌的部分音箱,音箱顶端雕刻成骆驼,造型手法简练生动(图九,4)。经初步研究,该墓地为早期铁器时代文化遗存,属于焉不拉克文化类型⑧。

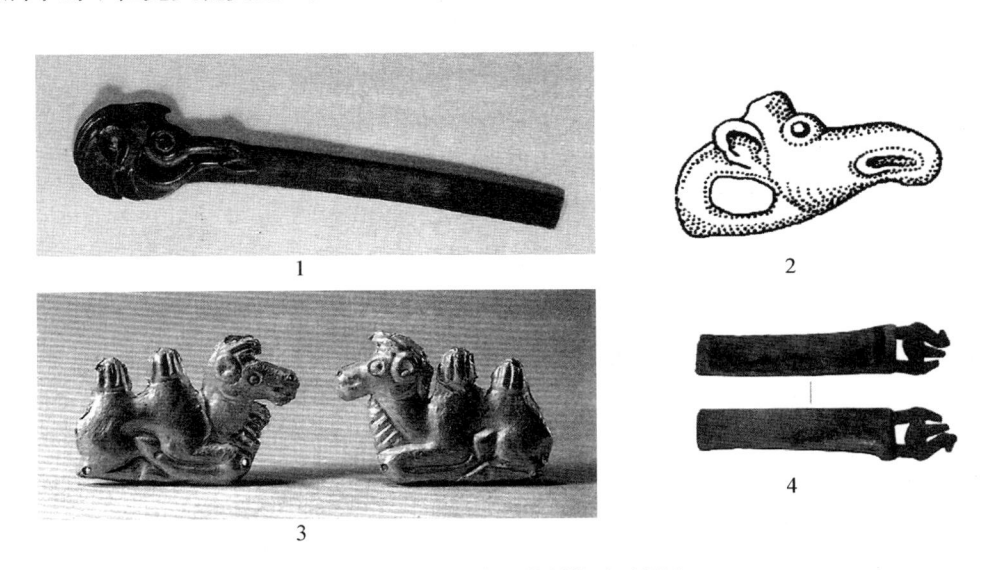

图九　北疆地区发现的早期骆驼图像
1. 塔尔浪出土驼首刀　2. 维加里克驼首铜饰
3. 交河沟北出土骆驼金饰片　4. 艾斯克霞尔南出土箜篌残件

---

① 尤悦、王建新等:《新疆石人子沟遗址出土双峰驼的动物考古学研究》,《第四纪研究》2014年第1期。
② 任萌:《公元前一千纪东天山地区考古学文化遗存研究》,西北大学博士学位论文,2012年。
③ 新疆文物考古研究所:《吉木萨尔县小西沟遗址的初步调查》,《新疆文物》1992年第4期。
④ 新疆文物考古研究所、哈密地区文管所:《哈密—巴里坤公路改线考古调查》,《新疆文物》1994年第1期。
⑤ 新疆文物普查办公室、阿克苏地区文物普查队:《阿克苏地区文物普查报告》,《新疆文物》1995年第4期。
⑥ 王林山:《草原民族文物的风采——阿勒泰民族文物陈列巡礼》,《新疆文物》1994年第2期。
⑦ 刘瑞:《斯基泰起源与铁器东传》,北京大学硕士学位论文,2015年,第17页。
⑧ 王永强、党志豪:《新疆哈密五堡艾斯克霞尔南墓地考古新发现》,《西域研究》2011年第2期。

此外，游牧民族还在山间岩壁上创作了大量岩画，其中不乏骆驼形象，尤以东部天山地区为多。虽然这些岩画的年代还无法准确判断，但其中相当一部分应是属于早期铁器时代的①。

总体来说，公元前一千纪以后，骆驼及骆驼图像较集中出现在北疆地区。尽管其所属的考古学文化各不相同，但殉葬骆驼的习俗和在艺术中使用骆驼图像的做法，无疑都属于欧亚草原游牧文化的一部分。其中，三个桥、交河沟北和石人子沟出现了整驼殉葬的做法。前两处墓地所代表的苏贝希文化，最新研究认为属于大月氏人的遗存，交河沟北大墓的主人可能是一位小月氏酋长②；石人子沟M012则一般被认为属于匈奴贵族墓葬。这些墓葬的殉葬坑成为墓主人的地位、权力和财富的象征③。这直接反映了月氏、匈奴人群在这一时期私有经济发展、氏族组织解体、贫富差距越来越悬殊的经济和社会形态变化④。

张小云、罗运兵认为，尽管目前最早的驼骨材料多集中在北疆地区，但这里可能并非家养双峰驼传入中国的最初地点⑤。本文认同这一观点，新疆的早期骆驼驯养和相关图像都属于欧亚草原早期铁器时代文化的一部分，与北方地区的动物纹艺术大致在同一时期。骆驼可能在更早的阶段经蒙古高原或河西地区进入中国。

三、南疆地区骆驼的扩散

西域的南部和北部由于自然环境的不同，在文化上也表现出极大的差异。北疆总体上属于广袤的欧亚草原的一部分。南疆则主要是塔克拉玛干大沙漠，尤其是塔里木南缘，居民以一个个绿洲为中心，星罗棋布地分布在塔克拉玛干沙漠边缘，以定居灌溉农业经济为生。不过，南部的绿洲中也屡屡出土草原文化遗物。这说明，欧亚草原与沙漠之间一直存在着文化联系。骆驼原本是草原游牧人驯养的家畜，正是随着南北之间的交流，在战国时期，逐渐从北疆扩散到南疆的沙漠绿洲。能够长时间忍受恶劣环境的生理特性，使得骆驼很快成为沙漠交通的主要运输工具，极大地提高了散布在各个绿洲之间的交往频率和交流程度，从而推动了沙漠丝绸之路在这一时期的最终建立。

南疆地区目前所见最早的骆驼骨骼材料见于于田县的圆沙古城。该遗址出土可鉴定的骆驼骨骼标本193件，最小个体数为10个，占家畜总数的17.9%⑥。考古工作者还在城

---

① 苏北海：《新疆北部牧区古代动物分布特点》，《干旱区地理》1987年第1期。
② 林梅村：《大月氏人的原始故乡——兼论西域三十六国之形成》，《西域研究》2013年第2期。
③ 薛文伟：《新疆考古发现的动物随葬研究》，中央民族大学硕士学位论文，2011年，第67页。
④ 林干：《匈奴史》，呼和浩特：内蒙古人民出版社，1977年，第13~18页。
⑤ 张小云、罗运兵：《中国骆驼驯化起源的考古学观察》，《古今农业》2014年第1期。
⑥ 黄蕴平：《新疆于田县克里雅河圆沙古城遗址的兽骨分析》，《考古学研究（七）》，北京：科学出版社，2008年，第532~540页。

内采集到了骆驼鞍具，可知骆驼是被役使的①。从骨骼上留下的切割痕迹来看，无法役使的老年骆驼被宰杀食用②。根据古城形制、出土遗物和C14数据判断，圆沙遗址的年代约在战国—西汉时期，为《汉书·西域传》中的扜弥国所在③。

扜弥国居民采用的是典型的绿洲灌溉农业经济，城内窖穴中出土有谷物、城外有密集的灌溉渠道。不过，对墓葬出土人骨的体质人类学鉴定却表明，扜弥国居民属于高加索人种。部分墓主人还戴着尖帽，这是塞人的典型特征。城内出土的鹿纹木盘、卷狼纹铜牌饰、有柄铜镜等草原文化风格器物亦证明，至少有一部分扜弥国居民可能是来自欧亚草原的"塞人"。据《汉书·张骞李广利传》记载，大致在公元前2世纪，"月氏已为匈奴所破，西击塞王。塞王南走远徙，月氏居其地"④。原来居住在伊犁河流域的塞人受到西迁的大月氏打击，向南迁徙。《汉书·西域传》载："塞种分散，往往为数国。自疏勒以西北，休循、捐毒之属，皆故塞种也。"⑤同时，这些塞人中应有一批到达了扜弥。由此推测，南北之间的这种迁徙和交流在战国时期应该就已经存在，骆驼正是被这些草原移民带到了塔里木盆地南缘。

这一时期南疆出土遗物中亦可见到大量骆驼图像。无疑，丝路南道上的诸小国已经普遍驯养和使用骆驼。新疆考古工作者在若羌县罗布泊西岸采集到一件骆驼纹铜饰件，仍带有草原文化风格，年代约在战国时期。罗布泊西岸属于楼兰国境内，楼兰在公元前1世纪又改名为鄯善。据《汉书·西域传》记载："鄯善国，本名楼兰……民随畜牧逐水草，有驴马，多橐它。"⑥

且末县扎滚鲁克一号墓地85QZM4出土一件毛织物，在原白色地上用红色颜料绘制相间排列的野猪纹和骆驼纹，呈行走状；同墓地所出另一件帔巾的补丁上也嵌缂有样式相同的骆驼纹形象（图一一，1）。96QZIM17出土的一件木桶上，也线刻有大角鹿和一对骆驼的形象，左驼半蹲、右驼直立，线条流畅，富有动态（图一○，2、3）。发掘者认为这座墓的年代约在春秋战国时期，是早期且末国居民墓葬⑦。该墓地可见大量游牧文化因素，如许多木器上装饰了鹿纹、翻转动物纹、双狼纹等，骆驼纹亦属同一性质，体现了与草原地区的联系。

西汉前期，匈奴将塔里木盆地纳入势力范围，将西域作为一个整体来管理。张骞凿空和此后西汉对西域的经营，更进一步推动了三十六国的交流。骆驼是诸国之间交流的主要交通工具。洛浦县的山普拉墓地，一般认为是古于阗国居民的墓地，其早期墓葬（公元前1世

---

① Mission archéologique franco-chinoise au Xinjiang, *Keriya*, *memoires d'un fleuve: Archéologie et civilisation des oasis du Taklamakan*, Paris: Editions Findakly, 2001, p.172.
② 戴蔻琳、伊弟利斯·阿不都热苏勒著，吴雯译：《在塔克拉玛干的沙漠里：公元初年丝绸之路开辟之前克里雅河谷消逝的绿洲——记中法新疆联合考古工作》，陈星灿、米盖拉主编《考古发掘与历史复原》（《法国汉学》第十一辑），北京：中华书局，2006年，第57页。
③ 中法联合克里雅河考古队：《新疆克里雅河流域考古调查概述》，《考古》1998年第12期。
④ 《汉书》卷六十一《张骞李广利传》，北京：中华书局，1962年，第2692页。
⑤ 《汉书》卷九十六《西域传》，第3884页。
⑥ 《汉书》卷九十六《西域传》，第3875、3876页。
⑦ 新疆维吾尔自治区博物馆、巴音郭楞蒙古自治州文物管理所、且末县文物管理所：《新疆且末扎滚鲁克一号墓地发掘报告》，《考古学报》2003年第1期。

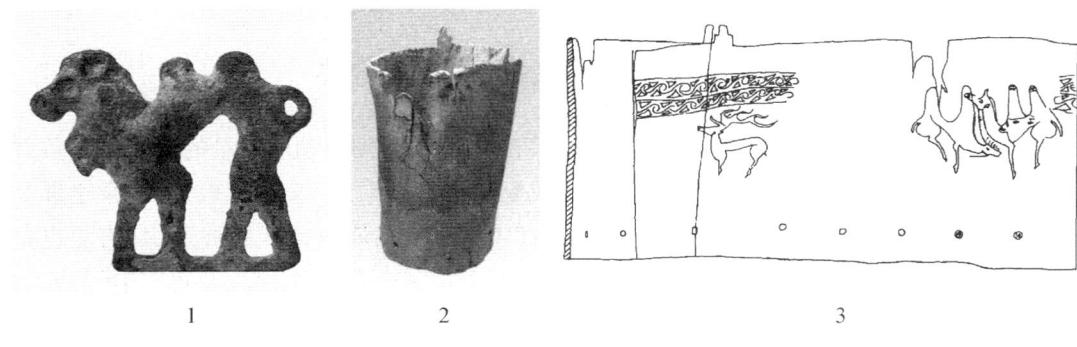

图一〇　南疆地区发现的早期骆驼形象(一)
1. 罗布泊采集铜骆驼　2、3. 扎滚鲁克96QZIM17出土木桶

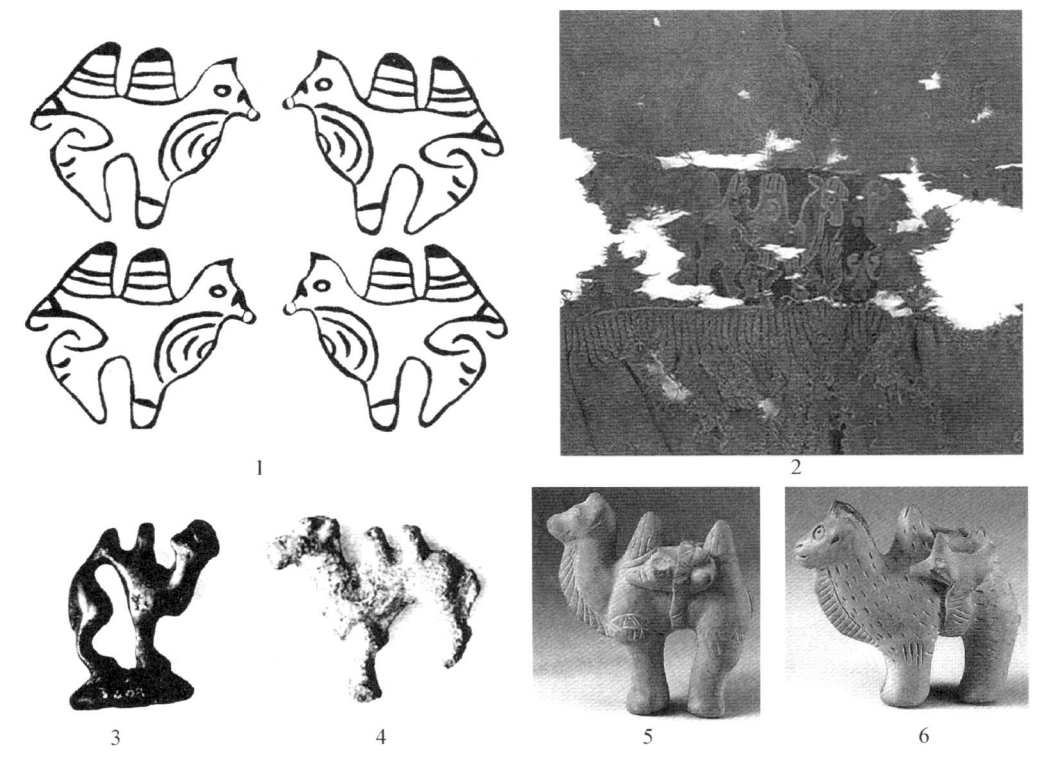

图一一　南疆地区发现的早期骆驼形象(二)
1. 扎滚鲁克毛织物骆驼纹　2. 山普拉绦裙骆驼纹　3~6. 约特干采集铜、陶骆驼

纪~3世纪中期)中出土有多件骆驼纹缀织绦裙(图一一,2)。和田市的约特干遗址,被认为是于阗国都所在,也曾出土过多件陶质、铜质骆驼像,研究者认为其年代在公元前1~1世纪之间①(图一一,3~6)。其中的两件陶骆驼,清晰地表现了在双峰之间捆绑着物品。

---

① 张靖敏:《汉晋于阗文化的发展与演变》,北京大学硕士学位论文,2007年,第19~23页。

四、汉代以来骆驼的扩散

汉朝为了经营西域而展开的各项政治、军事行动，更是需要动用大量的骆驼作为负载动物。如《汉书》载："康居亦遣贵人，橐它驴马数千匹，迎郅支。"又载："敦煌、酒泉小郡及南道八国，给使者往来人马驴橐驼食，皆苦之。"①在西域和河西地区的战争中，骆驼也是必不可少的粮草运输工具、重要的战略资源。如《史记·大宛列传》载，太初三年（公元前102 年），汉武帝出兵再击大宛，"岁余而出敦煌者六万人，负私从者不与。牛十万，马三万余匹，驴骡橐它以万数"②。《汉书·西域传》亦载："（汉武帝）发酒泉驴橐驼负食，出玉门迎军。"同传中乌孙在统计从匈奴处获得的战利品时，也将骆驼与马、牛、羊、驴等家畜一起计算："昆弥自将翕侯以下五万骑从西方人，至右谷蠡王庭，获单于父行及嫂、居次、名王、犁污都尉、千长、骑将以下四万级，马、牛、羊、驴、橐驼七十余万头，乌孙皆自取所虏获。"③骆驼的使用和养殖规模迅速扩大，并成为官方养殖的畜种，以满足中原与西域之间的军事、政治、外交所需。《汉书·百官公卿表》载西汉设有"牧橐令丞"，属太仆④。官方养殖骆驼主要集中在西北地区，居延汉简、敦煌汉简、罗布淖尔汉简中均可见到相关的记录⑤。

从战国到汉武帝以前，骆驼对于中原人来说是一种北方草原的"奇兽"。如《战国策·楚策》中说："赵、代良马橐他必实于外厩。"⑥《史记·匈奴列传》："唐虞以上有山戎、猃狁、荤粥，居于北蛮，随畜牧而转移。其畜之所多则马、牛、羊，其奇畜则橐驼、驴……"⑦1965 年，湖北江陵望山 1、2 号墓各出土了一盏人骑骆驼铜灯。铜灯造型稚拙，显然制作工匠对骆驼并不熟悉，只是将其作为一种异域风情的代表加入艺术创作中（图一二，1）。直到汉文帝六年（公元前 174 年），冒顿单于遗汉书，"故使郎中系零浅奉书请，献橐他一匹，骑马二匹"⑧。骆驼仍可作为珍奇之兽用于贡献。

汉武帝大力开发西域以后，中原对骆驼就已经比较了解了。《盐铁论·本议》称："……骡驴驼驼，衔尾入塞，驒騱𬳵马，尽为我畜。"⑨西域取代北方草原成为中原骆驼的主要输入地，但这一时期仍是依赖于进贡、征调、赏赐等官方的流通。如长沙杨家山 304 号汉墓出土一件漆器上有骆驼纹样的金箔贴花，年代约在西汉后期⑩。骆驼作为装饰动物纹样出现在了高等级贵族所用器物上。骆驼还成为汉代官印纽制所用形象之一。据《汉

---

① 《汉书》卷九十六《西域传》，第 3893 页。
② 《史记》卷一百二十三《大宛列传》，北京：中华书局，1982 年，第 3176 页。
③ 《汉书》卷九十六《西域传》，第 3913、3905 页。
④ 《汉书》卷十九《百官公卿表》，第 729 页。
⑤ 王子今：《秦汉交通史稿》，北京：中共中央党校出版社，1994 年，第 143~146 页。
⑥ 何建章注释：《战国策注释》卷十四《楚策一》，北京：中华书局，1990 年，第 508 页。
⑦ 《史记》卷一百十《匈奴列传》，第 2879 页。
⑧ 《史记》卷一百十《匈奴列传》，第 2896 页。
⑨ 王利器校注：《盐铁论校注》卷一《本议》，北京：中华书局，1992 年，第 28 页。
⑩ 聂菲：《从湖南西汉高级贵族墓出土漆器审度汉初漆器工艺的传承与变异》，见《中国汉画学会第九届年会论文集》，北京：中国社会出版社，2004 年，第 473~483 页。

图一二　战国秦汉时期中原出现的骆驼形象
1. 望山楚墓出土人骑骆驼铜灯　2. 东汉画像石中的骆驼

官旧仪》载,诸侯王、御史大夫以及匈奴单于的官印以橐驼为印纽。在实际考古发现中也有不少驼纽官印的实例,多为汉朝对少数民族首领的颁赐印[①]。私印亦有用驼纽者,如新和县玉奇喀特乡出土的铜质驼纽"常宜之印"[②]。

到了东汉时期,中央对于西域的控制力有所减弱,并最终于公元175年从西域撤军,史书中有"三通三绝"之称,彻底断绝了政治联系。然而,民间与西域却并未完全隔绝。中原普通民众对于骆驼的形象已越来越熟悉。东汉画像石中有大量的骆驼图像,常与胡人、大象伴出,均为西域远方的代表[③](图一二,2)。尼雅95MN1M3号墓葬出土女尸袍面所用人物禽兽纹锦,纹样中有十几种动物和羽人形象,其中就包括骆驼。同墓地M4出土两块残锦,装饰有骑马射猎双峰驼的场景(图一三)。这两件织锦都是典型的汉地舶来品,出现骆驼图像一方面可能是专为输入西域而专门设计,另一方面也说明骆驼已是织锦的习见纹样。

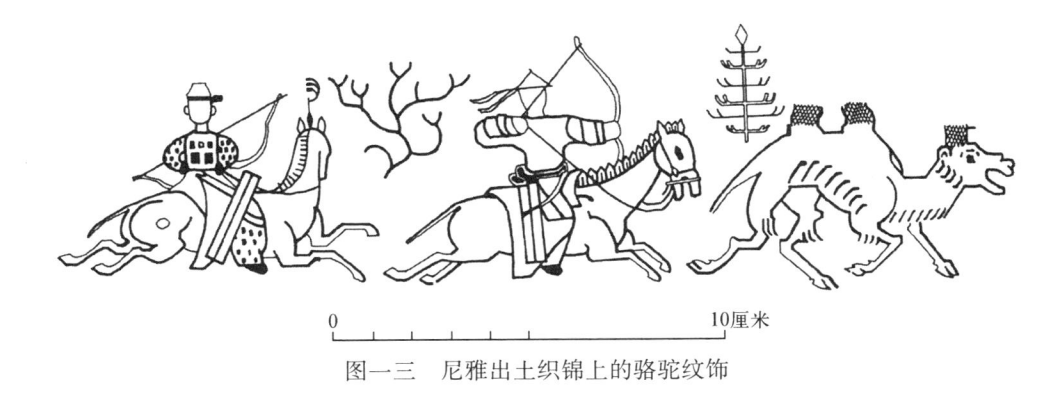

图一三　尼雅出土织锦上的骆驼纹饰

---

① 《中国玺印篆刻全集》编辑委员会编:《中国玺印篆刻全集·玺印·上》,上海:上海书画出版社,1999年,第103、104页。
② 新疆维吾尔自治区文物事业管理局等:《新疆文物古迹大观》,乌鲁木齐:新疆美术摄影出版社,1999年,第230页,图0622。
③ 朱浒:《汉画像胡人图像研究》,上海大学博士学位论文,2012年,第263页。

魏晋时期,丝绸之路上的商贸活动逐渐兴盛起来,普通民众对于骆驼在沙漠交通中的独特地位有了比较准确的认识。《周书·异域传》载:"西北有流沙数百里,夏日有热风,为行旅之患。风之欲至,唯老驼知之,即鸣而聚立,埋其口鼻于沙中。人每以为候,亦即将氊拥蔽鼻口。其风迅驶,斯须过尽。若不防者,必至危毙。"①商旅的加入,使得诸绿洲之间的人员往来密度和频率进一步增加,对骆驼的需求量也随之加大。养殖骆驼在西域畜牧业中所占比例更重,这在尼雅出土的佉卢文书中有明确的体现:皇室有专门的驼队,配有专职看守人,还配备卫兵;各级政府机构均有专人负责骆驼事务;骆驼还可充当税收、作为交换货币、礼物以及用于供祭②。骆驼的养殖水平也相当发达,牡牝有严格区别,据推测早在西汉时期就采用了阉割技术③。

河西地区也是重要的骆驼养殖区,为汉武帝的历次用兵提供了大批骆驼。到魏晋时期,大量中原汉人迁入河西,成为丝绸之路继续延伸和发展的主力。他们与西域之间的交往,也在很大程度上依赖骆驼。如《魏书·吕光传》载,前秦吕光讨伐西域返回时,"光以驼二千余头,致外国珍宝及奇伎、异戏、殊禽怪兽千有余品"。交通运输的需要极大推动了养驼业的发展,并体现在了这一时期河西的壁画墓中。如甘肃嘉峪关5号墓前室西壁第63号画像砖上出现了一大一小两峰骆驼吃树叶的场景,6号墓前室西壁第37号画像砖也表现了一名男子一手持长杆、一手牵骆驼的形象④(图一四)。高台骆驼城出土画像砖中

图一四 河西魏晋壁画墓所见骆驼图像

---

① 《周书》卷五十《异域传下》,北京:中华书局,1971年,第916页。
② 王欣、常婧:《鄯善王国的畜牧业》,《中国历史地理论丛》2007年第2辑。
③ 刘戈、郭平梁:《"大宛汗血天马"揭秘——兼说中国家畜家禽阉割传统》,《敦煌学辑刊》2008年第2期。
④ 张宝玺:《嘉峪关酒泉魏晋十六国墓壁画》,兰州:甘肃人民美术出版社,2001年,第147、179页。

也有放牧骆驼的图像。

值得注意的是,楼兰 LE 古城西北壁画墓的后室西壁,表现了一幅双驼互搏的场景,二驼两侧还各有一人手持长杆,试图将它们分开(图一五)。该墓葬前室发现有佉卢文题记,墓主人应是一位侨居楼兰的贵霜大月氏人,年代约在魏晋时期①。前述交河沟北的小月氏酋长墓曾出土骆驼纹金饰片,显示了月氏人对骆驼的喜爱。西迁中亚的大月氏人还将骆驼铸在了自己发行的钱币上,特别是贵霜前三代王的钱币,骆驼是其背面最主要的装饰形象之一(图一六,1)。于阗模仿贵霜钱币铸造的汉佉二体钱,也直接照搬了这一形式②(图一六,2)。

图一五　楼兰壁画墓双驼互搏图像

1　　　　　　　　　　　　2

图一六　西域的骆驼纹钱币
1. 丘就却钱币　2. 汉佉二体钱

双驼互搏原是欧亚草原动物纹艺术的题材之一,在公元前 6~前 4 世纪南乌拉尔地区最为流行。楼兰壁画墓中的这一图像提示我们,斗驼可能是草原游牧民族的一项娱乐活动。《东观汉记》载匈奴南单于"岁祭三龙祠,走马斗橐驼,以为乐事"③。楼兰壁画墓中的

---

① 陈晓露:《楼兰壁画墓所见贵霜文化因素》,《考古与文物》2012 年第 2 期。
② 林梅村:《再论汉佉二体钱》,《中国钱币》1987 年第 4 期。
③ 吴树平校注:《东观汉记校注》,北京:中华书局,2008 年,第 886 页。

双驼互搏,可能是月氏保留了这项传统的乐事,也有可能是这种游牧民族的娱乐形式传播到了楼兰地区。值得一提的是,这种斗驼的习俗在阿拉伯世界十分盛行,并且一直流传到了今天(图一七)①。

图一七 波斯细密画所见斗驼场景

---

① A. T. Adamova & J. M. Rogers, "The Iconography of 'A Camel Fight'", *Muqarnas*, Vol.21 (2004), pp.1~14.

成汉俑与三星堆器物坑青铜人像

索德浩

成都文物考古研究所

一、成汉俑的发现与研究

成汉俑出土于成汉时期的墓葬中，造型独特，流行时间短，以成都出土最多，德阳、西昌等地也有发现。目前能确认为成汉俑的有以下几件：

1975年，四川成都东郊万年场出土一件吹笛俑，泥质灰陶，高47.1、底宽22.2厘米。头戴平巾帻，方脸，下巴略弧，长颈。弓形眉长粗且凸出，双眼外鼓呈橄榄形，眼睑较宽且凸起。鼻梁隆起，大嘴，嘴唇之上有一对八字胡。两只招风大耳，耳垂上各有一小孔。上身呈圆筒状，手臂细长，向上抬起握笛于嘴前。余部未作细部刻画，看不出服饰等其他内容（图一，1）。现藏成都博物馆。

1985年，成都桓侯巷发现一座成汉墓。该墓封土保存较好，直径约45、残高10.41米。封土下建长方形券顶砖室墓，长12.75、宽2.65、高2.6米。墓前有镇墓俑[1]，墓内有砖筑棺台，棺台上放置两具木棺。墓葬虽然多次被盗，仍出土丰富的随葬品，有近百件陶俑及动物模型，陶俑种类有文吏、击鼓俑、吹箫俑、侍俑等[2]。"陶俑的体形、服饰、姿态各有特色"，还有"若干别具一格的发式"，墓葬纪年砖年号有"太康"、"玉衡"、"玉恒"、"汉兴"等，加之随葬品中未发现晚于成汉的器物，发掘者将墓葬时代下限定在成汉李寿时期[3]。由于正式报告还未发表，陶俑的"特色"不详，但从发表的一件陶俑照片来看，造型确实奇特：戴平巾帻、方脸、圆下巴，眉弓及双目凸出，呈橄榄形，眼睑较宽且外凸，高鼻，大扁嘴，两耳较大；颈部较长，身体呈筒装，宽肩，双手对握于前，衣饰不详。

1989年，凉山州博物馆在四川省西昌市西郊乡大石板附近清理了两座成汉时期券顶砖室墓，平面呈凸字形。靠西的一座墓道中出土一件镇墓俑[4]，泥质灰陶，立姿。额上有角，脸形较方，下巴略圆，眉弓凸起，双目圆睁外凸，拱鼻，大扁嘴，嘴角两侧上方各有一绺长胡外撇，宽耳，耳垂下各有一佩环的小孔。长颈，身作筒形，中空，背胸上另有一长方形

---

[1] 文物编辑委员会：《文物考古工作三十年（1949～1979）》，北京：文物出版社，1979年，第355页。
[2] 金勋琪：《旧传桓侯巷的张飞衣冠坟发掘确系成汉晚期墓葬》，《成都晚报》1986年6月25日。
[3] 王毅、罗伟先：《成汉墓考古记》，《成都文物》1986年第2期。
[4] 原文称武士俑，此俑出土于墓道，且形象与镇墓俑相近，再结合成都地区此类俑的出土情况，笔者以为定为镇墓俑较妥。

图一 成汉俑

1. 吹箫俑（成都万年场出土） 2~5. 镇墓俑（成都广福村M48、成都田家寺M26、西昌西郊乡、什邡虎头山M4出土）

孔。双手握一环首刀于胸前。高41.8、底座宽15.3厘米①（图一，4）。

2003~2004年，四川省什邡市虎头山出土一批成汉墓（M1~M5），其中M4、M5的墓门处各出土1件镇墓俑，M4的镇墓俑造型较清晰，立姿。方形脸，头部有犄角六只，弓形眉，凸目呈橄榄形，高鼻梁，大耳，大扁嘴，长舌下垂。粗颈略长，胳膊细长，左手执蛇，右手握环柄刀。嘴部残留朱彩。高33.6厘米（图一，5）。M5出土的镇墓俑形象过于简略，仅可看出凸目特征。发掘者根据M5出土的汉兴钱，将这两座墓的时代定在成汉时期②。

2011年，笔者在四川省双流县华阳镇广福村清理了一座成汉崖墓（M48），未被盗扰。小型单室墓，由墓道、墓门和墓室三部分组成，全长6.36米。器物置于近墓门处，有陶钵、镇墓俑以及铁刀等。镇墓俑立于墓门前，泥质灰陶，平头，头上两侧有对称鹿角，前部正中立一鸟。方脸，下巴略弧，粗眉弓高高凸起，双眼呈橄榄形外鼓，眼睑较宽，

---

① 刘世旭、刘弘：《西昌市西郊乡发现成汉墓》，《四川文物》1991年第3期。
② 德阳市文物考古研究所、什邡市文物保护管理所：《四川什邡市虎头山成汉至东晋时期崖墓群》，《考古》2007年第10期。

蒜头鼻,耳朵不大,有较深耳洞,扁嘴略吐舌。颈部较长,肩部以下制作简略,身体呈筒状,用泥条捏制成手,双手置于腹前,握一把环首刀。高36.4、肩宽12、身厚13.8厘米①(图一,2)。

2012年,笔者在广福村崖墓南约500米的田家寺墓地又发掘一座成汉崖墓(M26),未被盗扰。小型单室墓,由墓道、墓门和墓室三部分组成。器物多堆放于墓门口,少部分放于墓室后壁,器形有陶俑、罐、钵、灯及铜镰斗、盆、镜等,该墓中陶俑较小,形象简化。唯镇墓俑制作精致。泥质灰黄陶,头上有对称鹿角,角根部装饰一圆形物,左侧下又冒出一小角。脸形方中带圆,粗眉弓,双眼呈橄榄形外鼓,眼睑较粗,高鼻、扁嘴,大方耳,吐舌。颈部长粗,以下制作简化,身体呈筒状,两手对握于腹前(右手残),手中执一物。高35、宽16、厚12厘米②(图一,3)。

以上几件成汉俑有吹箫俑、侍从俑、镇墓俑等几类形象,性质虽然不同,但具备共同特征:脸形较方,下巴略弧,眼睛凸出,眉弓较粗且凸出,宽扁嘴,颈部较长,身体制作简略、呈筒状,双手习惯对握于腹前,除广福村成汉俑外,耳朵均较大。其中镇墓俑的形象继承了东汉、蜀汉镇墓俑的一些特征,如头上有角、手中持刀、吐舌等,但面部形象明显改变,且身体以下制作简略。

成汉俑资料发表很少,研究成果不多,主要集中于三个方面:

1. 时代。成都桓侯巷成汉墓葬出土有纪年砖,虎头山崖墓M5出土了汉兴钱,为墓葬时代的判定提供了直接依据,争议不大。

2. 桓侯巷成汉墓墓主身份,争议颇多。桓侯巷墓主最初有李雄说③。发掘者谨慎地认为墓主身份等级很高④。林集友根据"玉衡二十四年亲诏书立"砖断墓主为李班⑤。吴怡对此提出质疑,认为该墓墓主为賨人上层贵族⑥。

3. 成汉俑族属。多认为成汉俑为賨人,独刘弘观点不同,认为所有史料均未说明賨人体质异于其他民族,除了三星堆器物坑中的青铜人像外再也找不到与之相似的形象。他从宗教信仰上来讨论,认为汉晋时期蜀地还完全笼罩在浓厚的古蜀文化氛围中,天师道吸收了古蜀巫觋文化,而成汉政权深受天师道影响,因此二者的形象才会相似⑦。论证角度新颖,但刘先生需面对两个问题:既然古蜀的巫觋文化一直从三星堆文化延续到成汉,那么为何仅有三星堆文化和成汉政权才有这种造型的人像?春秋、战国、秦汉都没有见到。东汉蜀地发现大量陶俑,但均无此类形象,作者无法解决二者一千多年间物质遗存和文化上的缺环;刘先生论证的基础是这类成汉俑反映了賨人的宗教信仰,镇墓俑确实与巫觋有

---

① 资料存成都文物考古研究所,整理中。
② 资料存成都文物考古研究所,整理中。
③ 文物编辑委员会:《文物考古工作三十年(1949~1979)》,第355页。
④ 王毅、罗伟先:《成汉墓考古记》,《成都文物》1986年第2期。
⑤ 林集友:《成都外南成汉墓主试探》,《四川文物》1989年第6期。
⑥ 吴怡:《成汉墓小考》,《四川文物》1992年第2期;又见吴怡:《玉衡二十年亲诏书立与成汉墓主人》,《文物考古研究》,成都:成都出版社,1993年。
⑦ 刘弘:《成汉俑新说》,《四川文物》1995年第4期。

关,但这类俑还有吹笛俑、侍从俑等形象,与精神信仰关系不大,为何也与三星堆器物坑人像相似呢?

二、三星堆器物坑青铜人像

成汉俑外形虽然奇特,但并不让人陌生,20世纪80年代发现的三星堆器物坑中就有类似外形的青铜人像。三星堆1号器物坑埋藏时代在殷墟一期和二期之间,2号坑在殷墟二期和三、四期之间。坑内青铜人像69件,青铜面具(面像)22件,金面罩3件①。金面罩为青铜人像面部脱落之物,面像、面具均为人面局部,且过于夸张,与真人特征相距较远,所以这三类不予分析。

青铜人像造型复杂,衣饰、发式、姿态各有特色,笔者根据面部特征将其分成三型:

A 型　方形脸,轮廓较为圆滑,"造型较写实"。报告中1号坑的A型人头像均为此类(图二,1)。

B 型　长方形脸,轮廓硬朗。又可分成两亚型:

Ba 型　脸形略方。1号坑B、C型人头像,2号坑A、B、C型人头像大部,2号坑A、B型金面罩人头像,另有K2②∶149(150)、K2③∶264、K2③∶5、K2③∶7、K2③∶4等(图二,2、3)。

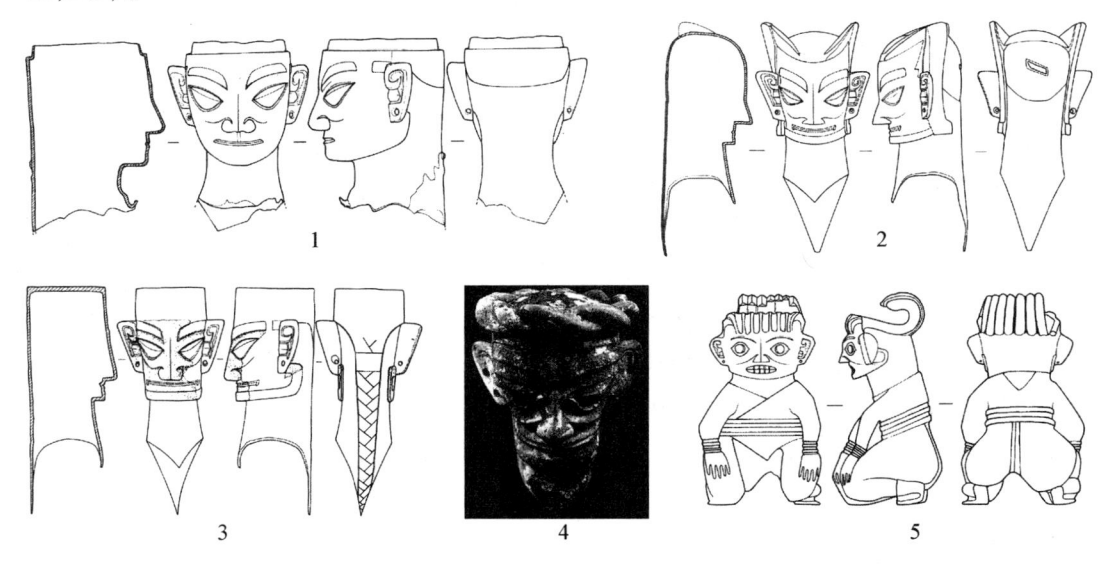

图二　三星堆器物坑铜人像
1. A 型(K1∶2)　2、3. Ba 型(K1∶5、K2②∶15)　4. Bb 型(K2③∶83)　5. C 型(K1∶293)

---

① 四川省文物考古研究所:《三星堆祭祀坑》,北京:文物出版社,1999年。

Bb 型　脸形近亚腰梯形，面颊部分内凹，此型人像往往盘辫发于头上（K2③：48、K2③：83）（图二，4）。

C 型　扁方脸（K1：293）（图二，5）。

三型青铜像的共同特点是：方形脸，眼睛外凸，眉弓粗且凸起，阔嘴（C 型例外），蒜头鼻，大耳，颈部较长，特别是几件立人像颈部最长，双手多放于腹前（仅有 C 型人像置于腿上，少数人像双手前伸）。

三、成汉俑与三星堆青铜人像比较

通过上文的比较分析，发现成汉俑与三星堆青铜人像具有以下共同的特征：

1. 长方形脸。三星堆青铜人像面部虽然长、宽有差别，但总体都呈长方形；成汉陶俑面部呈长方形，表情刚毅，一改东汉以来四川陶俑面部圆润的特点。

2. 眼睛外凸，为成汉俑和三星堆青铜人像所特有，中国其他地域极少发现类似人像。

3. 大耳。

4. 扁阔嘴。

5. 粗眉弓。

6. 双手习惯置于腹前。

7. 由面貌和形体反映出来的体质特征相近，人种一致，种族主体为蒙古利亚人种北支。李绍明先生认为三星堆青铜人像具有蒙古利亚种族特征，特别是 B、C 型①人像为蒙古利亚种族北支，并占据主导地位。"据国内学术界的普遍意见，现今藏缅语族的先民为古氐、羌系的民族，在体质上具有蒙古利亚种族北支的特征"②。蓝勇先生根据成汉俑面部特征认为其更具蒙古利亚西北亚型特征，"成汉的建立者李氏虽然是賨人，但其士卒多为西北陕甘地区的氐人，其体质特征自然是以西北氐人为代表了"③。

如此高的相似度绝非历史偶然性可以解释，二者应该存在着密切联系。李绍明和蓝勇对二者种族的分析结果表明，成汉俑和三星堆青铜人像的族属很有可能同源。下面利用考古、文献、民族学等材料对其族属进行分析。

四、成汉俑族属

以往多认为造型独特的成汉俑为賨人，主要依据《华阳国志·李特志》的记载："李特……略阳临渭人也。祖世本巴西宕渠賨民，种党劲勇，俗好鬼巫。汉末，张鲁居汉中，以

---

① 此型式划分依据两个祭祀坑的简报型式划分，与本文型式划分有所不同。见《广汉三星堆遗址一号祭祀坑发掘简报》，《文物》1987 年第 10 期；《广汉三星堆遗址二号祭祀坑发掘简报》，《文物》1989 年第 5 期。
② 李绍明：《三星堆文化与种族民族》，《贵州民族研究》2000 年第 2 期。
③ 蓝勇：《西南历史文化地理》，重庆：西南师范大学出版社，1997 年，第 4、5 页。

鬼道教百姓,賨人敬信;值天下大乱,自巴西之宕渠移入汉中。魏武定汉中,曾祖父虎与杜濩、朴胡、袁约、杨车、李黑等移于略阳北土,复号曰巴氐。"①但此材料并不足以支撑论点。

首先,李氏只是因为作战勇敢而成为少数民族首领,其统治基础还是以氐、羌为主的少数民族。张鲁于初平二年(公元191年)在汉中建立政权,李特祖上大致此时从巴西宕渠迁入。后建安二十年(公元215年)魏武定汉中,李特曾祖父李虎移于略阳北土。元康八年(公元298年),"略阳、天水六郡民李特,及弟庠……诏书不听入蜀"②。至此,李氏家族在略阳已经居住了83年,历经三世。略阳一直是氐人传统居住区,据《宋书·氐胡传》云"略阳清水氐杨氏,秦、汉以来,世居陇右"③。近来在略阳等地区的考古调查中发现的大量氐、羌物质文化遗存可为辅证④。既然略阳是氐人的传统居住区,而李氏在此居住八十余年,不可能不受氐人影响,甚至有可能已严重氐化,后来复号"巴氐"恰恰反映了賨人李氏已经逐渐融入氐人社会中。賨人在流民中属于少数派,《晋书·李特载记》云"魏武帝克汉中,特祖将五百余家归之"⑤,即使五百家都是賨人,相对于"数万家"也是少数。而少数派賨人李氏之所以能成为流民首领,一是因为李氏家族有部曲;二是賨人"天性劲勇",为羌人所敬服。《华阳国志·巴志》载:"板楯七姓,以射虎为业,立功先汉……其人勇敢能战。昔羌数入汉中,郡县破坏,不绝若线。后得板楯,来虏弥尽。号为神兵。羌人畏忌,传语种辈,勿复南行。"⑥故能统领氐、羌。也就是说,賨人属于少数派,且染氐、羌风俗,以氐、羌为统治基础的成汉国葬俗未必会依賨人之风。

其次,賨人分布区域范围内未见此种造型陶俑。賨人即巴人一支。《华阳国志·巴志》载:"汉兴,亦从高祖定乱,有功。高祖因复之,专以射虎为事。户岁出賨钱口四十。故世号白虎复夷。一曰板楯蛮。"⑦汉代,賨人居于古渝水流域,"阆中有渝水,賨民多居水左右"⑧,李特之祖是宕渠人,宕渠属渝水流域。为配合三峡水库建设,库区内进行了大规模的考古发掘,但各个时代都未发现此类形象,特别是东汉墓葬中出土大量陶俑,亦无此类。如果成汉俑确为賨人遗存,不可能无丝毫线索。

最后,诚如刘弘先生所言,所有史料均未说明賨人体质异于其他民族。

综上理由,笔者以为成汉俑非賨人形象,而有可能是以氐人为主的氐、羌等少数民族形象。

首先,成汉俑族属可排除蜀地土著。蜀地土著长期居住于此,而在成汉之前的东汉、蜀汉,该区域内并未发现这类遗存。且流民入川后造成大量巴蜀民众外逃。流民军攻占

---

① (晋)常璩撰,任乃强校注:《华阳国志校补图注》卷九《李特传》,上海:上海古籍出版社,1987年,第483页。
② (晋)常璩撰,任乃强校注:《华阳国志校补图注》卷八《大同志》,第445页。
③ 《宋书》卷九十八《氐胡传》,北京:中华书局,1974年,第2403页。
④ 韩香:《陕南宁强、略阳等地氐、羌遗风历史溯源》,《西北民族论丛》第7辑,北京:中国社会科学出版社,2010年。
⑤ 《晋书》卷一百二十《李特载记》,北京:中华书局,1974年,第3022页。
⑥ (晋)常璩撰,任乃强校注:《华阳国志校补图注》卷一《巴志》,第24页。
⑦ (晋)常璩撰,任乃强校注:《华阳国志校补图注》卷一《巴志》,第14页。
⑧ (晋)常璩撰,任乃强校注:《华阳国志校补图注》卷一《巴志》,第14页。

的地方90%的居民都逃亡了,特别是三蜀之地,几乎逃亡殆尽①。"李氏据蜀,兵连战结,三州倾坠,生民歼尽,府庭化为狐狸之窟,城郭蔚为熊罴之宿,宅游雉鹿,田栖虎豹,平原鲜麦黍之苗,千里蔑鸡狗之响,丘城芜邑"②,直至李寿时,"郊甸未实,都邑空虚"③。既然蜀民大部分已流亡,就不可能在此处留下如此怪异的成汉俑。成汉时期占据蜀地的是六郡流民,而成汉俑恰恰在此时出现,只能说明成汉俑为六郡流民的遗存。

其次,六郡流民当以氐、羌为主。"略阳、天水六郡民李特,及弟庠,阎式,赵肃,何巨、李远等及氐叟、青叟数万家,以郡土连年军荒,就谷入汉川,诏书不听入蜀"④。六郡是指天水、略阳、扶风、始平、武都、阴平,而这六郡为氐、羌的传统聚居地。据蒙默先生研究,叟有时是少数民族的泛称,有时专称,是指包括青羌、旄牛夷、徙人、青衣羌、西蕃、胡羌、氐、賨等古代民族⑤。此处应该是泛称,氐叟、青叟即氐族、青羌。故六郡流民应以氐、羌为主。由于氐人众多,时人也称来自秦雍二州的流民为"秦氐"。功曹陈恂谏曰:"不如安住少城,檄诸县合村保,以备秦氐。"⑥很多氐族大姓也是流民军的重要力量,如氐叟元丰、钱、刘、李、梁、窦、符、隗、董、费等。这表明,李氏的军事力量和统治基础为氐、羌。那么成汉俑的族属范围便可缩小至氐、羌了。

最后,从考古发现来看,成汉统治区域内的葬俗有较强的一致性。发现的成汉墓数量不多,但分布在成都、德阳、西昌等较大的区域范围内。成汉各阶层都有葬此类型陶俑的习俗,无论是上层贵族墓,还是普通百姓墓中都有发现。能在成汉国如此广大的区域内和这类墓葬相对应的民族也只有氐、羌了。

既然成汉时期蜀地为六郡流民所据,而流民又以氐、羌之族为主,其统治者李氏家族也受氐、羌影响颇深,故成汉时期墓葬应主要为氐、羌二族所遗留或受到氐、羌葬俗影响。

五、氐、羌渊源以及分布

羌族历史悠久。据甲骨文和古文献可知,至迟到商代该族已经出现,此时羌族据有今甘肃省大部和陕西省西部,向东则已达到今山西南部及河南西北一带⑦。马长寿则进一步提出古羌的分布中心在青海东部的河曲及其以西以北等地⑧。关于羌族的分布区域有较多争论,但大多认为殷商以来其核心区域在甘青一带。

氐族在文献上出现时间较晚,至迟到战国年间已为中原人所知晓⑨。关于氐族起源

---

① 谭红主编:《巴蜀移民史》,成都:巴蜀书社,2006年,第86页。
② (晋)常璩撰,任乃强校注:《华阳国志校补图注》卷十二《序志》,第723页。
③ 《晋书》卷一百二十一《李寿载记》,第3045页。
④ (晋)常璩撰,任乃强校注:《华阳国志校补图注》卷八《大同志》,第445页。
⑤ 蒙默:《说"叟"》,《思想战线》1992年第2期。
⑥ (晋)常璩撰,任乃强校注:《华阳国志校补图注》卷八《大同志》,第446页。
⑦ 冉光荣、李绍明、周锡银:《羌族史》,成都:四川民族出版社,1985年,第18页。
⑧ 马长寿:《氐与羌》,上海:上海人民出版社,1984年,第2页。
⑨ 杨铭:《氐族史》,长春:吉林教育出版社,1991年,第17页。

的争论较多,有来源于三苗①、羌族②、河南或河北③、陇南④等说法,出现这些争论主要是由于对文献理解的差异,但所有观点都承认氐族曾长期活动于陇南地区,故笔者赞同氐族中心分布区在陇南地区,只是此处地理环境特殊,不断有民族徙出、迁入,其他民族不断融合至氐族,氐族也不断融合到其他民族,其民族源流和成分就分外复杂了。《史记·西南夷列传》最早记载了氐族的分布区域:"自冉駹以东北,君长以什数,白马最大,皆氐类也。"⑤马长寿据此指出:"自此以东北,包括西汉水、白龙江流域及涪水之上游,都是古氐原始分布所在。"⑥《魏略·西戎传》所载与《史记》相合:"氐人有王,所从来久矣。自汉开益州,置武都郡,排其种人,分窜山谷间,或在福禄,或在汧陇左右。其种非一,称盘瓠之后,或号青氐,或号白氐,或号蚺氐,此盖虫之类……"⑦《北史·氐传》亦云:"氐者,西夷之别种,号曰白马。三代之际,盖自有君长,而世一朝见,故《诗》称'自彼氐、羌,莫敢不来王'也。秦汉以来,世居岐陇以南,汉川以西,自立豪帅。汉武帝遣中郎将郭昌、卫广灭之,以其地为武都郡。自汧、渭抵于巴蜀,种类实繁,或谓之白氐,或谓之故氐,各有侯王,受中国封拜。"⑧氐族的名称亦和陇南地区的地形有很大关系⑨。

一个民族的形成需要具备很多条件,也许氐、羌二族形成时间很晚,但其族源应该与分布于这些地区的部族有密切关系。以上材料表明,自商周以来,氐、羌的中心分布区就在今甘青地区,二者关系密切,相互影响、融合。六郡流民正是来源于这一地区。

六、三星堆文化来源初步分析

氐、羌及其先民居住的地方,恰恰是三星堆文化的重要来源地。

先以考古资料说明。三星堆文化虽然受到长江中下游、中原等地的影响,但其文化主体来源于宝墩文化。三星堆文化与宝墩文化有很多一致性:如房屋建筑相似;生产工具多偏重于手工工具,石器工具以梯形的斧、锛、条形和圭形凿等为基本组合;陶器的造型上,多平底器和圈足器,其中的平底器多为小平底,宝墩文化四期出现的矮领圆肩罐是三星堆文化很有代表性的小平底罐的前身;三星堆文化中的深腹罐和小圈钮器盖在宝墩文化四期(鱼凫村遗址)中就已经出现;三星堆文化中的镂孔圈足豆与宝墩文化中的镂孔圈足器也应有一定的关系⑩。

---

① 黄烈:《中国古代民族史研究》,北京:人民出版社,1987年,第114~136页。
② 以任乃强先生为代表:《羌族源流探索》,重庆:重庆出版社,1984年。
③ 何光岳:《氐羌源流史》,南昌:江西教育出版社,2000年,第113页。
④ 马长寿:《氐与羌》,第10页;杨建新:《中国西北少数民族史》,银川:宁夏人民出版社,1988年,第168页;孙功达:《氐族研究》,兰州:甘肃人民出版社,2005年,第70页。
⑤ 《史记》卷一百一十六《西南夷列传》,北京:中华书局,1959年,第2991页。
⑥ 马长寿:《氐与羌》,第10页。
⑦ 《三国志》卷三十《魏书·乌丸鲜卑东夷传》裴松之注引,北京:中华书局,1959年,第858页。
⑧ 《北史》卷九十五《氐传》,北京:中华书局,1974年,第3171页。
⑨ 马长寿:《氐与羌》,第15页。
⑩ 江章华、王毅、张擎:《成都平原先秦文化初论》,《考古学报》2002年第1期。

目前成都平原并未发现早于宝墩文化的遗存,于是很多研究者将目光转向了盆地周边,特别是岷江上游新石器时代遗存①。近年来什邡桂圆桥遗址的发掘为宝墩文化来源于岷江上游提供了进一步的衔接证据。根据地层叠压关系和文化面貌,桂圆桥遗址新石器时代文化遗存可分为两组。第一组文化面貌与宝墩文化相差较大,绝对年代在距今5 000年左右,其陶器特征与甘肃大地湾四期、武都大李家坪、茂县营盘山、汶川姜维城等有密切联系。第二组文化面貌与宝墩文化中段极为相似,绝对年代距今4 600年左右②。这两组遗存有明确的层位关系相对应,这样就基本可以锁定宝墩文化为源于岷江上游的新石器文化。

而岷江上游的新石器时代文化的源头在甘青地区。研究者对两地的陶器进行了分析,证明岷江上游的彩陶来源于甘青地区③;赵志军和陈剑对营盘山植物种子进行了分析,认为营盘山遗址的北方旱作农业生产特点应该是源自甘青地区仰韶文化晚期和马家窑文化的分布区域④。江章华认为横断山区距今6 000年以来,至齐家文化、青铜时代都受到中国西北地区文化的强烈影响,并将这种影响归因于"古代人群迁徙频繁"⑤。近来陈苇对甘青地区和西南山地仰韶时代中期至战国晚期诸考古学文化遗存的性质、分期和年代等问题进行了较为详细的分析,将文化传播分成五个阶段⑥。从其分析来看,甘青地区一直是强势文化,影响着岷江上游等西南山地区域。

石硕也对藏彝走廊的新石器时代文化进行了分析,认为藏彝走廊的新石器文化系统主要源自黄河上游的甘青地区,再结合复旦大学的遗传学研究,认为新石器时代藏彝走廊的人群与甘青地区存在渊源关系⑦。

从以上分析可得出,成都平原的三星堆文化来源有一个很完整的考古学文化序列,三星堆文化←宝墩文化←岷江上游新石器时代文化←甘青地区新石器时代文化,完全可以认为甘青地区文化是三星堆文明的一个重要源头。甚至有研究者认为"成都平原的三星堆一期文化是已本土化的西北人群……通过四五百年的发展,最后成为成都平原上具有主导力量的大族群"⑧。自新石器时代以来,甘青地区、岷江上游的文化对成都平原的影响是持续不断的,只是不同时期作用力大小有所不同。这种影响非单纯的文化传播可以做到,很显然是伴随着大规模的族群迁徙,因此或可以说成都平原从宝墩文化至三星堆文化,有族群源源不断地自甘青、岷江上游地区迁来。

---

① 徐学书:《岷江上游新石器时代文化的初步研究》,《考古》1995年第5期;江章华:《岷江上游新石器时代遗存新发现的几点思考》,《四川文物》2004年第3期;陈剑:《四川盆地西北缘龙山时代考古新发现述析》,《中华文化论坛》2007年第2期;黄昊德、赵宾福:《宝墩文化的发现及其来源考察》,《中华文化论坛》2004年第2期。
② 四川省文物考古研究院、德阳市博物馆、什邡市博物馆:《四川什邡桂圆桥新石器时代遗址发掘简报》,《文物》2013年第9期。
③ 洪玲玉、崔剑锋、王辉、陈剑:《川西马家窑类型彩陶产源分析与探讨》,《南方民族考古》第7辑,2011年;崔剑锋、吴小红、杨颖亮:《四川茂县新石器遗址陶器的成分分析及来源初探》,《文物》2011年第2期。
④ 赵志军、陈剑:《四川茂县营盘山遗址浮选结果及分析》,《南方文物》2011年第3期。
⑤ 江章华:《横断山区古代文化传播与民族迁徙的考古新证据》,《中华文化论坛》2008年增刊。
⑥ 陈苇:《甘青地区与西南山地先秦时期考古学文化及互动关系》第八章,吉林大学博士学位论文,2009年。
⑦ 石硕:《藏彝走廊:文明起源与民族源流》,成都:四川人民出版社,2009年,第166、167页。
⑧ 万娇、雷雨:《桂圆桥遗址与成都平原新石器文化发展脉络》,《文物》2013年第9期。

从民族学材料来看,三星堆器物坑与岷江上游、甘青地区的少数民族也有关系。赵洋认为三星堆器物坑的神树与羌族释比神树在不少方面很相似①;钱玉趾认为三星堆文化居民与彝族先民存在着关系②;巴且日火认为三星堆器物坑人像的"纵目"与彝文典籍记载的直目、独眼有关系,青铜树、人体形象等与彝族有关系③。彝族的祖先——古氐、羌族似乎也有崇拜凸目的传统,至今甘肃陇南地区西和县还盛传着"立眼人"的故事。立眼人的眼睛和常人不一样,除了横列的两个眼睛外,在前额中间还有一个纵立的眼睛④。牟托一号墓出土的铜鸟形饰(M1:21)更是表明了三星堆文化和岷江上游的密切联系⑤,此鸟形饰和三星堆器物坑出土的神树上的铜鸟非常相似(图三),而此类鸟形饰铜器似更流行于藏彝走廊的青铜时代。石硕先生以藏彝走廊的民族在语言上存在亲缘关系,且这些民族又有共同的猴祖传说和猴图腾崇拜为依据,进而得出藏彝走廊的藏缅语族存在一个共同的"祖源",这些民族的"送魂"习俗反映了共同的迁徙记忆,其记忆均指向北方,说明藏彝走廊历史上的民族迁徙的主流趋势是自北向南⑥。正是因为三星堆文化的主体族群来自岷江上游、甘青地区,与今天藏彝走廊上的彝、羌等民族有着共同的族源,所以才会有诸多的相似性。

图三 青铜鸟
1. 牟托 M1:21 2. 三星堆 K2③:239-1

① 赵洋:《三星堆神树与岷江上游羌族释比神树的比较》,《中华文化论坛》2005年第2期。
② 钱玉趾:《三星堆文化居民与彝族先民的关系》,《贵州民族研究》1998年第2期。
③ 巴且日火:《论三星堆文明与彝族先民的渊源关系》,《中华文化论坛》2005年第1期。
④ 杨铭:《氐族史》,第6页。
⑤ 茂县羌族博物馆、成都文物考古研究所、阿坝藏族羌族自治州文物管理所编著:《茂县牟托一号石棺墓》,北京:文物出版社,2012年。
⑥ 石硕:《藏彝走廊:文明起源与民族源流》第二章。

古文献的记载也表达了古蜀文化与川西北文化的密切联系。童恩正先生甚至认为古蜀就是氐族的后代①。《蜀王本纪》载:"蜀之先称王者有蚕丛、柏濩、鱼凫、开明,是时人萌椎髻左衽,不晓文字,未有礼乐。从开明已上至蚕丛积三万四千岁。""蜀王之先,名蚕丛。后代名曰柏濩。后者名鱼凫。此三代各数百年,皆神化不死,其民亦颇随王化去。鱼凫田于湔山,得仙。今庙礼之于湔。时蜀民稀少。"②《华阳国志·蜀志》亦载:"周失纪纲,蜀先称王。有蜀侯蚕丛,其目纵,始称王。死,作石棺、石椁,国人从之。故俗以石棺椁为纵目人冢也。王曰柏灌。次王曰鱼凫。鱼凫王田于湔山,忽得仙道。蜀人思之,为立祠于湔。"③童恩正先生认为蚕丛活动区域主要在川西北,这些地方有很多蚕丛的传说和遗迹。传说性的文献虽然不能作为直接证据,但其记载的石棺遗迹却在川西北、甘青地区发现;蚕丛的纵目似乎和器物坑青铜像的凸目也有关系,暗示着古蜀人的来源。

据以上分析,完全可以得出三星堆文化主体族群来源于岷江上游、甘青地区,其族属与今川西北藏、彝先民——古氐、羌族同源。此结论与李绍明先生对三星堆器物坑青铜人像种族的分析相吻合。

七、甘青、岷江上游族群向成都平原迁徙原因

甘青、岷江上游地区的族群不断南迁主要有两方面原因:

其一为环境原因。甘青与川西北地区相邻,两地地形、气候等自然环境较为接近,区域内河流众多,成为古人迁徙的天然通道。根据童恩正先生的半月形传播带理论,相近的地貌、气候是文化传播的重要原因④。

成都平原优越的地理环境也是吸引甘青地区族群南下的重要原因。据古环境研究,在距今 7 000~5 000 年间,成都平原地势较低而沼泽密布,不适宜古人类居住,古蜀先民只有居住在地势较高且较干燥的盆周山区(岷江上游地区)。距今 5 500~5 000 年间,古蜀地区气候出现冷干事件的重大转变。岷江上游地区旱作农业受此影响,农业经济支柱逐渐衰退。而与此相反,此时的成都平原以前密布的沼泽开始变干,成为地肥水美、动植物繁盛的理想居所⑤。成都平原的新石器时代文化也在此时出现。自此以后,成都平原一直以优越的环境吸引着众多民族的徙入。

古气候的变化也是北方族群迁徙的重要原因。结合张丕远和满志敏的研究可将中国全新世气候划分为五个阶段:第一阶段,距今 8 500~7 200 年,此阶段气候不稳定,由暖变冷;第二阶段,距今 7 200~6 000 年,气候稳定,暖湿;第三阶段,距今 6 000~5 000 年,这个阶段的气候波动剧烈,是环境较差的时期;第四阶段,距今 5 000~4 000 年,较稳定温暖

---

① 童恩正:《古代的巴蜀》,重庆:重庆出版社,1998 年,第 62~66 页。
② (清)严可均辑,任雪芳审订:《全汉文》卷五十三《蜀王本纪》,北京:商务印书馆,1999 年,第 539 页。
③ (晋)常璩撰,任乃强校注:《华阳国志校补图注》卷三《蜀志》,第 118 页。
④ 童恩正:《试论我国从东北至西南的边地半月形文化传播带》,见《南方文明》,重庆:重庆出版社,2004 年。
⑤ 付顺:《古蜀区域环境演变与古蜀文化关系研究》摘要,成都理工大学博士学位论文,2006 年。

期;第五阶段,距今4 000~3 000年,气候波动,气温下降①。而甘青地区向川西北、成都平原的文化传播恰恰与这些气候变化有关。距今6 000年左右的降温,甘青地区庙底沟文化传播至岷江、大渡河上游等地区;距今5 000年左右降温及干旱,岷江上游族群进入成都平原,出现宝墩文化;距今4 000年左右干旱和降温,在岷江上游发现齐家文化遗存,也就是陈苇所说的文化传播的第三阶段;距今3 000年左右,气温下降,古蜀地区的三星堆文明神秘消失②。三星堆文明的突然消失极有可能与岷江上游、甘青地区族群入侵有关,从历史规律来看,每逢降温、干旱等气候剧烈变化时期,北方生存环境便会恶劣起来,游牧民族便会南迁寻找更适宜的生存地。受降温影响,甘青地区、岷江上游族群迫于自身生存压力或者更北民族的入侵压力进入了成都平原。历史在不断重复着,据竺可桢研究,六朝时期为寒冷期③,而此时北方少数民族又大规模入侵中原,六郡流民进入成都平原,天府之国变成"荒裔"之地。所以三星堆文明的出现和消失与气候变化关系密切,这点与成汉政权的出现相似。

其二为史前成都平原文化远远不如甘青地区发达。在宝墩文化之前,成都平原甚至无人生存,先进文化向后进地区传播具有普遍性。甘青地区文化的发达也导致人口增加,资源减少,部分人群不得不寻找新的居住区和资源,这也是甘青地区自距今6 000年以来人群一直向南迁徙"一波一波的,未曾中断"的重要原因。

八、余 论

本文以成汉俑和三星堆器物坑人像的相似性为切入点,结合相关材料论证,认为成汉俑和三星堆器物坑族属有着共同的来源地——川西北、甘青地区,此地域乃氐、羌二族的传统居住地。自史前至三星堆文化,岷江上游、甘青地区的文化一直影响着成都平原,这种影响往往伴随着大规模人群的迁徙。目前材料足以说明三星堆文化主体族群来源于川西北、甘青地区的氐、羌二族,器物坑中的青铜人像反映了古氐、羌族的形象特征,当然由于崇拜和祭祀原因,相貌具有一定的夸张性。战国、秦时,蜀地受楚、秦影响较大。两汉时期,成都平原为天府之国,经济、文化都比较发达,故川西北、甘青地区族群无法对成都平原文化造成甚大影响。西晋时期,受气候影响,以氐、羌为主的川西北、甘青地区居民又大规模向成都迁徙,在蜀地建立成汉政权,以氐、羌为统治基础的成汉政权吸收了东汉蜀地用陶俑随葬的传统,但陶俑造型依据氐、羌二族形象塑造。甘青地区是古氐、羌及其先民传统的生存区域,此区域与游牧民族相接,远离中原文明,千年来保存着很多原始文化面貌,所以自三星堆文化之后至成汉时期再次大规模进入成都平原,便在文化上呈现出复古

---

① 张丕远:《中国历史气候变化》,济南:山东科学技术出版社,1996年,第46~51页;满志敏:《中国历史时期气候变化研究》,济南:山东教育出版社,2009年,第95~99页。
② 付顺:《古蜀区域环境演变与古蜀文化关系研究》,第60页。
③ 竺可桢:《中国近五千年来气候变迁的初步研究》,《考古学报》1972年第1期。

面貌,成汉俑与器物坑的造像才会表现出极大的相似性。

以上只是笔者在目前证据下的推测,如果将来能在考古工作中发现甘青、岷江上游地区氐、羌以及蜀地三星堆文化、成汉的人骨材料,对四者的人骨进行 DNA 分析、比较,将会得出最直接的结论。

三星堆器物坑吸引了众多研究者的关注,但是对于器物坑的性质、族属、年代等,众说纷纭,甚至有些观点截然相反。施劲松认为"这主要是由于这两个坑出土的很多材料超出了我们现有的知识范围,在研究中我们也难以直接参考已有的考古或文献材料",并说"要解决这个问题,我们不能只看结论,还要着重去考察引导出这种结论的方法"①。本文正是基于此目的而作,不奢望能彻底解决三星堆器物坑的众多问题,只是希望能为三星堆器物坑的研究提示一种思路、方法。历史、考古研究习惯于从早到晚、从前向后推理的思维方式,而本文以成汉俑和三星堆器物坑人像的相似性为突破口,尝试利用逆向思维,先从时代较晚的成汉俑入手,利用其丰富的背景材料分析其族属,继而论证三星堆器物坑人像的族属与之同源。而三星堆器物坑青铜人像一旦和成汉俑建立关系,便可以利用成汉俑背后丰富的历史时期文献材料,解决三星堆文化中的许多重要问题。

例如,三星堆器物坑的性质问题。试想,如果青铜造像是本族巫觋形象,为何会埋葬于器物坑中呢? 解释为外族入侵导致的毁坏性埋葬更为合理些。川西北的族群不断徙入,便会与之前进入的族群发生战争。三星堆文明的神秘消失与距今 3 000 年左右的气温骤降有很大关系,气候变冷导致甘青地区、川西北族群向成都平原入侵,打败了本地族群,"毁其宗庙,迁其重器"②。而器物坑内的物品,恰恰是原族群的重器,在祭祀中使用的重要物品。

再如,三星堆文化的源流问题。如果三星堆族属为氐、羌,那么下一步可以在川西北、甘青地区做一些针对性的考古发掘和民族学调查工作,进一步梳理二者的关系。成都平原族群的流向很可能与成汉时期蜀地土著南迁、东流一样。西北方向的族群不断进入成都平原,而成都平原的原有族群迫于压力也自然会向东、南迁徙。对于研究三星堆文化的传播具有重要意义。

又如,三星堆文化与域外文化的关系问题。霍巍先生很早就认识到三星堆器物坑与西亚文明有很多相似性③。段渝先生认为三星堆器物坑中的青铜雕像、神树、黄金面具和权杖与近东西亚地区存在着千丝万缕的联系④。氐、羌及先民生活在甘青地区,甘青地区与中西亚的交通、文化交流自是比成都平原便利许多。岑仲勉甚至认为氐族来自中亚地区⑤,虽然结论过于激进,但可以肯定的是甘青地区氐、羌之族与中西亚地区自古以来就

---

① 施劲松:《三星堆器物坑的再审视》,《考古学报》2004 年第 2 期。
② 杨伯峻译注:《孟子译注》,北京:中华书局,1960 年,第 45 页。
③ 霍巍:《广汉三星堆青铜文化与古代西亚文明》,《四川文物》1989 年增刊。
④ 段渝:《古代巴蜀与南亚和近东的经济文化交流》,《社会科学研究》1993 年第 3 期;段渝:《论商代长江上游川西平原青铜文化与华北和世界文明的关系》,《东南文化》1993 年第 2 期。
⑤ 岑仲勉:《氐族源流蠡测并论彩陶之可能联系》,《中山大学学报》1959 年第 1、2 期合刊。

存在着文化交流,交流中很可能伴随着人群迁徙。

最后,本文的论证不得不面对一个问题,成汉俑族属是氐、羌,但在氐、羌的分布区并未发现成汉俑的形象。笔者查阅了甘青地区的汉墓资料,发现这个地区不流行随葬陶俑,而随葬陶俑之俗在汉代蜀地特别流行,应是流民进入蜀地后新吸收的葬俗,但在陶俑形象上却保持了氐、羌自己的民族风格。原因可能在此。

朝鲜平壤新发现的两座高句丽壁画墓的时代及相关问题

赵俊杰

陕西省考古研究院、吉林大学边疆考古研究中心

张寒冰

吉林省吉林市满族博物馆

2009年以来,考古工作者在朝鲜境内新发掘了两座高句丽壁画墓——平壤东山洞壁画墓与南浦玉桃里壁画墓。前者由朝鲜与日本共同调查,简报已在日本考古学协会总会上披露[1],后者的发掘报告则分别以韩、中两种文字出版[2],二者实为研究朝鲜半岛高句丽时期壁画墓的重要新材料。本文拟在介绍墓葬材料的基础上,结合墓葬形制与壁画构成推定东山洞壁画墓与玉桃里壁画墓的时代,并试图探讨相关问题,不当之处敬希指正。

一、朝鲜平壤新发现的两座高句丽壁画墓

东山洞壁画墓位于朝鲜民主主义人民共和国平壤市乐浪区域东山洞,乐浪时期墓葬密集分布区的东端舌状台地上。2009年10~12月,朝鲜社会科学院考古研究所对其进行了调查发掘,2010年5月30日~6月2日,日本学者又对墓葬、壁画与出土遗物进行了细致的摄影和调查。该墓为由墓道、前室、龛室、甬道、后室构成的二室墓,墓道与甬道均位于墓室南壁偏东侧。前室东西宽2.4、南北长2.1、高3.3米,保存完好。四壁内倾,藻井为四阿+三层抹角叠涩结构。前室东、西两壁各带一龛室,地面与前室平齐,顶部为一层平行叠涩+二层抹角叠涩。后室略呈正方形,东西宽3.28、南北长3.36米,四壁内倾,藻井尚残存底部(图一,1)。该墓已被盗掘,但仍出土包括金质装饰品、银头棺钉、五铢钱、陶器以及青瓷器等在内的不少遗物,其中青瓷狮子形器引人注目(图一,4),拟另文探讨。

---

* 本文为国家社会科学基金青年项目(编号:16CKG011)研究成果。

[1] [日]早乙女雅博、青木繁夫:《东山洞高句丽壁画古坟の共同学术调查》,日本考古学协会第77回总会大会发表要旨(40),2011年5月28、29日。下文所引关于东山洞壁画墓的内容均出自该文。

[2] [韩]东北亚历史财团:《玉桃里高句丽壁画墓》,2011年;朴灿奎、郑京日:《玉桃里——朝鲜南浦市龙冈郡玉桃里一带历史遗迹》,香港:香港亚洲出版社,2011年。

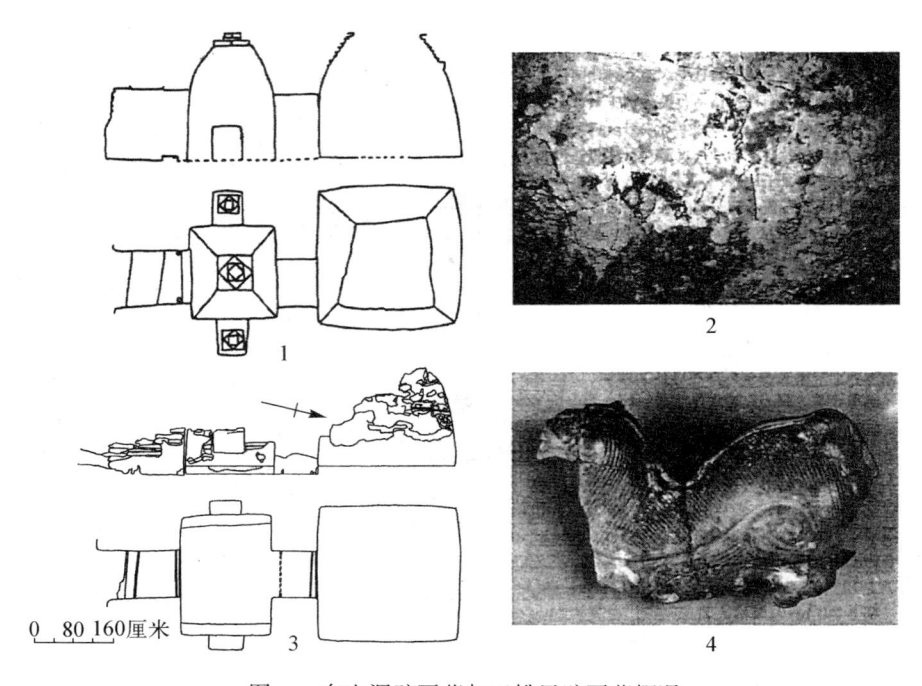

图一　东山洞壁画墓与玉桃里壁画墓概况
1. 东山洞壁画墓平、剖面图　2. 东山洞壁画墓墓道西壁骑马人物图
3. 玉桃里壁画墓平、剖面图　4. 东山洞壁画墓出土青瓷狮子形器

发掘前墓葬内部已被土淤塞,壁面也被淤土遮盖,但推测室内可能满绘壁画,详细情况还有待日后进一步清理。调查时可辨墓道用水平墨线分为上下两层,东壁上段绘马与人物,下段绘身着铠甲的骑马人物。西壁上段绘车与人物,下段绘头戴进贤冠的骑马人物(图一,2)。甬道绘身着挂甲的守门将,后室可辨带梁、柱的木构建筑。

玉桃里壁画墓位于平壤西南,南浦市龙冈郡郡所以西12公里的低矮丘陵上,周边分布有数百座高句丽时期封土石室墓,双楹冢、龙冈大冢等著名壁画墓亦距其不远。2010年的发掘结果显示,该墓为半地下式封土石室二室墓,由墓道、前室、甬道、后室构成,墓向南偏东。墓道位于前室南壁正中,有两重墓门。前室略呈横长方形,东西长2.58、南北宽1.85米,顶部已遭破坏,但仍可看出四壁自底部往上内倾的态势。东西两壁底部各设一台阶,台阶上方各有壁龛。甬道与墓道处于一条直线上,后室平面略呈正方形,南北长2.85、东西宽2.83米,顶部已毁,四壁内倾,砌筑方法与前室相同(图一,3)。发掘之前墓葬已遭盗掘,遗物仅有铁棺钉与棺环。

该墓在前室与后室壁面抹灰后于其上绘制壁画,但保存状况不佳。前室仅西壁壁龛与东壁北侧可见线条与影作木柱残迹,余均不可辨。后室北壁绘墓主人帐房生活图,东壁壁画分三层,大体表现人物行列与歌舞图,西壁为狩猎图。藻井残存下部壁画,可见莲花纹、火焰纹、蟠螭纹等各种装饰纹样,依稀可辨四神图。

二、壁画墓时代讨论

早乙女雅博认为,东山洞壁画墓的整体形制与药水里壁画墓(南浦市江西区域)①、德兴里壁画墓(南浦市江西区域)②相似,时代约为公元4世纪末5世纪初,对此我们有不同意见。由于纪年墓葬材料的不足,最近朝鲜、韩国、日本学界对于公元6世纪之前高句丽壁画墓的编年研究,多基于墓葬的形制、壁画主题与安岳3号墓(黄海南道安岳郡,公元357年)、德兴里壁画墓的简单比较,缺乏对墓葬形制与壁画题材演变谱系的系统认识,结论往往并不能令人信服。德兴里壁画墓的时代为公元408年当无疑问③,而在此前的研究中,我们曾根据墓室壁画中轺车车厢逐渐加高的形制演变趋势,将药水里壁画墓的时代推定为公元5世纪后叶晚段④,可见药水里壁画墓与德兴里壁画墓并非同时期墓葬。玉桃里壁画墓虽顶部被毁,但墓葬的整体形制以及龛的位置都与药水里壁画墓非常相似,东山洞壁画墓前室形态与药水里壁画墓基本相同,后室形态也相近,亦显示出近似的时代特征(参见图四,4~6)。

东山洞壁画墓的壁画虽还有待进一步清理,但已看出具有人物风俗题材,玉桃里壁画墓的壁画则明确呈现出人物风俗与四神主题并存的特征。研究表明,高句丽壁画墓墓室壁画的主题存在由生活风俗向四神的转变趋势⑤,若以主室正壁壁画的构成为缩影,则会清晰地呈现出一个墓主图像尺寸逐渐缩小,位置逐渐上移消失,墓主图像本身也由夫妇坐像逐渐演变为行列立像;而玄武位置逐渐下移,尺寸不断扩大,直至占据整个壁面的过程⑥。从主室(后室)正壁壁画看,玉桃里壁画墓所绘墓主夫妇(一妻一妾)坐像位于壁面中部,玄武位于其上方的藻井底部(图二,1),而药水里壁画墓玄武已经下降到壁面上方,与墓主夫妇坐像并列,且墓主图像已位于梁枋之上(图二,2),时代上似乎晚于前者,但事实恐非如此。该墓发掘报告称"后室东壁壁画上端北侧有3名女子朝南站立,南侧则有4名男子朝北站立",经过仔细观察,北侧第三人虽服饰与第一、二人无异,但手持麈尾,实为男子无疑,且水山里壁画墓墓室西壁描绘的男主人公形象与其较为相似(图三),因此北侧形象中稍大的三人应当对应正壁壁画中的墓主及其妻妾,那么画面表现的显然就是墓主夫妇接见宾客或者家臣的内容了。由此可见,该墓壁画中相对较早时期的墓主夫妇坐像与相对较晚时期的墓主行列立像共存,而药水里壁画墓中仅见墓主夫妇坐像。综合考

---

① [朝]科学院考古学与民俗学研究所:《药水里壁画墓发掘报告》,《考古学资料集第3集——各地遗迹整理报告》,朝鲜:科学院出版社,1963年,第136~152页。
② [朝]社会科学院考古学与民俗学研究所:《德兴里高句丽壁画墓》,北京:科学、百科辞典出版社,1981年。
③ 德兴里壁画墓墓志铭纪年为"永乐十八年",学界普遍认为"永乐"为高句丽广开土王的年号,广开土王即位于公元391年。
④ 赵俊杰:《从壁画中轺车图像的演变看三座高句丽壁画墓的编年》,《北方文物》2012年第2期。
⑤ [日]东潮:《高句丽考古学研究》,日本:吉川弘文馆,1997年,第283、284页;魏存成:《高句丽遗迹》,北京:文物出版社,2002年,第187、198页;韦正:《集安高句丽壁画墓葬之研究》,首尔京畿考古学会编《考古学4-2号》,2005年,第39~57页。
⑥ 赵俊杰、马健:《平壤及其周边地区高句丽中期壁画墓的演变》,《考古》2013年第4期。

虑墓葬形制与壁画的特征，我们认为，玉桃里壁画墓、东山洞壁画墓可能均与药水里壁画墓同时，时代约为公元5世纪后叶晚段。

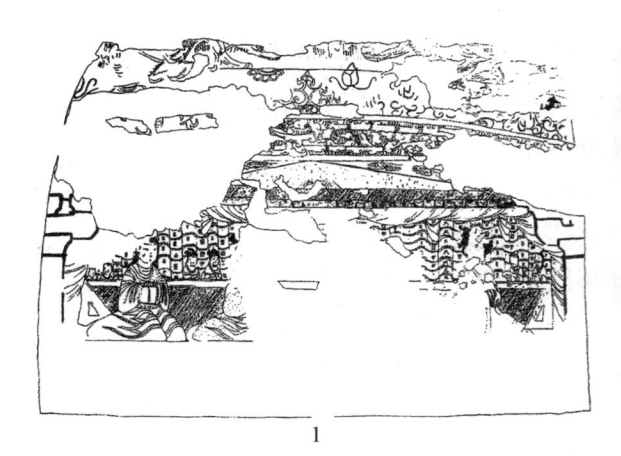

图二　玉桃里壁画墓与药水里壁画墓后室正壁壁画
1. 玉桃里壁画墓　2. 药水里壁画墓

图三　玉桃里壁画墓后室东壁壁画以及墓主画像与水山里壁画墓的比较

如东山洞壁画墓、玉桃里壁画墓般前室正方形或小长方形,后室正方形,且前室宽度小于或等于后室的二室壁画墓在平壤及周边已多有发现,其中龛神冢(南浦市卧牛岛区域)①、平壤驿前二室墓(平壤市中区域)②与药水里壁画墓均前室两侧带龛。按照高句丽墓葬从早到晚墓室藻井由平行叠涩(或下部四阿藻井+上部平行叠涩)向平行、抹角叠涩的复合结构演进的一般趋势,以及墓室壁画由人物风俗主题向四神主题转变的普遍过程,朝鲜半岛西北部高句丽时期的此类二室墓存在德兴里壁画墓(前、后室均为多层平行叠涩藻井,人物风俗主题壁画)→龛神冢、平壤驿前二室墓(后室抹角叠涩藻井,人物风俗主题壁画)→药水里壁画墓(前后室均为抹角叠涩藻井,人物风俗与四神主题壁画并存)的演变关系③,这一演变关系显示出前室两侧的龛存在逐渐退化缩小的趋势。而与此相反,东山洞壁画墓前室两侧的龛不仅地面与前室平齐,还独立成为龛室,显然较龛神冢与平壤驿前二室墓有了一定的发展,因此从新材料看,以这类二室墓前室侧龛为代表的附属设施可能同时存在两条不同的演进序列(图四)。玉桃里壁画墓、药水里壁画墓砌筑壁龛的做法还见于肝城里莲花冢(南浦市江西区域)④、台城里2号墓(南浦市江西区域)⑤以及安岳2号墓(黄海南道安岳郡)⑥等壁画墓,与东山洞壁画墓龛室类似的结构在平壤高山洞7号墓(平壤市大城区域)⑦、高山洞9号墓⑧亦有发现(图五),显示出龛这种附属设施在朝鲜半岛西北部的墓葬构筑中曾颇为流行。

就龛内壁画而言,二室墓中,龛神冢前室两龛内分别绘制墓主及其配偶图像,平壤驿前二室墓前室龛内壁画虽漫漶不清,但龛两侧所绘人物均面向龛,表明龛内绘墓主图像的可能性极大。玉桃里壁画墓前室壁龛内所绘图像虽不可辨,但据报告所言,壁龛下方各有一"台阶",此类"台阶"亦见于德兴里壁画墓与药水里壁画墓前室后壁墓主图像下方,为祭台的可能性很大,由此反推,该墓前室壁龛内亦很可能绘有墓主图像。肝城里莲花冢前室西壁龛内绘有帷帐,其内依稀可辨的人物图像也很可能为墓主像。单室墓中,台城里2号墓西龛内可辨墓主夫人像,对应的东龛内当绘墓主像无疑。由此可见,壁画墓内左右壁龛设置的初衷,应该就是为了绘制墓主夫妇图像,而安岳3号墓前室两侧设左、右侧室,且侧室正壁分别绘制墓主夫妇图像的做法,无论从构造还是壁画上,都可以视为其肇始形态

---

① [朝]朝鲜总督府:《朝鲜古迹图谱二》,1915年,图四七九~五〇九;[日]关野贞:《平壤附近に於ける高句丽时代の坟墓と绘画》,《朝鲜の建筑と艺术》,日本:岩波书店,1941年,第382~388页。
② [朝]科学院考古学与民俗学研究所:《平壤驿前二室坟发掘报告》,《考古学资料集第1集——大同江流域古坟发掘报告》,朝鲜:科学院出版社,1958年,第17~24页。
③ 赵俊杰、马健:《平壤及其周边地区高句丽中期壁画墓的演变》,《考古》2013年第4期。
④ [朝]朝鲜总督府:《朝鲜古迹图谱二》,1915年,图五八二~六〇〇;[日]关野贞:《平壤附近に於ける高句丽时代の坟墓と绘画》,《朝鲜的建筑与艺术》,第388~391页。
⑤ [朝]科学院考古学与民俗学研究所:《遗迹发掘报告第5集——台城里古坟群发掘报告》,朝鲜:科学院出版社,1959年。
⑥ [朝]科学院考古学与民俗学研究所:《遗迹发掘调查报告第4集——安岳第一、二号坟发掘报告》,朝鲜:科学院出版社,1960年。
⑦ [朝]社会科学院考古学与民俗学研究所:《遗迹发掘报告第9集——大城山一带高句丽遗迹研究》,朝鲜:社会科学院出版社,1964年,第39~41页。
⑧ [日]小场恒吉、泽俊一:《高句丽古坟の调查》,朝鲜古迹研究会编《昭和十二年度古迹调查报告》,1938年,第18~20页。

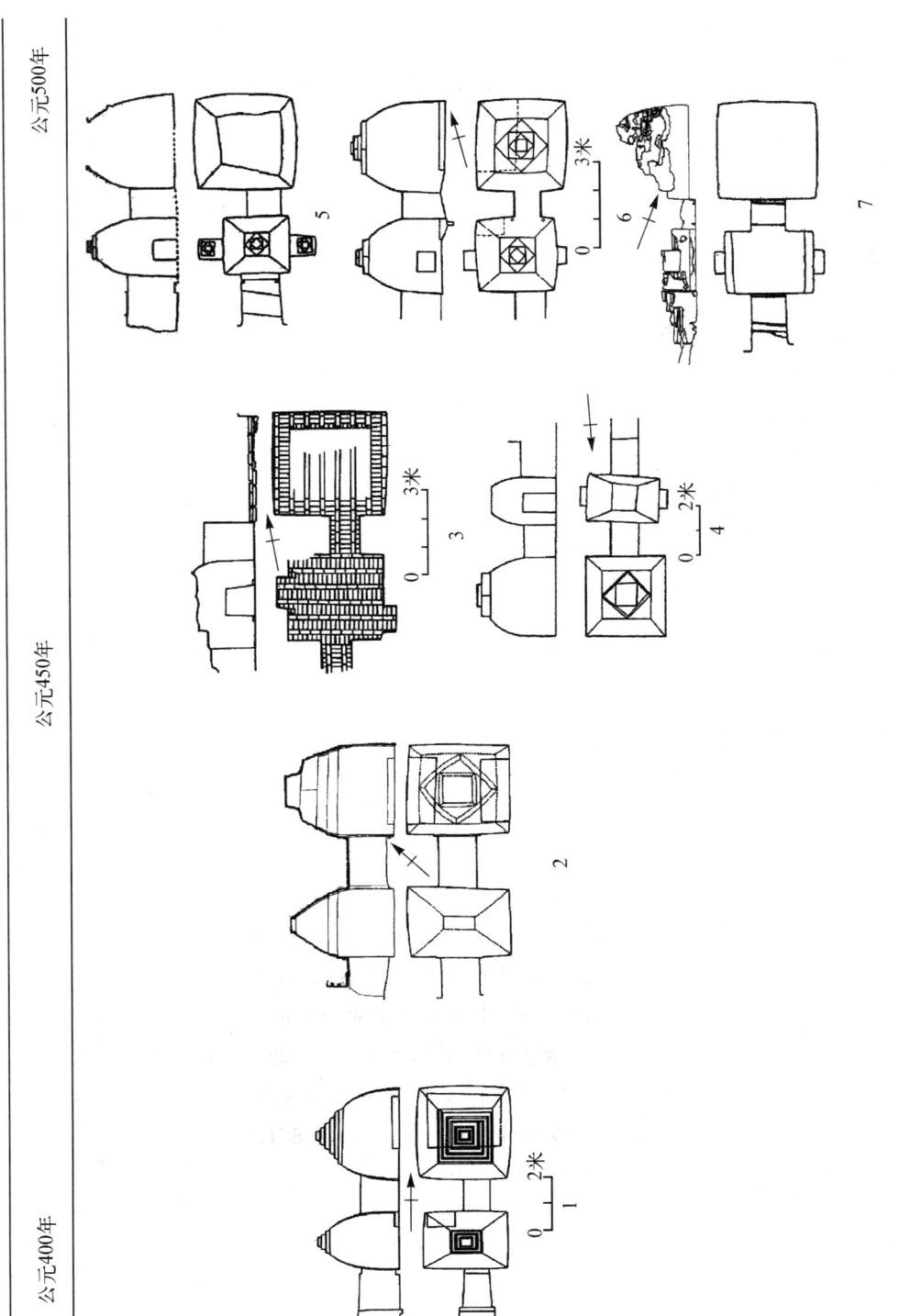

· 282 · 文物、文献与文化——历史考古青年论集（第一辑）

图四　朝鲜半岛西北部高句丽时期前室小长方形或正方形二室墓的演变
1. 德兴里壁画墓（公元408年）　2. 集安"冉牟墓"　3. 平壤驿前二室墓
4. 龛神冢　5. 东山洞壁画墓　6. 药水里壁画墓　7. 玉桃里壁画墓

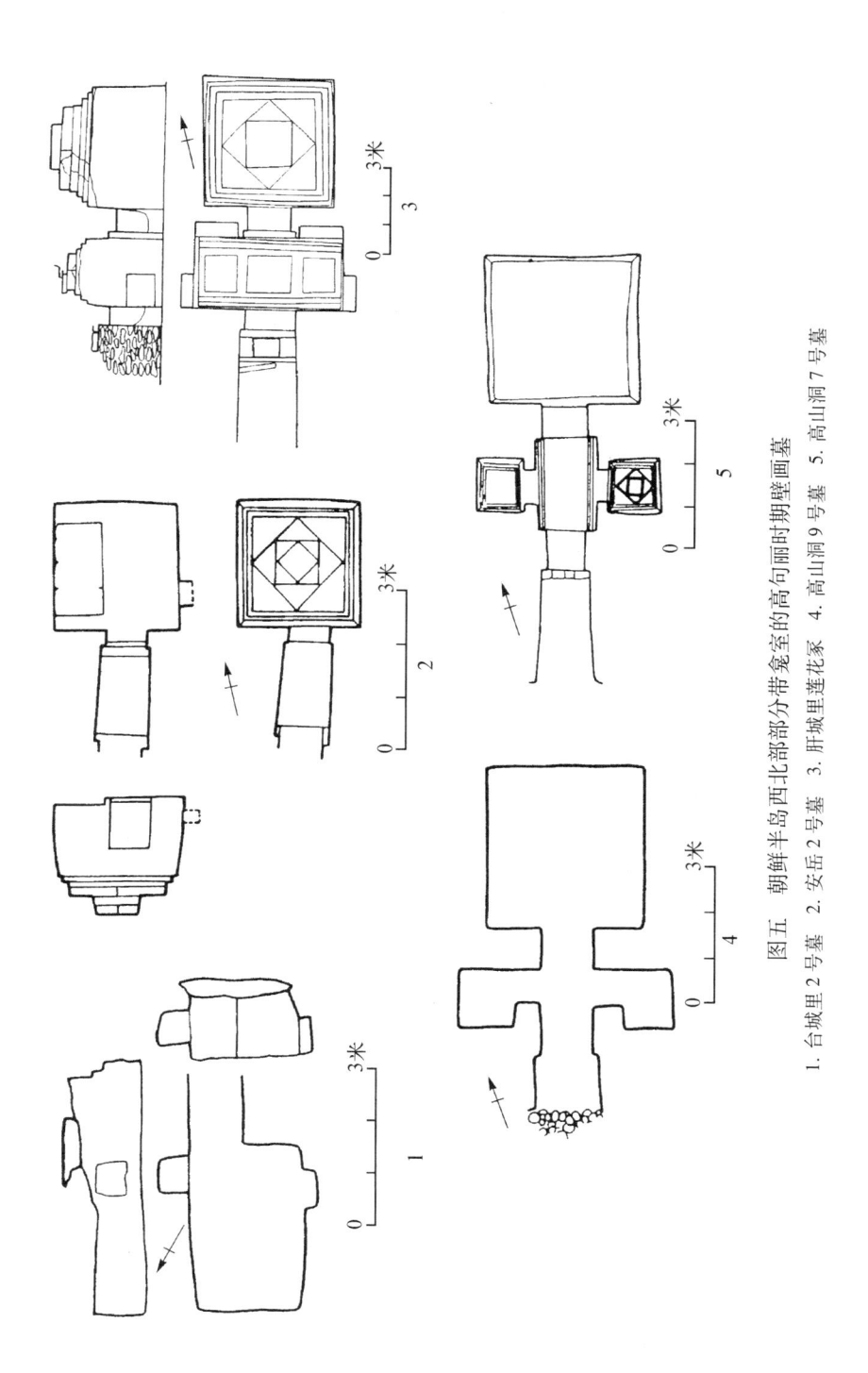

图五　朝鲜半岛西北部部分带甬室的高句丽时期壁画墓

1. 台城里 2 号墓　2. 安岳 2 号墓　3. 肝城里莲花冢　4. 高山洞 9 号墓　5. 高山洞 7 号墓

(A型)。与之不同的是,德兴里壁画墓前室无壁龛,墓主图像(无夫人像)绘于后壁西侧,下有祭台,代表了二室墓前室墓主图像绘制的另一种作风(B型),并被之后的药水里壁画墓所继承。

从安岳3号墓与德兴里壁画墓墓中各自的墨书题记可知,前者墓主冬寿出身辽东,后者墓主某镇出身幽州,那么公元5世纪朝鲜半岛西北部二室壁画墓中前室龛(龛室)的有无,以及墓主图像组成与位置的差异,显示出此时期当地壁画墓营造者对于墓内空间与壁画的意义表达有着不同的理解。我们曾以高句丽墓葬本身单室且墓室四壁竖直的特点出发,指出朝鲜半岛西北部高句丽时期的二室墓为汉系墓葬形态,居于墓室前壁但偏向一侧的墓道、甬道设置,穹隆或四阿形的藻井构造也是汉系墓葬的重要特征①。因此,汉系墓葬内部的上述差异,很可能代表了当时朝鲜半岛西北部辽东系与中原系两大大陆移民集团的不同文化背景。另一方面,采用前室墓主图像B型绘制风格的药水里壁画墓的前室出现A型风格的壁龛,且壁龛内不绘墓主图像,也反映出至迟在公元5世纪后叶晚段,二者的筑墓理念可能已经开始互相影响。

此外,同样为二室墓的八清里壁画墓(平安南道大同郡)②前室无壁龛,但在西壁下方设祭台,对应的西壁上可辨屋宇建筑,推测屋内绘有墓主图像,这种配置方式无疑受到了A型风格的影响。安岳2号墓仅左壁有一龛,且尺寸颇小,已无绘制墓主图像的空间,但在西壁却绘有疑为墓主行列立像的画面。考虑到八清里壁画墓前后室之间以楹柱相隔,可视作无前室后壁与后室前壁的结构,而安岳2号墓为单室墓,似乎显示出墓主图像的位置、表现方式与墓葬本身的内部构造、时代早晚也有着密切的关联,但这种联系的实现过程还有待进一步考察。总之,应将其置于朝鲜半岛西北部高句丽时期墓葬及墓室壁画演变的总体框架下来探讨,方能有的放矢。

三、平壤地区的汉人集团

历年的发掘与调查结果表明,平壤地区乐浪时期的遗迹主要分布于以乐浪郡治址——乐浪土城(平壤土城里土城)为中心的大同江南岸,而高句丽遗迹则主要分布于大同江北岸的大片区域,有着各自明显的区域特征(图六)。史载高句丽于公元427年迁都平壤③,学界对此并无异议,那么在高句丽迁都半个世纪后,东山洞壁画墓尽管葬地选址相对独立,却位于大同江南岸乐浪汉墓分布较为集中的区域之内,似乎意在强调墓主的汉文化背景。这一现象显示,尽管平壤作为高句丽统治的最核心区域已达数十年之久,但当地的汉系势力仍然存在相当的独立性。

---

① 赵俊杰:《4~7世纪大同江、载宁江流域封土石室墓研究》,吉林大学博士学位论文,2009年,第142页。
② [朝]科学院考古学与民俗学研究所:《大同郡八清里壁画墓》,《考古学资料集第3集——各地遗迹整理报告》,第162~170页。
③ 金富轼撰,李丙焘校勘:《三国史记》卷第十八《高句丽本纪》长寿王二十五年"移都平壤",韩国:乙酉文化社,1977年,第169页。

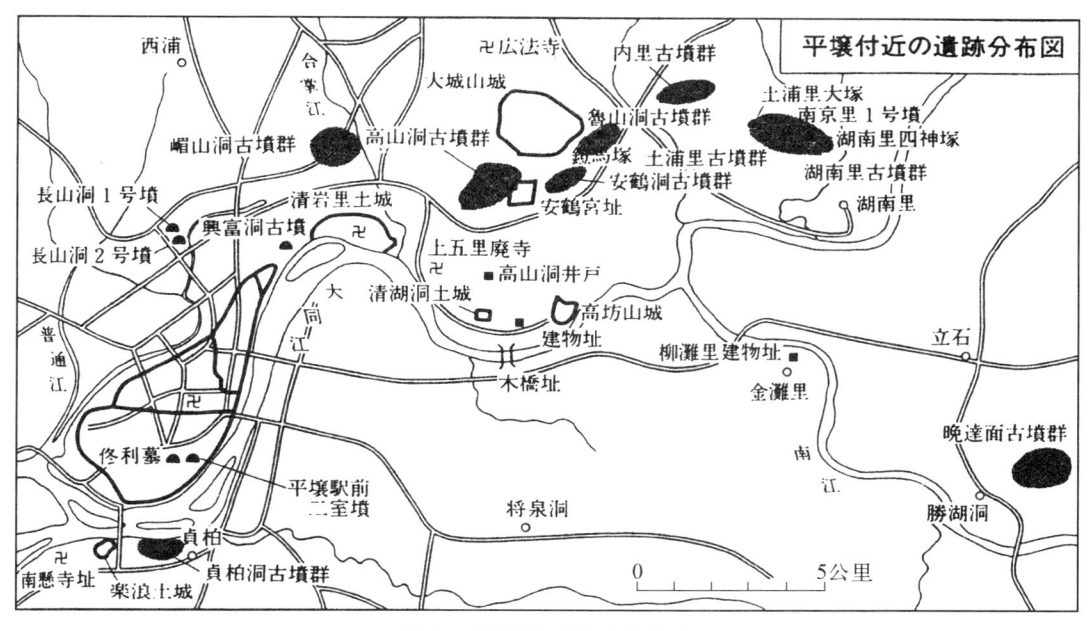

图六　平壤附近遗迹分布图

迄今朝鲜半岛西北部地区高句丽时期二室石室壁画墓已发现20余座,其中绝大多数分布于以南浦市、平安南道大同郡为中心的西海岸地区,选址大多相对独立,玉桃里壁画墓也不例外,时代则以德兴里壁画墓为最早。如前所述,这类墓葬与高句丽系石室墓存在的差异显而易见,因此公元5世纪以后平壤以西一带可能逐步形成了另一个汉人聚居区。仅见石室墓而不见砖室墓,是这一汉人聚居区墓葬的重要特征。如果说稍早时期黄海南道汉人聚居区的人口构成可细分为原乐浪、带方二郡遗民集团与内地新移民集团两大系统的话,那么前者当以内地新移民占绝大多数[①]。在之前的研究中,我们曾根据公元5世纪这一地区二室壁画墓相对平稳的发展态势指出,尽管德兴里壁画墓墓主某镇已经接受高句丽政权的册封,但至少到公元5世纪后叶前段,高句丽的势力并未深入这一区域,汉人社会内部没有发生大的异动,可能仍然保留着半独立的地位[②]。

如图四所示,平壤东山洞壁画墓的形制、构造与该地区的二室壁画墓一脉相承,墓葬规模与药水里壁画墓相仿,墓主很可能在汉人集团内部地位显赫。作为之前汉人集团的首领,德兴里壁画墓墓主某镇曾任高句丽"国小、大兄",此官职并未进入高句丽统治集团上层,为虚职的意味更大。与某镇死后葬于汉人聚居区内不同,东山洞壁画墓墓主死后葬于平壤,表明其可能已在高句丽官僚体系中占有一席之地,也似乎隐隐显露出自公元5世

[①] 赵俊杰:《乐浪、带方二郡覆亡前后当地汉人集团的动向与势力发展》,《吉林大学社会科学学报》2012年第1期。
[②] 赵俊杰、马健:《平壤及其周边地区高句丽中期壁画墓的演变》,《考古》2013年第4期。

纪后叶晚段开始高句丽对于汉人集团控制的加强。与此相应的是,朝鲜半岛西北部地区二室墓的营造在此时达到最高峰,但在进入公元6世纪后数量急速减少,至公元6世纪前叶晚段已彻底退出历史舞台,单室墓成为高句丽统治区内唯一的墓葬类型,墓葬形制趋向一致,等级差异显著,汉人的高句丽化进程也在此时逐渐完成。

明代涉藏文物识读二则

李 帅

四川大学历史文化学院

"文史"并称,通常用以说明文学与史学之间的密切关系;随着以实物为基本研究对象的考古学与文物学的兴起与发展,"文"也可以指"文物"。与汉唐阶段不同的是,元明清阶段的历史研究除了有更加丰富的文献材料外,同时还有更多的传世文物资料可以利用,从而使这一时期的历史研究可以进入到更细节和具体的层面。笔者在对明代涉藏文物进行梳理的过程中注意到不少文物材料背后的信息仍可作进一步发掘,部分文物材料甚至可以对文献记载和现有的学术观点进行纠正或补充。下面就其中两件涉藏诰敕文物反映出的明代西藏史的相关问题进行简要论述,不足之处敬请指正。

一、成化五年袭封阐教王的问题

第一件文物为西藏档案馆保存的一件成化五年(公元1469年)明宪宗着公哈领占着即坚参巴藏卜袭封阐教王的敕谕,兹将圣旨汉文内容抄录于下:

皇帝敕谕,乌思藏阐教王领占坚参叭儿藏卜男公哈领占着即坚参巴藏卜:

朕承祖宗大位,主宰天下。凡四方万国,必因俗择人,以抚其众。其能忠事朝廷,众心悦服者,必命继承其爵,以光厥世。所以推仁恩而安远人也。乌思藏地方,邈在西域。尔父在朕先朝临御之时封袭王爵,化导一方,恭修职贡,于兹有年。今既云亡,尔公哈领占着即坚参巴藏卜,乃其亲男,克承梵教,恪守毗尼,多人信服,请袭其职。朕今特允其请,命正使右觉义藏卜监参、副使都纲领占藏卜,赍捧敕谕、诏命前去,封尔公哈领占着即坚参巴藏卜为乌思藏阐教王,代尔父掌管印章,抚治番人。并颁赐尔锦段表里、僧帽、袈裟、法器等件。尔尚益坚乃心,益懋乃行,忠事朝廷,恪修职贡,广扬佛教,化导群迷,俾尔一方之人,咸起为善之心,永享太平之福,庶克振尔宗风,亦不负朝廷宠命,尔惟敬哉。故谕。颁赐:绒锦三段,纻丝、青织金胸背麒麟一匹。

---

* 本文为2011年度国家社会科学基金重大招标项目"文物考古中西藏与中原关系资料整理与研究"(项目号:11&ZD121)、2016年度四川大学中央高校基本科研业务费研究专项项目"明清中央政府治藏方略及其借鉴"(批准号:skqy201601)的阶段性成果。

成化五年正月辛巳。①

从这件敕谕的内容可知,公哈领占着即坚参巴藏卜及其父领占坚参叭儿藏卜两代人在承袭阐教王名号时均经过了明朝中央政府的允许和批准,这是明朝在西藏地方施政的体现。据上述敕谕可知,老一代阐教王名为领占坚参叭儿藏卜,在成化五年(公元1469年)时已经"云亡";明廷续封的新一代阐教王名为公哈领占着即坚参巴藏卜。值得注意的是,这次续封阐教王的事件在明朝官方文献《明实录》中也有记载,内容如下:

> 成化五年春正月辛巳,命灌顶国师阐化王桑儿结坚参叭儿藏卜男公葛列思巴中奈领占坚参巴儿藏卜,阐教王领占叭儿结坚参男领占坚参叭儿藏卜,辅教王南葛坚参巴藏卜男南葛札失坚参叭藏卜各袭其父王爵。②

《明史》中对阐教王早期阶段承袭情况的简要记载:

> 阐教王者,必力工瓦僧也。成祖初,僧智光赍敕入番,其国师端竹监藏遣使入贡。永乐元年至京,帝喜,宴赉遣还。四年又贡,帝优赐,并赐其国师大板的达、律师锁南藏卜衣币。十一年乃加号灌顶慈慧净戒大国师,又封其僧领真巴儿吉监藏为阐教王,赐印诰、绛币。后比年一贡。杨三保、戴兴、侯显之使,皆赍金币、佛像、法器赐焉。宣德五年,王卒,命其子绰儿加监巴领占嗣。久之卒,命其子领占叭儿结坚参嗣。成化四年从礼官言,申三岁一贡之制。明年,王卒,命其子领占坚参叭儿藏卜袭。二十年,帝遣番僧班著儿赍玺书勘合往赐。其僧悍行,至半道,伪为王印信、番文复命,诏逮治。③

《明实录》和《明史》中关于阐教王早期阶段承袭次序及人员名称的记载一致,第一任为领真巴儿吉监藏,永乐十一年(公元1413年)始授封;第二任为第一任之子,名绰儿加监巴领占,宣德五年(公元1430年)袭位;第三任为第二任之子,名领占叭儿结坚参;第四任为第三任之子,名领占坚参叭儿藏卜,成化五年(公元1469年)袭位。显然,明朝官方史料及依此编撰的相关史料中,早期的四位阐教王均是父子相承,且承袭均经过了明朝官方的准允。然而,文献记载与文物材料在成化五年承袭阐教王的人员名字上却出现了矛盾。因为依照《明宪宗实录》和《明史》的记载,成化五年续封的新一任阐教王名为领占坚参叭儿藏卜,但此名在上述敕谕文物中却记为承袭人之父的名字,即上一任阐教王,并明确提到领占坚参叭儿藏卜在成化五年时已"亡",所以文献记载与敕谕必然有一个出现错误。

其实已经有学者注意到《明实录》和《明史》此处记载存在错误,陈楠先生在其《明代乌思藏"五教王"考》一文中指出这两种文献都误将"绰儿加监巴领占"写作"领占叭儿结坚参"("领占叭儿结坚参"为"领真巴儿吉监藏"的另一音译,即第一任阐教王之名),对

---

① 中国藏学研究中心等合编:《元以来西藏地方与中央政府关系档案史料汇编(1)》,北京:中国藏学出版社,1994年,第137页。
② 《明宪宗实录》卷六二,"成化五年春正月辛巳"条,《明实录》中研院校印本。
③ 《明史》卷三三一《西域三》,北京:中华书局,1974年,第8584页。

此笔者表示赞同;同时她还提到第二任阐教王绰儿加监巴领占在位时间长达39年,直到明成化五年才去世,所以成化五年明朝续封的"领占坚参叭藏卜"应该是第三任阐教王,并列举了前文提到的明宪宗成化五年续封阐教王的敕谕为证①。然而陈楠先生似乎并未注意到该敕谕中提到的"领占坚参叭儿藏卜"并不是新承袭的阐教王的名字,而是已经"云亡"的上一任阐教王的名字,这件敕谕是明朝颁给"领占坚参叭儿藏卜"之男"公哈领占着即坚参巴藏卜"的,不是颁给"领占坚参叭藏卜"的,所以陈楠先生举出这件敕谕不仅不能支持其观点,反而证明其观点有误。阐教王属于止贡派,《明史》中称其为"必力工瓦僧",该派以今天西藏墨竹工卡县的止贡区为政教中心②;该派势力在元明时期的西藏有重要影响,其事迹在藏文献中有记载,但较为零散混乱。据藏文献《直贡法系》记载,第一任阐教王为仁钦旺杰(公元1394年~?),第二任阐教王为仁钦旺杰之子仁钦白桑(公元1421~1469年),第三任阐教王为仁钦白桑长子仁钦曲吉杰布(公元1448~1504年)③。陈楠先生依据《直贡法系》中的记载将汉、藏文献中提到的人名进行了对应,指出仁钦白坚即汉文中的领真巴儿吉监藏,法名为仁钦旺格杰波;仁钦白桑亦写作仁钦贝桑,即汉文中的绰儿加监巴领占;而汉文中的领占坚参叭藏卜即仁钦却吉杰波(亦写作仁钦曲吉杰布)④。刘立千先生在译注《西藏王臣记》时结合《智者喜筵》中的相关记载对其中涉及阐教王的部分材料作了注释,也涉及阐教王的早期承袭关系:第一任阐教王为仁钦白坚,第二任阐教王为仁钦白桑,第三任阐教王为仁钦朗杰,第四任为仁钦白季桑布(居安·仁布齐),仁钦白季桑布即《明史》中提到的领占坚参叭儿藏卜,他于成化五年袭封阐教王⑤。此外王森先生也曾根据《西藏王臣记》、《贤者喜宴》和《青史》中的相关记载对止贡巴的世系进行过梳理,但对阐教王的承袭次序却未准确说明⑥。由此可见,不仅汉、藏文献记载存在不合,不同藏文文献之间也多有抵牾。

在面对文物与文献之间的矛盾时,笔者认为应充分考虑两种材料的内容、性质、背景、形成方式及过程等因素,然后来判断孰是孰非。针对本文的情况,笔者认为这件文物的准确性可能更高,可靠性更强。这件敕谕是明朝官方颁给乌思藏阐教王的承袭诏书,事关国家政事,是明朝中央政府权威的体现,不太可能出错;同时从其保存于西藏的背景来看,应该送到了新封阐教王的手中,如果出现授封人员名字弄错的情况,应该早已替换或销毁。综合考虑后笔者认为《明宪宗实录》和《明史》中关于成化五年(公元1469年)承袭阐教王的人名记载应该出现错误⑦;此时承袭阐教王封号的人不是领占坚参叭儿藏卜,而应该是

---

① 陈楠:《明代乌思藏"五教王"考》,《民族史研究》第九辑,北京:中央民族大学出版社,2010年。
② 房建昌:《明代西藏行政区划考》,《西藏民族学院学报(哲学社会科学版)》2001年第4期。
③ 直贡即止贡;参见克珠群佩、石世梁:《从〈直贡法嗣〉看直贡派的兴衰和西藏中世纪史》,《中国藏学》1995年第4期。
④ 陈楠:《明代乌思藏"五教王"考》,《民族史研究》第九辑。
⑤ 五世达赖喇嘛著:《西藏王臣记》,刘立千译注,北京:民族出版社,2000年,第258、259页。
⑥ 王森:《西藏佛教发展史略》,北京:中国藏学出版社,2010年,第六篇附表四。
⑦ 这也导致许多依据文献材料来对阐教王进行论述的著作出现错误,例如陈庆英、高淑芬主编:《西藏通史》,郑州:中州古籍出版社,2003年,第277页;高文德主编:《中国少数民族史大辞典》,长春:吉林教育出版社,1995年,第2105、2106页;郑天挺、吴泽、杨志玖主编:《中国历史大辞典·下卷》,上海:上海辞书出版社,2000年,第2761页等。

公哈领占着即坚参巴藏卜。通过对汉、藏文献及文物材料的结合与对比研究,本文对《明实录》和《明史》中的一处错误记载进行了修正,并将早期阶段阐教王的承袭序列重新梳理如下:第一任阐教王领真巴儿吉监藏,第二任阐教王绰儿加监巴领占,第三任阐教王领占坚参叭儿藏卜,第四任阐教王公哈领占着即坚参巴藏卜,后者于成化五年袭授封。

二、明初俄力思军民元帅府与帕木竹巴的关系问题

阿里位于西藏西部,地理位置特殊,元代中央政府始在该地区设官建制;明承元统,亦在此设立机构,称"俄力思军民元帅府",这是明朝中央政府在阿里地区设立的唯一一个军政机构。西藏自治区档案馆收藏有一件明洪武六年(公元1373年)敕封搠思公失监为俄力思军民元帅府元帅的圣旨,汉文墨书,内容如下:

> 奉天承运,皇帝圣旨:
>
> 朕君天下,凡四方慕义来归者,皆待之以礼,授之以官。尔搠思公失监,久居西土,闻我声教,能委心效顺,保安境土,朕用嘉之。今设俄力思军民元帅府,命尔以元帅之职,尔尚思尽乃心,谨遵纪律,抚其部众,使疆土靖安,庶副朕委任之意。可怀远将军、俄力思军民元帅府元帅宜令搠思公失监。准此。
>
> 洪武六年二月 日。①

这件诏书的年代为洪武六年二月,正好与明朝中央政府下诏在藏区设立一批行政机构的时间相符。据《明太祖实录》记载:"洪武六年二月癸酉,诏置乌思藏、朵甘卫指挥使司,宣慰司二、元帅府一、招讨司四、万户府十三、千户所四,以故元国公南哥思丹八亦坚藏等为指挥同知、佥事、宣慰使同知、副使、元帅、招讨、万户等官。"②因此笔者认为此条文献中记载的"元帅府一"应该就是指"俄力思军民元帅府"。但是《明太祖实录》中有另一条文献记载:"洪武八年正月庚午,诏置俄力思军民元帅府……"③可见文献与文物材料在俄力思军民元帅府的设置时间上出现了矛盾。其中缘由可能有二,一是文献记载出现错误,二是"洪武八年"这个时间可能为使者赴西藏送达诏书后返回朝廷正式确认备案的时间。"俄力思"是阿里的音译,元朝译为"纳里速"。据《元史·百官三》记载,乌思藏纳里速古鲁孙等三路宣慰使司都元帅府下有"纳里速古儿孙元帅二员"④,其中"纳里速古儿孙"即"纳里速古鲁孙",也是阿里的音译,其范围包括西藏西部的阿里及周边部分地区⑤,元代

---

① 西藏自治区档案馆编:《西藏历史档案荟萃》,北京:文物出版社,1995年,图23。
② 《明太祖实录》卷七九,"洪武六年二月癸酉"条,《明实录》中研院校印本。
③ 《明太祖实录》卷九六,"洪武八年正月庚午"条,《明实录》中研院校印本。
④ 《元史》卷八十七《百官三》,北京:中华书局,1976年,第2199页。
⑤ 史为乐主编:《中国历史地名大辞典》,北京:中国社会科学出版社,2005年,第1413页。

在"纳里速"设有元帅府,并封有元帅二人①。从时间来看,俄力思军民元帅府在洪武六年就已经设置,时间甚早;同时从地域来看,俄力思军民元帅府所在的阿里三围与明朝直接控制区域隔绝甚远,明朝能够在较短的时间内在该区域建立起行政机构,除了直接承袭元朝已有的建置外,恐怕别无可能。所以明代设立的俄力思军民元帅府应该直接承袭了元朝在该区域设立的纳里速元帅府,而以挪思公失监为元帅应该与明初太祖在乌思藏地方采取"来辄授官"和举荐授职的普封政策有关。

由于材料限制,学界对俄力思军民元帅府的关注并不多,对该机构的设立及其与卫藏地方相关势力的关系亦未进行过研究,不能不说是一种遗憾。关于诏书中提到的俄力思军民元帅府元帅挪思公失监的身份,学界在很长时期内都不明确,最近有学者指出"挪思公失监"应即帕木竹巴政权建立者绛曲坚赞的继任者失加监赞(亦写作释迦坚赞,汉文称章阳沙加),并依据《明实录》中"俄力思军民元帅府"三次与"帕竹"合言的现象来证明其论断②。过去学界对"巴者万户府"的所指及位置有不同意见,一种意见认为其应该与"俄力思军民元帅府"位置接近,位于阿里地区③;另一种意见则认为"巴者万户府"即帕竹巴万户府④。笔者赞同后一种意见,认为巴者万户府应该就是帕木竹巴万户府的简称。明朝建立初期,为尽快接收元朝的政治遗产,稳定大局,明太祖采取了因袭元朝旧制的方法在乌思藏设立了一批机构,封授了一批职官,其中就包括帕木竹巴万户府。据文献记载,洪武八年(公元1375年)正月明太祖下诏"置俄力思军民元帅府、怕(帕)木竹巴万户府、乌思藏笼答千户所,设官一十三人"⑤。帕木竹巴万户在元朝就已经存在,当时称伯木古鲁万户⑥,洪武八年下诏续设该机构显然是遵循元朝旧制。帕木竹巴万户府直到洪武十二年(公元1379年)仍然存在,并与明朝发生联系。据《明太祖实录》记载,洪武十二年二月"丁巳,朵甘、乌思藏灌顶国师答力麻巴剌及怕(帕)木竹巴万户府等官遣使贡方物"⑦。帕木竹巴万户府应该是明初沿袭元朝旧制在乌思藏续设万户的背景下在帕木竹巴势力范围设立的一个机构,其与俄力思军民元帅府一同设立,是两者之间存在密切关系的证明。

关于俄力思军民元帅府与帕木竹巴之间建立联系的背景,已经有学者指出这与当时帕木竹巴地方政权作为西藏最大政教势力的现状有关⑧。元末,帕木竹巴势力通过军事手段推翻了萨迦派主导乌思藏的格局,成了西藏地方最大的势力,不仅极大地扩展了自身

---

① 张云:《元代吐蕃地方行政体制研究》,南京大学博士学位论文,1993年,第132页。
② 房建昌:《明代西藏行政区划考》,《西藏民族学院学报(哲学社会科学版)》2001年第4期。
③ 陈楠:《明初应诏使藏高僧宗泐事迹考》,见《藏史丛考》,北京:民族出版社,1998年,第204页;陈楠:《明初"广行招谕"治藏方策探究》,《中央民族大学学报》2006年第4期;祝启源:《明代藏区行政建置史迹钩沉》,见《藏学研究论丛(5)》,拉萨:西藏人民出版社,1993年,第225~260页。
④ 邓锐龄:《明朝初年出使西域僧人宗泐事迹补考》,见《邓锐龄藏族史论文译文集》,北京:中国藏学出版社,2004年,第131页;房建昌:《明代西藏行政区划考》,《西藏民族学院学报(哲学社会科学版)》2001年第4期,第20页。
⑤ 《明太祖实录》卷九六,"洪武八年正月庚午"条,《明实录》中研院校印本。
⑥ 《元史》卷八十七《百官三》,第2199页。
⑦ 《明太祖实录》卷一二二,"洪武十二年二月丁巳"条,《明实录》中研院校印本。
⑧ 房建昌:《明代西藏行政区划考》,《西藏民族学院学报(哲学社会科学版)》2001年第4期。

的利益、势力及影响范围,而且还享有优先继承和使用元朝在西藏留下的政治权益,并以此从新建立的明朝那里换取新的权益,同时还能对乌思藏各势力与明朝的关系产生影响。由于房建昌先生认为"挪思公失监"为前藏帕木竹巴首领失加监赞,所以他认为明朝所封的俄力思军民元帅府元帅不会对该机构应管理的阿里地区产生多大影响,自然也不存在实际控制的可能,俄力思军民元帅府"不过是虚应故事,形同虚设"①。笔者认为实际情况可能并非如此,因为俄力思军民元帅府所管辖的阿里地区其实与帕木竹巴派之间有着密切的关系,帕木竹巴地方政权正好可以利用明朝设立的俄力思军民元帅府的名义来维护其在阿里相关区域的利益。据《朗氏家族史》记载,"蒙哥汗在封诰中规定帕木竹巴的领地上自阿里的郭润砣,下至波日拉山脚。在委任南萨拔希为长官后,我们始领有。在帝师八思巴返藏时本钦衮嘎尚波和(八思巴)师徒说:'已故的法王(谓萨班·衮嘎坚赞)住在萨迦时,曾说:你负责管理的属民在阿里'……于是派人报告杰瓦宝师和长官多吉贝,(他们)捎去回复说:'……虽说阿里人是我们的属民,却是门生关系,供施关系,不忍舍弃,不忍调换。'因为不调换……南萨拔希被害身亡……南萨拔希丧生后萨迦派掌管了阿里万户,故迄今未并入(帕竹)"②。从帕木竹巴地方政权建立者绛曲坚赞所著的书中可以看到,帕木竹巴势力很早就与阿里地区存在联系,并在蒙哥汗时期就已经获得了阿里部分区域的统治权力,只是后来被元朝所支持的萨迦派夺取,但帕木竹巴一直在争取恢复。这种状况可能在绛曲坚赞推翻萨迦地方政权后发生了改变,原属于帕木竹巴领有的阿里相关区域可能重新归于帕木竹巴的管辖,而原由萨迦派主导的纳里速古儿孙元帅府可能也已经被帕木竹巴地方政权接管,此外其还可能接管了蔡巴万户等势力在阿里地区的权力③。由此看来,元末明初时帕木竹巴地方政权可能已经掌握了阿里部分地区的主导权,因此明朝承袭元朝旧制在阿里地区设立的俄力思军民元帅府自然也就与帕木竹巴关系密切,故二者一起于洪武十四年、十五年到明廷"表贡方物"④;至于原有学者认为俄力思军民元帅府不在帕木竹巴地方政权管辖之下的观点应该也不正确⑤。综上所述,明朝在阿里地区设立的俄力思军民元帅府是承袭元朝旧制的体现,该机构与元末崛起的帕木竹巴地方政权之间关系密切,其出现并非"虚应故事",也不是"形同虚设",因为二者的结合既有历史基础,又有现实条件;俄力思军民元帅府的存在有利于帕木竹巴维持其在阿里相关区域的利益,是明朝中央政府与西藏地方势力之间相互合作的体现。

---

① 房建昌:《明代西藏行政区划考》,《西藏民族学院学报(哲学社会科学版)》2001年第4期。
② 大司徒·绛求坚赞著,赞拉·阿旺、余万治译,陈庆英校:《朗氏家族史》,拉萨:西藏人民出版社,1989年,第78页。
③ [德]伯戴克著,张长虹译:《西部西藏的历史》,见《藏学学刊》第8辑,成都:四川大学出版社,2012年,第17页。
④ 《明太祖实录》卷一四〇,"洪武十四年十二月乙卯"条;《明太祖实录》卷一四二,"洪武十五年二月乙丑"条,参见《明实录》中研院校印本。
⑤ 王忠:《评理查逊〈西藏简史〉关于明代西藏地方历史的谬说》,《历史研究》1963年第5期。

地理与城市

北京大学藏秦水陆里程简册释地五则

马孟龙

复旦大学历史系

在近年出土的秦汉简牍文献中,有一类称作"道里簿"的文书十分特殊。这种文书的基本内容为交通沿线地点间的里程记录,载录的地点以亭燧、传置、县邑为主①。由于记载了聚落之间的相对里程,"道里簿"对于秦汉交通地理以及秦汉城邑定位具有十分重要的研究价值。目前,学界利用此类文书已取得极为丰硕的研究成果,其中不乏精彩的研究范例②。

2010年,北京大学获赠一批秦代简牍。据介绍,这批简牍包括一类记录江汉地区水陆交通路线和里程的文书,整理者暂定名为"道里书"③。显然,北京大学入藏的这部"道里书"也属于简牍文献中的"道里簿"范畴。2013年,辛德勇先生先后发表《北京大学藏秦水陆里程简册的性质和拟名问题》、《北京大学藏秦水陆里程简册初步研究》(以下简称《初步研究》),公布了部分"道里书"的竹简释文④。就简文内容来看,北京大学藏水陆里程简册(以下简称"里程简册")主要记录了以江陵为中心的南郡、南阳郡道路里程,涉及的地名包括秦代南郡、南阳郡、三川郡的县邑、乡里、津关、亭邮,地名信息极为丰富,是研究秦汉南郡、南阳郡政区地理和交通路线不可多得的宝贵资料。辛德勇先生的《初步研究》即利用这批资料阐发了荆楚地理和秦汉政区地理的相关问题,取得了令人瞩目的研究成绩。

笔者在阅读里程简册简文时,发现其中的某些地名可以与传世文献对读。结合传世文献和简牍文献的相关记载,有助于进一步阐发这批简牍文书所蕴含的学术价值,也可附带解决一些秦汉政区地理问题。现不揣浅陋,对里程简册涉及的五个地名进行讨论,以求教于学界同仁。

---

① 李天虹:《居延汉简簿籍分类研究》,北京:科学出版社,2003年,第168页;李均明:《秦汉简牍文书分类辑解》,北京:文物出版社,2009年,第341页。
② 以往在额济纳河流域汉代烽燧遗址、甘肃省敦煌悬泉置遗址、湖南省龙山里耶遗址都曾发现过此类文书。相关研究可参阅李并成:《河西走廊历史地理研究》,兰州:甘肃人民出版社,1995年;郝树声:《敦煌悬泉里程简地理考述》,《敦煌研究》2000年第3期;郝树声:《敦煌悬泉里程简地理考述(续)》,《敦煌研究》2005年第6期;初世宾:《汉简长安至河西的驿道》,《简帛研究(2005)》,桂林:广西师范大学出版社,2008年,第88~115页;张春龙、龙京沙:《里耶秦简三枚地名里程木牍略析》,《简帛》第1辑,上海:上海古籍出版社,2006年,第265~274页。
③ 北京大学出土文献研究所:《北京大学藏秦简牍概述》,《文物》2012年第6期。
④ 两文分别刊载于《简帛》第8辑,上海:上海古籍出版社,2013年,第17~28页;李学勤主编:《出土文献》第4辑,上海:中西书局,2013年,第176~278页。两文俱收入作者文集《石室賸言》,北京:中华书局,2014年。

一、阳 新 乡

在目前所见里程简册简文中,有一支简涉及"阳新乡"。该简内容为"西陵水道到阳新乡百卌八里"（04-075）①,记载了从西陵县经由水路行至阳新乡共计一百四十八里的里程信息。里程简册多处提到由西陵出发经由水路北上其他地点的里程。《初步研究》已经指出,里程简册提到的"西陵水道到某地"主要是指从西陵出发,溯比水（今唐河）而上的水路交通。根据里程推算,阳新乡应在西陵东北的比水沿岸,约在今湖北省襄阳县朱集镇境内②。

《初步研究》将这支简中的"阳新乡"理解为阳县之新乡,而这种解读方式可能存在问题。据《初步研究》考订,秦代的阳县约在今河南省方城县南,而简文提到的阳新乡位于今湖北省襄阳县北,两地相距十分遥远,跨越了今天社旗、唐河两县（参见图一）。阳县竟有如此辽阔的辖域,实在令人难以想象③。在里程简册记载的阳新乡北部不远,即是汉代新都侯国遗址④。汉代新都侯国原本是新野县乡聚。《汉书·王莽传》曰:"永始元年,封莽为新都侯,国南阳新野之都乡,千五百户。"⑤《续汉书·郡国志》南阳郡新野县自注:"有东乡,故新都。"⑥可见新都侯国设置之前、废除之后都在新野县境内。新野县战国时期便已设置⑦,而新近岳麓书院藏秦简的公布,更是明确了秦代新野县的存在⑧。秦汉时代的县域辖境较为稳定,因此今河南省新野县王庄镇唐河沿岸应当隶属秦代新野县管辖,而阳县不可能跨越新野、胡阳二县去管辖比水下游的阳新乡。

就阳新乡所处方位而言,其在秦代应当隶属于新野县。我们在史籍中能找到一条稍晚的证据。西汉建平四年（公元前3年）,哀帝分封傅太后同母弟子郑业为阳新侯（《汉书·哀帝纪》、《汉书·外戚传》记为"阳信侯",古书"新"、"信"二字通用）。《汉书·外戚恩泽侯表》（以下简称《侯表》）"阳信侯郑业"条下注"新野"⑨。根据《侯表》下注县名体例,阳新侯国地处汉代新野县境内⑩。汉武帝以后,多以乡聚分封侯国,郑业受封之侯国,前身当即新野县阳新乡。汉代的阳新乡明确隶属新野县管辖,秦代的阳新乡也应隶属于新野县。

---

① 以下引用里程简册简文编号及释文,俱出自《初步研究》,不再一一注明。
② 里程简册简04-231记载:"清口到西陵十二里。"清口即清水（今白河）与汉水的交汇处,故阳新乡在清口上游一百六十里,约在今湖北省襄阳县朱集镇。
③ 《初步研究》也注意到了这个问题,所以说:"秦阳县辖境沿比水亦即今唐河谷地向西南方向大幅度延展……愈可见阳县之南北地域,相当辽阔。"
④ 国家文物局主编:《中国文物地图集·河南分册》,北京:中国地图出版社,1991年,第224页。
⑤ 《汉书》卷九十九《王莽传》,北京:中华书局,1962年,第4040页。
⑥ 见《后汉书》,北京:中华书局,1965年,第3476页。
⑦ 后晓荣:《秦代政区地理》,北京:社会科学文献出版社,2009年,第274、275页。
⑧ 岳麓书院藏秦简《为狱等状四种》载录的秦王政二十二年发生的"学为伪书案"多次提及新野县。见朱汉民、陈松长主编:《岳麓书院藏秦简（叁）》简1089、简1095、简2182,上海:上海辞书出版社,2013年,第65~69页。
⑨ 《汉书》卷十八《外戚恩泽侯表》,第713页。
⑩ 参见拙著:《西汉侯国地理》上编第一章第一节"《汉表》下注县名体例考",上海:上海古籍出版社,2013年,第33~42页。

里程简册中的阳新乡乃是新野县辖乡,并非阳县之新乡,《初步研究》的理解方式并不准确。同样,在里程简册中还载录有"西陵水道新乡百五十一里"(04-076)。因《初步研究》将"阳新乡"解读为"阳县之新乡",所以认为简04-076中的"新乡"就是简04-075中的"阳新乡",并结合两支简连续排列的现象,推测简04-076是对简04-075的修正。现已知阳新乡不同于新乡,则上述推论也失去了依据。这两支简连续排列,应是指从西陵溯比水而上,距离一百四十八里为阳新乡,距离一百五十一里为新乡,阳新乡、新乡南北毗连。从比水沿岸的阳新乡、都乡(西汉新都侯国、东汉东乡)皆隶属新野县来看,两乡之间的新乡也应隶属新野县管辖。

建平三年(公元前4年),哀帝封丞相王嘉为新甫侯,封户一千零六十八,与阳新侯封户一千相当。《侯表》"新甫侯王嘉"条下亦注"新野"①,则此新甫当同为新野县属乡。此新野县新甫乡或与里程简册记录的新野县新乡有关。

里程简册还记录有"西陵水道到阳平乡五十九里"(04-199)。《初步研究》同样将此"阳平乡"理解为阳县之平乡。现已知阳平乡上游九十里的阳新乡隶属新野县,则阳平乡肯定也与阳县无关。根据其里程,阳平乡约在今湖北省襄阳县双沟镇,在秦代应隶属附近的邓县或西陵县管辖(参见图一)。

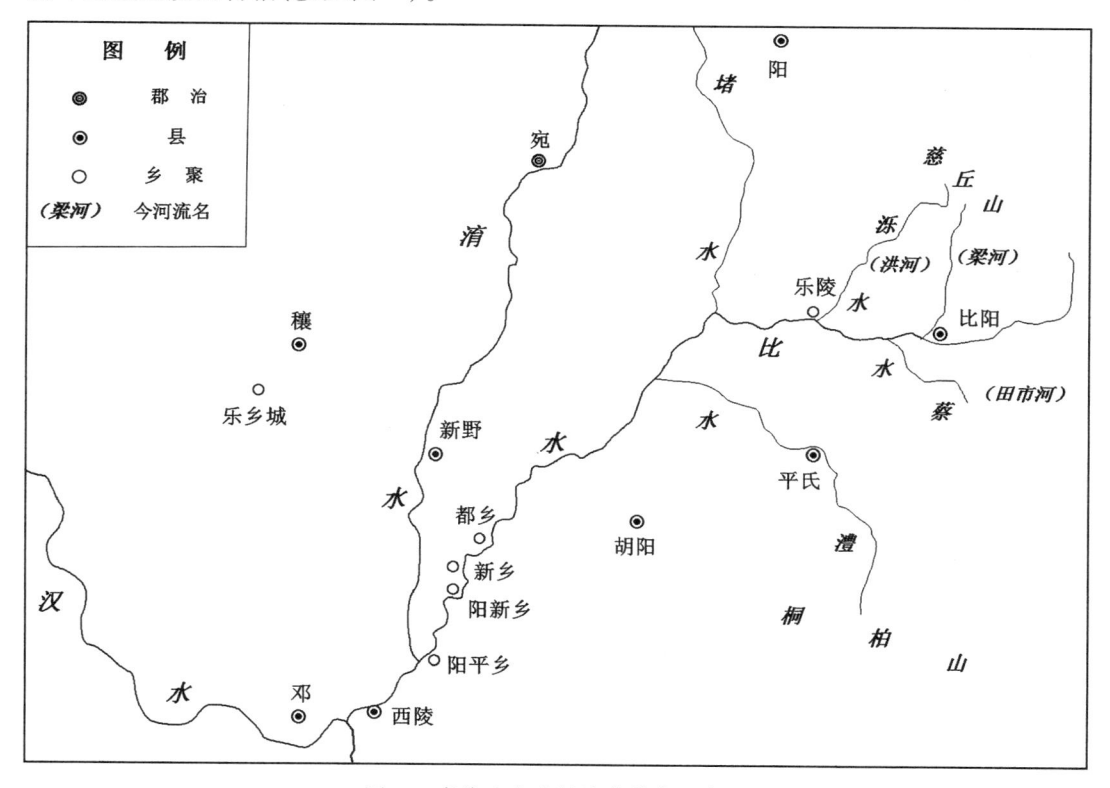

图一 秦代比水流域聚落分布示意图

---

① 《汉书》卷十八《外戚恩泽侯表》,第712页。

二、栎陵

里程简册还有一条与比水航路相关的记载为"比口到栎陵四百卅一里"(04-208)。简文中的比口即比水与淯水(今唐河与白河)的交汇处,以此为起点溯比水四百余里,相当于今唐河县大河屯镇境内。

《初步研究》注意到,《水经注》记载有一条比水支流,叫作"㴲(藻)水"[1],并已指出栎陵即位于㴲水沿岸。至于《水经注》中的"㴲水"究竟是今天的哪一条河流,《初步研究》并未指明。由于栎陵的定位与㴲水紧密相关,因此我们有必要对㴲水作以考订。先来看《水经·比水注》的记载:

> 比水又西,澳水注之。水北出茈丘山,东流,屈而南转,又南入于比水。按《山海经》云"澳水又北入视",不注比水。余按吕忱《字林》及《难字》、《尔雅》并言藻水在比阳,脉其川流所会,诊其水土津注,宜是藻水,音药。[2]

㴲水发源于茈丘山,茈丘即慈丘[3]。慈丘山在历代地志中均有记载,即今河南省泌阳县官庄乡北之大寨子山,又称三山[4]。清代地志均将发源于慈丘山的梁河比定为㴲水。《大清一统志》曰:"澳水,在泌阳县西北,俗名凉河。"[5]《泌阳县志》曰:"藻水,源出虎头山,《水经》谓之澳水……今讹为凉河。"[6]杨守敬在编绘《水经注图》时,便根据清代地志把㴲水标注在梁河[7]。不过,清代地志的说法并不准确。《水经注》记载㴲水源出慈丘山后,"东流,屈而南转,又南入于比水",而今天的梁河河道呈西南流向,并无东流的趋势。另外,《水经注》明确记载,比水先与蔡水交汇,再与㴲水汇合。《水经·比水注》曰:"蔡水出南磐石山,故亦曰磐石川,西北流注于比。"[8]磐石山,即今天泌阳县陈庄乡盘古山,发源于此山的蔡水,即今天的甜水河,又名田市河[9]。甜水河在今泌阳县赊湾乡汇入比水,位于梁河交汇口的下游,这一河流交汇形势,与《水经注》的记载不符(参见图一)。

笔者注意到,在梁河之西还有一条洪河,同样发源于慈丘山。此洪河在源出慈丘山后,河道呈东南流向,随后又转为西南流向。这一形势与《水经注》㴲水"东流,屈而南转"的描述正相吻合。洪河在流出泌阳县后,在今唐河县大河屯镇汇入比水,其交汇口位于蔡

---

[1] 《水经注》记作"藻"水。两汉魏晋南北朝,常为文字添加"艹"头(参见辛德勇:《北齐〈大安乐寺碑〉与长生久视之命名习惯》,收入作者文集《石室賸言》,第302~325页),故此水亦可写作"㴲"水。
[2] (清)杨守敬、熊会贞疏,段熙仲点校,陈桥驿复校:《水经注疏》卷二十九《比水》,南京:江苏古籍出版社,1989年,第2479、2480页。原文标点有误,引文已作修改。
[3] 参见《水经注疏》卷二十九《比水》,第2048页。
[4] (清)倪明进修,栗毓纂:《泌阳县志》卷二,清道光八年刻本。
[5] 《大清一统志》卷二百一十《河南统部·南阳府》,上海:上海古籍出版社,影印《四部丛刊续编》本,2008年,第314页上。
[6] (清)倪明进修,栗毓纂:《泌阳县志》卷二。又卷首舆图将今梁河标绘为藻水。
[7] (清)杨守敬:《水经注图》,北京:中华书局,2009年,第353页。
[8] (清)杨守敬、熊会贞疏,段熙仲点校,陈桥驿复校:《水经注疏》卷二十九《比水》,第2479页。
[9] (清)倪明进修,栗毓纂:《泌阳县志》卷二;《清一统志》卷二百一十《河南统部·南阳府》,第314页上。

水下游,也与《水经注》所述涂水、蔡水方位相同,而里程简册记录的栎陵正在大河屯镇附近,所以今天的洪河才应当是古涂水,栎陵应在今唐河县大河屯镇境内的比水北岸。

《汉书·地理志》(以下简称《汉志》)南阳郡辖有乐成侯国。关于西汉乐成侯国所在,顾祖禹引旧地志认为即河南省邓州南三十里的乐乡城①。顾祖禹的看法对后世影响极大,《清一统志》即据此将汉代乐成侯国定于邓州南,《中国历史地图集》、《中国文物地图集》把西汉乐成标绘在邓县西南(参见图一),显然也是受上述记载的影响②。不过,若仔细分析汉代乐成侯国方位,顾祖禹所引旧志的说法明显不能成立。

《汉志》载录的南阳郡乐成侯国为许延寿封国。《侯表》"乐成敬侯许延寿"栏下注"平氏"③,根据《侯表》下注县名体例,乐成侯国乃地处平氏县境内。汉代平氏县即今天河南省桐柏县平氏镇④,距离邓县西南的乐乡城十分遥远(参见图一),所以邓县之乐乡城绝不可能是汉代的乐成侯国。对于《侯表》透露的乐成侯国方位信息,郑威已经有所留意,并指出将乐成侯国定位于邓县南并不可信。更重要的是,郑威敏锐地注意到《水经注》关于涂水的记载,提出汉代乐成侯国即位于涂水附近的意见⑤。笔者对此非常赞同。不过郑威在对涂水定位时,出现了偏差,将其认定为比水以南、发源于桐柏山的某条河流,因而把汉代乐成侯国定位在今河南省泌阳县、桐柏县之间。前面已经提到,《水经注》记载涂水发源于慈丘山,南流注入比水,所以涂水绝不可能位于比水之南,而应当是比水以北的洪河。汉代的乐成侯国应定位于今洪河一带。

里程简册对"栎陵"方位的描述,可以说进一步验证了笔者的看法。里程简册中的"栎陵"正位于唐河县大河屯镇一带,不仅证实了古涂水即今洪河,同时也为乐成侯国的定位提供了依据。秦汉时代的地名,常常在地名专名后,附加"陵"、"阳"、"成"、"原"等后缀。而古书"乐"、"栎"相通⑥,故里程简册之"栎陵"即汉代之"乐成",位于今唐河县大河屯镇比水之北。此地与汉代平氏县相近,在汉代应隶属平氏县管辖,完全符合《侯表》乐成为平氏县乡聚的记载。由此逆推,秦代的乐成(陵)也应隶属平氏县管辖。

三、㢵 渠

里程简册记录了一个叫作"㢵渠"的地名。目前公布的简册简文中,共有三条涉及㢵渠:

---

① (清)顾祖禹:《读史方舆纪要》卷五十一《南阳府·邓州》,北京:中华书局,2005年,第2417页。
② 谭其骧主编:《中国历史地图集》第二册,北京:中国地图出版社,1982年,第22页;国家文物局主编:《中国文物地图集·河南分册》,第230页。
③ 《汉书》卷十八《外戚恩泽侯表》,第700页。
④ 国家文物局主编:《中国文物地图集·河南分册》,第233页。
⑤ 郑威:《楚国封君研究》,武汉:湖北教育出版社,2012年,第80~83页。
⑥ 如秦代栎阳虎符即将"栎阳"写作"乐阳"。见吴镇烽编著:《商周青铜器铭文暨图像集成》第34册,上海:上海古籍出版社,2012年,第549页,编号"19175"。

犷渠庾到鲁阳卌一里(04-056)

石城到犷渠庾卌五里(04-062)

犷渠庾到阳新城庾百四里(04-063)

以上三支简文，记录的是犷渠庾到不同地点的陆路里程。此外，简 04-061 记载有"雉到石城十七里"，此简与 04-062、04-063 编号相连，记录了由雉经由石城、犷渠庾到阳新城庾的完整里程。犷渠庾中的"庾"字，《初步研究》已经指出即"仓"之意，则犷渠庾即设在犷渠之仓。04-061 简提到的雉，即秦代之雉县。04-056 简中的鲁阳，即秦代鲁阳县。雉县与鲁阳县南北相邻，犷渠地处两县之间。犷渠距离雉县六十二里，距离鲁阳四十一里，就里程来看，犷渠极有可能是隶属鲁阳县的乡聚。

西汉武帝时期，曾两次分封辉渠侯国。元狩二年(公元前 121 年)，武帝封功臣匈奴人仆朋为辉渠侯，次年又封匈奴降王应疕为辉渠侯。《汉书·景武昭宣元成功臣表》在两个辉渠侯下皆注"鲁阳"①，根据《侯表》下注县名体例，辉渠应为鲁阳县之乡聚。笔者以为，《汉书》中的辉渠侯国应当与里程简册中的犷渠有关。犷、辉二字声母同属牙喉音，可以相通。虽然犷是群母幽部字，辉是晓母微部字，韵部并不密合，但这两个韵部在文献中不乏相通的例证。龙玉纯、李家浩等学者举出不少例证来说明幽、微二部的密切关系②。秦汉简牍中亦有幽、微二部直接相通的例子。孔家坡汉简《日书》有神煞名"八桼"，陈炫玮指出即文献常见的"八魁"③，刘乐贤进一步指出"八桼"即"八魁"之通假④。"桼"是幽部字，而"魁"是微部字。犷与辉韵母虽不完全相合，但存在相通的可能。

根据里程简册所载犷渠与鲁阳、雉县的相对里程，其地约在今河南省鲁山县熊背乡境内(参见图二)，此地恰好存在黄岗寺汉代聚落遗址，遗址面积达 7 000 平方米，符合汉代乡一级聚落的规模⑤，或与犷渠乡有关。里程简册不仅验证了《侯表》"辉渠侯"条下注"鲁阳"信息之可信，同时也为汉代辉渠侯国的定位提供了可贵的文献依据。

四、输民（輪氏）

里程简册记载了一条出南阳郡抵达洛阳的交通干线。由三支简构成，相关简文如下：

鲁阳到女阳百一十里(04-067)

女阳到输民八十九里(04-068)

输民到雒阳百一十里(04-069)

---

① 《汉书》卷十七《景武昭宣元成功臣表》，第 648 页。
② 龙宇纯：《上古音刍议》，《中研院史语所集刊》第 69 本第 2 分，1998 年，第 380~389 页；李家浩：《楚简所记楚人祖先"娩(鬻)熊"与"穴熊"为一人说——兼说上古音幽部与微、文二部音转》，《文史》2010 年第 3 辑。
③ 陈炫玮：《孔家坡汉简日书研究》，新竹：台湾"清华大学"历史研究所硕士学位论文，2007 年，第 162 页。
④ 刘乐贤：《印台汉简〈日书〉初探》，《文物》2009 年第 10 期。
⑤ 国家文物局主编：《中国文物地图集·河南分册》，文物单位简介第 91 页。

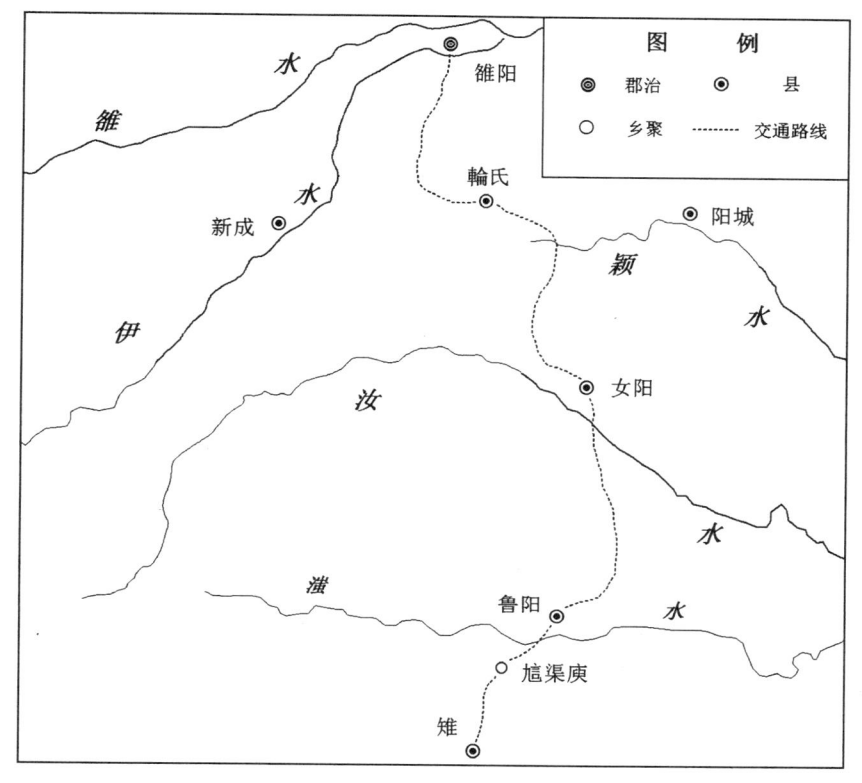

图二　秦代南阳郡至三川郡交通路线示意图

《初步研究》提到简文中"輸民"不见于传世文献记载,根据简文载录里程,大致推定輸民约在今汝州临汝镇一带。其实简文中的"輸民"并非不见于传世文献,此地即《汉志》颍川郡綸氏县。今试论证如下:

《汉志》颍川郡之綸氏县,《续汉书·郡国志》记为"輸氏"县。《后汉书》某些篇章亦将此县记作"輸氏"。《张玄传》载:"(玄)强起至輸氏,道病终。"①《陈寔传》:"郡中士大夫送(寔)至輸氏传舍。"②不过《后汉书》也有篇章将此县书作"綸氏",似乎当时的写法并不固定。但是洛阳南郊东汉刑徒墓砖"P3M10:下9A"载有"无任颖川輸氏司寇张孙,初元六年二月四日死"。③ 另外《水经注》载临睢县立有东汉《豫州从事皇毓碑》,竖碑者有"二千石丞輸氏夏文则"④。东汉刑徒墓砖铭文及汉碑碑文都表明,"輸氏"才是当时通行的写法。结合《汉志》的记载,似乎此县西汉书作"綸氏",东汉改书作"輸氏"⑤。不过,笔者在梳理《汉志》县名书写形式时,发现今本《汉志》有将文字的"車"旁讹误为"糸"旁的

---

① 《后汉书》卷三十六《张玄传》,北京:中华书局,1965年,第1244页。
② 《后汉书》卷六十二《陈寔传》,第2065页。
③ 中国社会科学院考古研究所编:《汉魏洛阳故城南郊东汉刑徒墓地》,北京:文物出版社,2007年,附图三一。
④ (清)杨守敬、熊会贞疏,段熙仲点校,陈桥驿复校:《水经注疏》卷二十四《睢水》,第2018页。
⑤ 清人王懋竑即持此观点。见《读书记疑》卷六,清同治十一年刻本。

现象。汉简草书"車"旁、"糸"旁写法较为接近①,在传抄时,稍不留意,便会将两旁抄混。例如《汉志》清河郡有繚县,而传世文献、出土文献都表明,繚县在西汉的通行书写方式为"轑",今本《汉志》的"繚"字,或为"轑"字之讹误,或为"轑"字之通假②。因此,《汉志》"綸氏"有可能是后人误抄所致,也有可能是后人仅为注音而换用了"綸"字,并非西汉的通行写法,当时的通行写法应与东汉一样,同为"輪氏"。

我们再来看里程简册中的"輸民"。古书"俞"、"侖"二字在字形上非常接近,"侖"字极易讹误为"俞"。《战国策·齐策四》"孟尝君逐于齐而复反"章有"请以市諭"的文字③。而《风俗通义》载此事则写作"请以市論"④。就文意而言,"以市論"更佳,《战国策》"諭"应是"論"讹误。而在释读出土简牍文字时,稍不留意,便会将"侖"误释为"俞"。这里举两个误将"輪"释为"輸"的例子。居延汉简72·53有"輸一具□□视□杙轴完"的字样⑤。就文字内容来看,该简应属于"折伤牛车出入簿"的一段,为检视牛车损坏状况的记录⑥。相类似的文字可以参考居延新简EPT51·251"南阳叶车父武后。第十七车。輪一具……杙轴完"的记录⑦。这类簿录中,检视车轮、车轴完好与否,是非常重要的项目。显然简72·53中的"輸"是"輪"字的误释。仔细核对图版,该简輪字虽然右半部略残,但仍能辨识⑧,前人的释读显然存在错误。又肩水金关汉简73EJT2:18释文作"□□者省择其十人作牛车輸工遣诣天水郡□",核对图版,整理者显然把"輪"误释为"輸"⑨。综合以上例证,我们有理由怀疑,里程简册輸民中的"輸"字亦为"輪"字的误释。

至于輸民中的"民"字,我们也有理由相信为"氏"字的误释。古书"民"、"氏"二字的写法极为相近,常常混用。而将"氏"写作"民"形,是秦文字的一个特点。如睡虎地秦简中的"氏"皆写作"民","昏"皆写作"昬"⑩。秦代刑徒墓瓦文中的"杨氏"写作"杨民"⑪。秦文字的这种写法,在汉代仍有保留。汉代简牍、石刻文字中,常能见到写作"民"形的氏字。相关文字例证,梁春胜先生《楷书部件演变研究》一书举出很多,这里就不重复列举了。

结合以上考述,里程简册中的"輸民"应该是"輪氏"的误释。秦代里程简册"輪氏"的写法,表明由秦至东汉该县都书写为"輪氏",今本《汉志》"綸氏"并非汉代通用的写法,这对于校订《汉志》文字讹误,无疑具有非常重要的价值。

---

① 陆锡兴:《汉代简牍草字编》,上海:上海书画出版社,1989年,第268、269页。
② 参见拙文:《居延汉简地名校释六则》,《文史》2013年第4辑。
③ 诸祖耿:《战国策集注汇考》卷十一《齐策四》,南京:江苏古籍出版社,1985年,第606页。
④ 王利器:《风俗通义校注》卷七《穷通》,北京:中华书局,1981年,第330页。此例证承蒙任攀告知。
⑤ 谢桂华、李均明、朱国炤:《居延汉简释文合校》,北京:文物出版社,1987年,第127页。
⑥ 李天虹:《居延汉简簿籍分类研究》,第154页。
⑦ 甘肃省文物考古研究所等编:《居延新简》,北京:文物出版社,1990年,第195页。
⑧ 劳榦主编:《居延汉简·图版之部》,台北:中研院史语所,1957年,第185页。
⑨ 甘肃简牍保护研究中心:《肩水金关汉简(壹)》,上海:中西书局,2011年。释文见下册第22页;图版见上册第41页,中册第41页。
⑩ 梁春胜:《楷书部件演变研究》,上海:线装书局,2012年,第106页。
⑪ 陕西省考古研究所、临潼县文物工作队编:《秦陵徭役刑徒墓》,西安:陕西旅游出版社,1992年,第35页。

关于汉代轮氏县的地理方位,历代地志均有明确记载,约在今河南省登封市颍阳镇①(参见图二)。颍阳镇距离汉魏洛阳城遗址的道路距离约为50公里,相当于秦代120里,与里程简册记录的里程信息基本吻合。也可以从侧面证明,里程简册的"轮民"乃"轮氏"误释。

五、女(汝)阳

《汉书·地理志》汝南郡辖有汝阳县,古书"女"、"汝"二字通用,故"女阳"即"汝阳"。不过,就里程简册载录的交通路线和里程来看,简文中的女阳并非汉代汝南郡之汝阳,《初步研究》对此已有详尽讨论。至于简文"女阳"方位,《初步研究》根据简册里程信息,大致推定在今河南省郏县境内的汝河北岸。现在明确里程简册载录的"轮民"即"轮氏"后,我们可以对里程简册之"女阳"方位作出更为精确的判断。

里程简册载录女阳距轮氏八十九里,距离鲁阳一百一十里。秦汉轮氏故城在今登封市颍阳镇,秦汉鲁阳故城在今鲁山县县城南关②。以秦汉轮氏故城、鲁阳故城为基点,可以推算出里程简册载录的女阳约在今河南省汝州市纸坊乡境内的汝水北岸(参见图二)。

在今汝州市纸坊乡康街村存有一片汉代遗址,据传为汉代周承休侯国遗址③。《汉书·元帝纪》、《侯表》载初元五年(公元前44年),元帝更封周子南君为周承休侯④。此为周承休侯国建置之始。就该侯国名号来看,"周承休"显然是嘉号,而非地名⑤。至于周承休侯国建置之前,其所在乡聚的名称不详。周承休侯国于东汉省并。北魏时期,又在其故地设置汝原县,至隋代更名为承休县⑥。北魏设置的汝原县,很有可能就是周承休侯国设置前的古名。秦汉时代,常在专有地名后附加陵、阳、城、原等通名,故"汝原"可与"汝阳"相通。里程简册所载录之女(汝)阳,应当是西汉周承休侯国的前身。

---

① 《大清一统志》卷二百六《河南统部·河南府》"颍阳故城"条,第248页上;谭其骧主编:《中国历史地图集》第二册,第19、20页。
② 国家文物局主编:《中国文物地图集·河南分册》,第89页。
③ 国家文物局主编:《中国文物地图集·河南分册》,第83页,文物单位简介第74页。
④ 《汉书》卷九《元帝纪》,第285页;《汉书》卷十八《外戚恩泽侯表》,第689页。
⑤ 如元鼎元年(公元前116年),武帝东巡获鼎,有司赞曰:"今鼎至甘泉,以光润龙变,承休无疆。"见《汉书》卷二十五《郊祀志》,第1225页。
⑥ 《魏书·地形志》汝北郡有南汝原县。《隋书·地理志》襄城郡承休县注曰:"旧曰汝原,置汝北郡。后改曰汝阴郡。后周郡废。大业初,改县曰承休,置襄城郡。"

秦代的国门规划

曾 磊

中国社会科学院历史研究所、出土文献与中国古代文明研究协同创新中心

一、秦宫殿区的四至

《史记·秦始皇本纪》说秦的疆域"地东至海暨朝鲜，西至临洮、羌中，南至北向户，北据河为塞，并阴山至辽东"①。与如此宏阔的国土相应，秦代的宫室建筑也远远超出国都咸阳的边界。《史记·秦始皇本纪》载：

> 秦每破诸侯，写放其宫室，作之咸阳北阪上，南临渭。自雍门以东至泾、渭，殿屋复道周阁相属。②

"写放"六国宫室于咸阳的目的，不仅仅是供秦始皇游乐，也包含令诸侯臣服于己的意味。"作之咸阳北阪上"的六国宫殿区并不是秦帝国宫殿的全部。秦的"诸庙及章台、上林皆在渭南"③。秦始皇又新建信宫、甘泉前殿、阿房宫，再加上秦国历代国君在旧都修筑的宫殿，秦宫殿达到"东西八百里"，"离宫别馆相望属"，"穷年忘归，犹不能遍"的惊人规模。④

古人曾有意将天上星体与地上州县互相比附，以天上的星宿映照人间的地理分野。如《史记·天官书》张守节正义引张衡云："众星列布，体生于地，精成于天，列居错峙，各有所属，在野象物，在朝象官，在人象事。"⑤《汉书·天文志》也说天上繁星"皆有州国官宫物类之象"⑥。"取法于天"是秦始皇规划咸阳布局的重要思想依据⑦。秦始皇营造的宫殿，有明显仿拟天象的痕迹。《史记·秦始皇本纪》载：

> 二十七年……焉作信宫渭南，已更命信宫为极庙，象天极。自极庙道通郦山。作

---

① 《史记》卷六《秦始皇本纪》，北京：中华书局，1959年，第239页。
② 《史记》卷六《秦始皇本纪》，第239页。
③ 《史记》卷六《秦始皇本纪》，第239页。
④ 《史记》卷六《秦始皇本纪》张守节正义引《庙记》，第241页。
⑤ 《史记》卷二十七《天官书》，第1289页。
⑥ 《汉书》卷二十六《天文志》，北京：中华书局，1962年，第1273页。
⑦ 王子今：《史记的文化发掘——中国早期史学的人类学探索》，武汉：湖北人民出版社，1997年，第268～281页；王学理：《法天意识在秦都咸阳建设中的规划与实施》，见《秦俑秦文化研究——秦俑学第五届学术讨论会论文集》，西安：陕西人民出版社，2000年。

甘泉前殿,筑甬道,自咸阳属之。

　　三十五年……乃营作朝宫渭南上林苑中。先作前殿阿房,东西五百步,南北五十丈,上可以坐万人,下可以建五丈旗。周驰为阁道,自殿下直抵南山。表南山之颠以为阙。为复道,自阿房渡渭,属之咸阳,以象天极阁道绝汉抵营室也。①

《史记·秦始皇本纪》说秦陵地宫"以水银为百川江河大海,机相灌输,上具天文,下具地理"②。可见,秦始皇陵地宫的构造,也与秦都城的规划思维相一致。

有学者指出,秦始皇的宫殿规划每到十月恰好可以与天象映合,而秦以十月为岁首的历法现象也就成为这个王朝建设总体设想中的一个有机组成部分③。贾谊说秦始皇"斩华为城,因河为津",又说他"以六合为家,崤函为宫"④,都展现了秦始皇非凡的地理意识。秦都咸阳的建筑规划,除了占据广阔的地域面积之外,还有闳大的天文背景,充斥着秦始皇包举宇内的梦想。

《史记·秦始皇本纪》张守节正义引《庙记》说秦宫殿区的范围是"北至九嵕、甘泉,南至长杨、五柞,东至河,西至汧渭之交,东西八百里,离宫别馆相望属也"⑤。类似的记录又见《三辅黄图》:"咸阳北至九嵕、甘泉,南至鄠、杜,东至河,西至汧渭之交,东西八百里,南北四百里,离宫别馆,相望联属。"⑥两种说法标示了秦宫殿区的四至,其范围大体一致,处在关中平原的中心地带。张守节正义又引《三辅旧事》说:

　　始皇表河以为秦东门,表汧以为秦西门,表中外殿观百四十五,后宫列女万余人,气上冲于天。⑦

《初学记》卷六所引《三辅旧事》又说"二门相去八百里"⑧。《类编长安志》卷八"八百里秦川"条引《三辅黄图》则作:"始皇表河、华为秦东门,表汧、陇为秦之西门。中间八百里为秦川。"⑨均与《庙记》、《三辅黄图》所说秦宫殿"东西八百里"相一致。因材料有限,我们目前还无法确知秦东门、秦西门的具体位置。不过,从"表河"和"东至河"来看,秦东门的位置与黄河有关,应是在黄河由南向东的转弯处,附近即是函谷关。也许秦东门与函

---

① 《史记》卷六《秦始皇本纪》,第241、256页。类似的记载又见于《三辅黄图》:"始皇穷极奢侈,筑咸阳宫,因北陵营殿,端门四达,以制紫宫,象帝居。渭水贯都,以象天汉;横桥南渡,以法牵牛。""周驰为复道,度渭属之咸阳,以象太极阁道抵营室也。"(何清谷:《三辅黄图校释》,北京:中华书局,2005年,第22、52页)
② 《史记》卷六《秦始皇本纪》,第265页。类似记载又见于《水经注·渭水下》:"上画天文星宿之象,下以水银为四渎百川,五岳九州,具地理之势。"[(清)杨守敬、熊会贞疏,段熙仲点校,陈桥驿复校:《水经注疏》卷十九《渭水》,南京:江苏古籍出版社,1989年,第1631页]
③ 陈江风:《天文与人文——独异的华夏天文文化观念》,北京:国际文化出版公司,1988年,第133页。
④ 《史记》卷六《秦始皇本纪》,第281、282页。
⑤ 《史记》卷六《秦始皇本纪》,第241页。
⑥ 何清谷:《三辅黄图校释》,第25页。
⑦ 《史记》卷六《秦始皇本纪》,第241页。
⑧ (唐)徐坚等:《初学记》卷六引《三辅旧事》,北京:中华书局,1962年,第135页。
⑨ (元)骆天骧撰,黄永年点校:《类编长安志》,北京:中华书局,1990年,第271、272页。

谷关有某种联系①。从"表汧"和"西至汧渭之交"来看，秦西门的位置与汧河有关。"汧渭之交"，又作"汧渭之会"，是汧河与渭河的汇合口。"汧渭之交"是重要的交通节点，秦国历史上几次重要历史事件也发生在这里。秦人先祖非子曾为周孝王"主马于汧渭之间"，结果"马大蕃息"，非子以此得赐秦地封邑和"秦嬴"封号，为秦人发展打下基础②。秦文公时，又曾在"汧渭之会"营造都邑③。尽管学界目前对"汧渭之会"的地望仍有分歧，但"汧渭之会"在咸阳之西是没有疑问的④。秦西门的位置也许与"汧渭之会"有关。

秦宫殿区的南至，无论是"长杨、五柞"还是"鄠、杜"，都在秦岭(南山)之北。秦始皇曾"表南山之巅以为阙"。"阙"，《说文》释"门观也"⑤。阙的形制自然会让人联想到门。南山之巅的门阙一定程度上可以视作与秦东门和秦西门相并列的秦南门。

秦宫殿区的北至，大致在甘泉山以南。甘泉山下即是秦汉甘泉宫宫殿区。我们在秦汉文献中并没有找到秦北门的记载。不过，有学者指出，秦直道途经的石门关，可以视作甘泉宫的北阙。石门关在今陕西省旬邑县境内，地当甘泉宫遗址正北。石门山海拔1 855米，南坡稍缓，临北则山势峻拔、崴嵬陡立。石门关又称作石关、石阙，在汉代文献中即多有记载。扬雄《甘泉赋》说："封峦石关施靡乎延属。"⑥刘歆《甘泉宫赋》说："缘石阙之天梯"。⑦《铙歌十八曲·上之回》又载："夏将至，行将北。以承甘泉宫，寒暑德，游石关。"⑧如果我们将视野扩大，将其与河东门、汧西门和南山阙相联系，可以发现石门关除了可以作为甘泉宫的北阙外，亦可以视作秦宫殿区的北门。

由此不难发现，秦宫殿区的中心区域大致在四方门阙之内。我们可以把这四座门阙视作秦帝国中心宫殿区的界标⑨。进入四门，就进入了秦帝国的核心区域。

---

① 唐人独孤及《古函谷关铭》："崛起重险，为秦东门。"将函谷关视作秦东门(《昆陵集》卷七，文渊阁《四库全书》本)。清人梁机《陕州山中喜晴》说崤山关隘险峻，"沦为秦东门，险归虎狼力"[(清)曾燠编:《江西诗征》卷七十一，清嘉庆九年刻本]。
② 《史记》卷五《秦本纪》，第177页。
③ 《史记》卷五《秦本纪》第179页载："(秦文公)四年，至汧渭之会。曰:'昔周邑我先秦嬴于此，后卒获为诸侯。'乃卜居之，占曰吉，即营邑之。"
④ 蒋五宝:《"千渭之会"遗址具体地点再探》，《宝鸡文理学院学报(社会科学版)》1998年第2期；高次若、刘明科:《关于千渭之会都邑及其相关问题》，见《周秦文化研究》，西安:陕西人民出版社，1998年，第582~590页；刘明科、高次若:《再论千渭之会及其相关问题》，《宝鸡社会科学》2000年第4期；王雷生:《秦文公建都"汧渭之会"及其意义——兼考非子秦邑所在推荐》，《人文杂志》2001年第6期；焦南峰、田亚岐:《寻找"汧渭之会"的新线索》，《中国文物报》2004年3月5日第7版；徐日辉:《秦文公兵进"汧渭之会"考》，见《秦文化论丛》第12辑，西安:三秦出版社，2005年，第202~216页；刘明科、辛怡华:《渭河峡谷的秦文化遗存与秦文公东猎汧渭之会路线蠡测》，见《秦文化论丛》第12辑，第217~230页。
⑤ (汉)许慎撰，(清)段玉裁注:《说文解字注》，上海:上海古籍出版社，1988年，第588页。
⑥ 《汉书》卷八十七《扬雄传上》，第3525页。
⑦ 《初学记》卷二十四引，第569页。
⑧ 《宋书》卷二十二《乐志》，北京:中华书局，1974年，第640页；另参见王子今、焦南峰:《秦直道石门琐议》，见《秦俑秦文化研究——秦俑学第五届学术讨论会论文集》，第507~510页。
⑨ 贾谊《过秦论》说"关中之固，金城千里"(《史记》卷六《秦始皇本纪》，第281页)。张良劝刘邦建都关中也说"此所谓金城千里，天府之国"(《史记》卷五十五《留侯世家》，第2044页)。二者都将关中视为一座城池，则四座门阙也可以视为关中金城的城门。

二、秦都城的超长建筑基线

班固《西都赋》说长安城宫室"体象乎天地,经纬乎阴阳,据坤灵之正位,放太、紫之圆方"①。可见长安城的规划也与天象有关。长安城又有"斗城"的说法,《三辅黄图》载:"城南为南斗形,北为北斗形,至今人呼汉京城为斗城是也。"②《三辅旧事》也说:"城形似北斗也。"③

有学者指出,西汉时期曾经存在一条超长距离的南北向建筑基线。这条基线通过西汉都城长安中轴线延伸,自北向南通过天井岸礼制建筑遗址(天齐祠)、清河大回转段、汉长陵、汉长安城、子午谷,总长度达74公里。这条建筑基线具有极高的直度与精确的方向性,与真子午线的夹角仅为0.33°,其南北延长线又直达汉代的汉中郡和朔方郡郡治。学者推测秦汉时代在掌握长距离方位测量技术的基础之上,可能已初步具备了建立大面积地理坐标的能力。这条建筑基线,将天、地、山川、陵墓、都城一以贯之,使之协调为一整体;自北而南,以天、先王、王、地为序的宗教意味排列;其间充满法天意识,使这一庞大的建筑体系,表现出天与地、阴与阳、死与生、尊与卑,以及南与北、子与午等多种对应关系,充分体现了古人的缜密构思。④

辛德勇认为,秦始皇有"贯通天地古今的宏大宇宙观念","北修直道直通九原与南建阁道直抵南山,可以看作是以都城宫室为核心做出的南北轴线性标志"⑤。王子今认为:"西汉长安的经营,在某种意义上体现了对秦帝国缔造者有关思想的继承。"西汉超长建筑基线的发现,更有助于我们理解汉代人对秦帝国建筑规划的继承。

这些地理空间的设计,不能仅用巧合加以解释。西汉超长建筑基线可能是对秦人规划的继承。在西汉超长建筑基线沿线的一些地名、道路和建筑也体现出这种继承关系。王子今指出,咸阳、长安以北是子午岭,又有秦始皇时修筑的直道直通九原;以南则是子午谷,沿线又有子午道、直河。"表南山之巅以为阙",说明秦都咸阳有南行的重要通路,也说明当时的建筑蓝图包含有贯通南北(子午)的意识。这条道路王莽时又加以整修,称作"子午道"。子午岭—直道,子午道—直河,在咸阳—长安正北正南形成了纵贯千里的轴线。这一现象,应当看作秦汉都城规划的基本构成内容之一⑥。

上文谈到,秦东门应在黄河由南向东的转弯处。然而,远在东海之滨的朐县,还有一座秦东门。《史记·秦始皇本纪》载:"于是立石东海上朐界中,以为秦东门。"⑦《汉书·

---

① 《后汉书》卷四十《班固传》,北京:中华书局,1965年,第1340页。
② 何清谷:《三辅黄图校释》,第64页。
③ 《史记》卷九《吕太后本纪》司马贞索隐引,第399页。
④ 秦建明、张在明、杨政:《陕西发现以汉长安城为中心的西汉南北向超长建筑基线》,《文物》1995年第3期。
⑤ 辛德勇:《越王勾践徙都琅邪事析义》,《文史》2010年第1辑。
⑥ 王子今:《秦直道的历史文化观照》,《人文杂志》2005年第5期。
⑦ 《史记》卷六《秦始皇本纪》,第256页。

地理志上》"东海郡"条下也有:"朐,秦始皇立石海上以为东门阙。"① 又《说苑·反质》云:"立石阙东海上朐山界中,以为秦东门。"②《续汉书·郡国志三》刘昭注补引《博物记》又载:"(朐)县东北海边植石,秦所立之东门。"③ 秦东门所在的朐县所属的纬线,竟然与这条基线大体垂直④。论者指出:"我们以《中国历史地图集》所定咸阳与上朐⑤位置量测,上朐位于咸阳东约900公里,其纬度约为北纬34°32′,咸阳城位于北纬34°25′,两地东西基本成一直线。与纬度相较,两地连线东端微向北侧偏1°左右。"与此类似,"汉长安城正对南山子午谷口与秦人'自殿下直抵南山,表南山之巅以为阙'很是相像"⑥。如果以咸阳作为秦帝国地理坐标系的原点,秦东门则可以视作坐标系横轴上的端点。这个端点就在东方大地的尽头,与西方的咸阳城遥遥相应。

由此,我们不妨作这样的假设:秦人对帝国的疆域已经有了仿拟天象的规划,并有设立南北基线的初步构想。这一规划在汉代得以继续执行,并被进一步细化,因此才有了超长建筑基线的诞生。

那么又如何解释为何会存在两座秦东门呢?对此,有学者以为,"始皇表河以为秦东门"的说法,可能是起初的规划⑦。不过,我们并不知道两座秦东门修筑的具体时间,因此并不能确定朐县秦东门的修建一定晚于黄河秦东门。前文已提及,我们可以把黄河秦东门视作秦帝国中心宫殿区的东方界标,而朐县的东门,则可以视作秦帝国面向东方海洋的国门⑧。

三、高阙与秦的北方国门

王北辰在《古桥门与秦直道考》一文中提出,在秦昭王修筑的长城上开有一个门阙,门阙正南方就是秦都城咸阳,它至晚到汉代已称作"桥门",按照方位,它正是秦之北门。"桥门"一名出自《后汉书·段颎传》:"颎复追羌出桥门,至走马水上。寻闻虏在奢延泽,乃将轻兵兼行,一日一夜二百余里,晨及贼,击破之。"李贤注引《东观记·段颎传》补充说:"'出桥门谷'也。"⑨王北辰认为,今红柳河支流芦河即是古之走马水,今白于山即是古

---

① 《汉书》卷二十八《地理志》,第1588页。
② (汉)刘向撰,向宗鲁校证:《说苑校证》,北京:中华书局,1987年,第517页。
③ 见《后汉书》第3458页。
④ 关于这座秦东门的情况,历代学者都曾加以考证,但其具体位置一直存有争议,比较看来,秦东门当在汉代东海庙附近,其确切位置有待更细致的考古调查。参见曾磊:《秦东门琐议》,《中国社会科学院历史研究所学刊》待刊。
⑤ 该文据"立石东海上朐界中"一句,误将朐县理解为上朐县,但此处笔误并不影响朐县与秦都咸阳东西相直的结论。
⑥ 秦建明、张在明、杨政:《陕西发现以汉长安城为中心的西汉南北向超长建筑基线》,《文物》1995年第3期。
⑦ 王子今:《史记的文化发掘——中国早期史学的人类学探索》,第272页。
⑧ 《史记》卷六《秦始皇本纪》:"三十二年,始皇之碣石,使燕人卢生求羡门、高誓。刻碣石门。"碣石门在辽宁省绥中县碣石宫遗址之东的海水中。杨鸿勋将碣石门比作秦代的国门,但从碣石宫与碣石门的关系来看,碣石宫的中轴线正对碣石门,碣石门应是碣石宫的门阙,与国门无关。参见杨鸿勋:《宫殿考古通论》,北京:紫禁城出版社,2009年,第217~227页。
⑨ 《后汉书》卷六十五《段颎传》,第2149、2150页。

之桥山,桥门就在红柳河支流芦河流出白于山的河谷①。不过,王北辰的观点遭到史念海、吕卓民的质疑。他们认为,芦河并不是古之走马水,桥门的位置也不应在芦河流出白于山的河谷。并且,芦河流经的地区只有明长城遗迹,并无证据表明秦昭王长城也经过此地②。王北辰以明长城遗迹考论秦之北门,确实不当。

离秦直道终点不远的阴山山脉上,还有一道重要的关口——高阙。关于高阙,《水经注·河水三》说:

> 《史记》赵武灵王既袭胡服,自代并阴山下,至高阙为塞。山下有长城。长城之际,连山刺天,其山中断,两岸双阙,峨然云举,望若阙焉。即状表目,故有高阙之名也。自阙北出荒中,阙口有城,跨山结局,谓之高阙戍。自古迄今,常置重捍以防塞道。③

《史记·秦始皇本纪》张守节正义说:"高阙,山名,在五原北。两山相对若阙,甚高,故言高阙。"④《史记·匈奴列传》张守节正义引《地理志》说:"朔方临戎县北有连山,险于长城,其山中断,两峰俱峻,土俗名为高阙也。"⑤

看来,高阙的得名是因其山中断相对,高耸似阙。高阙因其险要的地理位置成为历代塞防重地。不过对于高阙的地望,却众说纷纭,至今尚无定论。第一种观点认为高阙在今狼山(古阳山)某山口。关于这个山口的位置,王北辰以为是狼山达拉盖山口⑥,张海斌以为是狼山哈隆格乃沟⑦,王治国、魏坚、舒振邦以为是狼山达巴图沟⑧,更多的学者则认为是狼山石兰计山口,张维华、侯仁之、谭其骧、赵占魁、唐晓峰皆持此观点⑨。第二种观点认为高阙在今乌拉山(古阴山)某山口。关于这个山口的位置,严宾、何清谷以为在乌拉山西段⑩,李逸友以为在乌拉山西段大坝沟口⑪。第三种观点认为乌拉山高阙是赵国高阙,狼山高阙是秦汉高阙,二者有相互承继关系。沈长云以为赵国高阙在大青山、乌拉山

---

① 王北辰:《古桥门与秦直道考》,《北京大学学报(哲学社会科学版)》1988年第1期。
② 史念海:《与王北辰论古桥门与秦直道书》,《再与王北辰论古桥门与秦直道书》,《中国历史地理论丛》1989年第4期;吕卓民:《秦直道歧义辨析》,《中国历史地理论丛》1990年第1期。
③ (清)杨守敬、熊会贞疏,段熙仲点校,陈桥驿复校:《水经注疏》卷三《河水》,第214页。
④ 《史记》卷六《秦始皇本纪》,第254页。
⑤ 《史记》卷一百一十《匈奴列传》,第2886页。
⑥ 王北辰:《内蒙古后套平原的几个历史地理问题——兼考唐西受降城》,《内蒙古社会科学》1989年第5期。
⑦ 张海斌:《高阙、鸡鹿塞及相关问题的再考察》,《内蒙古考古文物》2000年第1期。
⑧ 王治国:《高阙塞考辨》,《河套大学学报(哲学社会科学版)》2006年第4期;魏坚:《河套历史文化的考古学探索》,见《河套文化论文集》,呼和浩特:内蒙古人民出版社,2006年,第325~352页;舒振邦:《赵长城终点高阙地望考》,《河套文化》2007年第3期。
⑨ 张维华:《中国长城建置考(上编)》,中华书局,1979年,第106页;侯仁之:《乌兰布和沙漠北部的汉代垦区》,《治沙研究》1965年11月第7号;谭其骧主编:《中国历史地图集》,第1册《战国赵、中山》,第37、38页,第2册《秦关中诸郡》、《西汉并州朔方刺史部》,第5、6、17、18页,北京:中国地图出版社,1982年;赵占魁:《内蒙古后套平原古城考——兼与王北辰先生商榷》,《内蒙古社会科学》1993年第4期;唐晓峰:《内蒙古西北部秦汉长城调查记》,《文物》1977年第5期。
⑩ 严宾:《高阙考辨》,《历史地理》第2辑,上海:上海人民出版社,1982年,第82~84页;何清谷:《高阙地望考》,《陕西师大学报》1986年第3期。
⑪ 李逸友:《高阙考辨》,《内蒙古文物考古》1996年第1、2期。

一带,汉代高阙则在狼山石兰计山口①。鲍桐则确认赵国高阙在乌拉山昆都仑沟,秦汉高阙在狼山石兰计山口②。辛德勇进一步充实了鲍桐的论证,他肯定赵国高阙在乌拉山西段某山口,但其具体位置需要进一步考古工作的确认。秦统一后沿用了赵国高阙,后蒙恬出兵占据今河套地区,又在河套北侧的狼山沿线修筑了新的长城,高阙也随之北移至狼山石兰计山口③。

狼山、乌拉山、大青山皆属阴山山脉,黄河河道沿阴山山脉自南向北又折向东流。从卫星地图上看,这些山体靠近黄河的一侧有多道山谷,因此,类似于"连山刺天,其山中断,两岸双阙,峨然云举"的山口不止一处,这就容易造成学者之间的不同意见。比较来看,辛德勇的观点更具有说服力。对于高阙的具体位置,还需要学者做进一步工作。无论如何,高阙因其险要的地理形势而成为重要的军事塞防,是没有疑问的。

应当注意的是,超长建筑基线的南端正对子午谷,可能与南山阙有关,以咸阳为基点,与之垂直的纬线又直指秦东门。而阴山高阙基本处于咸阳正北,超长建筑基线所属的经线又恰好经过乌拉山之西,与阴山高阙所在的乌拉山西段的经度相距并不遥远。这不能不让人有所联想。我们或许可以将高阙视作秦帝国设在北方的国门。

四、秦国门的意义

门阙常常是界线的标志。进入此门,即入我国土。高阙所在的长城沿线,正是秦帝国领土的边界,而阴山高耸,北面即为匈奴领地,在这里竖立一座国门,也有某种象征意义。《华阳国志·蜀志》说杜宇称帝后,"乃以褒斜为前门,熊耳、灵关为后户,玉垒、峨眉为城郭,江、潜、绵、洛为池泽;以汶山为畜牧,南中为园苑"④。这一疆域规划同样宏阔,在王国的边界也有"前门"、"后户"的设计。《淮南子·墬形训》载"纪东西南北山川薮泽"⑤。其中说,大地的边界是八极,而八极所在,就是八座大门,"自东北方曰方土之山,曰苍门;东方曰东极之山,曰开明之门;东南方曰波母之山,曰阳门;南方曰南极之山,曰暑门;西南方曰编驹之山,曰白门;西方曰西极之山,曰阊阖之门;西北方曰不周之山,曰幽都之门;北方曰北极之山,曰寒门"⑥。从秦国的疆域来看,西方是秦人故地,南方巴蜀在秦惠文王时已经并入秦国版图。而东方的六国土地和北方义渠、匈奴的土地并入秦王朝版图的时间较晚,秦始皇需要向东方和北方的人民宣示帝国的威仪。矗立于东海之滨和阴山之巅的国门,与秦刻石一样,是对新占据土地的人民宣示所有权的表达形式,是疆域一统的象征。

---

① 沈长云:《赵北长城西段与秦始皇长城》,《历史地理》第 7 辑,上海:上海人民出版社,1990 年,第 126~133 页。
② 鲍桐:《高阙地望新探》,《中国历史地理论丛》1993 年第 2 辑。
③ 辛德勇:《阴山高阙与阳山高阙辨析——并论秦始皇万里长城西段走向以及长城之起源诸问题》,《文史》2005 年第 3 辑。
④ (晋)常璩撰,任乃强校注:《华阳国志校补图注》,上海:上海古籍出版社,1987 年,第 118 页。
⑤ 何宁撰:《淮南子集释》卷四《墬形训》高诱注,北京:中华书局,1998 年,第 311 页。
⑥ 何宁撰:《淮南子集释》卷四《墬形训》,第 335、336 页。

门阙还具有某种神秘意味。睡虎地秦简《日书》和王家台秦简《日书》中都有与门相关的禁忌习俗。后世式盘上又常见有天、地、人、鬼四门的标注①。《汉书·高帝纪》载："萧何治未央宫,立东阙、北阙、前殿、武库、大仓。"颜师古注："至于西南两面,无门阙矣。盖萧何初立未央宫,以厌胜之术,理宜然乎?"②颜师古认为未央宫只立东阙、北阙与"厌胜之术"有关,这一认识值得重视。秦人的国门规划,可能也受到"厌胜之术"的影响。

　　门阙还往往成为政治威权的象征③。因山为门,更能体现建筑的雄大,展示帝国的威仪。上引《华阳国志》说蜀国"乃以褒斜为前门,熊耳、灵关为后户"。褒斜是秦岭中的山谷,熊耳、灵关是今横断山脉中的山谷。其门户也是以对峙矗立的高山所组成的关口。《淮南子》所说的八门,其组成都与山有关。其下又说"八门之风,是节寒暑"④,可见八方之风是由八门控制。这应是由对山间谷口常有大风的自然现象观察基础上推演而出的。此外,高阙的设置还有重要的军事意义。秦国北方一直有少数部族活动,其中以义渠的势力最为强大。秦昭王时,义渠势力被剿灭。但占据义渠的领土后,秦国又直接面对匈奴的骚扰。秦灭六国后,东方的威胁消除,秦始皇才有条件更多考虑北方匈奴的军事压力。于是,秦始皇派蒙恬带兵"略取河南地"⑤。"河南地"所属的九原郡处于防御匈奴的前哨,军事地位十分重要。秦代利用阴山山脉、黄河河道、长城塞防在九原设置多道屏障,并在当地驻军守护、移民垦殖,河套地区的富庶土地也为秦军的军事行动提供强有力的前沿保障。而秦直道的修筑,更增加了军队及物资运输的便捷性,使关中的人力、物力资源可以迅速输送到军事前线。秦人在统一六国的战争中,曾数次得利于"关中通道—函谷关"的防御体系。"直道—高阙"防御体系在一定程度上可以看作是"关中通道—函谷关"模式的复制,再加上营建长城塞防和移民戍边,秦始皇构筑了一个全方位的军事战略体系,以防备"亡秦者胡也"⑥的谶语。只可惜秦始皇的苦心经营尚未完全发挥其战略功效,秦帝国就已经轰然崩塌⑦。

---

① 连劭名:《式盘中的四门与八卦》,《文物》1987 年第 9 期。
② 《汉书》卷一《高帝纪》,第 64 页。
③ 王子今:《门祭与门神崇拜》,西安:陕西人民出版社,2006 年,第 298~321 页;刘增贵:《门户与中国古代社会》,《中研院史语所集刊》第 68 本第 4 分,1997 年,第 817~897 页。
④ 何宁撰:《淮南子集释》卷四《墬形训》,第 336 页。
⑤ 《史记》卷六《秦始皇本纪》,第 252 页。
⑥ 《史记》卷六《秦始皇本纪》,第 252 页。
⑦ 曾磊:《直道建设与秦北门规划》,见《2012·中国"秦汉时期的九原"学术论坛专家论文集》,呼和浩特:内蒙古人民出版社,2012 年,第 142~148 页。

宋代城镇考古的发现与研究

王子奇

中国社会科学院考古研究所

宋代城镇的考古调查与发掘工作,发轫于民国时期北平历史博物馆对巨鹿故城的发掘①。但限于各方面的条件,当时有计划的、以了解宋代城镇为学术目的的考古工作并未展开。解放后,随着新中国考古工作的开展,宋代城镇考古工作随之起步,学术界亦展开了有关研究。本文就现已刊布的材料,择要从都城和地方城镇两方面分述之。

一、宋代都城的考古发现与研究

北宋建都开封,称东京城,相沿于唐代汴州城,叠压在今天的开封城之下。由于历代黄河水患淤沙堆积,汴州城深埋于地下,北宋文化层距地表深达 8～11 米,加之地下水位较高,使得北宋东京城的考古工作长期难以开展。1981 年春,开封旧城区东北隅龙庭东湖(潘湖)在清淤过程中,发现了明代周王府的部分遗迹和叠压于其下的早期遗迹,由此拉开了宋代开封城考古工作的序幕。此后,对开封城进行了一系列考古工作。

勘探、实测了北宋东京外城,基本探清了外城的方位、范围和轮廓,并发现了部分城门或可能是城门的遗迹,对局部城墙和个别城门做了发掘和解剖,解决了外城城墙的年代问题,了解了外城的残存高度和宽度②。

勘探、实测了北宋东京内城,基本确定了内城的方位、范围和轮廓,确定了内城正南门朱雀门和汴河西角门子的位置。通过北墙西段的局部解剖,了解了明周王府萧墙北墙、金皇宫北墙和宋内城北墙的叠压关系,了解到宋内城城墙下尚叠压早期城墙遗迹③。

---

* 本文是郑州中华之源与嵩山文明研究会委托重大课题"中国古代城市发展史——以中原地区为中心"(课题编号:ZD-5)和 2009 年度国家社会科学基金项目"北方地区宋代新建城市的考古研究"(项目批准号:09BKG005)成果之一。

① 《钜鹿宋代故城发掘记略》,《国立历史博物馆丛刊》第一年第一册,1926 年。参见张保卿:《钜鹿故城的发现及相关研究》,北京大学本科学位论文,2014 年;又见《华夏考古》2016 年第 3 期。

② 丘刚、孙新民:《北宋东京外城的初步勘探与试掘》,《文物》1992 年第 12 期;丘刚:《北宋东京外城的城墙和城门》,《中原文物》1986 年第 4 期,以上两文后收入《开封考古发现与研究》,郑州:中州古籍出版社,1998 年;葛奇峰:《北宋都城新郑门遗址与开封"城摞城"》,《大众考古》2014 年第 10 期;葛奇峰:《北宋东京城新郑门遗址出土娱乐类文物品赏》,《文物鉴定与鉴赏》2015 年第 6 期。

③ 开封宋城考古队:《北宋东京内城的初步勘探与测试》,《文物》1996 年第 5 期,后收入《开封考古发现与研究》。

勘探、实测了北宋东京皇宫，探明了皇宫的方位和四至，探出了北、东、南三面城墙上的三处缺口，推测为门址。其中，南侧明代周王府正南门下，叠压着一处早期门址。对城墙局部进行了试掘，确认了北宋皇宫北墙叠压于明周王府紫禁城北墙之下，其下叠压有早期的夯土遗迹。此外，在明代周王府正南门之南、今新街口附近发现了一处三层叠压的遗迹，上两层判断为明周王府萧墙正南门"午门"和金皇宫正门"五门"，最下层建筑遗迹的性质尚待确定①。

此外，还对城内外的一些重要遗迹进行了勘探和发掘。勘探、发掘了汴河与御路相交处的古州桥遗址，了解了古州桥的形制②。勘探了外城西墙外的金明池，探明了金明池的位置和大体范围，了解了水心岛和水心五殿的位置、池南岸临水殿的位置和汴河注水门的位置③。对蔡河进行了调查与勘探，明确了蔡河的大体走向，确定了"广利水门"的位置和蔡河与御街相交处"龙津桥"的位置④。

通过这些考古发现，可以大体明了北宋东京城的布局（图一）。北宋东京城目前勘探发现了三重城垣，重重相套。依据考古勘察的发现——城市自外城南熏门至内城朱雀门至州桥至皇宫两处建筑及"龙亭大殿"遗迹，可以确知北宋东京城贯穿内外三重城垣的中轴线，且这一中轴线沿用至今。内城沿自唐汴州城，尚能依稀看出"坊"的痕迹；外城由于考古工作的限制，还不清楚道路情况和城市格局，但从文献和传世绘画可知，至北宋晚期已经采用了开放的街巷制，临街贸易，城市面貌大为改观。但仍有一些关键问题尚不清楚，如北宋皇城与宫城的关系及其布局，北宋内城及唐代汴州城的关系和布局等问题，都有待未来有条件时进一步的考古工作。

临安城是南宋都城，遗址被今天杭州市所叠压。对临安城的考古勘探始于 20 世纪 80 年代中期。通过历年来对南宋临安城的考古勘探和试掘工作，发现了外城北城墙、西城墙、南城墙、东城墙的部分遗迹，并对局部做了解剖，基本确定了宋代临安外城城墙的范围和位置⑤。

先后数次对皇城进行了勘探，陆续确定了皇城北墙、西北角、南墙、西墙和东墙位置。2004 年勘探后，基本确定了皇城的范围，形成了一份南宋皇城范围示意图⑥。勘探确认了

---

① 丘刚、董祥：《北宋东京皇城的初步勘探与试掘》，《开封考古发现与研究》；开封宋城考古队：《明周王府紫禁城的初步勘探与发掘》，《文物》1999 年第 12 期。
② 李克修、董祥：《开封古州桥勘探试掘简报》，《开封文博》1990 年第 1、2 期合刊，后收入《开封考古发现与研究》。
③ 丘刚、李合群：《北宋东京金明池的营建布局与初步勘探》，《河南大学学报（社会科学版）》1998 年第 1 期，后收入《开封考古发现与研究》。
④ 刘春迎：《宋东京城遗址内蔡河故道的初步勘探》，《开封考古发现与研究》。
⑤ 唐俊杰：《武林旧事：南宋临安考古的主要收获》，见《南宋史及南宋都城临安研究》，北京：人民出版社，2009 年，第 867~873 页；唐俊杰、杜正贤：《南宋临安城考古》第三章"御街与城墙遗址"，杭州：杭州出版社，2008 年，第 45~49 页。
⑥ 浙江文物考古研究所：《杭州市南宋临安城考察》，见《中国考古学年鉴·1985 年》，北京：文物出版社，1985 年，第 149、150 页；李德金：《南宋临安城遗址》，见《中国考古学年鉴·1986 年》，北京：文物出版社，1988 年，第 127 页；李德金：《南宋临安城皇城遗址》，见《中国考古学年鉴·1993 年》，北京：文物出版社，1995 年，第 146、147 页；朱岩石、何利群：《二〇〇四年度杭州南宋临安皇城考古取得突破性进展》，《中国文物报》2004 年 11 月 17 日第 1 版；《杭州南宋临安城皇城考古新收获》，见《2004 年中国重要考古发现》，北京：文物出版社，2005 年。

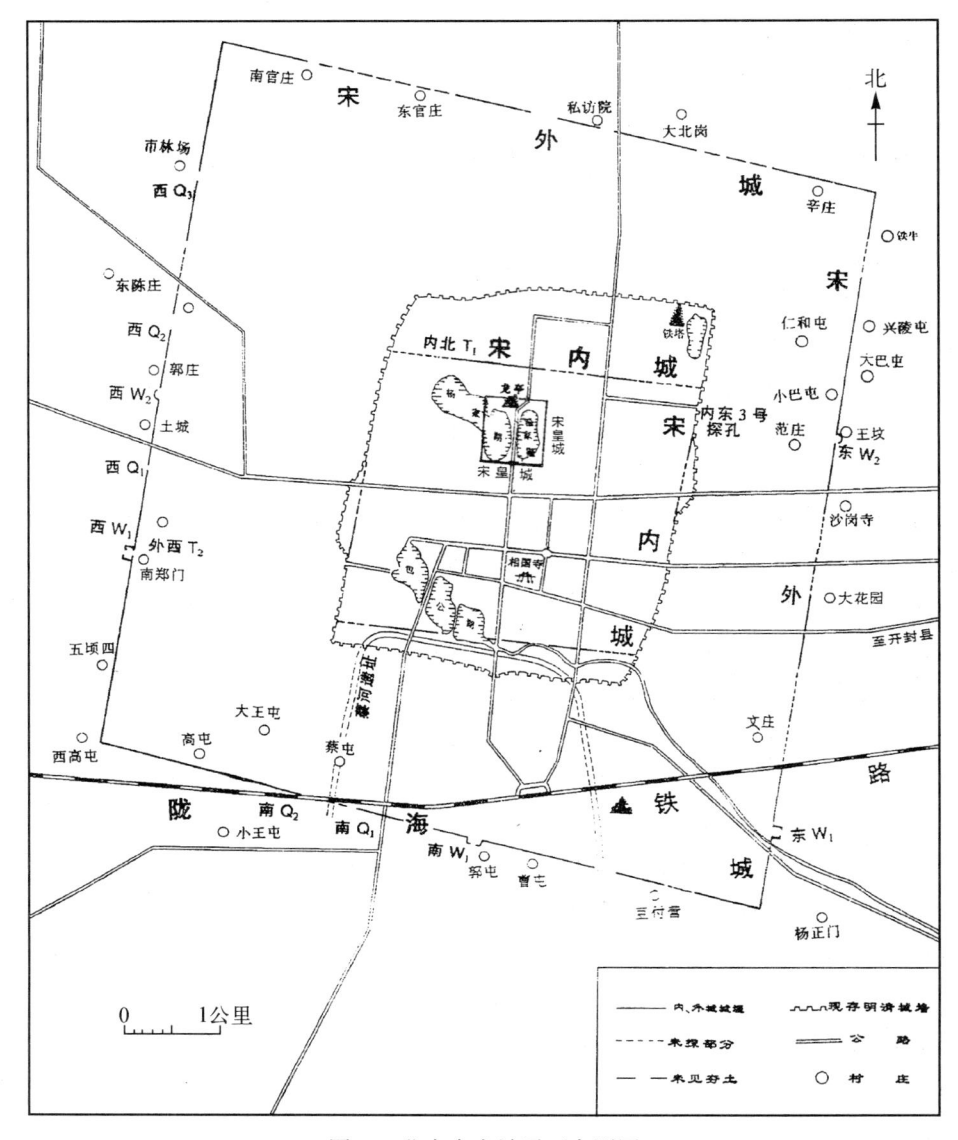

图一 北宋东京城平面实测图

皇城正门丽正门的位置,明确了丽正门与和宁门不处于同一直线。发现了皇城内多处建筑基址,根据其建筑规制可以大致分为核心宫殿区、东宫及一般建筑等。但皇城的平面格局、宫苑的确切位置和建筑形制等问题尚不明了[1]。

在城内先后四次在杭州卷烟厂、太庙东围墙外、严官巷东段北侧和中山中路112号发现了南宋御街遗迹,进行了揭露发掘。明确了南宋御街的走向,其中大部分和今天中山路重合,了解了南宋御街的尺度和砌筑方式[2]。

---

[1] 唐俊杰、杜正贤:《南宋临安城考古》第二章"皇城遗址",第17~25页。
[2] 杭州市文物考古所:《南宋御街遗址》,北京:文物出版社,2013年。

还在城内发现、发掘了多处重要遗址。先后对德寿宫遗址进行了数次发掘,发掘了南宫墙及其北侧建筑群,东宫墙,西宫墙及便门,水渠、水闸和水池等遗迹①。1995年对太庙遗址进行了发掘,清理了太庙东围墙、东门址和大型夯土建筑台基等遗迹②。先后发掘了三省六部官署的建筑基址、水沟、暗井、砖砌道路遗迹和围墙遗迹,确认了三省六部官署的位置和北界③。发现、发掘了南宋五府官署遗址的大型夯土台基、散水等遗迹④。发掘了临安府治遗址,发掘出了厅堂、天井、西厢房、庭院、水井等遗迹。发掘了位于府治之北的府学遗址,清理了夯土地面、砖砌夹道、砖墙、散水、廊庑和天井等遗迹⑤。

　　此外,还发掘了恭圣仁烈皇后宅遗址,清理了庭院和宅园等遗迹⑥。发掘了明代镇海楼即南宋朝天门遗址⑦,白马庙、永福寺、姚园寺、雷峰塔等寺庙遗址⑧。发掘了两处官窑遗址,位于闸口乌龟山西麓的郊坛下官窑和位于万松岭南的老虎洞窑址⑨,还发掘了惠民路、白马庙巷等制药遗址⑩和杭州卷烟厂南宋船坞遗址⑪。

　　依据这些考古勘探和发掘的成果,结合历史文献和舆图,可以参照古今重叠型城址的复原方法初步复原南宋临安城的布局并了解其特点⑫。临安城是一座由外城、皇城两重城垣组成的、由地方城市改建而成的都城,外城坐南朝北,平面不甚规整,呈近似的长方形,皇城依山而建偏居一隅。外城内以纵街横巷式的街道系统为基本规划,采用开放式的街巷制。都城礼制性受到旧城束缚未能充分展开(图二)。

　　北宋时期西京洛阳仍然是一座重要的城市。以往对洛阳的考古工作主要集中在汉魏故城和隋唐东都城,对继承了隋唐东都城的北宋西京关注较少。对宋代西京的考古发掘,不少是同隋唐洛阳城考古工作一起进行的,如对郭城定鼎门、长夏门等门址的勘探和发掘工作,对城内里坊区主要街道、水渠、里坊的勘探和发掘工作。除此以外的工作不少集中在隋唐洛阳城西北隅皇城、宫城一区,在隋唐洛阳城宫城一区发现、发掘了若干门址和宋代大型建筑,在隋唐东都东城内还发掘了北宋时期扩建的一座"过梁式"木构城门和一处宋代衙署遗址,为了解西京宫城的格局、北宋时期大型衙署的布局和木构过梁式城门的营

---

① 唐俊杰、杜正贤:《南宋临安城考古》第二章"皇城遗址",第26~35页;浙江文物考古研究所:《杭州市南宋临安城考察》,见《中国考古学年鉴·1985年》,第149、150页。
② 杭州市文物考古所:《南宋太庙遗址》,北京:文物出版社,2007年。
③ 唐俊杰、杜正贤:《南宋临安城考古》第五章"衙署遗址",第71~79页;浙江文物考古研究所:《杭州市南宋临安城考察》,见《中国考古学年鉴·1985年》,第149、150页;杭州市文物考古所:《杭州发现南宋六部官衙遗址》,《杭州考古》1995年12月。
④ 唐俊杰、杜正贤:《南宋临安城考古》第五章"衙署遗址",第86~89页。
⑤ 杭州市文物考古所:《南宋临安府治与府学遗址》,北京:文物出版社,2013年。
⑥ 杭州市文物考古所:《南宋恭圣仁烈皇后宅遗址》,北京:文物出版社,2008年。
⑦ 唐俊杰、杜正贤:《南宋临安城考古》第九章"其他遗址",第129~131页。
⑧ 唐俊杰、杜正贤:《南宋临安城考古》第四章"寺庙遗址",第59~70页;浙江省文物考古研究所:《雷峰塔遗址》,北京:文物出版社,2005年。
⑨ 中国社会科学院考古研究所等:《南宋官窑》,北京:中国大百科全书出版社,1996年;杭州市文物考古所:《杭州老虎洞南宋官窑址》,《文物》2002年第10期。
⑩ 李署蕾:《杭州白马庙巷南宋制药作坊遗址》,《杭州文博》第6辑,2007年;唐俊杰、杜正贤:《南宋临安城考古》第八章"制药遗址",第59~70页。
⑪ 梁宝华:《杭州卷烟厂南宋船坞遗迹发掘报告》,《杭州文博》第2辑,2005年。
⑫ 参看刘未:《南宋临安城复原研究》,北京大学博士学位论文,2011年。

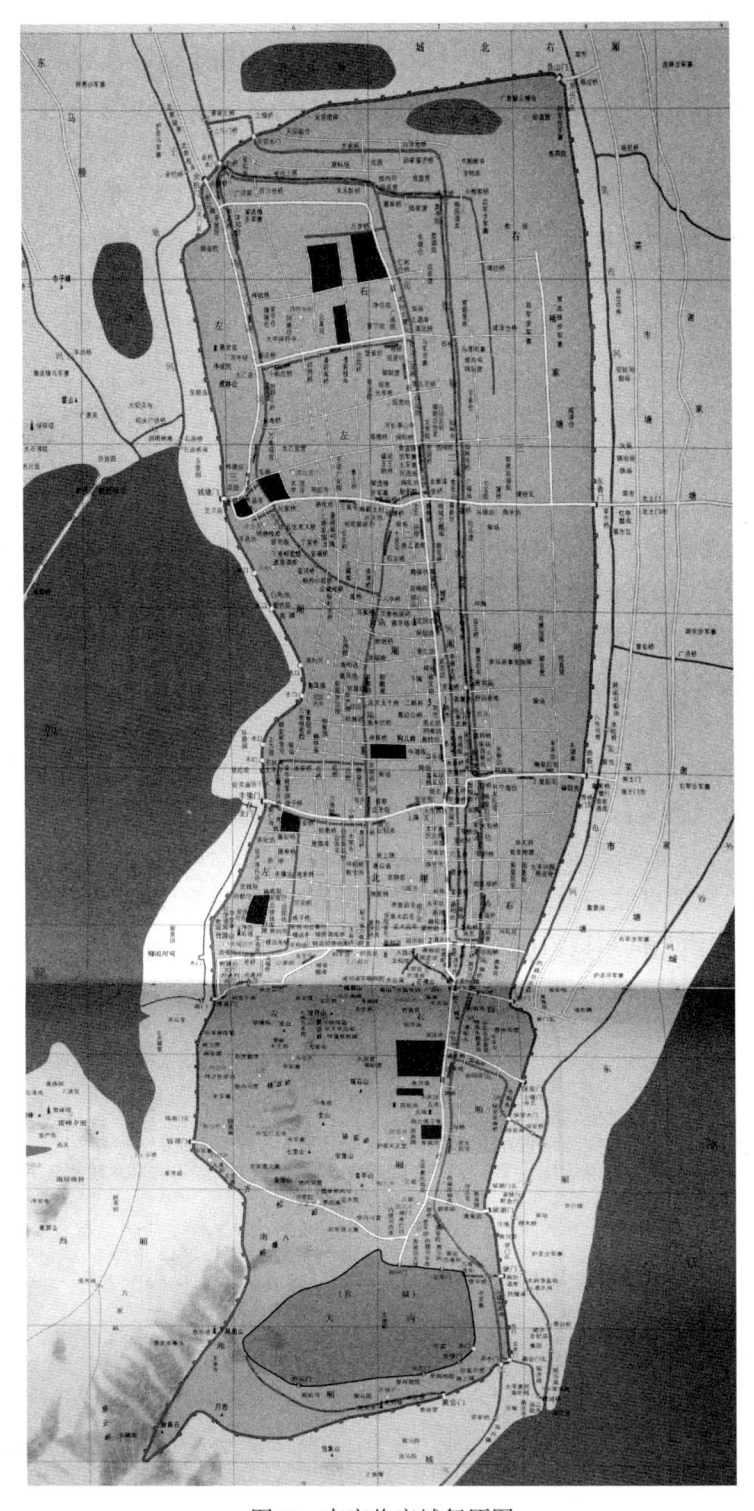

图二　南宋临安城复原图

造等问题提供了新的材料①。总的来说,隋唐至北宋洛阳城格局没有重大变化。

二、宋代地方城镇的考古调查与研究

相对于都城的考古发现与研究,宋代地方城镇的考古工作,则显得较为薄弱。

地方城镇中,考古工作较充分的以扬州城较有代表性。扬州城自20世纪60年代尤其1986年由中国社会科学院考古研究所、南京博物院、扬州市文化局联合组成扬州唐城考古工作队以来,陆续进行了大量的考古工作,勘探了自东周至明清不同时期的城址范围和平面布局,发掘了不同时期不同形制的城门(水门、水涵洞),勘探了城门之间的道路,并发掘了城内的部分遗址②。通过数十年来的考古发现,基本明确了宋代扬州城是在唐代扬州的基础上发展而来的,由宋大城、堡城(宝祐城)、宋夹城三部分组成。五代后周即唐代罗城东南隅兴筑周小城,北宋依其旧,是为宋大城。南宋时期扬州成为宋金、宋蒙对抗的前线,因军事需要在唐子城西半隅筑堡城,后又在堡城和宋大城之间即唐罗城西北部筑夹城,形成扬州"宋三城"的布局(图三)。从考古发现看,宋三城应基本沿用了隋唐时期扬州城的道路格局。宋大城除道路格局外,城内水系和部分城门也沿用自唐代扬州罗城。这些又部分为后来的扬州明新城和明旧城所沿用,延续到今天③。

江西赣州城建于章、贡二水合流处,平面略呈三角形,是一座保存较好的地方城址(图四)。经过考古调查,赣州城址在南朝时期在今址固定下来,唐代赣州城横街、阳街形成丁字街布局,在横街北部一带建有子城。五代后梁时期经过扩建,奠定了今日赣州城的基础,至宋代又形成了城内的四条主要街道(阴街、斜街、长街、剑街)。由此构成了城内六

---

① 洛阳市文物工作队:《隋唐东都应天门遗址发掘简报》,《中原文物》1988年第3期;中国社会科学院考古研究所洛阳唐城工作队:《河南洛阳市隋唐东都应天门遗址2001~2002年发掘简报》,《考古》2007年第5期;中国社会科学院考古研究所洛阳唐城队:《河南洛阳市唐宫中路宋代大型殿址的发掘》,《考古》1999年第3期;中国社会科学院考古研究所洛阳唐城工作队:《河南洛阳唐宫路北唐宋遗迹发掘简报》,《考古》1999年第12期;中国社会科学院考古研究所洛阳唐城队:《北宋西京洛阳监护城壕的发掘》,《考古》2004年第1期;中国社会科学院考古研究所洛阳唐城队:《河南洛阳市中州路北唐宋建筑基址发掘简报》,《考古》2005年第2期;洛阳市文物工作队:《洛阳发现宋代门址》,《文物》1992年第3期;中国社会科学院考古研究所洛阳唐城队:《洛阳宋代衙署庭院遗址发掘简报》,《考古》1996年第6期;中国社会科学院考古研究所洛阳唐城队:《洛阳隋唐东都城1982~1986年考古工作纪要》,《考古》1989年第3期;中国社会科学院考古研究所:《隋唐洛阳城:1959~2001年考古发掘报告》,北京:文物出版社,2014年。

② 南京博物院发掘工作组等:《扬州唐城遗址1975年考古工作简报》,《文物》1977年第9期;罗宗真:《唐代扬州经济繁荣初探——1975~1978年手工业作坊遗址的考古收获》,《扬州大学学报(社会科学版)》1979年第1期;南京博物院:《扬州古城1978年调查发掘简报》,《文物》1979年第9期;南京博物院:《扬州唐代寺庙遗址的发现和发掘》,《文物》1980年第3期;扬州博物馆:《扬州唐代木桥遗址清理简报》,《文物》1980年第3期;南京博物院:《扬州唐城手工业作坊遗址第二、三次发掘简报》,《文物》1980年第3期;中国社会科学院考古研究所等编著:《扬州城1987~1998年考古发掘报告》,北京:文物出版社,2010年;中国社会科学院考古研究所等编著:《扬州蜀岗古代城址考古勘探报告》,北京:科学出版社,2014年;中国社会科学院考古研究所等编著:《扬州城遗址考古发掘报告:1999~2013年》,北京:科学出版社,2015年。

③ 蒋忠义:《隋唐宋明扬州城的复原与研究》,见《中国考古学论丛——中国社会科学院考古研究所建所40年纪念》,北京:科学出版社,1993年;李裕群:《隋唐时代的扬州城》,《考古》2003年第3期;中国社会科学院考古研究所等编著:《扬州城1987~1998年考古发掘报告》第六章"结语",第254~264页;中国社会科学院考古研究所等编著:《扬州城遗址考古发掘报告:1999~2013年》第四章"结语"第三至四节,第285~296页。

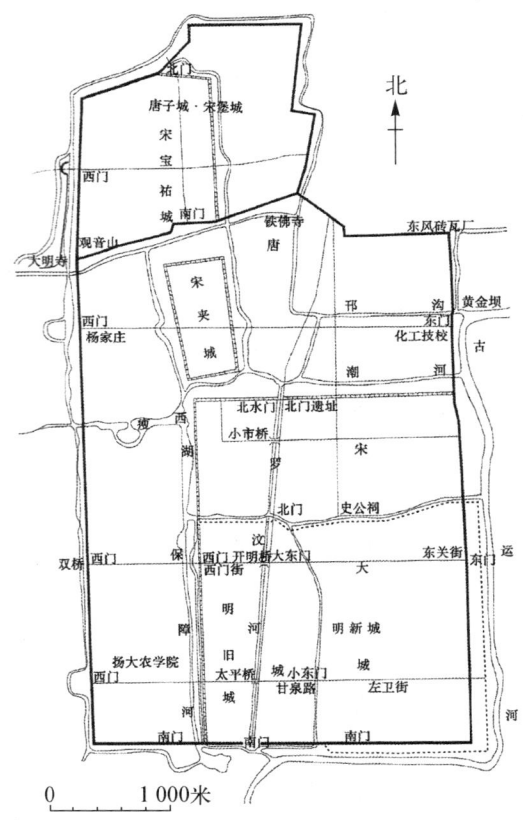

图三　宋扬州城址格局图

条主要街道,主街之间又有若干短街相连的格局,沿用至今①。这样主街大体平行,其间以短街相连的格局,正是宋以来流行的纵街长巷式布局的反映,只是由于赣州地形的限制而呈现不规则的走向。

镇江城是唐宋时期的润州城,子城沿用自孙吴以来的"铁瓮城",唐乾符年间展筑罗城,奠定了唐宋润州城的规模,城址平面呈不规则形;南宋嘉定年间整饬罗城,对城垣的范围作了一定调整②(图五)。近年来考古调查、勘探了润州的子城和罗城,发掘了多处城垣

---

① 赣州市博物馆:《赣州市发现宋元时代遗址》,《江西历史文物》1982年第4期;赣州市博物馆:《赣州铭文城砖小考》,《江西历史文物》1984年第2期;李海根、刘芳义:《赣州古城调查简报》,《文物》1993年第3期;余家栋、张文江、李荣华:《江西赣州市古城墙试掘简报》,《南方文物》1995年第1期;张嗣介:《赣州北宋"第二务"砖窑清理简报》,《南方文物》1996年第2期;赣南地方历史文化研究室:《赣州古城墙铭文城砖简介》,《南方文物》2001年第4期;韩振飞:《赣州城的历史变迁》,《南方文物》2001年第4期。

② 张小军:《镇江唐宋罗城的有关问题研究》,《镇江高专学报》2013年第3期。刘建国认为唐宋时期润州罗城的规模基本一致,且花山湾古城主体年代早于唐,部分为唐大和年间展筑的东夹城。请参刘建国:《古城三部曲——镇江城市考古》第五章"润州城市的扩建"第二节"唐时润州三重城"、第八章"城垣、河道及市井"第一节"镇江府罗城",南京:江苏古籍出版社,1995年,第114~120、185~191页;刘建国主编:《名城地下的名城》第四章"历代城垣",南京:江苏人民出版社,2006年,第32~41页。

地理与城市

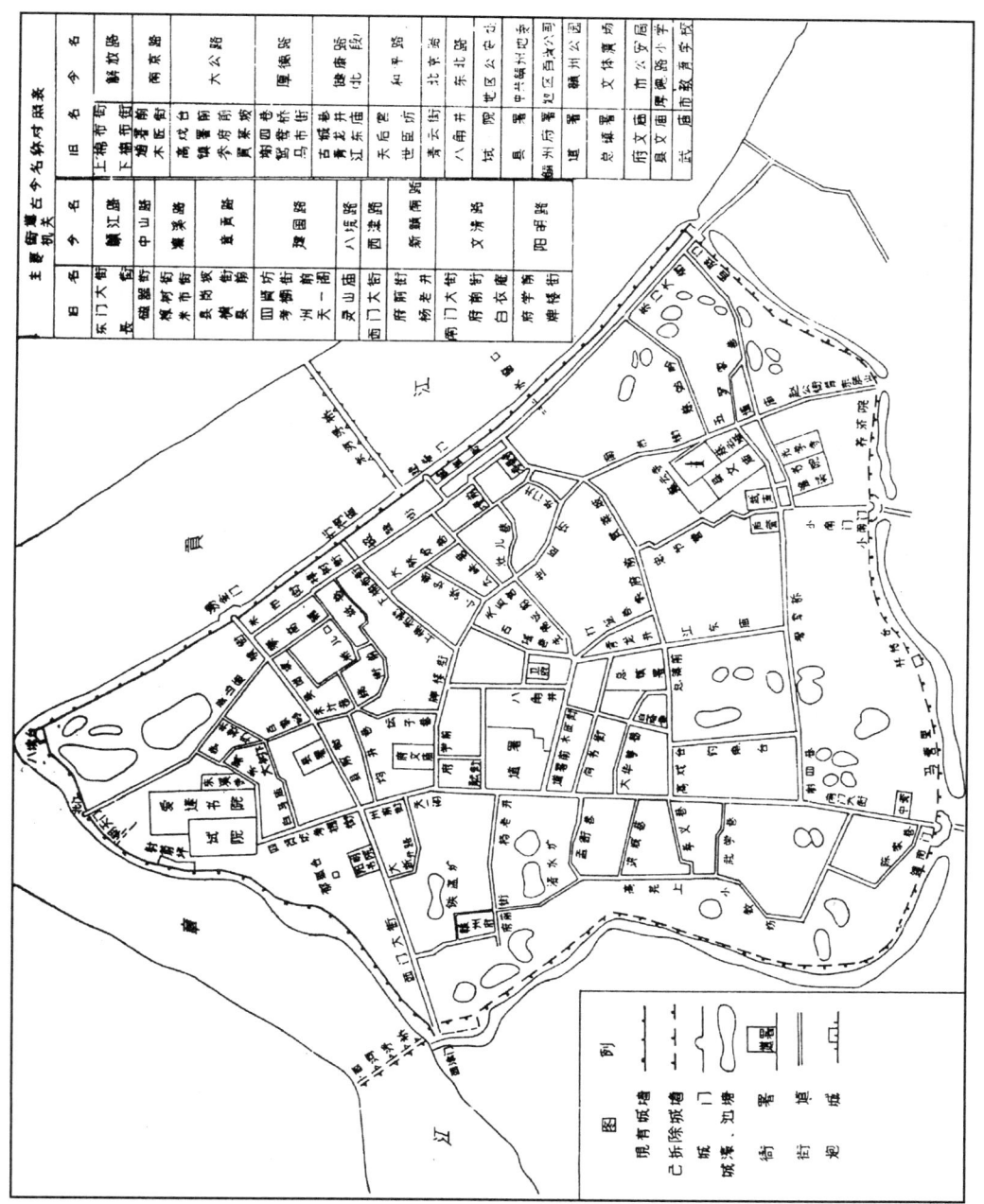

主要街巷古今名称对照表

旧名	今名	旧名	今名
东门大街	赣江路	上桥市街	解放路
长街 磁器街	中山路	下桥市街 姚蓉街	南京路
棕树街 木市街	横东路	高成巷 镇署前 木匠街	大公路
县岗街	食贵路	余府前 贾家坡	
四岗坊	建国路	谢四巷 鹭鸶桥市街 驷马桥市街	厚德路
孝廉坊 天一阁		肯城北井 辽东街	健康路北段
灵山庙	八境路	天后宫 世忠坊	和平路
西门大街	西津路	青云街	北京路
府前街 府衙街	新赣南路	八角井	东北路
杨老井		坡	
南门大街	文清路	员 中华路公司北 中央苏州把守	地区公安处
府前街 白衣庵		赣州府衙	赣州公园
府学街 牌楼街	阳明路	府文庙 市公安局	文体贾局
		县文庙厚德路小学 武庙市教育学院	

图四 赣州旧城示意图

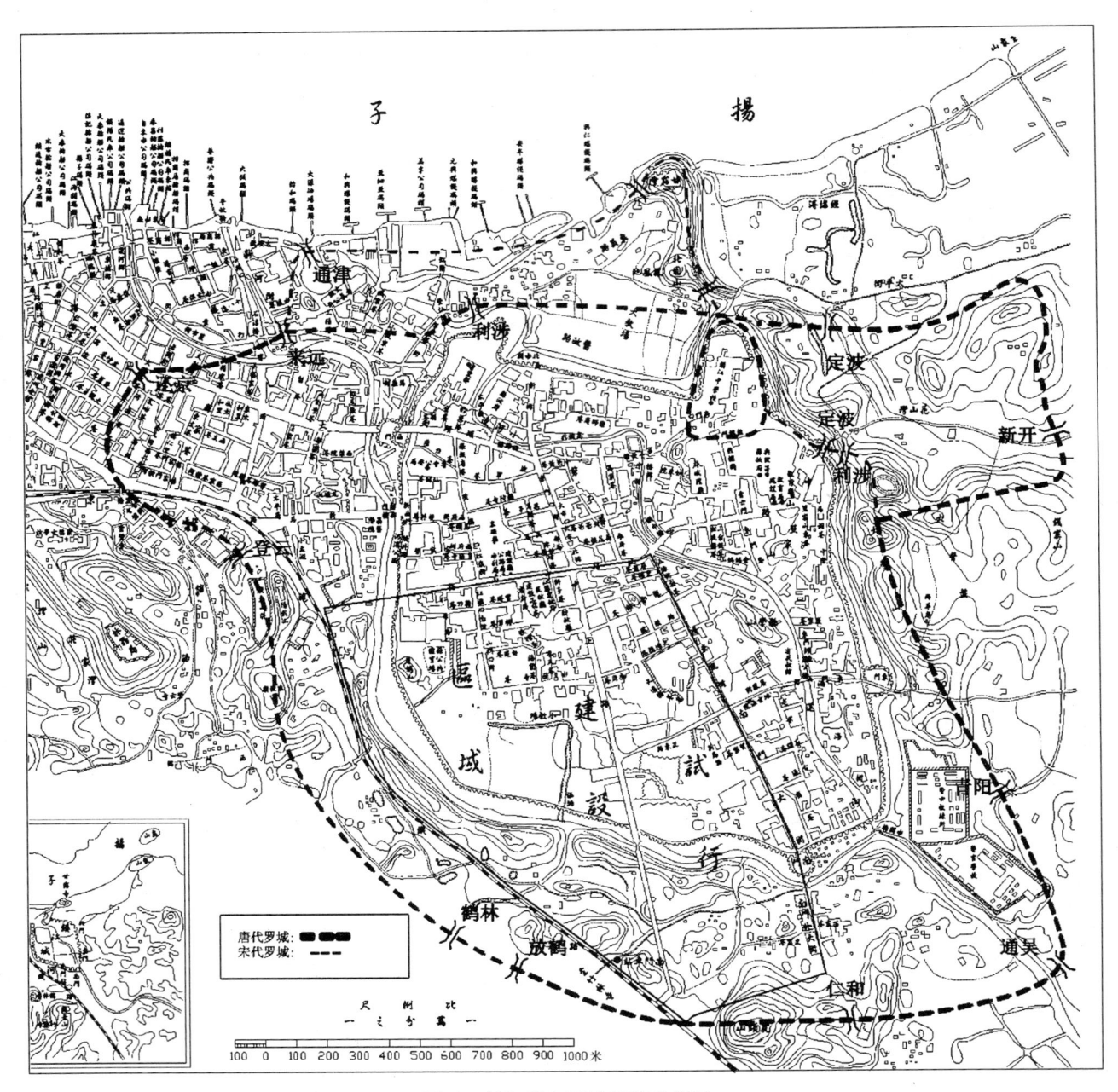

图五　镇江唐宋罗城范围示意图

遗迹和铁瓮城南门及定波门遗址。在子城内发现、发掘了六朝、唐宋互相叠压的衙署基址，在子城外还发掘了大量官署建筑遗址。发现、发掘了罗城内外的大量道路、排水设施、涵洞、渡口、码头、桥梁、手工业作坊、粮仓、佛寺等遗迹①。但从目前的考古工作来看，花山湾古城的性质尚有一定疑义，其与唐代罗城的关系尚不能完全肯定，唐宋时期的罗城范围尚存在一定争议，城市格局由于工作所限尚不清楚。

唐宋时期的罗州城即汉以来蕲春城的治所所在，位于今湖北省蕲春县。经过考古调查与发掘，罗州城整体呈一不规则的圆角长方形，内外两重城垣，第一重城位于第二重城中部偏西北。从考古发掘的遗迹看，第一重城的始建年代应是战国至汉代，是汉代蕲春县的治所。第二重城的始建年代为隋唐时期，历经两宋屡次修筑，应是唐宋时期罗州城的治所。唐宋时期内城（第一重城）仍然使用，外城（第二重城）东西宽950、南北长1 350米，周长约4.6公里。外城内还发现了一条南北走向的道路遗迹（图六）。发掘者推测罗州城应是一座城内布置四个坊的较小的州城，而内城中的王城部分是唐宋时期的衙署所在②。

一些重要的沿海对外贸易城市，也陆续做了一些考古调查与发掘工作。泉州城唐代迁至今址，唐代泉州城为方形，四门，十字街，周围三里。南唐以原唐城为子城，外筑罗城，泉州城市规模大为扩展，城址呈一不规则的梯形，五代末期又在城西北角和东北角陆续增筑，北宋时期大体沿用了五代泉州城的规模。南宋时期泉州城展筑"翼城"，将原城外南部贸易繁荣的地区包入城内，城址约呈一三角形③（图七）。泉州作为宋元时期对外交通贸易的重要港口，陆续发现了一些沉船和码头遗迹以及与中西交流有关的建筑、石刻、墓葬等④。

---

① 江苏省文物工作队镇江分队、镇江市博物馆：《江苏镇江甘露寺铁塔塔基发掘记》，《考古》1961年第6期；镇江博物馆：《镇江市东晋晋陵罗城的调查和试掘》，《考古》1986年第5期；镇江博物馆考古部：《建馆三十年来的考古工作》，《东南文化》1988年第5期；镇江古城考古所：《铁瓮城考古发掘纪要》，《南方文物》1995年第4期；镇江古城考古所：《镇江市大市口宋代水井清理简报》，《南方文物》1996年第1期；镇江六朝唐宋古城考古队：《江苏镇江市环城东路宋代遗存的发掘》，《考古》1998年第12期；镇江六朝唐宋古城考古队：《江苏镇江市花山湾古城遗址1991年发掘简报》，《考古》1999年第3期；铁瓮城考古队：《江苏镇江市铁瓮城遗址发掘简报》，《考古》2010年第5期；镇江博物馆：《镇江唐宋罗城西垣考古勘探与发掘报告》，见《印记与重塑：镇江博物馆考古报告集（2001~2009）》，镇江：江苏大学出版社，2010年，第269~278页；镇江古城考古所、镇江博物馆：《镇江铁瓮城南门遗址发掘报告》，《考古学报》2010年第4期；镇江博物馆、镇江古城考古所：《江苏镇江西津渡遗址发掘简报》，《东南文化》2011年第1期；南京博物院、镇江博物馆：《江苏镇江双井路宋元粮仓遗址考古发掘简报》，《东南文化》2011年第5期；镇江博物馆：《江苏镇江花山湾古城遗址2010年发掘简报》，《江汉考古》2012年第2期。
② 黄冈市博物馆等编著：《罗州城与汉墓》，北京：科学出版社，2000年；黄冈市博物馆、湖北省文物总店编著：《蕲春罗州城——2001年发掘报告》，北京：科学出版社，2007年。
③ 庄为玑：《泉州历代城址的探索》，见《中国考古学会第一次年会论文集》，北京：文物出版社，1980年；庄景辉：《泉州子城址考》，见《泉州港考古与海外交通史研究》，长沙：岳麓书社，2006年。
④ 庄为玑：《宋元明泉州港的中外交通史迹》，《厦门大学学报（社会科学版）》1956年第1期；庄为玑：《续谈泉州港新发现的中外交通史迹》，《考古通讯》1958年第8期；夏鼐：《两种文字合璧的泉州也里可温（景教）墓碑》，《考古》1981年第1期；福建省博物馆：《泉州清净寺奉天坛基址发掘报告》，《考古学报》1991年第3期；吴文良原著，吴幼雄增订：《泉州宗教石刻（增订本）》，北京：科学出版社，2005年；泉州湾宋代海船发掘报告编写组：《泉州湾宋代海船发掘简报》，《文物》1975年第10期；中国科学院自然科学史研究所、福建省泉州海外交通史博物馆联合试掘组：《泉州法石古船试掘简报和初步探讨》，《自然科学史研究》1983年第2期；福建省文物管理委员会考古队等：《泉州文兴、美山古码头发掘报告》，《福建文博》2003年第2期。

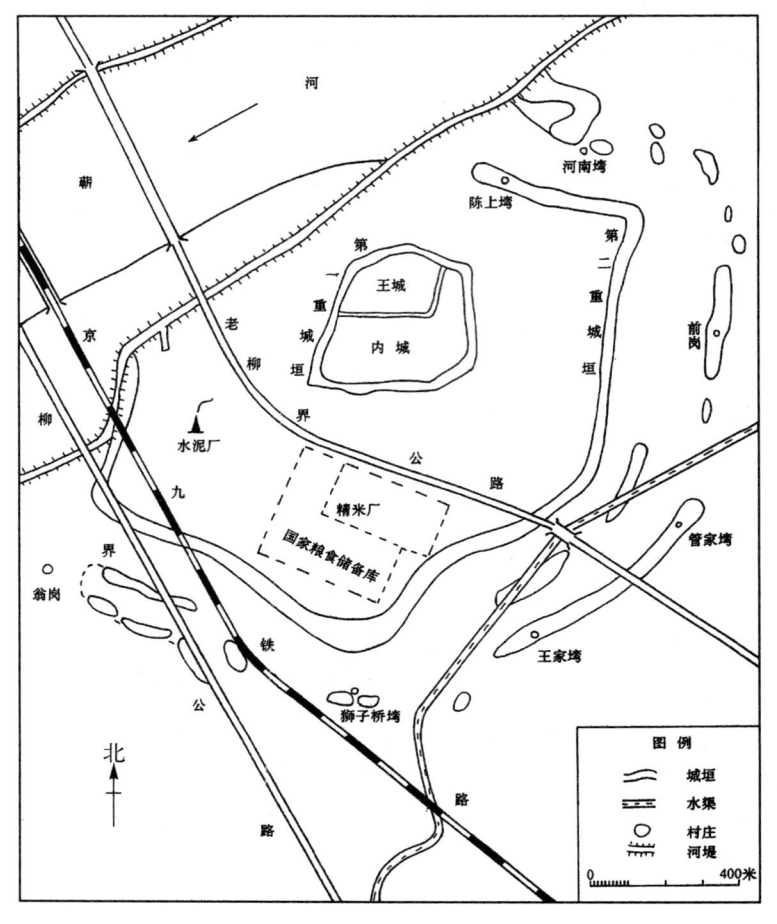

图六　罗州城平面图

宋代的广州城也是从唐代广州城的基础上发展而来的。南汉展筑唐城,北宋熙宁年间又先后在南汉新城的两侧修筑了东城和西城,形成了东城、中城、西城三城并列的格局①(图八)。1972年发现了越华路西段、广仁路正对处的宋城墙遗址(南北向),应是北宋子城的西城墙;1973年在广仁路与越华路相接处发现了宋代子城西城墙;1996年、1998年发掘了位于仓边路和越华路交汇处(今银山大厦附楼处)的唐宋城墙遗址,其中唐代城墙南北向,应是唐代广州城东墙,宋代城墙东西向,应是宋东城北墙②。从今天的遗迹情况来推测,中城和东城都是以丁字形主街为主干道路格局,衙署居于南北大街之北,而最迟拓展的西城则已经是纵街横巷式的布局方式了。近年来还陆续在清理发掘南越王宫署时发现

---

① 徐俊鸣:《宋代的广州》,《中山大学学报(自然科学版)》1964年第2期;徐俊鸣:《广州市区的水陆变迁初探》,《中山大学学报(自然科学版)》1978年第1期;曾昭璇、曾宪珊:《宋、明时期广州市历史地理问题》,《岭南文史》1985年第1期;曾昭璇:《从广州宋代三城城址看广州市的改造》,《中国历史地理论丛》1985年第2期。
② 广州市文物考古研究所:《广州市仓边路发现宋代城墙遗址》,见《广州文物考古集》,北京:文物出版社,1998年;《广州文物志》第一章"遗址、旧址"第一节"古遗址",广州:广州出版社,2000年,第24~26页。

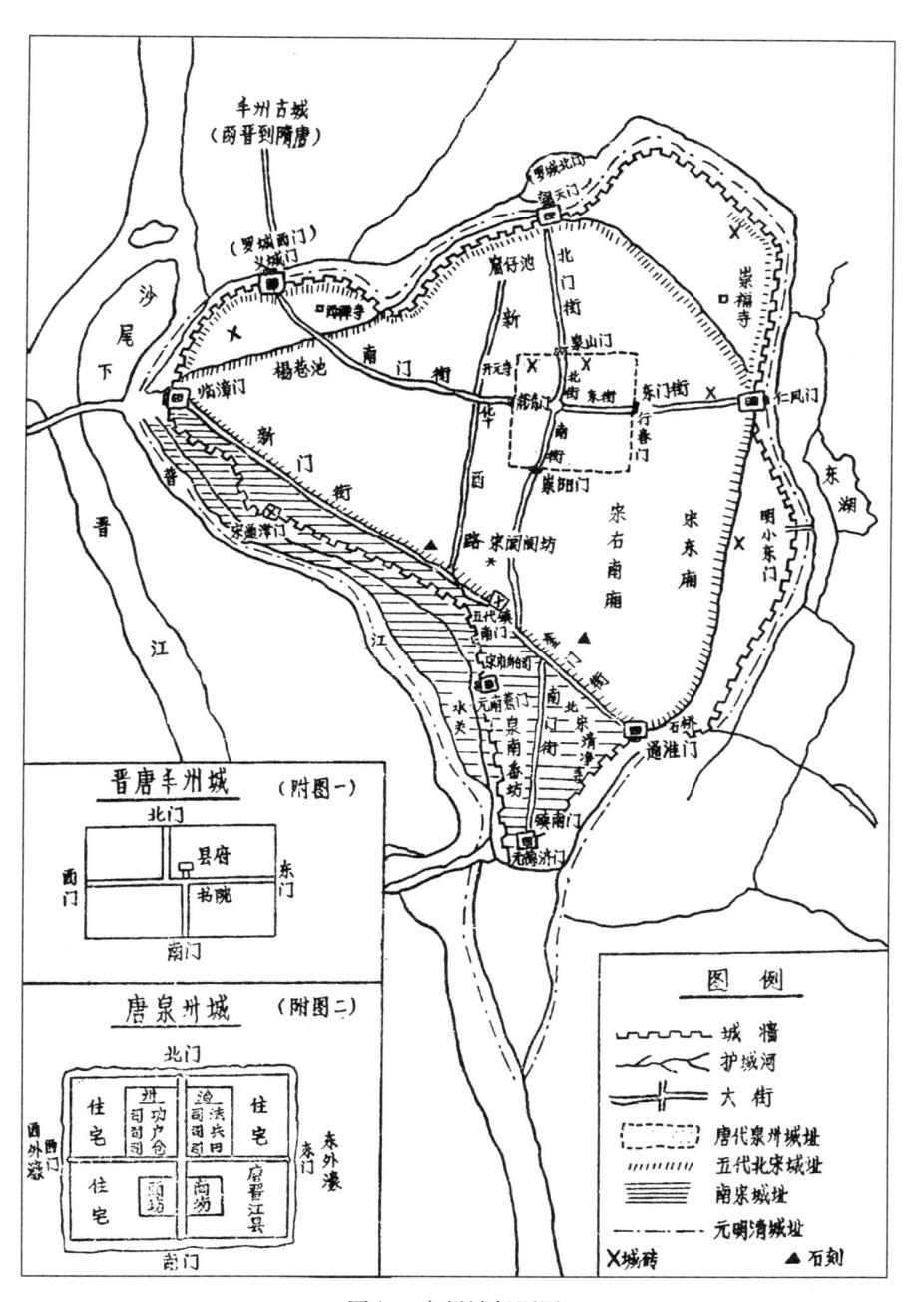

图七　泉州城复原图

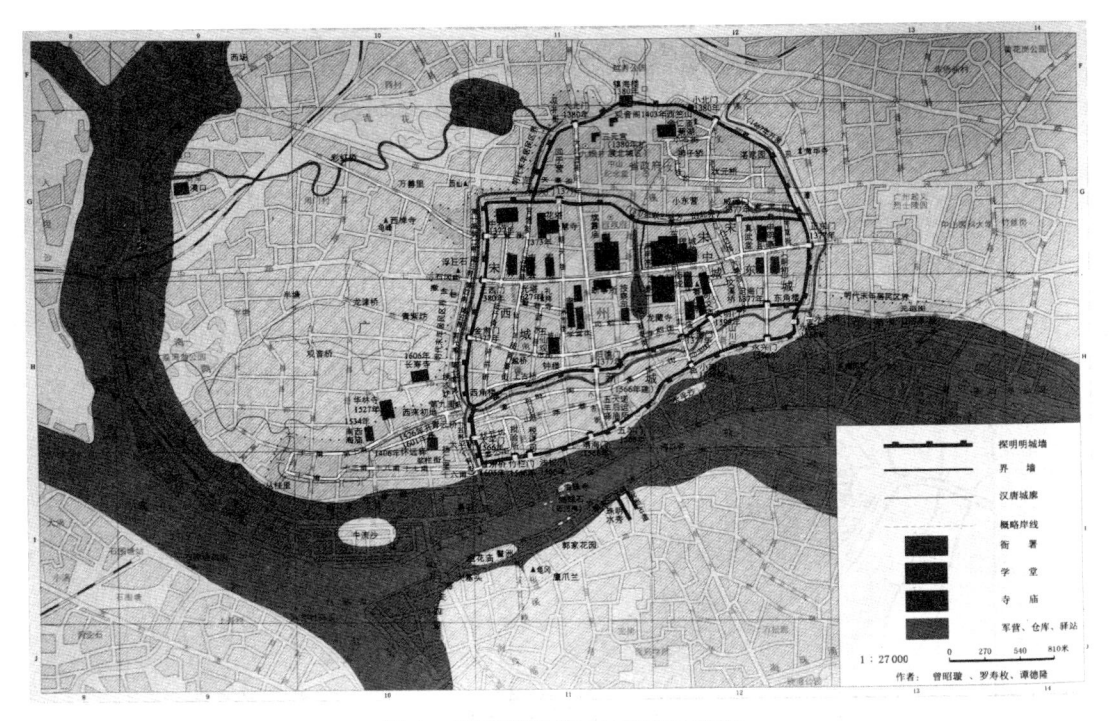

图八　宋至明广州城址演变示意图

了宋代建筑遗迹；发掘了北京路遗址，确定了广州城自唐代以来沿用至民国时期的城市中轴线；发掘了中山六路黄金广场遗址、中山四路致美斋南汉与宋代建筑遗址，了解了广州旧城区西部和南汉皇宫区附近的文化遗存；发掘了大塘街宋代河堤遗址，了解了宋代广州东南城区的面貌[①]；发掘了德政中路的南汉和宋代水关遗址，为研究广州唐宋古城的排水设施和确定南汉至宋时期古城南界提供了材料；发掘了中山五路与教育路交汇处的西湖堤坝遗址，是了解广州宋代筑堤的重要实例[②]。

宁波城是唐宋时期的明州城，也是一座比较重要的对外商贸城市。今天的宁波城发展始于唐长庆元年（公元821年）移州治于三江口、筑子城。近年来对唐宋明州的子城遗址进行了考古勘探和发掘，基本搞清了唐宋子城的范围和构筑工艺[③]（图九）。唐乾宁年间展筑罗城，奠定了唐宋时期明州城的规模。近年也对多处罗城城墙进行了试掘并发掘了渔浦门遗址和东门口码头遗址，先后发掘了宋元明州市舶司遗址、高丽使馆遗址、孔庙遗址、永丰库遗址、天宁寺（唐国宁寺）东塔遗址、天封塔地宫和塔基遗址、天妃宫遗址、海

---

① 南越王宫博物馆筹建处、广州市文物考古研究所：《南越宫苑遗址》，北京：文物出版社，2008年；广州市文物考古研究所：《广州市北京路千年古道遗址的发掘》、《广州市中山六路黄金广场汉六朝唐宋遗址》、《广州中山四路致美斋南汉与宋代建筑遗址》、《广州市大塘街宋代河堤遗址发掘简报》，《羊城考古发现与研究（一）》，北京：文物出版社，2005年。
② 《广州文物志》第一章"遗址、旧址"第一节"古遗址"，第25~29页。
③ 宁波市文物考古研究所：《浙江宁波市唐宋子城遗址》，《考古》2002年第3期。

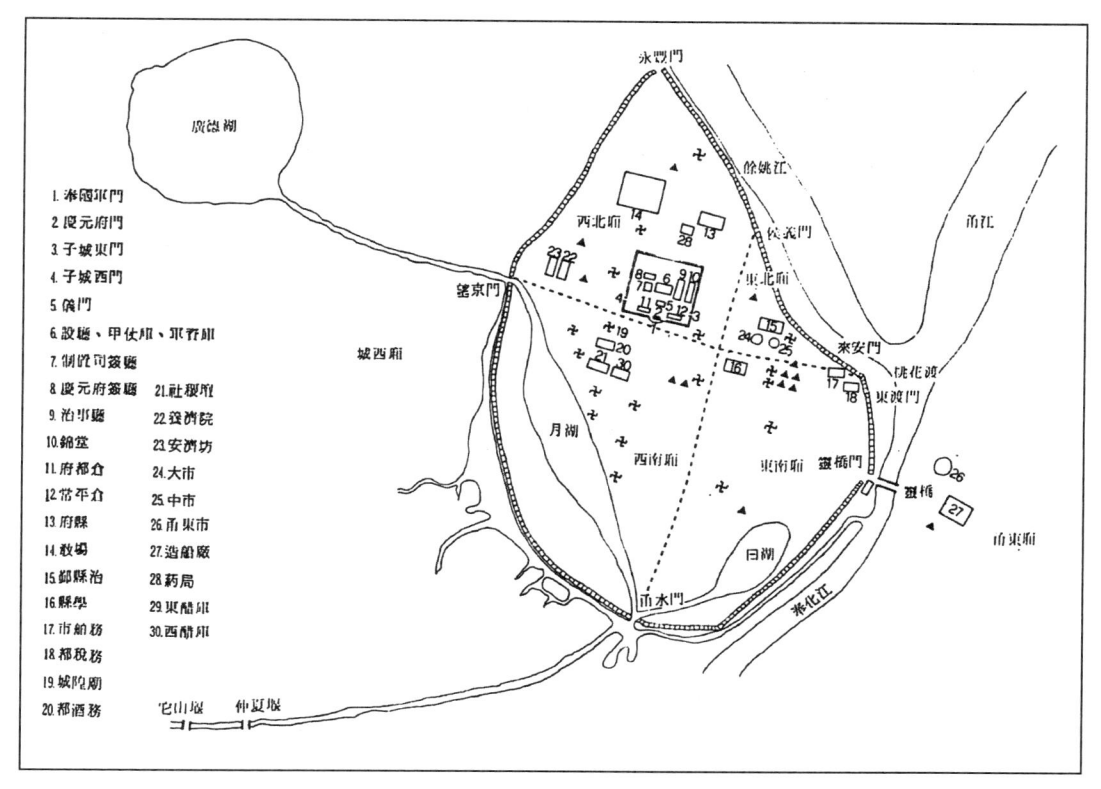

图九　南宋时期明州城复原示意图

曙长春塘遗址等①。

西南地区的地方城市,以往经过考古调查比较清楚的有唐末高骈展筑、宋以降一直沿用的成都城②。唐末高骈在成都旧城的基础上,修建了罗城,使成都城的布局从东西并列的"日"字形变成了内城外郭的"回"字形,随之整顿了城市水系,划定了里坊。城内由纵横街道划分成十六个坊(图一〇)。宋代的成都城,即沿用了唐末五代的成都城,在其基础上发展而来。近年成都市配合基本建设做了大量的考古工作,为了解唐末以降的成都

---

① 林士民:《浙江宁波东门口罗城遗址发掘收获》,见《再现昔日的文明——东方大港宁波考古研究》,上海:三联书店,2005年;宁波市文物考古研究所:《浙江宁波和义路遗址发掘报告》,《东方博物》第1辑,1997年;《浙江宁波市舶司遗址发掘简报》,《浙东文化》2000年第1期;宁波市文物考古研究所:《浙江宁波宋代孔庙遗址发掘简报》,《浙东文化》1998年第2期;宁波市文物考古研究所:《宁波元代庆元路永丰库遗址发掘简报》,《浙东文化》2002年第2期;宁波市文物考古研究所:《浙江宁波唐国宁寺东塔遗址发掘报告》,《考古学报》1997年第1期;林士民:《浙江宁波天封塔地宫发掘报告》,《文物》1991年第6期;宁波市文物考古研究所:《浙江宁波天封塔基址发掘报告》,《南方文物》2011年第1期;林士民:《浙江宁波天后宫遗址发掘》,见《再现昔日的文明——东方大港宁波考古研究》;宁波市文物考古研究所:《永丰库元代仓储遗址发掘报告》,北京:科学出版社,2013年;浙江宁波市文物考古研究所:《浙江宁波海曙长春塘遗址发掘简报》,《南方文物》2014年第3期。

② 孙华:《秦汉时期的成都》,见《文明起源与城市发展研究》,成都:四川大学出版社,2004年;孙华:《唐末五代的成都城》,见《宿白先生八秩华诞纪念文集》,北京:文物出版社,2002年。

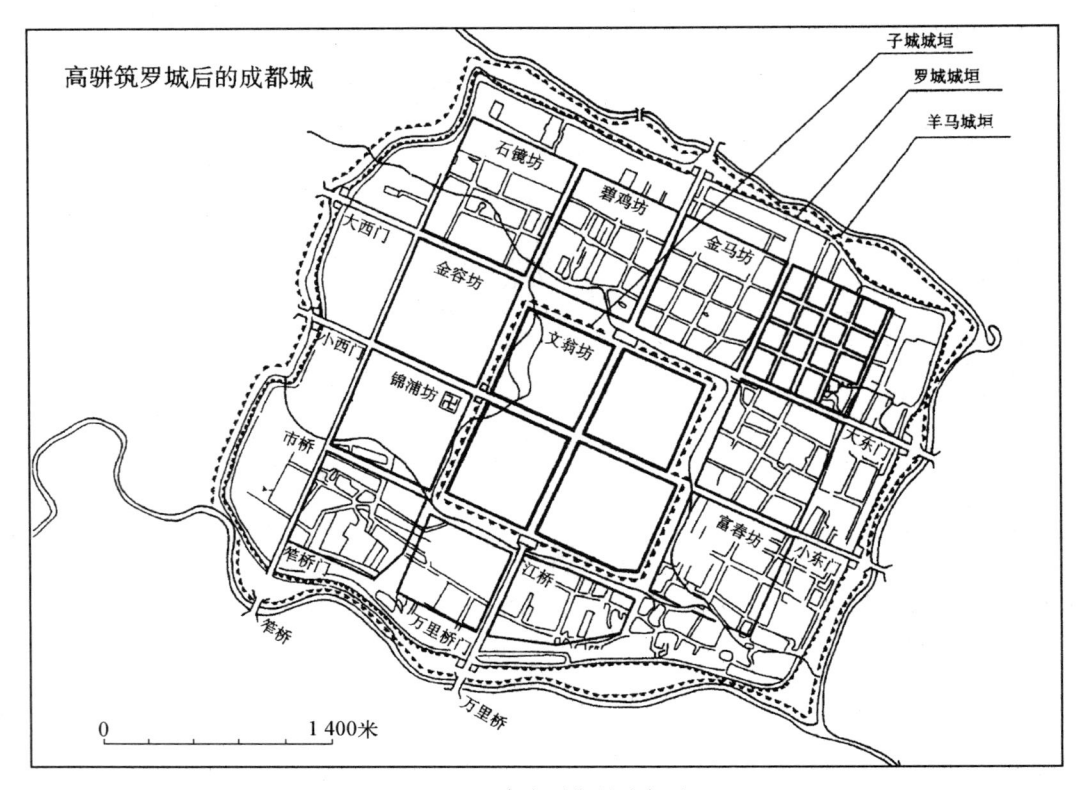

图一○ 唐宋时期的成都城

城提供了新的材料①。

随着配合三峡建设的大量考古工作的展开,这一地区许多重要遗址被全面发掘,为认识这一地区的地方城镇提供了极好的机会,地方城址中以巴东旧县坪最具代表性。旧县坪遗址是隋到北宋年间的巴东县治所在地,南宋迁治江南后仍一度作为临时的县治治所。经过考古踏勘和发掘,两宋时期的巴东县治遗址,未发现城垣遗迹。官署区位于一椅子形

---

① 成都市博物馆、四川大学博物馆:《成都指挥街唐宋遗址发掘报告》,《南方民族考古》第 2 辑,成都:四川科技出版社,1990 年;成都市博物馆考古队:《成都罗城 1、2 号门址发掘简报》,《南方民族考古》第 3 辑,成都:四川科技出版社,1991 年;成都市文物考古队、四川大学历史系:《成都市上汪家拐街遗址发掘报告》,《南方民族考古》第 5 辑,成都:四川科技出版社,1993 年;雷玉华:《唐宋明清时期的成都城垣考》,《四川文物》1998 年第 1 期;黄晓枫:《成都市江南馆街唐宋遗址发掘简报》,《成都考古发现(1999)》,北京:科学出版社,2001 年;谢涛:《成都市 1994~1995 年城垣考古》,《四川文物》2001 年第 1 期;成都市文物考古工作队:《成都市人民中路发现的唐代钱币窖藏》,《成都考古发现(2001)》,北京:科学出版社,2003 年;谢涛:《成都唐宋时期城市考古》,见《文明起源与城市发展研究》;成都市文物考古研究所:《成都市中同仁路城墙遗址发掘简报》,《成都考古发现(2002)》,北京:科学出版社,2004 年;成都市文物考古研究所:《成都市中同仁路城墙遗址第二次发掘简报》,《成都考古发现(2003)》,北京:科学出版社,2005 年;成都文物考古研究所:《成都市内姜街遗址发掘报告》,《成都考古发现(2004)》,北京:科学出版社,2006 年;成都文物考古研究所:《成都市下东大街遗址考古发掘报告》,《成都考古发现(2007)》,北京:科学出版社,2009 年;成都文物考古研究所:《成都市清安街城墙遗址发掘简报》,《成都考古发现(2008)》,北京:科学出版社,2010 年;成都文物考古研究所:《成都市江南馆街唐宋时期街坊遗址》,见《中国考古学年鉴·2009 年》,北京:文物出版社,2010 年;成都文物考古研究所:《成都市博物馆新址发掘简报》,《成都考古发现(2009)》,北京:科学出版社,2011 年;成都文物考古研究所:《成都市下同仁路城墙遗址发掘简报》,《成都考古发现(2012)》,北京:科学出版社,2014 年。

的山坳,中部为衙署。衙署建筑地处遗址北部中心,是一处地势平坦但海拔较低的地方,居于全城的核心。以衙署为中心,东为居住区,西为商业区、仓储区、庙宇区和居住区,东西两处墓葬区分布在居住区两侧①(图一一)。除了考古发掘外,还集中对三峡工程淹没区的忠州、涪州、丰都、开县、奉节、巫山、归州、大昌、万县天生城、云阳盘石城等城址进行了考古调查。这些城址,可以分为山地城、平地城和抗蒙元山城三类,布局各有特点。虽不全是宋代城址,仍对了解三峡地区的城址类型及其所反映的问题多有裨益②。

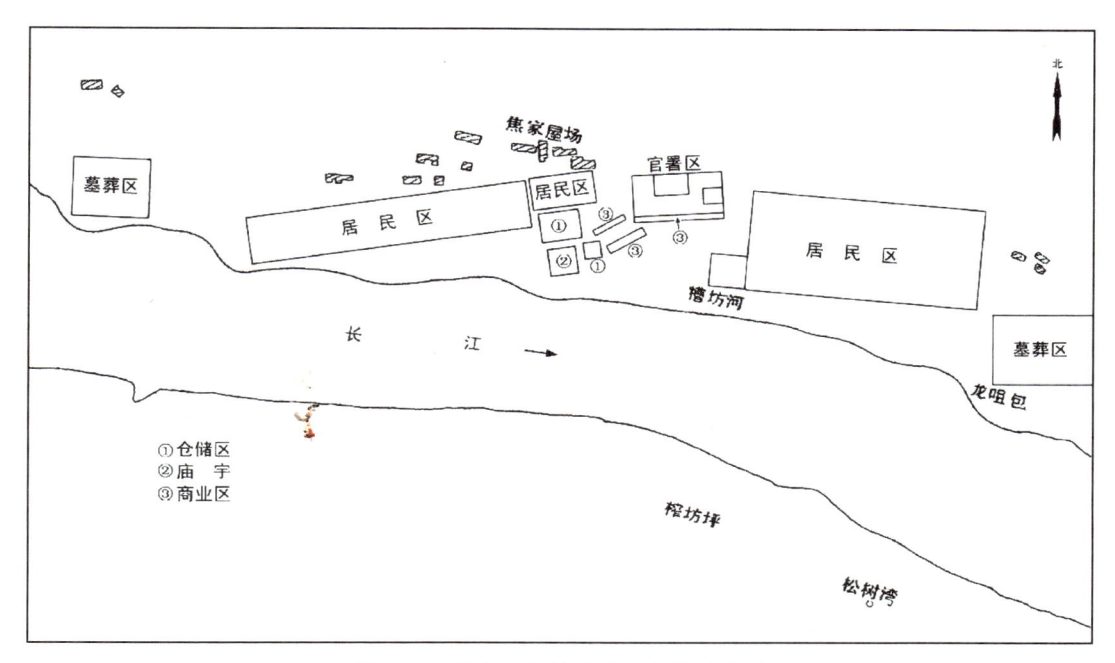

图一一　北宋巴东县治平面布局示意图

针对宋代北方地区的新建城址近年也进行了考古调查和研究工作,在考古调查的基础上,对宋代北方地区的聊城、长清、文水、桐柏、岚县、隆平、黎城、昌邑、惠民、淳化、乡宁十一座城址,按照古今重叠型城址的考古研究方法进行了初步复原。通过复原,这些城址按照其街道类型可以分为十字街类型、丁字街类型及一条主街类型三类。又基于复原研究的成果,进一步对宋代北方地区新建城址的主要成因及其背景,宋代北方地区新建城址的类型、布局及其所反映的城市规划,宋代北方地区新建城址的规模和等级,从宋代新建城址看北方地区隋唐以降不同时期城址的变化等相关问题进行了探讨③。

宋代城市的一个特点是经济类型城镇的兴起。开展过考古工作的商业城市,以湖北

---

① 王然主编:《巴东旧县坪》,北京:科学出版社,2010年。
② 杭侃:《三峡工程淹没区的城址类型及其所反映的问题》,见《新世纪的考古学——文化、区位、生态的多元互动》,北京:紫禁城出版社,2006年。
③ 杭侃、王子奇:《宋代北方地区新建城市的考古学研究》,见《2012东北亚古代聚落与城市考古国际学术研讨会论文集》,北京:科学出版社,2015年,第331~362页;王子奇:《陕西淳化县城址调查》,《华夏考古》2015年第3期。

沙市为代表,它从唐代以来的沙头市发展成为了沿江一条街的沙市城①(图一二)。市镇如江西省吉安市永和镇,它是吉州窑所在地,旧日街迹窑址今仍历历在目,"六街三市"的布局基本保存了下来,前店后厂,是典型的宋代制瓷手工业城镇②(图一三)。

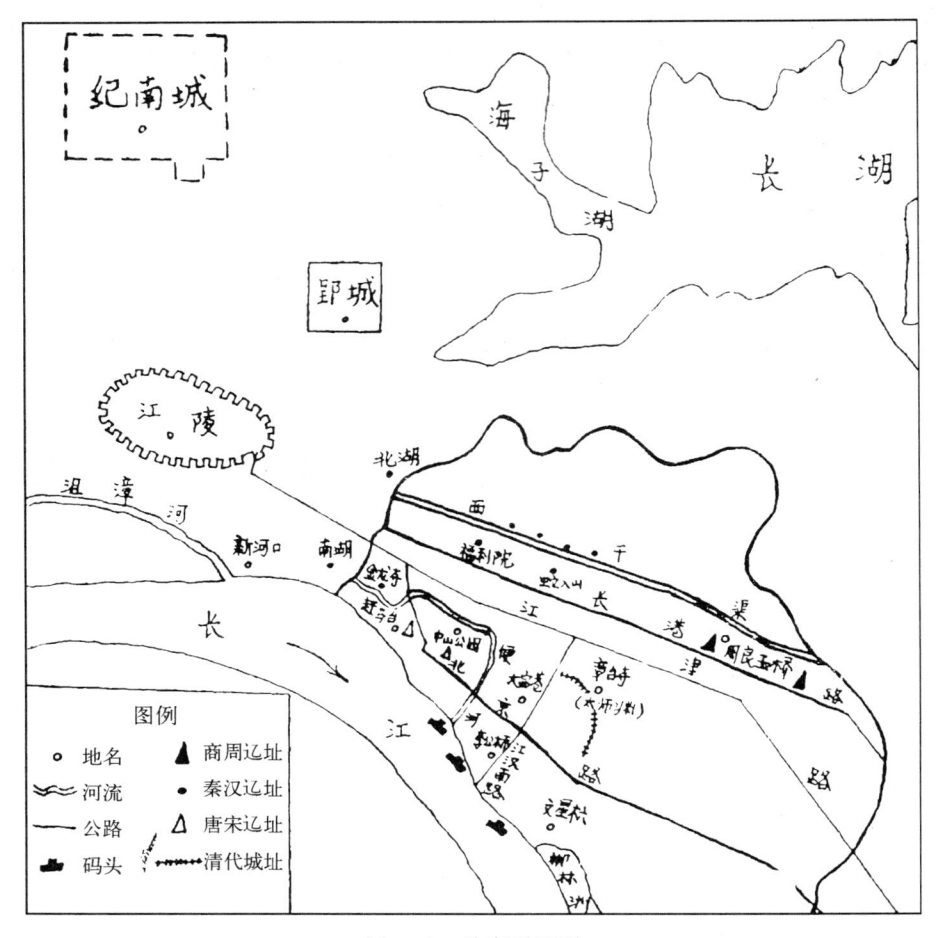

图一二　沙市平面图

河南省叶县文集遗址也是一处比较重要的市镇遗址,遗址一直从唐代晚期沿用到元末明初,绝大多数遗迹都位于金代至元代初年的文化层之间。从发掘的遗迹看,一条古道东西横贯遗址中部,将其划为南北两部分,道路南侧有一岔道通往澧河码头,房址大多集中在道路两侧,向路开门,除道路和房址外,还发现大量窖藏、水井、灰坑等遗迹③。

---

① 袁纯富、范志谦:《从出土文物看古沙市位置的变迁》,《江汉考古》1984年第3期。
② 李德金、蒋忠义:《南宋永和镇的考察》,见《中国考古学会第七次年会论文集》,北京:文物出版社,1992年。
③ 王龙正、王立彬:《南水北调中线工程——叶县文集遗址》,见《2007中国重要考古发现》,北京:文物出版社,2008年;王龙正、王立彬、张明力:《南水北调中线工程叶县文集遗址发掘收获》,见《发现中国——2008年100个重要考古新发现》,北京:学苑出版社,2009年;夏然蔚:《叶县文集遗址出土瓷器研究》,首都师范大学硕士学位论文,2014年。

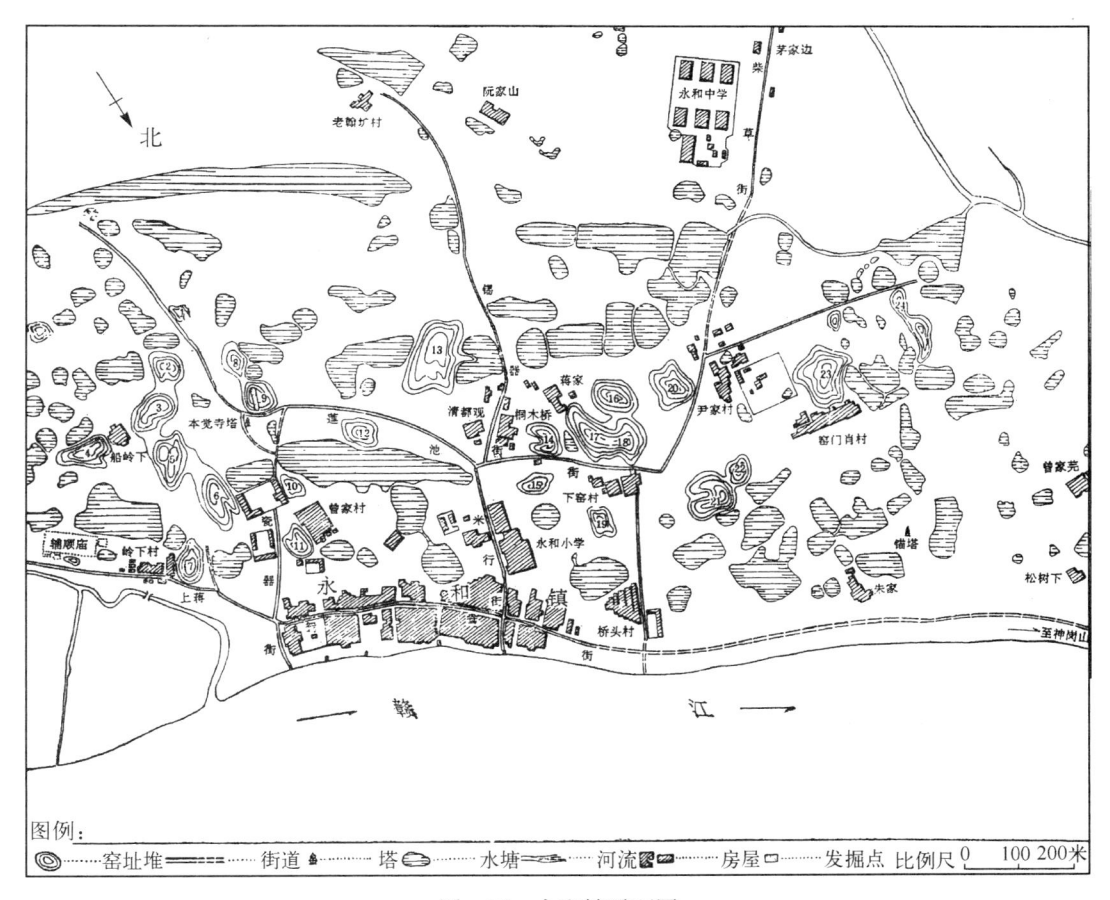

图一三　永和镇平面图

　　山东省板桥镇也是一处进行了较多考古工作的市镇遗址。板桥镇遗址位于山东省胶州市旧城区,唐武德六年(公元 623 年)设镇,宋元祐三年(公元 1088 年)升板桥镇为胶西县治所,兼领临海军使,并设立板桥市舶司,为宋代北方唯一一处市舶司。1996 年和 2003 年先后在胶州市政府宿舍和云溪河改造、湖州路市场建设施工中发现了数量巨大的宋代铁钱和大量宋、金、元、明、清时期的瓷片。2009 年在原胶州市政府所在地又发掘了宋以来的公共建筑基址群和客栈及转运仓储设施,出土了十余吨宋代铁钱和大量门类较多的遗物①。

　　此外,还对部分地区的市镇进行了考古学调查与研究。三峡地区经过发掘的十余处唐宋早期市镇的初步研究显示,根据其成因和功能的不同,可以分为因交通优势而兴起的商业市镇、因资源开发而形成的市镇、因商品经济和交通运输的繁荣而形成的复合型市镇

---

① 青岛市文物考古研究所:《山东胶州古板桥镇考古发现宋代建筑基址》,《中国文物报》2010 年 8 月 27 日第 4 版;王磊、周丽静、张晶:《山东胶州板桥镇遗址考古发现及相关问题》,《齐鲁文化研究》第 9 辑,济南:泰山出版社,2010 年。

以及服务型市镇四类[①]。江南市镇在宋元时期得到了很大发展,明清时期进入繁盛阶段。但对江南市镇的考古学研究工作十分有限。目前经过考古学调查的市镇包括朱家角、新场、同里、黎里、新市、南翔、菱湖、濮院等,通过从水系交通对市镇的影响、市镇核心区形成和变迁、各类建置分布、镇内行业分布等方面的细致分析,初步将这些市镇大体划分为经过超经济力量人为规划过和顺应经济与地理、交通等因素自然发展起来的市镇两大类,并强调了市镇兴起性质及市镇产业结构变化对市镇产生的影响[②]。

除了上述这些城镇遗址以外,宋代还有一些军事性质的城址。宋夏对峙时期,因为军事的需要,在今宁夏、陕西、甘肃等地区修建了大量堡寨。宁夏地区泾源、固原等县的堡寨大体可以分为平地的和山地的两大类型。平地城大多平面方形或长方形,山地城则据险而筑,平面形状不规则[③]。陕西地区也发现了大量的军事堡寨,如银州城、麟州故城、吴堡古城、通秦寨古城、葭芦寨故城、太和寨故城、罗兀故城、怀宁宅故城、安达城故城、石城子遗址、丹头寨故城、万安寨故城、安塞堡故城、龙安寨故城、保安军故城、得靖寨故城、金汤故城、铁边城遗址、白豹古城等[④]。川峡地区还保留了大量抗蒙元山城,对这批山城陆续进行了田野调查,如合川钓鱼城、金堂云顶山城、广安大良城、兴文凌霄城、宜宾登高城、剑门苦竹寨、三台寨、南宋运山古城、苍溪大获城、平昌小宁城、万州天生城、云阳盘石城、合江神臂城、宋白帝城、南川龙岩城、通江得汉城、巴中平凉城、渠县礼义城、大竹荣城、富顺虎头城、彭水绍庆城、合江榕山城、乐山三龟九顶城、南充青居城、重庆多功城等[⑤]。

其中,合川钓鱼城、宋白帝城遗址等近年还进行了考古发掘。钓鱼城遗址位于重庆市合川区东城半岛的钓鱼山上,其地雄关高峙,控扼嘉陵江、涪江、渠江三江。钓鱼城遗址由

[①] 李映福:《三峡地区早期市镇的考古学研究》,成都:巴蜀书社,2010年。
[②] 杭侃:《宋元时期的地方城镇——以中原北方、川东和江南地区为例》,《燕京学报》新23期,2007年;张薇薇:《太湖东南地区市镇的考古学调查研究》,北京大学博士学位论文,2012年。
[③] 鲁人勇:《固原地区北宋五城寨遗址考》,《固原师专学报》1990年第1期;余军等:《泾源县永丰唐宋古城》、《固原县马园宋城址》、《固原县卧羊山宋城》、《固原县头营宋元城》、《固原县二营宋夏城》、《固原县胡大堡宋城》,见《中国考古学年鉴·1993年》。
[④] 戴应新:《银州城址勘测记》,《文物》1980年第8期;《重要古城址》,《文博》1973年第3期;刘缙:《北宋西北地区城寨述论》,《文博》2004年第5期。
[⑤] 胡昭曦:《南宋云顶山石城遗址》,《成都文物》1984年第1期;胡昭曦:《广安县宋末大良城遗址考察》,《四川文物》1985年第1期;丁天锡:《宜宾地区境内的三座抗元山城遗址》,《四川文物》1985年第2期;何兴明:《南宋抗元遗址——剑门苦竹寨》,《四川文物》1985年第3期;蒲国树、陈世松:《宋末涪州治所——三台寨考察》,《四川文物》1987年第3期;邹重华:《金堂宋末云顶山城遗址再探》,《四川文物》1988年第5期;陈言昌:《南宋运山古城遗址》,《四川文物》1989年第4期;王峻峰:《大获城遗址》,《四川文物》1989年第4期;唐唯目:《钓鱼城古战场遗址》,《四川文物》1989年第6期;马幸辛:《平昌发现南宋小宁城遗址》,《四川文物》1990年第3期;滕新才:《宋末万州天生城抗元保卫战》,《四川文物》1993年第1期;潘友茂:《云阳磐石城初考》,《四川文物》1993年第1期;王庭福、罗萍:《南宋神臂城遗址》,《四川文物》1993年第1期;薛玉树:《宋元战争中四川的宋军山城及其现状》,《四川文物》1993年第1期;陈剑:《汉白帝城位置探讨》,《四川文物》1995年第1期;张钦伟:《南川抗元名城龙岩城》,《四川文物》1996年第4期;岳钊林:《通江得汉城宋元以来的战略地位》,《四川文物》1997年第4期;马幸辛:《宋元战争中川东北山城遗址考》,《四川文物》1998年第3期;唐长寿:《乐山宋代抗元山城三龟九顶城初探》,《四川文物》1999年第2期;龙鹰、王积厚:《南宋抗元遗址淳祐故城》,《四川文物》2003年第2期;郭健:《南宋抗元遗址——礼义城》,《四川文物》2007年第3期;侯博:《南宋四川山地滨江防卫型城池营建研究——以重庆多功城为例》,《后勤工程学院学报》2014年第1期;符永利、蒋九菊:《四川抗蒙战争遗产:广安大良城考古》,《大众考古》2014年第6期;蒋晓春等:《四川省蓬安县运山城遗址调查简报》,《西华师范大学学报(哲学社会科学版)》2015年第2期。

钓鱼山山顶环城,南、北一字城墙及南、北水军码头共同组成,另有连接水军码头的城墙一道,现存各段城墙总长 7 320 米(图一四)。环山城城墙连接镇西门、始关门、小东门、新东门、菁华门、出奇门、奇胜门,城墙上散布小型马面和排水孔多处。城内分布有护国寺、古军营、皇城、武道衙门及石照县衙、大草房、范家院子等一批宋元时期遗址①。

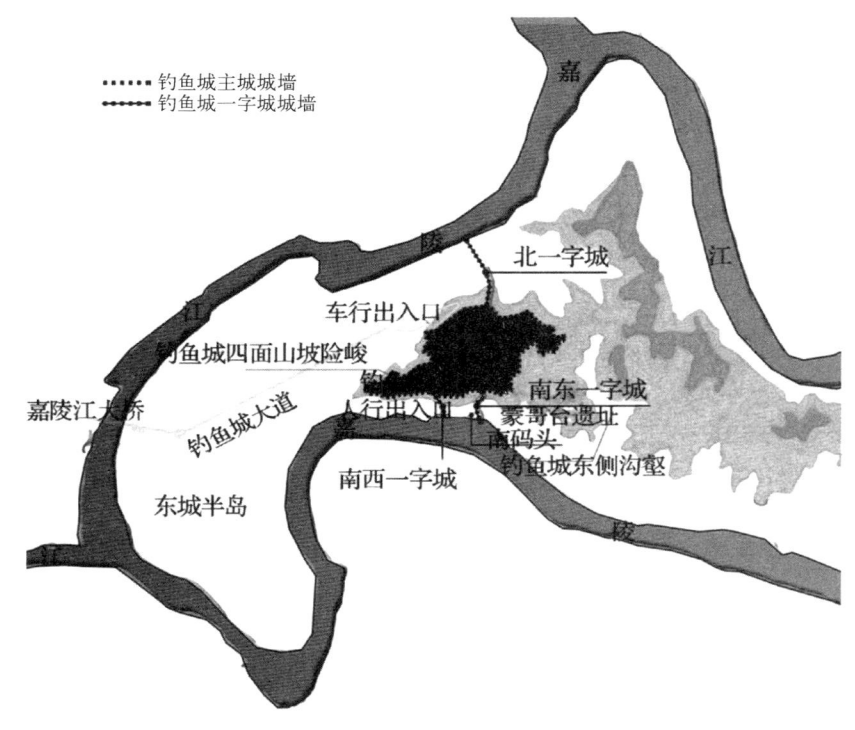

图一四　合川钓鱼城平面示意图

南宋白帝城坐落在瞿塘峡夔门西口,面积约 5 万平方米。平面不规整,略呈马形。城门 6 处,东、西、北各一处,唯靠近长江的南方有大小不同的两座城门,另有水门一座。所谓的东西城门也位于东西两头南边靠近长江的地方,可以反映出此城对长江水道的依赖。宋瞿塘关和子阳城间,以一字城相连,从一字城的走向看主要为了防御西来之敌。整座山城前带大江,后枕重岗,城内高差 401 米,城的大小和城墙走势受地形的制约,城内布局被自然山势分割成独立的三大片区。城附近还发现了几处军事城堡或设施②。

总体看,这些山城都依山形水势、据险而筑,多位于交通要道,彼此呼应联系,侧重防御设施如一字城、羊马城等设施的修筑。有学者进一步对已调查的山城进行分析,一方面根据其行政等级将其归拢为制司一级、路一级、府州军监一级、县一级四个等级,一方面又

---

① 袁东山、蔡亚林:《合川钓鱼城古战场遗址取得重要发现》,《中国文物报》2010 年 2 月 5 日第 12 版;袁东山、蔡亚林:《重庆合川钓鱼城南一字城遗址》,《中国文物报》2012 年 2 月 10 日第 4 版。
② 袁东山:《瞿塘天险战略要地——奉节白帝城遗址的勘探与发掘》,见《永不湮落的文明——三峡文物抢救纪实》,济南:山东画报出版社,2003 年;袁东山:《白帝城遗址:瞿塘天险　战略要地》,《中国三峡》2010 年第 10 期。

根据这些山城所在地的地理形势将宋代四川地区的山城划分为：山顶类型、半岛类型、岛洲类型、复合类型四个类型①。

近年来，还针对土司政权的城址进行了不少考古工作，其中以贵州遵义播州土司关囤遗址群的考古工作最具代表性。关囤遗址主要分布在以海龙囤为核心区域的周边山巅。海龙囤遗址位于汇川区高坪镇海龙囤村，遗址现存城垣总长5 773米（含"新王宫"院墙477米），所围合的面积近38万平方米。其中，囤顶"大城"南、北城垣为南宋时期遗存，应即杨文为抗蒙而建的"龙岩新城"之一部分。东西两端现存的关隘及与之相连的城垣，以及"新王宫"等遗址，应该是末代土司杨应龙于明万历年间"重建"②。养马城遗址位于海龙囤东面2.5公里，地处数个小山头围合而成的山间盆地中，平面呈不规则形，现存城墙周长约3 500米，城内面积约为35万平方米，发现城门6处，多设于山间垭口处，有叠涩顶和拱券顶两类，经勘查和局部清理，"衙门"遗址大致始建于宋，明代扩建③。此外还对海龙囤遗址周边的其他关囤遗址进行了考古调查和勘测工作④（图一五）。

此外较为重要的还有湖南永顺县城老司城遗址，为永顺宣慰司数百年的司治所在，也是湘、鄂、渝、黔土家族地区规模最大、保存状况最好的土司城址。自1995年起，对该城址进行了大规模的考古勘察和发掘工作。文献记载今老司城的营建始于南宋初年，目前发掘揭露所见虽主要是明清时期的遗迹，但考古发现亦表明在明代修建老司城宫殿城墙以前，老司城已有很长的居住过程，而且存在高规格建筑⑤（图一六）。与老司城类似的还有时代稍晚的唐崖土司城址，近年也做了大量的考古工作⑥。

这些土司城址是西南地区古代族群维持自己政权而建设的山地建筑典范，不少城址延续时间长、规模宏大。山城的建设者充分利用地形地貌，人工建筑与自然地物相得益彰，构成了完整的山地军事防御体系，成为公元10至17世纪山地城市和建筑的杰出范例⑦。

近年来，围绕着一些宋代地方城市的核心区域——特别是子城和衙署，也做了不少考古工作。西南地区如重庆老鼓楼衙署遗址，该遗址位于重庆市渝中区解放东路望龙门街道巴县衙门片区，2010年起进行了考古发掘工作。发现的南宋时期大型夯土包砖式高台建筑基址，是南宋淳祐二年（公元1242年）四川制置司移驻重庆后的治所所在，成为南宋

---

① 孙华：《宋元四川山城的类型——兼谈川渝山城堡寨调研应注意的问题》，《西华师范大学学报（哲学社会科学版）》2015年第2期。
② 贵州省文物考古研究所、遵义市汇川区文体广电局：《贵州遵义市海龙囤遗址》，《考古》2013年第7期。
③ 贵州省文物考古研究所、重庆市文化遗产研究院：《贵州遵义市养马城遗址调查与试掘简报》，《考古》2015年第11期。
④ 周必素、李飞：《贵州遵义播州杨氏土司遗存的发现与研究》，《考古》2015年第11期。
⑤ 湖南省文物考古研究所等：《永顺老司城》，北京：科学出版社，2014年；柴焕波：《老司城考古二十年》，《中国文化遗产》2014年第6期。
⑥ 湖北省文物考古研究所等：《湖北咸丰唐崖土司城址调查简报》，《江汉考古》2014年第1期；湖北省文物考古研究所等：《咸丰唐崖土司城址衙署区发掘简报》，《江汉考古》2014年第3期。
⑦ 孙华：《土司遗址：中国古代山城的杰出代表》，《世界遗产》2013年第1期；孙华：《中国土司遗产考古》，《南方文物》2015年第1期。

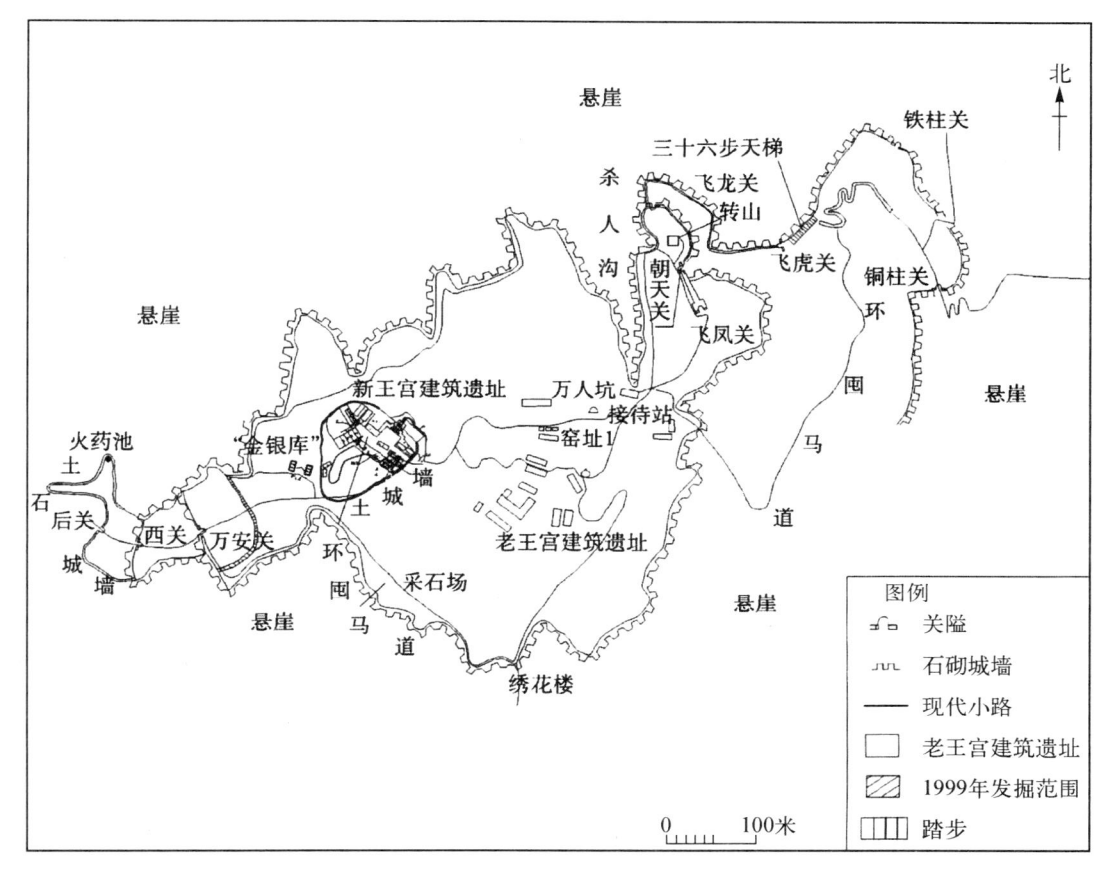

图一五 贵州遵义市海龙囤遗址平面图

川渝山城防御体系的战略枢纽和指挥核心。南宋以降,老鼓楼衙署遗址兴废频繁,但作为衙署一直沿用至清①。北方地区如针对绛州署的主动性考古发掘工作。绛州衙署现存大堂是元代遗构,绛州城也是自隋唐以来古今沿用的城址,历来为学术界所瞩目,近年山西省考古研究所对绛州衙署遗址进行了发掘,对大堂院落及其南侧区域和东、西两路院落局部进行了揭露,明确了绛州州治衙署自唐代设立后,历代皆在原址沿袭使用②。江南地区则如对湖州子城的考古发掘工作③,对金华子城的调查工作等④。这些考古工作虽只针对城址局部,但因为对象是城市的核心区域,对于了解当时城市的发展也是相当重要的。

---

① 袁东山、蔡亚林:《重庆市渝中区老鼓楼衙署遗址》,见《中国重要考古发现·2011年》,北京:文物出版社,2012年;重庆市文化遗产研究院:《老鼓楼衙署遗址——重庆城市考古的重大发现》,《中国文物报》2013年1月18日第6版。

② 杨及耘、王金平:《考古发掘确定山西绛州衙署遗址年代和布局》,《中国文物报》2014年5月23日第8版;《山西绛州州署遗址考古成果丰硕》,《光明日报》2015年11月27日第9版。

③ 郑嘉励、陈云:《湖州宋子城东城墙遗址》,见《浙江考古新纪元》,北京:科学出版社,2009年;郑嘉励:《湖州市唐宋子城遗址》,《中国考古学年鉴·2009年》。

④ 蒋金治、朱佩丽:《金华子城考》,《东方博物》2014年第2期。

图一六　永顺老司城遗址平面图

三、小　　结

通过上述内容，可以反映出宋代城镇考古发现与研究工作的一些特点：

首先，最突出的特点即是宋代城镇考古工作的不足和零散性。这集中体现在两个方面，第一个方面是已开展考古工作的城镇案例不仅绝对数量有限，且若在全国背景下检讨，则其在当时全国城市中所占比例很低这点格外突显。《旧唐书·地理一》记载贞观十三年（公元639年）分全国为十道之后，全国共有州府三百五十八，县一千五百五十一[1]；《新唐书·地理一》记开元二十八年（公元740年）户部账记全国凡郡府三百二十有八，县千五百七十三[2]。这大体反映了初、盛唐时期李唐政权所控制地区内州县的数目。北宋国土面积比唐代缩蹙，郡县数目较唐有所减少。至北宋末收回燕山府和云中府之后郡县数目有所增长，《宋史·地理一》记载宣和四年（公元1122年）"天下分路二十六，京府四，府三十，州二百五十四，监六十三，县一千二百三十四"[3]。相较于数量巨大的唐宋时期的城址，已开展过考古工作的数十处案例所占比例就很小。即便是相较于北宋末所辖一千二百余处县级城市，已开展考古工作的宋代城址大约仅相当于当时宋代全部城市数量的

---

[1] 《旧唐书》卷三十八《地理志一》，北京：中华书局，1975年，第1384页。
[2] 《新唐书》卷三十七《地理志一》，北京：中华书局，1975年，第960页。
[3] 《宋史》卷八十五《地理志一》，北京：中华书局，1985年，第2095页。

5%。要从考古的角度进行宋代城市的工作和研究,给学术界留下的空白仍是巨大的。

第二个方面则是目前已经开展考古工作,特别是工作较为充分的宋代城市,有限地集中在都城如开封、临安、洛阳,以及若干区域性中心城市如扬州、宁波、广州等。更多的工作主要配合基础建设展开,很少有有计划性的调查发掘,针对某一区域展开的有明确学术目的、有系统的调查则更少,除了三峡地区的地方城镇、西北地区的军事堡寨和抗蒙元山城、土司城址以及宋代北方地区新建城址的调查研究外几乎完全没有。甚至三峡地区地方城镇的调查研究工作也不是学术界的主动工作,而是配合三峡水库建设进行的;西北地区军事堡寨调查研究工作的开展也很不充分。

若在考古学科内部来看,先秦时期的城市考古工作历来是考古学界的重点研究内容,工作相对较为充分[1];近年来秦汉时期的城市考古工作随着材料积累日益充分,综合性的城市考古研究也引起了学术界的重视[2]。与之相较,魏晋南北朝以降的历史时期城市考古工作,尽管有学者进行呼吁并做了初步探索,但除都城遗址和少数重要地方城址以外,未能引起学术界的充分重视,已经成为中国古代城市考古学上的短板。

这个现状严重限制了从城市考古角度认识宋代城镇的广度和深度。针对古代城镇的研究,考古工作是一项重要的基础工作,为其他学科领域(如城市史、城市历史地理、古代城市规划等)研究的深入展开提供了坚实的一手资料。作为城镇研究基础性工作的考古工作开展有限,直接导致了学术界对于宋代城镇的规划和布局缺乏足够深入的认识。这类工作,是其他学科不可能完成的,必须由考古工作者完成。这类工作,过去没完成,今天也必须补上,否则研究就无法深入推进,进一步的讨论就无法开展。关于此,可以举北京城为例。徐苹芳先生主持了元大都和明清北京城的考古工作[3],并对其进行了长期而系统的考古复原工作[4]。之后,在这样扎实的工作基础上,徐苹芳先生总结了古代北京不同时期的规划特点。有关内容,不多赘述,仅举一例。譬如徐先生指出元大都采用大街胡同布局的街道规划在当时是先进的,而中央衙署的分散布置则是不合理的,因此前一点也一直被明清北京城沿用到了解放前,后一点则在明迁都北京后改变了[5]。正是从一点一滴的考古工作积累起,从不同历史时期的城市考古复原工作扎实做起,徐苹芳先生才可能得

---

[1] 请参许宏:《先秦城市考古学研究》,北京:燕山出版社,2000年;钱耀鹏:《中国史前城址与文明起源研究》,西安:西北大学出版社,2001年;李鑫:《商周城市形态的演变》,北京:中国社会科学出版社,2012年。

[2] 请参周长山:《汉代城市研究》,北京:人民出版社,2001年;刘庆柱:《汉代城市与聚落研究》,见《汉代城市和聚落考古与汉文化》,北京:科学出版社,2012年;白云翔:《秦汉时期聚落的考古发现及初步认识》,见《汉代城市和聚落考古与汉文化》;徐龙国:《秦汉城邑考古学研究》,北京:中国社会科学出版社,2013年。

[3] 徐苹芳执笔:《元大都的勘查和发掘》,《考古》1972年第1期;后与《中国大百科全书·考古学》(1986年)"元大都遗址"条合并重写收入《中国历史考古学论丛》,台北:允晨文化实业公司,1995年。

[4] 徐苹芳:《明清北京城图》,北京:地图出版社,1986年。徐苹芳:《元大都枢密院址考》,见《庆祝苏秉琦考古五十五年论文集》,北京:文物出版社,1989年;徐苹芳:《元大都御史台址考》,见《中国考古学论丛》,北京:科学出版社,1993年;徐苹芳:《元大都中书省址考》,《中国文化研究所学报》新第6期(香港中文大学中国文化研究所三十周年纪念刊),1997年;徐苹芳:《元大都路总管府址考》,见《饶宗颐学术研讨会论文集》,香港:翰墨轩出版有限公司,1997年;徐苹芳:《元大都太史院址考》,见《宿白先生八秩华诞纪念文集》,北京:文物出版社,2002年;以上诸文皆收入徐苹芳:《中国城市考古学论集》,上海:上海古籍出版社,2015年。

[5] 徐苹芳:《古代北京的城市规划》,见《环境变迁研究》第1辑,北京:海洋出版社,1984年。

出这样的科学结论。

与此同时,其他学科关于宋代城镇的研究,则已颇为广泛和深入①。议题所讨论的范围不断拓展固然是一方面,近年来一些关键议题的讨论不断深掘使其更加接近城市史的核心问题则是另一方面。后者例如学界对宋代城市管理问题的讨论,在以往研究基础上进一步展开了有关宋代城市的厢、坊、界、隅等概念的讨论,一方面涉及与前代城市兼具明确空间形态和管理职能的"坊"的关系问题,一方面也同时触及当时城市的行政和军事管理问题;同时也在逐渐厘清宋代城乡居民户籍管理分治制度的基础上,明确了宋、辽已经开始出现了"拥有确定的行政区域和专门行政机构并实行独立行政管理"的"建制城市",并且在金元得到普遍执行;这些问题,当然是宋元时期随着城市发展城市管理所做的重要调整,是当时城市史上的关键议题②。再如关于宋代城市的人口,宋代城市的税制、市制以及与此相关的市场形态等研究③,虽然是传统的经典城市史议题,但近年来学者也颇多发明,使得问题更加清晰。

与此相比,宋代城镇的考古学研究就不仅显得冷清,更关键的问题则在于由于研究欠深入,使得讨论的问题仍停留在20世纪中后期研究所讨论的"坊市制"的破坏和开放"街巷制"的确立这个层面。难以深入的同时,鲜有能够真正触及这一时期城市史研究核心问题的成果出现。不得不说,这和宋代城镇考古工作十分缺乏是直接相关的,目前的宋代城镇考古工作尚没有全面展开,必须从带有"普查"性质的田野考古工作开始。只有当这一阶段的工作基本完成,各个地区的城镇面貌基本清楚,再加上不同时代的城镇考古工作都有了可以对应的成果,考古学角度的城镇研究工作才可能真正深入。

正是基于以上认识,笔者认为在进一步开展宋代城镇的研究工作时,应该首先重视作为基础工作的宋代城镇考古调查和研究工作。特别是针对一定区域有计划的城镇调查与研究工作。同时,对包括宋代城镇在内的魏晋南北朝以降的历史时期城镇进行广泛的考古调查和研究工作,还有十分现实的考虑。目前随着我国经济建设的飞速发展,城镇化进程不断加速,城镇化建设和古代城镇保护之间的矛盾不断加剧。2013年福州修建地铁过程中穿过汉代冶城遗址是这类事件中引起社会关注较大的一例。笔者在山东聊城调查时,也正遇到聊城为了进行城市建设,打着"古城保护和改造"的名义对古城以"推平头"的方式进行严重的破

---

① 历史、历史地理、建筑史等相关学科近年有关宋代城市的研究,成果颇丰,学界已有若干综述论及,兹不一一赘述,请参看杨贞莉:《近二十五年来宋代城市史研究回顾(1980~2005)》,《台湾师大历史学报》第35卷,2006年,第221~250页;宁欣、陈涛:《唐宋城市社会变革研究的缘起与历程》,见《"唐宋变革"论的由来与发展》,天津:天津古籍出版社,2010年,第293~357页,删改后以《"中世纪城市革命"论说的提出和意义——基于"唐宋变革论"的考察》为题,刊载于《史学理论研究》2010年第1期,删改后又以《唐宋城市社会变革研究的缘起与思考》为题,载于《中国史研究》2010年第1期;包伟民:《唐宋城市研究学术史批判》,《人文杂志》2013年第1期。

② 包伟民:《宋代的城市管理制度》,《文史》2007年第2辑;韩光辉:《宋辽金元建制城市研究》,北京:北京大学出版社,2011年;鲁西奇:《唐宋城市的"厢"》,《文史》2013年第3辑;刘未:《宋代城市的界》,见《历史上的杭州与中国城市史学术研讨会论文集》,杭州,2013年11月。另,关于韩光辉一书的讨论和批评,请参包伟民:《唐宋城市研究学术史批判》,《人文杂志》2013年第1期。

③ 包伟民:《意象与现实:宋代城市等级刍议》,《史学月刊》2010年第1期;包伟民:《宋代城市税制再议》,《文史哲》2011年第3期;包伟民:《宋代州县城市市制新议》,《文史》2011年第1辑。

坏。类似的情况屡有发生,甚至有学者指出历史文化名城是公布一座毁一座,如何在城镇化建设中解决好城市遗产的保护问题已成为当务之急。然而,有效保护古代城镇,必须建立在充分认识古代城镇的基础上,考古工作是认识和研究古代城镇的基础工作。以往考古学界针对古代城镇,特别是地方城镇的工作远远落后于实际需要,也落后于历史地理、建筑史、旅游等相关学科;现有形势下,对古代城镇展开考古调查和研究工作具有强烈的急迫性。

其次,根据前述对宋代城镇考古工作的总结可以反映的另一个特点是,既往研究深化了我们对于宋代城镇"多样性"特点的认识。徐苹芳先生曾将宋元时期的地方城市按照城市的布局和街道系统分为四种类型:方形十字街式、方形(或长方形)丁字街式、长方形纵街横巷式、不规则形[①]。从已开展工作的宋代城址看,若依城市的布局和街道系统分类也大体可归纳为以上几种类型。徐苹芳先生也曾指出宋代城市发展中,经济型市镇的兴起是其突出的特征之一;此前杭侃先生亦撰文指出"宋元城镇的类型远较隋唐丰富"[②]。通过近些年考古学界针对宋代市镇、军事堡寨和土司城址的考古工作的进一步展开,更加深了我们对于宋代城址多样性的认识。

再者,在宋代城镇考古工作中,一个突出的特点是绝大多数城镇都属于古今重叠类型的城址。目前已开展考古工作的宋代城址中,除了罗州城、巴东旧县坪和部分军事堡寨、土司城址外,基本都属古今重叠型。

古代城市相较于其他考古遗址来说,面积大,很多重要的城址又文化层堆积厚、延续年代长。例如良渚古城占地面积约50平方公里,郑州商城遗址面积达25平方公里,汉长安城仅城内即36平方公里,邺城包括它的城内和推测的外郭城范围将达到约100平方公里。这就给城市考古工作带来了巨大困难,进行城市考古工作,不仅耗时长,而且难以采用考古发掘的方法全面地揭露城址。另一方面,具体到古代城市的田野考古和研究工作,不同城址之间又有所不同。徐苹芳先生指出,中国古代城市可以按照其保存现状大体上分别为两类:一类是处于田野中的城市,其中相当大比重的是早期城市如殷墟、汉长安城等;另一类正是如本文所述的唐宋以后的城市,绝大多数都属古今重叠式的城址[③]。

这两类城市,由于其保存现状的不同,开展考古工作的条件因而不同。在田野中的城市遗址,尚可能根据考古研究工作的需要,进行有计划的调查、勘探与发掘,从而较为全面地搞清楚城址的整体情况。而古今重叠型城址由于现代城址的叠压,则不具备这一条件,想仅仅依靠考古勘探和发掘来解决问题,显然是不现实的,因此需要总结一套工作方法来

---

① 徐苹芳:《宋元明考古·宋元明时期的城市遗迹》,见《中国大百科全书·考古学》,北京:中国大百科全书出版社,1986年,第488、489页。
② 杭侃:《宋元时期的地方城镇——以中原北方、川东和江南地区为例》,《燕京学报》新23期,2007年。
③ 徐苹芳:《元大都考古序论》,未刊稿,北京大学考古文博学院2002年、2009年授课讲义。孙华先生曾在2013年8月举行的"十至十二世纪东亚都城和帝陵考古与契丹辽文化国际学术研讨会"的大会发言中,将古代城市按照"古代城市所在区位"和"城址目前的地貌景观"将古代城址分为城镇、城郊、乡村和荒野四种类型,并指出不同类型的城址"开展考古的方法也有一定差别","需要遵循不同的工作方法和研究途径,才能准确地采集到有关历史时期城址的信息,从而复原当时城市的基本面貌"。但从考古调查与研究工作的实质上看,仍然主要是"城镇"和"乡村"两类,孙华先生则根据其在具体考古工作中可能遇到的技术方法的差异,又将其进一步细化。

开展工作。通过赵正之、宿白、徐苹芳等先生对元大都和一些地方城址的工作,逐渐总结了一套工作方法,即如徐苹芳先生在《现代城市中的古代城市遗痕》一文中所说的,"要研究古今重叠的城市,唯一的方法便是考察分析现代城市中所遗留的古代城市痕迹,并据以复原被埋在地下的古代城市的平面规划和布局"①。前举众多实例已经充分说明了这一研究方法的正确性和重要性,在未来的城镇考古研究工作中,不仅要重视广泛的田野考古工作,还需要在积累考古勘探和发掘材料的基础上,进一步展开在此方法指导下的宋代城镇复原和研究工作。

最后,近年来宋代城镇考古研究也出现了一些新动向。一方面是学术界更多地对宋代城镇的某些要素予以关注,其中最引人注目的即是针对宋代子城和衙署的考古勘察和发掘,这方面的考古工作关系到宋代城市的核心区域和子城制度的历史变迁,是重要的研究课题。另一方面则是学术界对某一特定类型的城址进行了更多的考古工作,对抗蒙元山城(特别是钓鱼城和白帝城)、土司城址的考古调查、发掘和研究工作都属此类。亦属此类的还包括对宋代新建城址的研究。由于古今重叠型城址不易做出全局性的变动,既使我们具备进行古今重叠型城址复原的基本方法论前提,同时又限于相当数量的宋代城市在前代旧城的基础上改建而来,新的城市规划受旧城的约束,不能完全表现出来,因此研究宋代城市时应特别注意平地新建的城市可以解决这一问题。这类城市由于不受旧城的约束,能够比较充分地反映当时的城市规划和建城思想。基于这一视角的研究,也可以视作宋代城市考古研究中的新动向②。

通过上述小结不难看出,以往宋代城镇的考古工作,已取得了相当的成绩,但其不足也是明显的。正如前述,无论是出于学术研究自身发展的要求,还是出于当前城镇化加速的挑战下做好古代城镇保护工作的需要,我们都必须迫切地进一步加大对宋代城镇的考古工作,这是摆在所有中国考古学界同仁面前的共同课题,还需要考古学界的长期努力。

---

① 徐苹芳:《现代城市中的古代城市遗痕》,见《远望集——陕西省考古研究所华诞四十周年纪念文集》,西安:陕西人民美术出版社,1998年;宿白:《现代城市中古代城址的初步考察》,《文物》2001年第1期;杭侃:《古今重叠型地方城址的考古方法刍议》,见《庆祝宿白先生九十华诞文集》,北京:科学出版社,2012年。
② 除前引杭侃、王子奇:《宋代北方地区新建城市的考古学研究》外,与此文切入点类似的研究还可参见刘未针对蒙元创建城市的研究:《蒙元创建城市的形制与规划》,《边疆考古研究》第17辑,北京:科学出版社,2015年,第313~342页。

后　　记

　　2014年底,在一次偶然的聚合中,我和赵俊杰、陈晓露两位朋友在一起感慨历史时期考古青年学者交流不够充分的状况,旋即约定要召集一批志同道合的青年朋友组织一个长期的系列论坛(当时我们叫作"研讨班"),并确定了以80后学者为主,走小规模、高水平、重发表、多研讨、以考古学为主体吸纳相关学科的思路。回到学校后,我即将这一想法向学院院长霍巍教授作了汇报,霍教授十分支持,让我立即开展启动工作,在第二年的春天把活动办起来。于是就有了2015年5月16日~18日的第一届(开始叫"第一期")"历史考古青年论坛"。论坛上有来自全国重要研究机构的19位青年学者(包括两位青年学生代表)发表了时间相当充足的报告,并邀请到校外的白云翔、齐东方、林梅村、魏坚和校内的霍巍、罗二虎、白彬七位历史时期考古的著名教授作为评议专家对报告进行评议和引导讨论。由于一切处于草创阶段,我本人和协助我的几位同学都是第一次组织会议,其中出了不少纰漏。但作为学术论坛,我个人认为还算比较成功地开展了。这里要特别感谢对论坛提供了最大限度支持的霍巍教授,感谢四川大学历史文化学院尤其是考古系各位老师的帮助,更要感谢百忙之中抽出宝贵时间指导和提携青年后进的七位评议专家,也要感谢各位在较大的教学和科研压力下欣然赴会的青年朋友,还要感谢为论坛默默付出了许多心血的同学们。

　　第一届论坛结束后,我考虑我们的成果不能止于口头讨论,应该集结出版,进一步向学界显示并接受学界的检验。这一提议得到了几乎所有与会青年朋友的支持,令我十分感动。要知道在目前科研成果按载体分级的体制下,这样的发表在很多单位都挣不到"工分"。大家愿意把优质的论文拿出来,是对我莫大的支持和信任。于是,我也十分认真地进行了格式、字句、图片的初步编辑。现在初稿编成,我自己感觉总体上还算是一部高水平的文集。其中收录的文章个别与论坛发表时有所调整,索德浩、师若予、李帅、马伯垚先生虽没有参加论坛,但也贡献了他们的大作,这里要特别感谢。也要感谢上海古籍出版社的编辑宋佳女士为之付出的辛勤劳动。

　　文集收录的文章涵盖先秦、秦汉、魏晋、南北朝、隋唐、宋元、明历史时期考古的全部阶段,霍巍教授和我合作的序言对历史时期考古学的研究作了一些初步的思考。这样就形成一枚完璧奉献于学界,希望有助于相关学术研究的推进。通过这两年前辈学者的支持和大家的共同努力,我们当时感慨的状况已经得到很大程度的改观,这个论坛也还将继续办下去(目前定为两年一届,下一届将在中国人民大学召开),我希望这个集子也能继续出下去,相互支持,伴随着我们这一代青年的成长。所以,我大胆地在书名后加上"第一辑"标识,相信第二辑、第三辑……将会以更高的水平不断呈现在学者面前。

王 煜

2016 年 12 月 1 日

图书在版编目(CIP)数据

文物、文献与文化:历史考古青年论集.第一辑/王煜主编.—上海:上海古籍出版社,2017.10
ISBN 978-7-5325-8504-5

Ⅰ.①文… Ⅱ.①王… Ⅲ.①考古—中国—文集
Ⅳ.①K870.4-53

中国版本图书馆 CIP 数据核字(2017)第 158482 号

文物、文献与文化
——历史考古青年论集
(第一辑)

王 煜 主编

上海古籍出版社 出版、发行

(上海瑞金二路 272 号 邮政编码 200020)
(1) 网址:www.guji.com.cn
(2) E-mail:gujil@guji.com.cn
(3) 易文网网址:www.ewen.co

浙江临安曙光印刷有限公司印刷

开本 787×1092 1/16 印张 21.5 插页 2 字数 458,000
2017 年 10 月第 1 版 2017 年 10 月第 1 次印刷
ISBN 978-7-5325-8504-5
K·2343 定价:118.00 元

如有质量问题,读者可向工厂调换